传媒经济蓝皮书 BLUE BOOK OF MEDIA ECONOMY

中国传媒经济发展报告

ANNUAL REPORT ON THE DEVELOPMENT OF CHINA'S MEDIA ECONOMY (2024)

2024

主　编　卜彦芳

执行主编　漆亚林　司思

中国国际广播出版社

出　品　方

中国传媒大学经济与管理学院

联合出品方

中国社会科学院大学新闻传播学院

中国音乐学院艺术管理系

南开大学新闻与传播学院

对外经济贸易大学政府管理学院

成都大学传媒研究院

湖南理工学院新闻传播学院

华南师范大学国际商学院

西南政法大学新闻传播学院

郑州大学新闻与传播学院

北方工业大学文法学院

北京体育大学新闻与传播学院

北京美兰德媒体传播策略咨询有限公司

顾　问

专家委员会

主　席：周鸿铎

专家委员：（按姓氏拼音排序）

蔡　敏　重庆工商大学文学与新闻学院教授

陈中原　中国教育报刊社高级记者

崔燕振　北京美兰德媒体传播策略咨询有限公司董事、总经理

杭　敏　清华大学新闻与传播学院副院长，教授、博士生导师

黄楚新　中国社会科学院大学新闻传播学院副院长，中国社会科学院新闻与传播研究所研究员、博士生导师，新媒体研究中心副主任兼秘书长，《中国新媒体发展报告》（蓝皮书）主编

李怀亮　中国传媒大学人类命运共同体研究院院长，教授、博士生导师

李岭涛　北京体育大学新闻与传播学院院长，教授、博士生导师

陆　地　北京大学视听传播研究中心主任，教授、博士生导师

时统宇　中国社会科学院新闻与传播研究所研究员

宋培义　中国传媒大学经济与管理学院教授、博士生导师

田科武　北京青年报社总编辑，北青社区传媒科技（北京）股份有限公司董事长

王　甫　中央广播电视总台高级编辑，中国传媒大学兼职教授、博士生导师

吴锡俊　北京市委宣传部文化产业发展促进处处长，博士

严三九　上海大学新闻传播学院院长，教授、博士生导师

叶蓁蓁　人民网董事长、总裁

昝廷全　中国传媒大学经济与管理学院教授、博士生导师

张志君　原中国教育电视台副总编辑、研究员，《教育传媒研究》总编辑

支庭荣　暨南大学新闻与传播学院党委书记、副院长，教授、博士生导师

朱春阳　复旦大学新闻学院教授、博士生导师，复旦大学媒介管理研究所所长，《新闻大学》常务副主编，教育部青年长江学者

朱鸿军　中国社会科学院新媒体研究中心副秘书长、研究员、博士生导师，《新闻与传播研究》执行主编，教育部长江学者特聘教授

朱　天　四川大学传媒研究中心主任，教授、博士生导师

编 委 会

姚志文　华南师范大学国际商学院副教授、硕士生导师

张学勤　四川警察学院四川公安舆情研究中心主任，博士，四川省广播影视高等教育学会副会长

课　题　组

组　长：卜彦芳

副组长：漆亚林　司　思

成　员：（按姓氏拼音排序）

陈　鹏　陈琤隽　程雨宁　董紫薇　胡心佩

刘　菁　刘　萍　吕涵潇　齐世峰　秦雅晰

沈文瀚　唐　嘉　唐嘉楠　王文锋　王文杰

王争耀　乌咏鸽　吴梦缘　许建华　杨　勇

姚志文　袁培博　岳斯嘉　张瀚文　张雁菲

郑　禹

主编简介

卜彦芳，中国传媒大学经济与管理学院教授、博士生导师。主要研究方向为传媒经济、媒介经营与管理、媒体融合、认知传播等。2007—2008年在韩国首尔大学传播系从事博士后研究，2013—2014年美国北卡罗来纳大学教堂山分校新闻传播学院公派访问学者。主持国家社科基金、北京市社科基金、教育部、国家广播电视总局等国家级和省部级多项课题，在《现代传播》《新闻大学》《电视研究》等传媒领域重要期刊发表论文80多篇，出版《传媒经济理论》、《传媒经济学：理论与案例》（第一版和第二版）、《广播电视经营与管理》、《文化软实力探析：产业与贸易视角》等著作。主要学术兼职：中国认知传播学会副会长、中国新闻史学会传媒经济与管理委员会常务理事、中国电视艺术交流协会视听艺术教育专业委员会常务理事。

漆亚林，中国社会科学院大学新闻传播学院执行院长，教授、博士生导师，院学术委员会负责人。传媒经济学博士，广播电视艺术学博士后。主要研究方向为新闻实务、传媒经济、广电艺术。目前学术研究聚焦于媒体融合和环境传播。主持国家社科基金、教育部人文社科项目、中国青少年研究中心项目、中国社会科学院大学拔尖人才创新支持计划，以及人民网、上海大学等企事业单位委托的项目。在《现代传播》《电视研究》《中国电视》《新华文摘》等学术期刊发表（转载）论文80多篇。著有《中国电视剧农村女性形象研究》《模式与进路：中国都市报发展战略研究》等专著。主要学术兼职：中国传媒大学传媒经济研究所副所长、中国电视艺术交流协会视听艺术教育专业委员会副会长、中国认知传播学会副会长、中国高等院校影视学会影视国际传播专业委员会理事、国际华莱坞电影学会理事。

司思，中国音乐学院艺术管理系副教授、硕士生导师，艺术管理理论教研室主任。中国传媒大学传媒经济学博士，2008—2009年美国凯斯西储大学联合培养博士，2012—2013年牛津大学访问学者。历任商务部《中国经贸》杂志社编辑部主任、美国 *USA Sino News*（《美中信使报》）驻克利夫兰 NBA 体育记者。主要研究方向为文化艺术经济、产业集群、新媒体与音乐产业等。主持国家社科基金艺术学重大项目子课题、北京市社科基金、北京市教委社科项目、牛津大学横向课题等多项国家级和省部级课题。在英文 EI 索引、英文期刊、《人民日报》、《光明日报》及其他学术期刊发表中英文论文、评论40余篇，英文编著 *Media and Entertainment Industry: The World and China* 等。主要学术兼职：中国传媒大学传媒经济研究所副所长、牛津大学路透社新闻研究所访问研究员、中国音乐研究基地兼职研究员、中国新闻史学会传媒经济与管理委员会常务理事、中国认知传播学会理事。

摘　要

《中国传媒经济发展报告（2024）》以中国传媒大学传媒经济研究团队为核心，联合中国社会科学院大学新闻传播学院、中国音乐学院艺术管理系、南开大学新闻与传播学院、对外经济贸易大学政府管理学院、成都大学传媒研究院、郑州大学新闻与传播学院、北方工业大学文法学院、湖南理工学院新闻传播学院、西南政法大学新闻传播学院、华南师范大学国际商学院、北京体育大学新闻与传播学院、北京美兰德媒体传播策略咨询有限公司等高校和业界众多专家编写而成。本书对中国传媒经济发展中的重要问题进行研究和分析，积极探索传媒内容生产创新、传媒市场动态、传媒商业模式、传媒新业态、传媒规制等相关层面的问题，深入挖掘和总结2023年中国传媒经济发展的年度热点、最新动态与创新业态，并对2024年中国传媒经济发展趋势进行展望。

2023年是全面贯彻落实党的二十大精神的开局之年，是实施“十四五”规划承前启后的关键一年，是为全面建设社会主义现代化国家奠定基础的重要一年。这一年，党中央正式提出习近平文化思想；国民经济回暖向好，高质量发展扎实推进；杭州第19届亚运会、成都第31届世界大学生夏季运动会成功举办；ChatGPT爆火引领人工智能浪潮；我国首次载人飞行任务成功20周年，神舟十五号、神舟十六号航天员乘组在“天宫”拍下“全家福”；等等。在国际范围内，中国特色大国外交为动荡的世界注入正能量，俄乌冲突继续对世界格局产生重要影响……在此背景下，中国经济发展克服种种困难，2023年中国国内生产总值超126万亿元，比上年增长5.2%。传媒经济也实现整体复苏，2023年中国传媒产业总产值突破3万亿元，同比上升 8.38%。全国广播电视和网络视听行业总收入 14126.08 亿元，同比增长 13.74%，其中，广播电视和网络视听业务实际创收收入 12212.08 亿元，同比增长 14.47%；财政补助收入 998.54 亿元；其他收入 915.46 亿元，同比增长 28.30%。电影市场强势恢复，2023 年全国电影总票房 549.15 亿元，其中，国产影片票房 460.05 亿元，占比 83.77%。这些数据均说明在 2023 年中国传媒产业取得了较好的成绩，也集聚了继续向前的动力与信心。

具体而言，在过去的 2023 年这一年，中国传媒经济发展有许多可圈可点之处。

第一，在内容生产创新方面，内容产品固本拓新，供给侧结构性改革深入推进，步入高质量发展轨道。各级媒体紧紧围绕学习领悟党的二十大精神，迈向以中国式现代化全面推进强国建设、民族复兴的新征程，多侧面、多角度生动诠释习近平新时代中国特色社会主义思想的实践伟力，宣传报道、影视剧、综艺节目等各类题材内容亮点突出，打造出一大批有筋骨、有温度的时代作品。中央广播电视总台（简称“总台”）央视频道与地方卫视推出多档反映新时代伟大变革的理论专题节目和电视剧佳作，综艺市场供给稳定，新闻类节目关注度高。网络视听行业在坚持深耕既有领域的同时，丰富产品类型、拓展产业链条。

第二，在传媒市场格局方面，各细分市场呈现出多元化、高质量的发展趋势。大屏电视市场稳定发展，观众活跃率回升。在电视剧发行方面，传统的卫视主导时代远去，头部视频平台主投主控的作品更为常见，台网合作趋向纵深发展。网络视频市场发展处于成熟期，存量用户竞争白热化；各大视频平台以创新驱动发展，通过持续产出优质和多元内容、角逐独播版权、拥抱新技术、耕耘海外新市场等举措来塑造发展的着力点。短视频市场逐渐从高速扩张转向深度运营阶段，形成抖音、快手、微信视频号三方博弈的格局，AIGC（人工智能生成内容）也在助力短视频内容革新。

微短剧市场呈爆发式增长，市场规模迅速扩大，入局者多元化，数量和质量都有显著提升。

第三，在商业模式创新方面，直播经济和粉丝经济依然是2023年比较突出的经营模式。直播经济不仅在规模上持续扩大，更在模式创新、技术应用和行业生态构建方面展现出了新的发展趋势与亮点。直播平台竞争呈现多元化态势，直播内容走向多样化和垂直化，虚拟主播实现全天候24小时不间断的直播带货服务，内容电商得到进一步深化。中国粉丝经济继续快速发展，呈现出多个圈层的快速发展，社交媒体平台成为粉丝经济的主战场。

第四，在传媒新应用、新业态方面，生成式人工智能的快速发展在传媒业有了更多的实践应用，100多家媒体机构宣布接入“文心一言”大模型，且开始布局研发媒体大模型，这为传媒内容的生产与传播带来了深刻变化。虚拟数字人作为人工智能技术的应用领域之一，市场规模不断扩大，产业链逐渐完善，虚拟数字人的科技性、虚拟性和拟人化等特点为其商业化应用打下了基础，在虚拟偶像、虚拟主播和虚拟员工等领域的探索取得了不少成绩。

第五，在传媒规制方面，传媒法规政策在战略层面、传媒细分产业管理层面、传媒生态治理层面均有所创新。在传媒生态治理层面，相关政策更加注重精准施策，在细化监管规则和治理产业乱象两大方面瞄准发展需求与治理难题发力。在版权管理方面，生成式人工智能带来了新的挑战，数字传媒版权管理的新技术、新赛道、新场景特征更加突出。

基于上述对2023年中国传媒经济发展基本特征的分析，本书设总报告、内容生产篇、传媒市场篇、商业模式篇、传媒新业态篇、传媒规制篇等篇章，展开对中国传媒经济发展的梳理与研究。

在党的二十大精神指引下，在迈上全面建设社会主义现代化国家新征程的背景下，《中国传媒经济发展报告（2024）》继续跟踪关注中国传媒经济的新进展、新特征与新趋势。本书从推动传媒经济发展的技术创新、市场需求、政府规制、资本运营等基本力量出发，紧扣传媒经济的整体发展状况、内容生产、市场结构、商业模式、新业态与传媒规制等方面进行探讨，为中国传媒经济的后续学术研究和业界实践创新提供理论基础和实践参考价值。

关键词： 中国式现代化；习近平文化思想；内容生产；传媒市场；直播经济；AIGC

目　录

Ⅰ 总报告

Ⅱ 内容生产篇

Ⅲ 传媒市场篇

Ⅳ　商业模式篇

Ⅴ　传媒新业态篇

Ⅵ　传媒规制篇

Ⅰ 总报告

B.1
新技术·新风向·新赛道：2023 年中国传媒经济发展回顾与前瞻

卜彦芳　唐嘉楠　刘萍 *

摘　要： 2023 年，在国民经济整体回暖的背景下，传媒经济发展整体呈现出产业规模实现主体性增长、内容市场减量提效效果显著、智能化生产热度提升、内容出海模式创新、经营赛道入局电商直播等诸多新特征，但同时也面临着产业发展不平衡、对新技术驾驭能力不强、算法监管力度不足、体制机制改革缓滞等现实难题。未来，需要坚持守正创新、强化协同联动、加强行业监管、积极共建“一带一路”，从而实现传媒经济更高质量、更均衡、更规范的发展。

关键词： 传媒经济；高质量发展；内容生产；经营模式；智能化；国际化

2023 年，中国传媒经济发展总体呈现出春意盎然的复苏态势。一方面，中国式现代化理论的提出，对全面建设社会主义现代化国家提出了更高要求，同时也为包括传媒业在内的社会各行业提供了前所未有的发展机

---

* 卜彦芳，中国传媒大学经济与管理学院教授、博士生导师，主要研究方向为传媒经济、媒介经营与管理、媒体融合、认知传播等；唐嘉楠，中国传媒大学经济与管理学院传媒经济学博士研究生，主要研究方向为传媒经济；刘萍，中国传媒大学经济与管理学院传媒经济学硕士研究生，主要研究方向为传媒经济、智能融媒体经营与管理。

遇。疫情过后的传媒业，迎来了全面复苏的社会与经济环境，新内容、新业态不断涌现。但另一方面，直播带货“翻车”、电视“套娃”收费和虚假新闻等现象的此起彼伏，以及 ChatGPT 等新兴人工智能技术的飞速发展，也勾勒出我国传媒业前行所必须直面的挑战。在此背景下，及时总结过去、展望未来，可以为我国传媒经济发展更好地应对挑战和把握机遇提供更准确的判断。

一、外部环境整体向好，为传媒经济发展创造良好机遇

（一）明确的政策导向奠定传媒经济发展总基调

在党的二十大报告中，习近平总书记指出：“从现在起，中国共产党的中心任务就是团结带领全国各族人民全面建成社会主义现代化强国、实现第二个百年奋斗目标，以中国式现代化全面推进中华民族伟大复兴。”[①] 中国式现代化理论的提出，蕴含着丰富而深刻的科学化、体系化思想贡献。无论是在宏观的传媒产业发展谋篇布局维度，还是在传媒人才与技术体系建设维度，抑或是在微观的传播内容生产供给维度，中国式现代化理论所蕴含的丰富内涵都构成了我国传媒经济高质量和可持续发展的题中应有之义。另外，对全球视野以及世界机遇的高度重视，同样也成为指导我国传媒经济发展的核心政策导向之一。2023 年 10 月 18 日，习近平主席出席第三届“一带一路”国际合作高峰论坛开幕式并发表主旨演讲，不仅高度认可了十年来“一带一路”国际合作从无到有所取得的丰硕成果，也宣布了中国支持高质量共建“一带一路”的八项行动。其中，对于“共建‘一带一路’各国加强能源、税收、金融、绿色发展、减灾、反腐败、智库、媒体、文化等领域的多边合作平台建设”等具体战略布局的强调，为我国传媒经济发展提供了广阔的发展空间和历史机遇。

① 习近平．高举中国特色社会主义伟大旗帜　为全面建设社会主义现代化国家而团结奋斗——在中国共产党第二十次全国代表大会上的报告［EB/OL］.（2022-10-16）. https://www.gov.cn/gongbao/content/2022/content_5722378.htm.

除了积极向外拓展传播市场、推动优质文化内容出海，国内传媒业的一体化、融合化建设布局，同样成为传媒经济发展的重要指引。自 2013 年 8 月 19 日习近平总书记在全国宣传思想工作会议上作出“加快传统媒体和新兴媒体融合发展”的重要指示至今，十年时间里，主流媒体深入学习贯彻国家关于媒体融合发展的重要论述，全面挺进互联网主战场，不断完善全媒体传播体系建设，在媒体融合发展层面取得重大进展和显著成效。伴随着媒体融合逐渐步入深水区，如何继续推动主流媒体从“物理融合”走向“化学融合”，如何进一步推动媒体的升级转型以及高质量发展，正成为各级主流媒体融合改革实践着力探索的问题。在可预见的未来，我国传媒产业仍需不断深化改革，优化产业内部结构，促进资源的合理配置，提高整体效率，最终更好地适应数字化时代的发展需求，提升传媒产业的整体生机与活力。

（二）经济回暖拓展传媒经济增长与创新空间

在 2022 年 12 月的中央经济工作会议上，党中央综合研判经济形势，重点提出扩大国内需求、加快建设现代化产业体系、更大力度吸引和利用外资以及有效防范化解重大经济金融风险等战略举措，充分体现了我国坚持稳字当头、稳中求进的高质量发展理念。据国家统计局数据显示，2023 年全年，我国国内生产总值达到 1260582 亿元，比上年增长 5.2%，国民经济持续恢复向好，高质量发展扎实推进。[①] 这为传媒产业的整体复苏争取了有利的发展环境。2023 年，除了广播电视等传统业务板块呈现出一定滑落趋势，包括游戏、影视、广告等在内的传媒领域各核心业务板块都实现了一定规模的利润提升。2023 年全年全国广播电视和网络视听行业总收入 14126.08 亿元，同比增长 13.74%。其中，广播电视和网络视听业务实际创收收入 12212.08 亿元，同比增长 14.47%；财政补助收入 998.54 亿元；其

① 国家统计局 . 中华人民共和国 2023 年国民经济和社会发展统计公报［EB/OL］.（2024-02-29）. https://www.stats.gov.cn/sj/zxfb/202402/t20240228_1947915.html.

他收入 915.46 亿元，同比增长 28.30%。[①] 这些数据的出现，充分说明了宏观经济复苏对于提振传媒业所具有的积极意义。

2023 年，各大互联网平台在交易总额以及整体收入方面也实现了一定增长。腾讯公司在 2023 财年共实现营收 6090 亿元，较上年同期增长 10%；GAAP（美国通用会计准则）运营利润为 1601 亿元，同比增长 44%，利润率为 26%；GAAP 净利润为 1180 亿元，净利润率为 19%。[②] 爱奇艺 2023 年全年总营收 319 亿元，同比增长 10%；Non-GAAP（非美国通用会计准则）运营利润为 36 亿元，同比增长 68%，运营利润率为 11%；Non-GAAP 净利润为 28 亿元，同比增长 121%，净利润率为 9%。[③] 数字经济领域的集体回暖，同样深刻体现出国家宏观经济走势对于传媒产业所具有的引领性意义。我国所做出的大力发展数字经济，提升常态化监管水平，支持平台企业在引领发展、创造就业、国际竞争中大显身手，以及健全规范和引导民营资本健康发展的法律制度，为资本设立“红绿灯”，完善资本行为制度规则等科学研判，成为推动我国平台经济规范健康持续发展的核心指导方略。在宏观经济向好的大背景下，我国传媒产业具有广阔的发展前景和空间，在不断创新和锐意进取中继续为经济发展和文化繁荣做出更大的贡献。

（三）社会结构与文化思潮变迁带动传媒经济发展新风向

我国独特的社会人口结构，不仅对社会经济发展产生重要影响，同时也深刻决定着我国传媒经济发展的总体格局和步调。随着移动互联网的兴起，“00 后”和“Z 世代”的新生代群体逐渐踏入社会舞台。这个群体从小就接触互联网文化，不仅对于数字化科技与网络的使用更加得心应手，

① 国家广播电视总局．2023 年全国广播电视行业统计公报［EB/OL］．（2024-05-08）．https://www.nrta.gov.cn/art/2024/5/8/art_113_67383.html.

② 腾讯．腾讯控股有限公司 2023 年度报表［EB/OL］．（2024-04-08）．https://static.www.tencent.com/uploads/2024/04/08/4e1745d32fbe5e8145a82bc4c26bc8aa.pdf.

③ 爱奇艺 2023Q4 及全年财报：创最佳财年业绩　核心财务指标均创新高［EB/OL］．（2024-02-28）．https://pages.iqiyi.com/p/zbs/news2024022802.html.

也往往具有更加个性化的社交文娱需求。与此同时，“60后”陆续进入退休阶段，这一人群在经历了长时间的工作和生活后，对于健康、休闲和娱乐更加注重，对于文化和精神生活也有着更高的需求。“一老一少”的双向发展结构，为我国传媒业的发展贡献了如数字内容产品的虚拟化、品质化、情绪化以及数字信息服务的适老化等全新议题。

除了社会人口构成方面的显著变化，向中华优秀传统文化观念的价值回归同样构成了2023年我国精神文化建设的核心旋律。“国风”“国潮”等文化现象的流行，不仅迅速成为年轻一代消费群体的时尚文化新宠，也充分展现了传统文化在当下所具有的文化价值和独特魅力，反映了消费者对于本土文化的认同和支持。在这一进程中，传媒业扮演了重要的传播者角色，通过自身的创新和发展，既对传统文化内容进行了重新诠释和传播，也为传统文化的传承和发展提供了至关重要的新平台和新渠道，为自身发展寻找出一条具备中华文化风貌的独特道路。

（四）AI技术创新推动传媒经济跨越式发展

作为一个直接建立在新兴信息媒介基础之上的社会部门，媒介技术的发展对传媒产业而言具有至关重要的支撑性地位。中国互联网络信息中心（CNNIC）发布的第53次《中国互联网络发展状况统计报告》显示，截至2023年12月，我国互联网宽带接入端口数量达11.36亿个；累计建成5G基站337.7万个，覆盖所有地级市城区、县城城区；发展蜂窝物联网终端用户23.32亿户，较2022年12月净增4.88亿户，占移动网终端连接数的比例达57.5%。[①] 跨越式的信息科技发展成就，不仅显著提高了新闻资讯在全社会范围内的传播效率，也有效助推了媒体在内容生产与分发领域实现创新突破。

新一代生成式人工智能的快速发展，也为传媒产业带来了前所未有

① 中国互联网络信息中心．第53次《中国互联网络发展状况统计报告》[R/OL]．(2024-03-22)．https://www.cnnic.cn/n4/2024/0322/c88-10964.html.

的机遇与挑战。2023 年 3 月 14 日，美国人工智能研究公司 OpenAI 发布了新一代大型语言模型 GPT-4，使得媒体内容创意生成的多模态扩展成为可能；11 月 7 日，OpenAI 在旧金山举办首届全球开发者大会，推出了具备更强大功能、更高准确性的新模型 GPT-4 Turbo。国内的各大科技企业也奋起直追，对具有自主知识产权的 AIGC 应用建设进行了积极投入和布局。如百度于 2023 年 3 月 16 日推出生成式人工智能应用“文心一言”，为媒体实现更具创意的文本写作、图像创意和图文混合内容创作提供了助力；腾讯也于 9 月 7 日发布了自主研发的通用大语言模型“混元”，允许用户通过 API（应用程序编程接口）直接调用应用，也可以以其为基底模型，为不同产业场景构建专属应用。但与此同时，AIGC 技术的快速发展也带来了诸如信息失真、算法偏见、版权侵犯以及隐私泄露等全新挑战。如何有效应对由新技术所带来的种种变化，如何在不断探索新的内容生产方式和创新服务的同时加强管理和规范举措，切实保障用户权益和信息安全，已成为推动传媒产业健康发展与转型的实践必然。

二、2023 年中国传媒经济创新性发展的特征

（一）传媒产业规模实现主体性增长

在宏观经济回暖的背景下，中国传媒经济也展现出强劲的发展活力。令人瞩目的是，入驻基地（园区）的广电视听企业收入实现快速增长。截至 2023 年底，纳入统计范围的 28 个国家级广电视听产业基地（园区）规划建筑面积总计 3.91 亿平方米，入驻广电视听企业 10680 家，新增企业 738 家，实际投资额 579.84 亿元，吸纳就业超过 21 万人，营业收入 1658.30 亿元，应缴税金 88.40 亿元。视听产业基地（园区）所取得的高速发展，也连带形成了较为明显的规模效应与集群效应。除广电视听企业外，产业基地（园区）吸引其他相关企业入驻 7220 家，就业人数超过 13 万人，带动实际投资额 663.89 亿元，营业收入 3216.17 亿元，应缴税金

291.99 亿元。这些都展现出我国广播电视事业在实现资源整合利用、推进产业贯通升级等方面所取得的重要成就，也为行业资源的整合盘活发挥了表率作用。[①]

在传统视听市场，包括理论节目、纪录片、电视剧、综艺和电影在内的细分板块，均呈现稳步上升的良好态势。2023 年全年上星频道共播出电视节目 46.7 万小时，其中，新闻节目、电视剧、纪录片分别播出 6.5 万小时、15.1 万小时、5.7 万小时，观众总到达率分别为 90.990%、90.835%、82.102%，电视剧、新闻节目、文艺节目的每日户均收视时长分别为 73.8 分钟、44.2 分钟、26.7 分钟，位列各类型节目前 3 名。[②] 电影方面，截至 2023 年末，全国电影票房共计 549.15 亿元，较 2022 年的 300.67 亿元实现大幅增长。全年观影人次达到 12.99 亿，同比增长 82.7%，创下近四年来的新高。[③] 泛网络视听领域的增长也可圈可点，据中国网络视听节目服务协会（CNSA）发布的数据，截至 2023 年 12 月，我国网络视听用户总规模已达 10.74 亿，网民使用率为 98.3%；移动互联网用户人均单日使用时长为 435 分钟，其中，短视频应用的用户黏性最高，人均单日使用时长为 151 分钟，随后依次为长视频应用（112 分钟）、娱乐 / 游戏直播应用（63 分钟）和网络音频应用（29 分钟）[④]，这很好地反映了短视频和网络直播正成为拉动视听业务增长的重要赛道和强劲引擎。

从股票市场的现实表现来看，截至 2023 年末，在 A 股市场上市的 133 家传媒企业，其市值总和约为 1.42 万亿元，较 2022 年同期上涨了

① 国家广电智库 .【发布】统计公报显示：广电行业持续发力高质量发展，正发生重要结构性变革［EB/OL］.（2024-05-08）. https://mp.weixin.qq.com/s/a6UdM0dTU3QbjG5p3XkMgw.

② 中国视听大数据 . 中国视听大数据 2023 年收视年报［R/OL］.（2024-01-05）. https://mp.weixin.qq.com/s/cxJOx_ZpkF3rdCQaSBfRlw.

③ 刘阳，任姗姗 . 2023 年电影总票房 549.15 亿元（新数据 新看点）国产影片票房 460.05 亿元，占比 83.77%［EB/OL］.（2024-01-02）. https://www.chinafilm.gov.cn/xwzx/gzdt/202401/t20240102_825148.html.

④ 中国网络视听节目服务协会 . 产业热点丨我国网络视听用户规模超十亿：《中国网络视听发展研究报告（2024）》发布［EB/OL］.（2024-04-01）. http://www.sxtvs.com/sxtvs_gdgc/a/2024/04/01/22481678.html.

16.34%，流通市值共计 1.26 万亿元，行业整体流通市值占比 88.90%；传媒行业总市值占 A 股市场总市值比重为 2.49%，企业数量占 A 股上市企业总数的 1.62%，在整体上呈现出回暖与复苏迹象。① 与此同时，长视频平台亏损收窄，逐步实现赢利，爱奇艺、腾讯视频实现全年赢利，芒果超媒 2023 年实现营业收入 146.28 亿元，同比增长 4.66%；净利润 35.56 亿元，同比增长 90.73%，很好地折射出长视频平台的综合竞争优势。②

（二）内容生产守正创新，新风向、新技术转向明显

1. 内容供给直面时代需求与现实拷问

2023 年，我国内容产品市场固本拓新，供给侧结构性改革深入推进，步入高质量发展轨道。理论节目继续宣传阐释习近平新时代中国特色社会主义思想和党的二十大精神。由东方卫视联合复旦大学中国研究院、观视频工作室和观察者网推出的思想政论节目《这就是中国》以“国际眼光、原创研究、一流产品”为定位，集结有权威、有依据、有底气的理论观点与核心观念，深研有代表、有热度、有意义的国际事件与社会热点，全年集均收视率达 0.286%，以 1.543% 的收视份额取得地方卫视黄金专题节目收视率排名第一的佳绩。③ 其他如浙江卫视的“中国共产党为什么能”系列节目、江西卫视的《闪耀东方》等理论节目，也由于大胆尝试以新颖的样式解读中国奇迹、探讨当前中国社会出现的热点问题等，直面时代之问，展示道路自信，长期处于理论节目收视前列。

在电视剧方面，2023 年全年全国共生产完成并获得《国产电视剧发行许可证》的剧目共计 156 部、4632 集。其中，现实题材剧目共计 124 部、

① 智研咨询 .2023 年中国 A 股传媒行业市值排行榜：分众传媒蝉联冠军，市值是亚军的 1.94 倍（附年榜 TOP100 详单）[EB/OL] .（2024-02-25）. https://www.chyxx.com/top/1175103.html.

② 新京报 . 广告收入下滑收窄，芒果超媒去年营收超 146 亿 [EB/OL] .（2024-04-21）. https://baijiahao.baidu.com/s?id=1796940891169668489&wfr=spider&for=pc.

③ 东方卫视 . 中国视听大数据 2023 收视年报出炉！东方卫视多赛道领跑，全方位领先！[EB/OL] .（2024-01-09）. https://www.163.com/dy/article/IO17RP160517CSQT.html.

3535 集，分别占总部、集数的 79.49%、76.32%；历史题材剧目共计 27 部、935 集，分别占总部、集数的 17.31%、20.19%；重大题材共计 5 部、162 集，分别占总部、集数的 3.21%、3.50%。[①] 在生产层面，平台主控的定制剧和自制剧热度高涨，热播的《狂飙》《三体》等背后均有视频平台主投主控的身影，视频平台正成为重要的剧集供应商。在发行层面，网络剧反向输出电视频道。2023 年 4 月《风起洛阳》在北京卫视黄金档播出，开启“网剧上星”新模式；7 月，《不完美受害人》在爱奇艺、北京卫视、东方卫视同步首播，成为网台同步播出的首部网络剧。据中国视听大数据（CVB）的统计，《此心安处是吾乡》《珠江人家》《狂飙》《无间》等剧集的综合收视表现可圈可点，也引起了社会广泛的关注和热议（见表 1、表 2），且在移动端依然呈现了不俗的播放表现（见表 3）。

表 1　2023 年黄金时段收官电视剧收视状况（央视）

排名	电视剧名称	每集平均收视率	每集平均收视份额	频道
1	《此心安处是吾乡》	2.617%	9.976%	CCTV-1
2	《珠江人家》	2.503%	9.909%	CCTV-1
3	《狂飙》	2.501%	9.707%	CCTV-8
4	《画眉》	2.258%	8.525%	CCTV-8
5	《我们的日子》	2.215%	8.798%	CCTV-1
6	《人生之路》	2.162%	8.641%	CCTV-1
7	《无所畏惧》	1.925%	7.111%	CCTV-8
8	《向风而行》	1.887%	6.870%	CCTV-8
9	《潜行者》	1.646%	6.705%	CCTV-8
10	《破晓东方》	1.625%	6.747%	CCTV-1

数据来源：中国视听大数据。

① 国家广播电视总局 .2023 年国产电视剧发行许可数据出炉［EB/OL］.（2024-01-16）. https://news.znds.com/article/65240.html.

表 2　2023 年黄金时段收官电视剧收视状况（地方卫视）

排名	电视剧名称	每集平均收视率	每集平均收视份额	频道
1	《无间》	1.269%	4.966%	东方卫视
2	《狂飙》	0.965%	3.731%	东方卫视
3	《不完美受害人》	0.857%	3.528%	东方卫视
4	《狂飙》	0.768%	2.906%	北京卫视
5	《繁华似锦》	0.669%	2.821%	东方卫视
6	《梅花红桃》	0.636%	2.426%	东方卫视
7	《归路》	0.575%	2.335%	湖南卫视
8	《薄冰》	0.569%	2.338%	湖南卫视
9	《我的人间烟火》	0.567%	2.421%	湖南卫视
10	《龙城》	0.559%	2.201%	东方卫视

数据来源：中国视听大数据。

表 3　2023 全年移动端视听率 TOP10 剧集

排名	电视剧名称	视听率（%）	播出平台
1	《狂飙》	1.51	爱奇艺
2	《宁安如梦》	0.61	爱奇艺
3	《长相思》第一季	0.54	腾讯视频
4	《长风渡》	0.48	爱奇艺
5	《好事成双》	0.44	腾讯视频
6	《以爱为营》	0.42	芒果 TV
7	《他是谁》	0.42	优酷
8	《莲花楼》	0.40	爱奇艺
9	《长月烬明》	0.40	优酷
10	《南海归墟》	0.38	腾讯视频

数据来源：收视中国。

综艺市场呈现稳定向好势态，数量品质双提升。据骨朵数据发布的报告，2023 年上线的网络综艺达 215 档，同比增长 13.15%。旅游类综艺数量显著增长，跃居首位，与旅游市场同步繁荣。同时，剧影综联动类型综艺崭露头角，成为市场新热点。《种地吧》作为劳作类综艺，成为年度黑马，拓展了慢综艺领域。[①] 在收视率方面，"综 N 代"依然呈现了较好的收视表现（见表 4）。值得一提的是，腾讯视频出品的舞台生存实验综艺《舞台 2023》于 2023 年 7 月 29 日上线，仅开播两周后，全网舆情声量已达 1253.42 万，评论量 193 万，微博主话题阅读量 13.7 亿，盘活了内娱音综市场，成为有口皆碑的爆款音综。[②]

表 4　2023 年移动端日均视听时长 TOP10 综艺

排名	综艺名称	日均视听时长（万小时）	播出平台
1	《王牌对王牌》第八季	115.0	腾讯视频、爱奇艺、优酷网、Z 视介
2	《奔跑吧·生态篇》	101.7	腾讯视频、爱奇艺、优酷网、Z 视介
3	《奔跑吧》第七季	75.1	腾讯视频、爱奇艺、优酷网、Z 视介
4	《花儿与少年·丝路季》	57.8	芒果 TV
5	《声生不息·家年华》	45.0	芒果 TV
6	《大侦探》第八季	41.1	芒果 TV
7	《披荆斩棘》第三季	38.0	芒果 TV
8	《现在就出发》	34.5	腾讯视频
9	《向往的生活》第七季	34.3	芒果 TV
10	《极限挑战》第九季	30.9	爱奇艺、腾讯视频、优酷网

数据来源：收视中国。

① 骨朵网络影视．热门类型更迭，市场爆款缺失丨《2023 年网络综艺产业发展研究白皮书》正式发布［EB/OL］．（2024-04-24）．https://baijiahao.baidu.com/s?id=1797182559566237676&wfr=spider&for=pc.

② 艺恩数据．热度高开疯走，《舞台 2023》盘活内娱音综市场［EB/OL］．（2023-08-13）．https://mp.weixin.qq.com/s/5QRVCTxiIicFOpV2gePpnQ.

中国电影市场迎来全面复苏，春节档、暑期档等热门档期表现亮眼，头部影片带动全民观影，“叫好又叫座”的爆款频出。2023 年春节档票房达 67.58 亿元[①]，创造中国影史春节档票房第二的成绩；暑期档票房突破 206 亿元[②]，也大幅刷新中国影史暑期档票房纪录。2023 年票房前 10 名影片均为国产片，《满江红》《流浪地球 2》《孤注一掷》《消失的她》单片票房均超过 35 亿元（见表 5）。其中，《满江红》以岳飞去世四年后秦桧与金国和谈为历史背景，讲述了一群小人物在岳飞报国精神的感召下前赴后继与奸臣博弈的英雄故事，展现了浓厚的爱国主义情怀；《流浪地球 2》讲述了人类为应对即将到来的太阳危机，全球多个国家团结起来建造一万座行星发动机以推动地球离开太阳系寻找新的生存环境的故事，影片展现了中国人守望相助的家国情怀，也艺术化阐释了中国所倡导的“人类命运共同体”理念；被誉为“大型反诈公益宣传片”的《孤注一掷》主打全民反诈主题，凭借“多一人观影，少一人受骗”的宣传语迅速在短视频平台出圈，通过展现完整的诈骗产业链凸显教育和警醒意义，彰显了现实题材电影对受众的强烈吸引力；女性题材影片《消失的她》聚焦女性受害者，通过紧张刺激的剧情和复杂的人物关系揭示了人性的复杂性与社会的黑暗面，与女性观众占比提升趋势相符。

表 5　2023 年票房排名 TOP10 影片（截至 2023 年 12 月 31 日）

排名	影片	总票房（亿元）	票房占比（%）
1	《满江红》	45.44	8.2
2	《流浪地球 2》	40.29	7.3
3	《孤注一掷》	38.48	7.0
4	《消失的她》	35.23	6.4

① 韩浩月．“中国影史同期票房第二名”是如何产生的？［EB/OL］．（2023-02-01）．https://baijiahao.baidu.com/s?id=1756598508182762844&wfr=spider&for=pc.

② 刘徽．创多项纪录！2023 暑期档电影总票房超 206 亿元［EB/OL］．（2023-09-01）．https://baijiahao.baidu.com/s?id=1775800095135109476&wfr=spider&for=pc.

续表

排名	影片	总票房（亿元）	票房占比（%）
5	《封神第一部：朝歌风云》	26.34	4.7
6	《八角笼中》	22.07	4.0
7	《长安三万里》	18.24	3.3
8	《熊出没·伴我“熊芯”》	14.95	2.7
9	《坚如磐石》	13.49	2.4
10	《人生路不熟》	11.84	2.1

数据来源：猫眼专业版。

2. AIGC 成为内容生产创新的新引擎

AIGC 技术被广泛应用于内容生产各个阶段，推动内容生产自动化、高效化、个性化。几大主流媒体平台在打造虚拟主播等产品方面做出了积极探索。2023 年 3 月，人民日报新媒体推出首位 AI 数字主播“任小融”，能够全年无休地进行多线程播报，只需提供一份文本即可无延迟输出视频流，极大提升了播报效率。央视网《两会 C+ 时刻》推出数字虚拟主播“小 C”，“小 C”融合了深度学习、实时渲染、实时面部 + 动作捕捉等多种硬核技术，在节目中与嘉宾实时交互，全程贯穿访谈对话，通过人机协同实现虚实结合的创新直播。

腾讯、华为、百度、抖音等平台则尝试对标 OpenAI 于 2022 年 11 月推出的大型语言生成模型 ChatGPT，打造“中国版 ChatGPT”。在短视频领域，万兴科技开发 AI 视频创意软件“万兴播爆”，于 2023 年 3 月全球首发并宣布开启移动端公测，致力于打造全链条 AIGC 创作短视频，将 AIGC 贯穿脚本创作、智能配音、视频导出等环节，帮助解决出海营销视频外籍演员难找、多语言难适配等问题；快手平台也于 10 月 26 日正式内测“AI 小快”账号，它基于快手自主研发的大规模语言模型“快意”，实现在评论区为用户提供自动化文案修改、图片生成、互动问答等 AIGC 服务。

3. 内容出海另辟蹊径行之有效

2023 年，中国传媒产业积极拓展海外市场，打造“内容 + 版权 +IP+平台”的出海模式，“走出去”规模与质量同步提升。从细分题材来看，一方面，古装题材影视剧继续展现出强大的国际传播力，吸引了众多海外观众的关注和喜爱。古装爱情剧《长月烬明》在国内播出时也在 Netflix（奈飞）、泰国 TrueID、越南 VieOn 等流媒体平台同步上线，全球播放量超 1.4 亿次，IMDb 评分 9.1 分。[①] 另一方面，科幻、田园、悬疑等题材影视剧亮点频出。田园治愈剧《去有风的地方》在国内开播 1 天后便登陆泰国 TrueID、北美 Rakuten Viki 等平台，随后陆续登陆越南、蒙古、韩国等国的电视台。该剧还获联合国教科文组织发文点赞，并被《纽约时报》推荐为“2023 年优秀国际剧目”。科幻剧《三体》于 2023 年 9 月 23 日登陆美国 PBS（公共电视网），并在其网页端、移动端及 OTT 平台同步播出，覆盖北美全境，这是中国科幻电视剧首次登陆美国主流媒体。目前该剧海外播出平台已覆盖五大洲，实现中国视听出海的新突破。

输出翻拍版权也逐渐成为影视出海的重要路径。剧集《隐秘的角落》被日本购买版权并翻拍成电影《黄金少年》（*Gold Boy*），该片入选第 36 届东京国际电影节 Gala Selection 单元并进行全球首映，于 2024 年 3 月在日本公开上映。综艺节目也有“IP 出海”模式。2023 年 4 月，越南有线电视公司与芒果 TV 就《乘风破浪的姐姐》第一季的模式授权达成合作，节目播放前就获评越南“2023 年最受期待的综艺”，收获大量观众的热情与好评。

为了掌握发行主动权并降低发行成本，各大平台也纷纷开始尝试“造船出海”，自建播出渠道。如爱奇艺、腾讯视频、优酷、芒果 TV 等长视频平台均结合自身特点上线了国际版 App，华策影视股份有限公司则构建了自主发行、一剧一谈、节展销售和线上云平台推介的综合发行模式，与

① 综艺报．特别策划丨国剧出海　行稳致远［EB/OL］．（2023-11-26）．https://new.qq.com/rain/a/20231126A04BH400.

YouTube（优兔）、Netflix、Facebook（脸书）、Twitter（推特，现名“X”）等近20家国际性平台深度合作，自主创建了60多个“华剧场”频道，海外粉丝总数高达1800万人，视频内容累计播放量超180亿次。[①] 此外，以ReelShort为代表的中国微短剧平台在海外发展迅猛，2023年在美国的下载量已突破1100万次，收入达到了5000万美元，在苹果应用商店的娱乐类排行榜上多次超过TikTok，成为最受欢迎的应用之一。[②]

（三）传媒经营模式稳中求变，积蓄产业发展新动能

1. 主流媒体入局电商直播赛道，助力国货出圈

主流媒体建构“大视听生态”，通过助力国货直播拓展C端经营服务空间。主流媒体凭借丰富的媒体资源和强大的传播影响力入局电商直播赛道，通过与直播平台合作和自建直播平台的方式助力国货品牌破圈。2023年6月6日，东方卫视的直播账号“东方卫视星选”在淘宝开启海派直播首秀，用上海方言带货，为上海国货代言，让用户了解和感受独特的海派文化。2023年8月31日，北京卫视的淘宝官方账号“北京卫视京选”进行直播首秀，直播观看人次超400万，销售额达2538万元。央视财经联手拼多多，开展“金牌国货 多多真香”系列活动，于2023年9月22日在拼多多平台举办“国货团建”直播，鸿星尔克、上海制皂等多家国货企业负责人亮相，为用户提供优价好物并讲述品牌背后的故事，获得全平台超650万网友热捧。[③]

2. 电商直播开启付费会员制，兴趣电商和社群电商充满活力

电商直播试水付费会员业务，探索付费看直播购物的盈利模式。2023年10月17日，东方甄选正式上线付费会员业务，并在自有App开设全天

① 综艺报．特别策划丨国剧出海 行稳致远［EB/OL］．（2023-11-26）．https://new.qq.com/rain/a/20231126A04BH400.

② 科技时坛．微短剧爆火，拥有中国“血统”的ReelShort能征服美国吗［EB/OL］．（2024-02-03）．https://baijiahao.baidu.com/s?id=1789854089999472855&wfr=spider&for=pc.

③ 冀时．央视联合拼多多举办“国货团建”直播 全平台超650万网友热捧［EB/OL］．（2023-09-25）．https://mp.weixin.qq.com/s/_0IJ6CFn2mIjvek6tqHxUA.

“才艺直播”，邀请新东方创始人俞敏洪以及董宇辉等众多主播通过才艺展示进行带货直播，成为全网第一家实行付费会员制的直播机构，意在突破通过广告和卖货获得收益的主流直播电商盈利模式，尝试将抖音等其他直播平台的流量变为东方甄选 App 的私域流量，并通过建立对董宇辉等主播的价值认同进一步抢占消费市场。

随着电商的深入发展，以淘宝为代表的货架电商和直播电商进入红海，基于抖音、快手和小红书平台的兴趣电商和社群电商逐渐兴起，成为电商的重要增长点。以抖音为例，自 2020 年 6 月字节跳动成立电商一级业务部门，将电商业务作为战略方向起，抖音已成为第三大电商平台，且是增长最快的平台。为了进一步降低创作门槛，抖音于 2023 年 2 月正式开放图文带货入口。相较于视频，图文的成本更低、制作周期更短，也更有利于品牌实现自营及降本增效。优质的图文内容在获得更大流量的同时，也能带来更高的转化效率。从当前抖音平台的图文作品电商营销情况来看，组件视频占比最高，接近 40%，其次是带货视频、团购视频等，这种多元化的变现模式有效地激发了达人的创作热情，进一步推动了抖音图文生态的繁荣。①

3. 广告市场稳步复苏，户外场景勃发生机

2023 年，中国经济市场全面复苏，市场消费热度也提升了广告主的投放信心。2023 年全年，广告市场整体投放额同比提升 6.0%，重回正增长区间，大量新增品牌的广告花费增长突出。与此同时，电梯 LCD（21.0%）、电梯海报（16.5%）、影院视频（21.9%）等分媒体领域的广告花费出现一定比例上升，而电视（–0.2%）、报纸（–10.6%）、杂志（–19.1%）、广播（–12.1%）以及互联网网站（–2.5%）上的广告花费投入则呈现明显下滑趋势。②Citywalk 和 Citybike 成为青年旅行的新方式，进

① 飞瓜数据 .2023 年抖音图文内容研究报告［R/OL］.（2023-12-21）. https://news.sohu.com/a/746026257_407401.

② 数局 .CTR 媒介智讯：2023 年广告市场投放数据概览报告［R/OL］.（2024-02-06）. https://www.163.com/dy/article/IQ9B00DE0511B3FV.html.

一步激活户外场景的互动价值。在人流量大的户外场景中，消费者沉浸式参与品牌互动，元气森林、外星人、德祐、易开得等品牌在户外的广告投放量均较此前呈现较大幅度增长。

互联网平台广告营收整体温和复苏，部分平台增长强劲。2023 年全年共实现互联网广告发布收入 7190.6 亿元，比上年增长 33.4%，在广告发布业务中的占比从 2019 年的 58.7% 上升至 82.4%。传统媒体加快数字化转型，以电视台为代表的事业单位，互联网广告业务增长 8.3%。广告业集约化发展明显，北京、上海、杭州、深圳和广州等地收入合计占全国总量的 74.0%，成为我国“五大广告中心”。[①] 广告业的蓬勃发展，对于塑造品牌、促进消费、扩大内需、传播文化起到了积极作用，为加快构建以国内大循环为主体、国内国际双循环相互促进的新发展格局，提供了得天独厚的良好条件。

三、传媒经济高质量发展面临的制约因素

（一）产业总体发展步伐存在不平衡现象

从国民经济整体运行情况来看，2023 年全年我国国内生产总值达 1260582 亿元，其中第三产业增加值 688238 亿元（增长 5.8%），总体态势持续向好。[②] 然而，相较于国民经济中的其他支柱型产业，我国传媒产业无论是在所占市场份额还是在盈利能力上仍旧呈现出不小的短板与局限，特别是资源分配的不均衡以及发展步调的不一致，这成了传媒产业进一步壮大的主要桎梏。这种不平衡的现象不仅限制了产业的全面健康发展，还影响了其在国内乃至全球市场的竞争力和影响力。一些媒体凭借强大的技术实力和资源优势，迅速推出富有吸引力和竞争力的新媒体产品，成功实

① 央视新闻 .7190.6 亿元！2023 年我国广告业快速增长［EB/OL］.（2024-04-28）. https://baijiahao.baidu.com/s?id=1797577245998209464&wfr=spider&for=pc.

② 国家统计局 . 中华人民共和国 2023 年国民经济和社会发展统计公报［R/OL］.（2024-02-29）. https://www.gov.cn/lianbo/bumen/202402/content_6934935.htm.

现业务的数字化转型，也因此赢得了广泛的市场份额和受众支持；另一些媒体则受到技术、人才、资金、制度等多方面因素的制约，在数字化融合转型的浪潮中步伐缓慢，面临着被边缘化甚至淘汰的风险。另外，一些发达地区拥有更多的优质资源和优秀人才，可以为本地传媒业的发展提供更多支持；许多欠发达地区则经常面临发展滞后、资金短缺、人才流失等现实问题，导致本地传媒业的发展滞后、无力。种种发展不平衡现象，在很大程度上制约了中国传媒产业的全面协调发展，成为一个应当得到重视的关键问题。

（二）体制机制改革有待继续深入

我国传媒业高质量发展的制约因素之一，是体制机制改革的不完善。尽管近年来我国媒体行业已经在积极拥抱新媒体、努力推动媒体融合建设等方面采取了一系列切实有效的政策措施，但仍存在一些难以解决的问题。

比较突出的问题是组织架构、业务流程与管理机制上的变革缓滞，这已经成为“主力军挺进主战场”的核心机制壁垒。部分媒体虽然已经通过建设融媒体中心等方式实现了对于组织生产空间的初步融合，但在实际业务开展的进程中仍旧缺乏系统性思维与一体化举措，也尚未实现由“物理融合”向“化学融合”乃至“生态融合”的飞跃。也有媒体在面对新媒体内容生产时依然沿用传统做法，往往采取拆条搬运、转发引用而非针对性原创的方式，未能适时引入能适应各平台特色的分众化内容生产机制。另有部分媒体仍未能明确组织的核心定位，以致往往在日常的工作开展中出现职权不清、责任不明甚至与其他社会部门“撞车”的情况，最终致使“新闻 +”乃至“全程、全息、全员、全效”的四全媒体建设布局迟迟无法真正落地。

（三）算法监管机制建设仍需完善

习近平总书记在《加快推动媒体融合发展　构建全媒体传播格局》中

强调：“探索将人工智能运用在新闻采集、生产、分发、接收、反馈中，用主流价值导向驾驭‘算法’，全面提高舆论引导能力。”[①] 随着算法的不断进步从而推动媒介形态和传播模式的深刻变革，构建以算法治理为核心的网络空间治理新体系并引导算法向善已成为重要议题。

算法传播以大数据为基础，其中包括用户在网络上留存的各种行为信息，在以算法为中心架构的智能监控社会中，个人信息隐私的被动让渡与主动收集越发严重，算法“黑箱”的所有者和一般公众之间存在权力不平等的现象。资本的权力隐藏在算法背后，技术及其所有者能够凭借算法隐蔽于公众视野之外，交出个人隐私的一般公众成为被资本、技术和商业控制的对象。目前的监管制度将算法监管聚焦在算法产生的外部行为及其后果上，算法技术的本身成为监管盲区。算法设计的合理性及正当性审查应成为监管平台媒体的重要环节。针对算法“黑箱”，管理者可以尝试使用开发源代码，合理划分平台责任与算法责任，将信息披露设置为平台媒体的基本义务。

（四）新技术驾驭能力仍显不足

新兴媒介技术构成了推动传媒业发展的驱动型力量，但与此同时，面对一个科技发展日新月异的传播市场格局，仍有不少媒体组织未能形成对于新兴媒介技术的足够重视，或只是片面地将新媒介技术理解为提高内容生产效率的工具，而忽视了后者在改变媒体内容生态、提升用户体验以及拓展市场空间等方面的潜在价值。尤其是在不少正处于转型进程的主流媒体中，从业者不仅对新媒体素养的理解与掌握仍有欠缺，在面对新媒体技术的快速更新换代时也显得力不从心，最终促使许多单位片面满足于对新技术的“一买了之”，而无法真正实现新媒体技术与内容生产和制播环节的深度融合。

---

① 习近平．加快推动媒体融合发展　构建全媒体传播格局［EB/OL］．（2019-03-15）．https://www.gov.cn/xinwen/2019-03/15/content_5374027.htm.

不仅如此，新兴智能化媒介技术的快速发展，更进一步增加了媒体业所普遍面临的技术代差风险。包括ChatGPT等在内的大语言模型技术已经可以做到自动生成文本、图片、视频等多模态媒介内容，由此不仅可以极大地提高媒体内容生产的效率和质量，无疑也对既有的媒体生态格局形成新的挑战。另外，在深度学习模型训练、智能生态布局、算力储备乃至人才队伍建设等关键领域，我国与国际领先水平仍存在一定的客观差距。这些都意味着在面对新兴媒介技术的发展时，不仅传媒业需要积极应对挑战，以充分提高自身的技术水平和应用能力，政府和企业也应该加大投入和研发力度，提高我国在智能媒介技术领域的整体水平。

四、筑基·协同·聚力：传媒经济发展趋势展望

（一）坚持守正创新，追求传媒经济高质量发展

坚持守正创新，既是建设中国式现代化的整体要求，也是推动我国传媒经济高质量发展的核心基础。守正，意味着我国传媒业在未来发展进程中必须坚守初心使命，明确新时代新征程上的发展定位，增强自身的使命感、责任感和紧迫感。创新，意味着传媒业需要在坚守基本原则立场的基础上，不断探索内容、模式和技术等多重维度上的创新可能。首先，需要进一步拓宽内容领域，激活内容生态，特别是对微短剧等各类新兴涌现的内容产品进行深度价值挖掘，打造更多兼具内容吸引力与思想深度的精品佳作。其次，要努力探索更多新的传播方式和商业模式，特别是建构在互联网新媒介渠道之上的社交媒体、短视频、直播等新媒体内容形态，其商业潜力仍有待进一步挖掘。最后，应特别对新兴媒介技术尤其是以ChatGPT等为代表的新一代生成式人工智能的发展趋势和应用前景给予高度关注。

（二）强化协同联动，实现传媒经济更均衡的发展

对于当前传媒产业发展中存在的不均衡、不协调现象，各级媒体应

当更进一步统筹协调各方面要素，积极构建新发展格局。对正在推进中的媒体深度融合而言，实现由“物理融合”向“化学融合”乃至更深层次的“生态融合”的深度融合转化，是我国各类传媒力量特别是主流媒体所应秉持的基本经营方略。为了更好地做到这一点，需要优化顶层设计部署，处理好传统与新兴、中央与地方、主流与商业、大众化与专业化等各类型媒体之间的关系，坚持资源集约、结构合理、差异发展、协同高效的核心原则，充分发挥各级媒体的资源优势，最终实现优势协调、错落有致的全媒体传播生态圈建设。不仅要更好地开发移动端新媒体乃至各种虚拟媒介渠道所具有的潜在价值资源，还要切实加强不同媒介形态之间在内容生产、渠道传播以及信息服务等多层次上的协同创新，最终为媒介用户提供更全面、更便捷的信息服务，也为各级媒体组织乃至整个国家的信息传播体系注入新的活力。

（三）加强行业监管，促进传媒经济规范化发展

传媒经济的高质量发展离不开多部门有效的行业监管。2023 年在未成年人网络保护、生成式人工智能服务管理、治理电视“套娃”收费和操作复杂性等方面出台了相应的政策，但仍存在一定的监管漏洞。只有建立健全法律法规体系，强化对行业的监督和管理，加强媒体自律和自我约束，才能有效提升传媒产业的发展活力。监管部门需要不断完善相关制度和法规，提高监管的针对性和有效性，填补算法监管、自媒体监管等领域的空白；对媒体机构的资质审查、内容审核、广告监管等方面进行严格把关；明确传媒经济行业的行为规范和道德准则，促进市场的公平竞争并保障消费者的合法权益。与此同时，信息跨境流动日益频繁，国际合作成为有效监管的关键，国际社会应合作制定共同标准并加强协同联动，以促进内容出海的健康发展。

（四）积极共建“一带一路”，推动传媒产业国际化发展

立足人类命运共同体理念，把握共建“一带一路”倡议所提供的关键

机遇，是我国传媒产业国际化发展的重要背景。2023 年 11 月 24 日，推进“一带一路”建设工作领导小组办公室发布了《坚定不移推进共建“一带一路”高质量发展走深走实的愿景与行动——共建“一带一路”未来十年发展展望》，其中明确提出“持续加强‘一带一路’新闻合作联盟建设，推动各国新闻媒体开展联合采访制作、人员培训交流等合作”等发展愿景，充分彰显了讲好中国故事、传播好中国声音，向世界展现真实、立体、全面的中国对于我国传媒业发展所具有的引领性意义。[1] 因此，中国的传媒产业也应以更加开放包容的姿态，进一步推动自身国际传播能力建设，加强与共建“一带一路”国家的媒体合作，聚合多元力量，促进共建各国之间的相互了解和沟通，与各国传媒业一起共谋发展、共迎挑战。

① 新华网 . 坚定不移推进共建“一带一路”高质量发展走深走实的愿景与行动：共建“一带一路”未来十年发展展望［EB/OL］.（2023-11-24）. https://baijiahao.baidu.com/s?id=1783409510114647146&wfr=spider&for=pc.

Ⅱ 内容生产篇

B.2
2023年中国广播电视内容创新报告

许建华　唐嘉　欧阳宏生*

摘　要： 2023年是全面贯彻落实党的二十大精神的开局之年。中国广播电视内容紧紧围绕学习领悟党的二十大精神，迈向强国建设、民族复兴的新征程，多侧面、多角度生动诠释习近平新时代中国特色社会主义思想的实践伟力；浓墨重彩抒写中国式现代化进程的绚丽华章；记录中国革命和中国式现代化进程中的光荣与梦想。紧扣时代脉搏，持续深耕各类传统题材。文化类节目重在追溯中华文明之源，创新性赓续中华优秀传统文化；自然生态类节目着力呈现美丽中国形象；社教类节目聚焦青春榜样、厚植科学精神、展示科技进步，增强民族自信心。

关键词： 广播电视；内容创新；新思想实践伟力

2023年是全面贯彻落实党的二十大精神的开局之年，中国经济呈现向好向上修复的态势，文化、体育、餐饮、旅游等市场迅速复苏；成都第31届世界大学生夏季运动会和杭州第19届亚运会等大型体育赛事如约而

* 许建华，博士，成都大学传媒研究院教授、硕士生导师，主要研究方向为广播电视、文艺与传媒；唐嘉，成都大学文学与新闻传播学院新闻与传播专业研究生；欧阳宏生，四川大学二级教授、博士生导师，成都大学特聘教授，成都大学传媒研究院院长，主要研究方向为广播电视、新闻传播。

至；新能源、人工智能、先进制造等产业取得诸多突破；巴以爆发新一轮冲突，俄乌冲突持续不断给国际社会政治、经济带来深刻影响……2023 年 1 月 6 日，国家广播电视总局召开 2023 年全国广播电视工作会议，强调“要坚持以习近平新时代中国特色社会主义思想为指导……突出学习宣传贯彻党的二十大精神工作主线，围绕举旗帜、聚民心、育新人、兴文化、展形象建设社会主义文化强国”[①],为 2023 年广播电视创新发展奠定了主基调。2022 年末，人工智能生成内容技术获得了突破性进展，我国广播电视行业推进数字化发展，智慧广电转型升级，进一步赋能广播电视创新发展。2023 年，中国广播电视内容紧紧围绕学习领悟党的二十大精神，迈向强国建设、民族复兴的新征程，持续深耕各类传统题材，突出时代之变、时代之需、时代之急。各类型广播电视节目以形式创新来推动内容创新，内容精品创作与时代同频共振，为党和人民呈现了一大批有筋骨、有温度的优秀作品。

一、生动诠释习近平新时代中国特色社会主义思想的实践伟力

面对波谲云诡的国际政治经济形势以及艰巨繁重的改革发展稳定任务，以习近平同志为核心的党中央带领全党全国各族人民，有效应对外部压力，克服内部困难。立足党的二十大所规划的宏伟蓝图，围绕贯彻党的二十大关于文化建设的战略部署，强化思想引领、不断守正创新，大力唱响强信心的主旋律，为党和国家事业发展提供了坚强思想保证、强大精神力量和有利文化条件。广播电视重大主题宣传内容秉持以习近平新时代中国特色社会主义思想为指引，紧密围绕学习领悟党的二十大精神，生动诠释新征程上呈现出的实践伟力。

① 国家广播电视总局 .2023 年全国广播电视工作会议在京召开［EB/OL］.（2023-01-06）. https://www.nrta.gov.cn/art/2023/1/6/art_112_63147.html.

（一）着力展示总书记思想引领、行为世范

习近平新时代中国特色社会主义思想为新时代党和国家事业发展提供了根本遵循，推动着伟大时代实现历史性跨越。2023 年，广播电视新闻报道将宣传学习贯彻党的二十大精神作为头条工程，着力展示领袖思想的精准导航。

在党的二十大报告中，习近平总书记再次强调必须坚持人民至上。人民至上，既是中国共产党的执政理念和价值取向，也是习近平总书记对国家、民族和人民深厚的赤诚情怀。2023 年，习近平总书记怀揣着对国家、民族和人民沉甸甸的责任，不辞辛劳地到江西、陕西、山东、四川、浙江等地考察，中央广播电视总台《新闻联播》紧跟总书记的足迹，适时报道习近平总书记为区域经济问诊把脉，以及对民生民情的热切关注。总台的各平台、各频道、各栏目也以各种形式深度展示习近平总书记胸怀天下、人民至上的执政情怀。时政微视频《与人民在一起》，展示习近平总书记与人民紧密联系的生动场景，获得今日头条、百度、腾讯等平台置顶推荐，触达用户 6.6 亿人次。时政微纪录短视频《来自人民》，关注习近平总书记在陕西、河北、福建、浙江、上海等地工作期间，团结带领人民群众不懈奋斗、实现美好生活的实干身影。

2023 年，广播电视还聚焦于习近平主席跨山越海，步履匆匆地奔赴在大国外交的最前线，为中国—中亚命运共同体擘画蓝图，为中非未来发展指明方向，为“一带一路”高质量发展凝聚共识、深化合作而做出不懈努力……特别是举世瞩目的中美元首会晤，在微视频《大国外交最前线丨中美元首会晤的开场白里谈了什么？》里，习近平主席郑重地表达了一名政治家对人民、对历史、对世界的诚意和责任，高屋建瓴地从人类前途和地球未来的高度阐述中美关系，其坚定的政治定力彰显了一位伟大的政治家以天下苍生为己任的世界格局和大国担当精神。当地时间 11 月 15 日晚，习近平主席在美国旧金山出席美国友好团体联合欢迎宴会，并发表了

题为《汇聚两国人民力量　推进中美友好事业》的重要演讲。在演讲中，习近平主席50多次情真意切地提到“人民”这个极具分量的概念，再次强调了其“我将无我、不负人民”的信念，向世界人民展示了一位伟大的政治家、思想家初心不变，拥有“人民至上”的无私情怀和以“天下为公”的宏阔格局。

（二）通俗化、平民化宣传阐释党的二十大精神

2023年新年伊始，从中央到省级广播电视台就持续推出各地学习贯彻习近平新时代中国特色社会主义思想主题教育的活动，突出学习宣传贯彻党的二十大精神，创作了不少精品节目，让党的理论思想“飞入寻常百姓家”。山东广播电视台推出的全国首档交互式电视理论节目《跟总书记学方法》、上海广播电视台推出的融媒体理论节目《思想耀征程》等都紧紧围绕党的二十大报告提出的“六个必须坚持”这一贯穿习近平新时代中国特色社会主义思想的立场观点方法，借助电视节目和广播节目丰富生动的表现形式，准确阐释党的创新理论最新成果的精髓和灵魂，让理论入耳，让思想入心。

湖南广播影视集团（台）推出的《十讲二十大》，抓住党的二十大报告中的关键词句，以民生小事彰显宏大叙事，使理论宣传大众化、平民化。安徽广播电视台推出的《中国新远征》，以立体访谈等形式，打造具有互动性、场景化、沉浸感的理论谈话场，为观众奉上一场兼具深度、广度和温度的理论盛宴。梧州市广播电视台推出的广播“微党课”《唱响二十大　热词看中国》，采用“音乐+演讲+故事”的节目风格，让党的二十大精神好听、易懂。湖南广播电视台推出的广播节目《领航的旋律——湖南百名主播百场思政课进基层》，以“音乐+党史”的形式，通过极具感染力的经典音乐和语言艺术，生动讲述党的光辉历程、百年大党的丰功伟绩，让党的二十大精神“声”入人心。

（三）人工智能赋能两会报道时尚感、科技感

2023年全国两会作为党的二十大后的首次盛会，备受全球关注。总台

和省市级电视台，积极借力人工智能的最新技术成果，通过多样态视听内容，全景化生动诠释了新思想的实践伟力。

2023 年全国两会期间，总台推出了由数字虚拟主播“小 C”采访演播室真人嘉宾，并与前方两地代表实现三方同框的两会先锋谈话 XR（扩展现实）直播节目《中国神气局》。“小 C”在新闻报道中表情丰富，与嘉宾们的对话和互动细节精致、流畅自然。节目中用 XR 的方式呈现唯美中国风与未来科技感相结合的虚拟场景，让真实与虚拟无缝对接，完美诠释了节目 slogan（口号）“两会万象新，中国有神气”的丰富寓意。央视网的创意微视频《AI 绘意中国》，用 AIGC 技术对大量图片作品进行提取、分解、组合，描绘中国式现代化进程中乡村振兴、科技创新、民生保障的美好图景。

河南广播电视台推出的短视频《开往春天的列车》，采用三维动画和实景交互的创新表达，巧妙使用元宇宙概念和 AI 智能语音，以新颖独特的形式描绘了各领域年轻有为的基层人大代表搭乘“红旗渠号”列车赴京参加两会，途经“乡村振兴站”“产业发展站”“科技创新站”“时代青年站”，继续奔向“中国式现代化”这个充满希望的新站点。节目播出后，全网累计点击量突破 5 亿。河南广播电视台推出的短视频《“拼出好未来”之“让明天的中国更美好”》，采用“平行空间 + 元宇宙 + 人工智能角色融合”的方式，覆盖微博、抖音、快手、B 站、微信视频号等众多平台，全网累计播放量突破 1.1 亿。河南广播电视台推出的短视频《“拼出好未来”之“裸眼 3D 看红旗渠”》，创新使用了“人物实拍 + 数字虚拟 + 裸眼 3D”的创意表现，全网累计播放量突破 1.5 亿。

（四）多角度、多样态展示共建“一带一路”倡议提出 10 周年的丰硕成果

2023 年是构建人类命运共同体理念和共建“一带一路”倡议提出 10 周年。总台及省市级广播电视台借此契机，以多角度、多样的节目形态，

充分展示10年来共建“一带一路”各国同舟共济、命运与共，在科技、经济、人文等方面所结出的丰硕成果。

为推动学习宣传新思想走深走实，云南广播电视台电视节目《新思想 一路讲》将宣传新思想与“一带一路”实践成果结合起来，专家学者和“一带一路”建设者们登上复兴号列车，沿着“钢铁新丝路”讲述新时代、阐释新思想，生动展现习近平新时代中国特色社会主义思想的真理魅力和实践伟力。江西广播电视台《中国礼·陶瓷季》用陶瓷文化讲述中国与“一带一路”共建国家民心相通的暖心故事。湖南卫视《花儿与少年·丝路季》带领观众走近“一带一路”重点合作项目和中国企业，节目旅程横跨亚欧大陆，历经沙特阿拉伯、克罗地亚、冰岛三个国家，领略不同国家的秀丽风景和迥异人文风情，展示新丝路上的精彩变化，领略中国智慧、中国方案、中国力量为“一带一路”共建国家带来的改变。新疆广播电视台融合报道节目《我和我的新丝路》聚焦大时代下小人物的命运，聚焦基础设施“硬联通”、规则制度“软联通”、民心相交“心相通”的生动实践，反映10年来中国与“一带一路”共建国家携手，互利共赢、共同推动高质量发展的丰硕成果。总台中国之声推出的广播剧《钢的交响》讲述的是一个只有9人的中国团队如何扎根异国他乡，架起友谊桥梁，让塞尔维亚百年钢厂重焕新生的动人故事。

《通向繁荣之路》《共同的建造》《新丝路上的交响》《一带一路上的中国名片》等众多纪录片则发挥纪录片“国家相册”的作用，采用政论与纪实相结合的表达，或聚焦“一带一路”共建国家发展，或聚焦“一带一路”多个重点建设项目，多角度展示了共建“一带一路”倡议提出10年来，中国与共建国家在现代化建设征途中的感人故事和发展成就。

二、浓墨重彩抒写中国式现代化进程的绚丽华章

党的二十大报告中，习近平总书记郑重宣布，新时代新征程中国共产党的使命任务“就是团结带领全国各族人民全面建成社会主义现代化强

国、实现第二个百年奋斗目标，以中国式现代化全面推进中华民族伟大复兴”[①]。2023 年广播电视节目全方位展示我国经济稳中求进的坚定信心和韧性，生动展示中国式现代化建设的绚丽画卷，深入挖掘高质量发展的充沛活力，提振发展信念，描摹新征程的磅礴力量。

（一）全面展示祖国各地经济高质量发展的壮丽图景

2023 年新冠疫情防控平稳转段、取得重大决定性胜利后，在习近平总书记领航掌舵之下，中国经济开始呈现向好向上修复态势。中国广播电视以多样化的节目形态，形象化地全面展示了中国经济这一年来所取得的成效，有的节目是全景化扫描祖国各地经济高质量发展的恢宏成就，有的节目聚焦于区域经济发展的独特成绩，有的节目则关注行业亮点。

山东卫视《行进中国黄河篇》以黄河为联结点，展现了黄河沿线 9 省 5464 公里“黄河生态经济带”的新发展、新图景，同步推出的多条短视频更是引爆新媒体社交平台。内蒙古广播电视台《开卷有理·实践 π》联合全国 11 所高校，在 11 个地点，从 11 个方面全景式记录中国式现代化到底是什么样的现代化，以实践成果阐释理论思想。总台央视财经频道特别报道《万盏灯　亮中国》，巧妙地选取“灯”这个象征着中国经济充满活力和光明前途的载体，跟拍记录了来自能源、科技、基建、航天等 10 个不同领域的普通人，努力拼搏创造出了中国经济增长的权威数据，相关报道网络端总阅读量超过 120 万。

广播节目《我们在西藏》《非凡中国桥》、电视节目《逐梦大湾区——众创英雄汇 2023》《行进大湾区·同心筑梦》、纪录片《风华正“贸”》《深圳故事》等众多优质节目，以不同的节目形态，或与学界业界精英对话，或以小人物带出大变迁，立体全面地反映了区域经济、城市经济发展的生动实践，讲述高质量发展的中国故事。

① 习近平．高举中国特色社会主义伟大旗帜　为全面建设社会主义现代化国家而团结奋斗——在中国共产党第二十次全国代表大会上的报告［EB/OL］.（2022-10-25）. http://www.news.cn/politics/2022-10/25/c_1129079429.htm.

（二）立体化展现乡村振兴的时代画卷，呈现中国经济高质量发展的底气

习近平总书记强调："从中华民族伟大复兴战略全局看，民族要复兴，乡村必振兴。从世界百年未有之大变局看，稳住农业基本盘、守好'三农'基础是应变局、开新局的'压舱石'。"[①] 扎实推进乡村全面振兴，是实现中国经济高质量发展的基本保障。2023 年广播电视作品着力于关注"三农"话题，描绘乡村振兴美丽画卷。

2023 年，在第六个中国农民丰收节之际，中央广播电视总台紧扣"庆丰收　促和美"主题，通过形态多样的创新产品集群，全方位、矩阵式、立体化展现新时代乡村振兴图景。广播节目《诵读，你眼中的丰收》邀请农民、外卖员、乡村医生、盲人按摩师等用诗歌记录生活、吟诵丰收，传递农村经济繁荣丰收的喜悦。纪录片《中国农民人物志》讲述百余名系列人物故事，记录百余位乡村振兴路上的奋斗者，有致力于农业研究的大国农匠，有返乡创业致富的年轻人，有扎根乡村的教育工作者……从东北到新疆、从内陆到沿海，绘就了多姿多彩的乡村振兴巨幅画卷。《一路"丰"景》《新时代农机手》《丰收集结号》等节目立足祖国"三农"沃土，聚焦农业强国建设成果，唱响乡村振兴时代强音。

省市级广播电视台及融媒体中心也创作了不少形态多样的精品节目，展示新时代乡村新貌，如浙江广播电视集团广播节目《村书记说"千万工程"》、湖北广播电视台广播节目《绿水青山的回响》、新疆广播电视台电视节目《村里有个女"飞手"》、福建省尤溪县融媒体中心电视节目《向往的乡村》等，讲述乡村振兴的动人故事，呈现风土人情与乡野山水之美。

（三）深耕文旅融合主题，助力区域经济发展

文化旅游经济在中国现代经济体系中占据着相当重要的位置。2023 年

---

① 刘志铭．以更高水平的乡村振兴　助力打造新发展格局战略支点［N］．南方日报，2021-05-17（A11）．

文旅融合的广播电视节目，不仅为观众带来了沉浸式体验，同时也助力推进地方经济发展，展示城乡百姓美好生活。中央广播电视总台《中国米食大会》融合真人秀、纪录片和慢综艺，以“米”为线索，将浙江、广东、云南等六个米源地的美好风光、米食文化、生活百态串联起来，呈现独特的地域米食文化，展现中国式现代化进程中人们对美好生活的共同向往。四川广播电视台《沸腾吧！乡村》以“新农 + 奇文 + 趣旅”为内核，聚焦四川县域一、二、三产业联动和农文旅融合发展，展示新农业、新农村、新农人的“沸腾”形象。江苏省广播电视总台《你所不知道的水韵江苏》、宁夏广播电视台《乡村的叙述》、陕西广播电视台《大唐双雄新年奇遇记》等节目，均以真人秀的形式，串起文旅融合的主题，引领观众沉浸式感受特色小镇、历史名城、新乡村美景、历史文化、人文故事……打造线上线下联动消费平台，助力地方经济发展。

在文旅融合助力经济发展的主题方面，呈现出来的优质广播节目也不少，如黑龙江广播电视台广播节目《歌声里的黑龙江》、上海广播电视台广播节目《过江南：长三角名人故居之旅》、贵州广播电视台广播节目《新农“人”的“绿色名片”和“田园牧歌”》等，从不同的题材切入，展示各地的历史底蕴、文化魅力，带动当地经济发展。在“影视 + 文旅”背景下，具有浓郁文化底蕴、地方特色、乡土风情等特色的电视剧同样带火了一部分城市，《狂飙》中的江门街头、《繁花》中的上海、《尘封十三载》《脱轨》中错综魔幻的“迷雾”城市重庆、《去有风的地方》中的云南大理等，都成了观众和游客心中的“网红打卡地”，带动地域经济发展，实现社会效益与经济效益的双丰收。

三、记录中国革命和中国式现代化进程中的光荣与梦想

2023 年正值纪念毛泽东同志 130 周年诞辰、共建“一带一路”倡议提出 10 周年、抗美援朝战争胜利 70 周年、中国援外医疗队派遣 60 周年等许多关键节点，广播电视节目抓住契机，努力讲好中国革命和中国式现代

化进程中的生动故事，展示中国人民不懈追求梦想的精神力量。

（一）纪念毛泽东同志，展现毛泽东思想的时代价值

为纪念毛泽东同志130周年诞辰推出的电视剧《鲲鹏击浪》《问苍茫》，均讲述了青年毛泽东追求真理、探索中国革命正确道路的热血故事。纪录片《从瑞金出发》全景式展现毛泽东等人在中央苏区进行的政治、经济、文化、教育、法制等一系列社会实践，为新中国成立积累丰富的经验。北京广播电视台广播节目《纪念毛泽东同志诞辰130周年特别节目——品悟伟人诗词　踔厉奋发前行》以诵读毛主席诗词作品的形式，生动地展现了他波澜壮阔的一生，阐释毛泽东思想的当代价值。

2023年是毛泽东同志批示学习推广“枫桥经验”60周年暨习近平总书记指示坚持和持续发展“枫桥经验”20周年。电视剧《此心安处是吾乡》，北京广播电视台《我为群众办实事之问计于民》、《我是规划师》第四季、《向前一步（城市更新系列）》，上海广播电视台广播节目《175个居民区构建美好社区，如何行动？》，湖南卫视《美好生活手册》等均展示了基层治理实践的优良传统“枫桥经验”与中国式现代化建设紧密结合的当代实践案例，反映了在探索中国式现代化基层治理经验中，中国共产党善于在继承中不断创新的精神品质。

（二）讴歌中国革命史、新中国建设史上先辈们的光荣与梦想

在中华民族波澜壮阔的伟大复兴路上，无数中华儿女、英雄人物和先进模范始终牢记初心、忠诚担当、勇毅前行，汇聚起推进中华民族伟大复兴的强大力量。只有勿忘先辈的荣光，才能行稳致远、接续前行。

纪录片《沈泽民》再现了中国共产党早期优秀党员沈泽民为中国革命和新文学事业所做出的贡献。内蒙古广播电视台广播剧《不尽长江滚滚来》聚焦新闻巨子范长江的新闻采访实践和革命探索历程，展现范长江在中国革命重大历史节点发挥的重要作用。陕西广播电视台广播节目《甜水井的一滴水流成了中国的一条大河》讲述“新中国最具代表性的人民音乐

家”刘炽的感人故事。陕西广电融媒体集团（台）广播节目《向着光，成为光——对话百年前的新青年》、河南广播电视台广播节目《流淌在时代里的青春之歌——交响音诗〈红旗渠〉赏析》、浙江广播电视集团“2023中国文学盛典·茅盾文学奖之夜”等节目或活动热情地讴歌和描绘了众多中华儿女在中国共产党的领导下为人民谋幸福、为民族谋复兴的如磐初心。

在伟大的抗美援朝战争胜利70周年之际，总台央视纪录频道纪录片《忠骨》、江苏省广播电视总台纪录片《伟大的胜利：抗美援朝启示录》、沈阳广播电视台微广播剧《江山如画》、芒果TV纪录片《超时空寻找》、北京广播电视台纪录片《从开城到板门店》等作品，从不同的切口着笔，多角度塑造了众多可歌可泣的英雄人物，浓墨重彩地描绘了这场意义深远的立国之战，对当下发扬伟大的抗美援朝精神、勠力同心实现中华民族伟大复兴，具有十分重要的时代意义。

四、文化类节目重在追溯中华文明之源，创新性赓续中华优秀传统文化

2023年，广播电视节目对中华优秀传统文化题材的深度开掘，以及运用现代科技手段来创新性传承依然热度不减。发力点上主要着力于追溯中华文明之源，提炼中华文明的精神标识，创造性、创新性传承中华优秀传统文化，彰显民族文化自信心和凝聚力。

中华文明历史悠久、源远流长，早已成为共识。近年来重大的考古发掘成果和对文物典籍的深入研究，不断刷新中华文明起源的时间点，文明探源也成为当下热点题材。总台央视纪录片《陶寺——地中之国》展示了陶寺遗址丰富且生动的考古发现，实证了陶寺这个4000多年前的地中之国，就是最初的中国，为中国上古文明从传说迈向信史时代提供了考古证据。大型文明探源纪录片《何以中国》《中国》《中国·考古》《山海经奇》，或依托重大考古成果，或通过解读神话故事，条分缕析探寻“中国”

之由来、中华文明之源头。文化综艺节目《黄河魂》、《中国智慧中国行》、《博物馆之城》第二季等都是中华文明探源题材的创新创优之作，以沉浸式、综艺化的视听语言，彰显中国智慧，揭示中华文明起源、形成和发展的历史脉络。

绵延不绝数千年的中华文明始终在统一性、和平性、包容性中不断实现创新性发展，时至今日仍然充满着蓬勃生机。中央广播电视总台大型系列纪录片《寻古中国》，通过探寻古蜀文化、黄河文化、玉文化、稻作文化等，以经纬纵横之势展示了中华民族各地区、各民族文化的交融汇聚以及中华文化的连续性、统一性，增强了中国人民的文化自信、民族认同和国家认同。各省市级广播电视台也依托当地考古文物成果，制作了不少精品节目，如新疆广播电视台广播节目《文物里的新疆》、浙江广播电视集团互动纪实节目《万里走单骑——遗产里的中国》第三季、山东广播电视台节目《馆长来了》、青海广播电视台电视节目《昆仑风物》第三季等，聚焦文物题材，有力论证了中华民族九州一家、四海一族的历史脉络，厚植各族人民中华民族共同体意识。

中华文明的精神标识和文化精髓是几千年来中华文明绵延不绝、中华民族紧密团结在一起的纽带。2023 年，讲述中华文明的精神标识、弘扬中华文化精髓是广播电视文化类节目的重要内容之一。纪录片《大运河之歌》、《大运河》、《长江之歌》(文明篇)、《我辈复登临》、《大泰山》，湖北广播电视台声音纪录片《长江之梦》，山东广播电视台《黄河文化大会》第二季等作品，着眼于展示富有影响力的中华文明精神标识——长江、长城、泰山、黄河等对中华文明的起源、发展的深远影响。广播节目如总台《中国声音中国年》、北京广播电视台《北京的声音——中轴线上的回响》、江苏省广播电视总台《门道》、漳州人民广播电台《汉字美学》等，借助沉浸式的声音效果，带领听众品悟中国民俗文化、汉字文化中蕴含的中华文明的独特魅力和文化精髓。

近年来，创造性转化和创新性发展中华优秀传统文化是文化类节目的重点选题，2023年，在新技术的加持下，广播电视持续深耕和拓展这一主题。总台《宗师列传·唐宋八大家》通过“沉浸式实景演绎＋电影化拍摄＋XR创新呈现”的模式，生动还原在中国文学史上影响深远的八大宗师的精神风貌。《中央广播电视总台首届青年京剧演员大会》借助融媒体平台，打造了一场极具影响力、权威性和不可替代性的文化盛宴，助推京剧文化的传承发展。深圳广播电影电视集团《当唐诗遇上交响乐》从唐代诗词和古典乐曲的融合角度切入，通过故事讲述、人物访谈和情景再现等多元方式，“新解”唐代诗词文化。安徽广播电视台广播节目《我的黄梅岁月——黄梅戏老艺术家口述史声音记录工程》、山东广播电视台《戏宇宙》第二季、黑龙江广播电视台《一起传承吧》第二季、浙江广播电视集团《丹青中国心》等节目都努力开掘中华优秀传统文化的新鲜题材，在创新性的阐释中弘扬和传承中华文明。

非物质文化遗产是中华优秀传统文化的重要组成部分，是中华民族的宝贵财富。总台《非遗里的中国》、河南广播电视台《豫见·非遗》、浙江卫视《还有诗和远方·非遗篇》、贵州广播电视台《非遗正青春》等节目，都致力于中国非物质文化遗产的保护和传承。这些精心选材、用心打造的非遗类文化节目，采用非遗秀演、技艺拆解、沉浸式互动体验等环节，构建出非遗与视效的创新表达形式，让非遗文化在新时代焕发出新的活力，推动非遗的传承与传播，增强民族认同与文化记忆，增进文化自信。

五、自然生态类节目着力呈现美丽中国形象

在新发展理念指引下，自然生态环境保护、绿水青山就是金山银山等理念早已成为全民共识，在政府主导和全社会的努力下，中国自然生态环境有了很大改善。2023年，自然生态类广播电视节目也着力向世界呈现美丽的中国形象。

《野性四季：珍稀野生动物在中国》《金丝猴王国：勇者的世界》《中国秦岭：一只金丝猴的记忆》《雪豹和她的朋友们》《江豚归来》《动物守

护行动》《万物竞荣大相岭》《美丽的高岭塞罕坝》等纪录片纷纷聚焦于中国各地美丽独特的自然生态环境，在生动有趣的动植物保护故事中，呈现出人与动物和谐共生的美丽画卷，反映了中国生态建设的巨大成就。

国家公园是留给子孙后代的重要自然遗产，建立国家公园体制是党的十八届三中全会提出的重点改革任务之一，是中国生态文明制度建设的重要内容。国家公园已成为美丽中国的新名片，2023 年广播电视从不同角度切入，以多样的节目形式展示中国国家公园的建设成就。总台广播节目《江山壮丽　我说长城》和百集系列节目《天下黄河》分别聚焦于长城沿线和黄河沿岸的自然生态环境，生动呈现长城沿线和黄河沿岸的生物多样性、文化多样性及其精神内涵，体现新时代建设国家文化公园的重要意义。上海广播电视台《极限挑战宝藏行·国家公园季》将公益与综艺巧妙融合，从百姓生活角度切入，切实感受国家战略的宏观命题带给人民的美好生活方式。《我们的国家公园》《国家公园：万物共生之境》《青海湖生命之歌》等纪录片通过讲述野生动植物故事，呈现中国国家公园的独特魅力，以及国家公园中蕴含的中华文明的特殊符号。

六、社教类节目聚焦青春榜样、厚植科学精神、展示科技进步，增强民族自信心

习近平总书记反复强调在青年成才道路上要“精心引导青年扣好第一粒扣子”。社教类节目以传播知识、弘扬文化、服务社会为宗旨，通过丰富多样的形式和内容，向观众传递积极向上的正能量和正确的价值观。2023 年是纪念毛泽东等老一辈革命家为雷锋同志题词 60 周年，社教类节目聚焦青春榜样、厚植科学精神、展示科技进步，增进民族自信心，激励年轻人勇敢追梦。

时值毛泽东等老一辈革命家为雷锋同志题词 60 周年，为贯彻落实习近平总书记关于深入开展学雷锋活动重要指示精神，辽宁广播电视台推出《永恒的雷锋——辽宁省纪念毛泽东等老一辈革命家为雷锋同志题词

六十周年特别节目》，将回忆雷锋、学习雷锋及雷锋精神与个人发展奋斗、时代浪潮等内容有机结合在一起，反映了新时代雷锋精神的传承发展。节目首播当晚，学习强国平台、人民网、新华网、央视频等央级媒体和优酷、腾讯、抖音等新媒体，共计 20 余家媒体平台与辽宁卫视同步直播，声势浩大，播出后观众反响热烈。辽宁广播电视台联合湖南广播电视台推出的广播节目《“乡”约雷锋》，以新时代的雷锋精神为主线，讲述新时代不同领域、不同行业中的青少年传承雷锋精神的实践行动和青春力量。

北京广播电视台《这场青春值得骄傲》、黑龙江广播电视台《一起读书吧》、南京广播电视集团《爷爷的传家宝》、中国教育电视台《冠军说》第三季等节目，或请党的二十大代表畅谈青春，以青春的榜样感染青年、鼓舞青年；或通过多样化的手段，帮助青年爱上阅读；或在追忆烽火岁月中传承家风，弘扬民族精神；或通过对话奥运会冠军，培养爱国情怀，传递青春精神；等等，以多元化的节目形式，以青春榜样引领青年，帮助青年养成正确的人生观、价值观，拥有奋斗进取的家国情怀。

国家进步、民族复兴需要青年具备丰厚的科学文化知识，特别是在高质量发展的中国式现代化进程上，更需要无数的高端科技人才。培养青年人的科学精神、提高全民科学素养是新时代高质量发展的必然举措。伴随着我国航空航天事业的迅速崛起，青少年对宇宙奥秘、飞行器创新以及科技改变生活等知识的渴望越发强烈。安徽广播电视台广播节目《我把理想写进空间站》和中央广播电视总台《中国空间站“天宫课堂”》，或通过航天员的讲述，或通过与航天员展开一系列微重力环境下的太空实验，在青少年心中种下航空航天的种子。许多科普节目致力于提升全民科学素养，针对所有受众，传播科学知识、科学方法、科学精神。北京广播电视台推出科学文化教育节目《大先生》，各领域的“大先生”纷纷登场，剖析纳米、岩石、肉味香料等“科学疑案”，观众看后感到受益匪浅。福建省广播影视集团《海洋公开课》利用 AR（增强现实）、XR 等技术，让观众沉浸式感知海洋“冷知识”和海洋故事。湖北广播电视台《你好　赛先生》

运用 XR、AI、CG 等数字技术，让科学家与青年嘉宾共探科技前沿发展，探索科技创新的无限可能。

科技创新推动中国式现代化建设高质量发展，纪录片聚焦于展示科技创新带来的大国工程建设、尖端科技领域的领先优势、制造业的转型升级等。《功在当代》《万桥飞架——山水间的人类奇迹》《了不起的工程》等纪录片展示了在中国式现代化进程中中国基础设施建设取得的巨大成就;《捕捉深空中的“烟花”》《宇宙来电》《月背征途》《月背之上：太空变革的黎明》等纪录片展示了中国在航空航天相关领域的重大科学突破成就;《栋梁之材》《智造中国》《加快形成新质生产力》等纪录片展示了中国经济高质量发展的巨大成就。科技创新铸就了新时代蓬勃昂扬的创新图景，增强了中国人的民族自信心、自豪感，凝聚起“强国有我”的时代使命感。

B.3
2023年中国报业融合发展概观与创新路径*

张雁菲　漆亚林**

摘　要： 2023年是习近平总书记作出“加快传统媒体和新兴媒体融合发展”重要指示10周年，也是疫情影响渐消、市场需求重塑、报业迎来恢复性增长的关键之年。在政策引领、科技赋能、多元化经营探索下，中国报业内容供给侧改革向高质量发展迈出新步伐，媒体融合逐步深化与细化。同时，在新一轮以数智化创新与应用驱动的“奇点临近”背景下，中国报业内容生产面临着技术、经营、管理、人才建设等方面的挑战，亟须不断探索传媒新质生产力，寻找新的增长点，担负起新时代的新任务、新使命和新作为。

关键词： 报业；媒体融合发展；媒体数字转型

2023年，在政策的有力引导下，疫情影响渐消，市场需求重塑，国民经济持续稳定向好。2023年也是习近平总书记作出“加快传统媒体和新兴媒体融合发展”重要指示10周年。10年探索，媒体融合从理念到现实，

* 本文系国家社会科学基金一般项目“一体化战略视阈下媒体融合的现实困境与实现路径研究”（项目编号：19BXW030）的阶段性成果。

** 张雁菲，中国社会科学院大学新闻与传播专业硕士研究生；漆亚林，中国社会科学院大学新闻传播学院执行院长，教授、博士生导师，创意传播研究中心主任。

从“相加”到“相融”，正在经历“蝶变”过程。外部环境与传媒产业高质量发展的内在动力相互激荡，共同推动2023年中国报业迈向恢复性增长的崭新阶段。

一、2023年中国报业融合发展概况

（一）政策引领：行政理性释放创新动能，报业深融迎来发展契机

国家政策在媒体融合发展的进程中扮演着至关重要的角色，是推动媒体融合不断前行的国家逻辑。2023年国民经济持续恢复、稳步向好，国家在新闻采编职业准入、生产式人工智能数字技术应用、媒体融合以及印刷业发展等领域出台了一系列政策，成为我国传媒生态持续发展的指路明灯。

以政策、制度、指导意见等为主的行政管理释放出更多驱动媒体融合的政策动力，进一步推动报业供给侧改革向“深水区”挺进。2023年3月，“扎实推进媒体深度融合”首次被写入《政府工作报告》，此外报告中还提出发展新闻出版、广播影视、文学艺术、哲学社会科学和档案等事业，加强智库建设，提升国际传播效能，加强和创新互联网内容建设等要求。为优化互联网内容生态，国家版权局、工业和信息化部、公安部、国家互联网信息办公室等四部门联合启动打击网络侵权盗版“剑网2023”专项行动[①]，这是我国第19次打击网络侵权盗版专项行动。国家版权局等部门对多领域侵权盗版行为进行了集中整治，有效遏制了网络侵权盗版的蔓延势头，不仅有助于提升我国在国际上的知识产权形象，也为国内新闻出版等文化产业的高质量发展提供了政策保障。

对以通信技术、生成式人工智能、大数据等新兴技术为核心的研发

① 王俊.国家版权局等四部门启动“剑网2023”专项行动［EB/OL］.（2023-08-29）. https://www.thepaper.cn/newsDetail_forward_24405479.

与应用的指导性意见，为传媒领域规范化、正向性发展发挥着领航掌舵作用。国家制定了一系列技术规范，为媒体融合发展提供了有力的政策保障和制度支持。2023 年 2 月，中共中央宣传部和国家广播电视总局联合发布了《市级融媒体中心总体技术规范》《市级融媒体中心数据规范》《市级融媒体中心接口规范》《市级融媒体中心网络安全防护基本要求》《市级融媒体中心技术系统合规性评估方法》等 5 项技术标准规范，市级融媒体中心技术系统的总体框架已经得到明确规定。[①]2023 年 7 月，国家互联网信息办公室联合国家发展和改革委员会、教育部、科学技术部、工业和信息化部、公安部、国家广播电视总局发布了《生成式人工智能服务管理暂行办法》[②]，表明国家秉持发展与安全并重、创新与依法治理相结合的原则，积极采取切实有效的措施，以鼓励生成式人工智能领域的创新发展。同时，对于生成式人工智能服务，国家实行包容审慎、分类分级的监管策略，旨在为其健康有序发展提供有力的保障。这一策略明确了提供和使用生成式人工智能服务的总体要求。2023 年 2 月，中共中央、国务院印发了《数字中国建设整体布局规划》（简称《规划》）[③]，其中明确数字中国建设按照“2522”的整体框架进行布局，即夯实数字基础设施和数据资源体系“两大基础”，推进数字技术与经济、政治、文化、社会、生态文明建设“五位一体”深度融合，强化数字技术创新体系和数字安全屏障“两大能力”，优化数字化发展国内国际“两个环境”。《规划》将传媒行业融入数字文化产品供给、数字安全保障体系以及数字生态治理等整体框架之中，凸显了传媒行业在推动数字中国建设中不可或缺的作用。这一举措不仅彰显了传媒行业的时代价值，更预示了其在未来数字浪潮中的光明前景。

① 国家广播电视总局．市级融媒体中心系列技术标准规范发布实施［EB/OL］.（2023-02-01）. http://www.nrta.gov.cn/art/2023/2/1/art_113_63326.html.

② 中国网信网．生成式人工智能服务管理暂行办法［EB/OL］.（2023-07-13）. https://www.cac.gov.cn/2023-07/13/c_1690898327029107.htm.

③ 新华社．中共中央　国务院印发《数字中国建设整体布局规划》［EB/OL］.（2023-02-27）. https://www.gov.cn/zhengce/2023-02/27/content_5743484.htm?eqid=9b5c072700014660000000066460825d.

（二）技术升级：AIGC 赋能新闻生产，数智化引领报业革新

2023 年 12 月，国家语言资源监测与研究中心携手商务印书馆和新华网，共同揭晓了“汉语盘点 2023”的年度词汇榜单，其中，“ChatGPT”凭借其广泛的影响力和创新性，当选“年度国际词”。由此可见，以 ChatGPT 为代表的生成式人工智能影响力持续提升，反映了社会对于科技创新和未来发展的无限期待。生成式人工智能强大的自然语言处理和理解学习能力不仅为科技领域带来了颠覆性变革，还逐渐渗透到教育、娱乐、金融、医疗等各领域，改变着人们的生活方式和工作模式。在传媒领域，AIGC 为新闻生产带来新的动力，引领报业内容和产业的革新，构造了传媒新景观。

2023 年，多家媒体引入 AI 技术，推进智能化技术升级，筑牢报业技术底座，“AI+ 媒体”战略转型迈出重要一步。2023 年初，117 家媒体机构成为“文心一言”的首批生态合作伙伴，包括四川日报报业集团旗下的封面新闻、上海报业集团旗下的澎湃新闻，以及深圳报业集团等。同时，四川日报报业集团精心打造的“四川智媒云”也正式亮相，“三云合一”后推出五大品牌矩阵，分别为社会治理、融媒科技、国际传播、智慧内容、数字文传，共规划 50 多类产品和服务，共同搭建大模型媒体生态。2023 年底，《深圳晚报》推出全国首份 AI 融媒新闻报纸，当日报纸的 16 个版面中除头版和广告版面外的 11 个新闻版面内容均为 AI 辅助完成。这些创新举措不仅展示了 AI 技术在新闻内容生产中的巨大潜力，也标志着媒体行业正在积极拥抱新技术，寻求革新和数智化转型新的可能。

从生成式文字报道、智能视频配乐到 AI 文生视频大模型、虚拟数字记者，人工智能技术正重塑着媒体内容的生产方式和呈现形式。2024 年的两会报道堪称一场 AI 技术的盛宴，从国家级媒体到地方报业纷纷推出了多样化的 AI 报道产品，展示了 AI 技术在重大主题报道中的巨大潜力，扩充了媒体报道的边界与可能性。河南日报报业集团主办的大河网别出心裁

地推出了“和 AI 河宝聊现代化”系列策划，通过全新的 AI 数字人技术，连接基层工作者与全国人大代表，令双方展开了一场跨越时空的对话。新京报动新闻也以独特的 AI 动画形式，将 2024 年《政府工作报告》以全新的视角呈现给公众，通过 40 个生动有趣的镜头，完美展现生机勃勃的“中国之治”。AI 动画不仅为报告中的关键数字赋予了生命，更让公众对政府的工作有了更加直观和深刻的理解。新华日报“交汇点新闻”客户端则推出了“晒晒咱们的新答卷”系列 AI 有声海报，邀请了曾与习近平总书记有过“交集”的 12 位干部群众，分享他们在各自岗位上的新成就和新担当。这一系列海报不仅展示了“强富美高”新江苏现代化建设图景，更凸显了江苏干部群众牢记嘱托、感恩奋进的精神风貌。同样在积极探索数智化新路径的还有四川日报报业集团。2023 年 9 月，该集团新增了 20 名“数字记者”加入队伍，这些“数字替身”将协助真人记者处理日常的新闻消息传递和程序化视频报道任务，让真人记者有更多的时间和精力专注于原创精品视频的制作，从而推动媒体内容精品化。这一系列举措充分展示了我国媒体在新闻生产中的创新活力和积极探索精神，通过运用 AIGC 技术，不仅丰富了报道形式与内容，也提升了传播效率和影响力。

此外，人工智能和大数据技术的飞速发展为媒体在安全领域的应用带来了全新的思维与方向。备受瞩目的传播内容认知国家重点实验室，由人民日报社主管并依托人民网建设，获得科技部的认可与批准，跻身于首批建设的 20 家全国重点实验室之列。该实验室凭借其前瞻性和创新性，构建了一系列先进的新技术平台。一是形成智能化安全风控体系。涉政内容智能审核平台“人民审校”、舆论安全监测平台“谛听”以及深度合成内容检测工具“AIGC-X”等新技术平台，能够帮助媒体快速识别和处理涉政敏感信息、舆情热点以及深度合成内容中的安全风险，有效预防和应对各类突发事件。二是提升内容审核效率和准确性。通过智能审核平台和内容检测工具，媒体能够实现对传播内容的快速审核和监测，进一步提升效率和准确性，维护社会舆论秩序和公共安全。三是舆论安全监测与管控。

借助舆论安全监测平台，媒体能够实时监测社会舆情动态，及时发现和应对潜在的舆情风险。通过对舆情的精准监测和管控，可以更好地助力媒体舆论引导。

（三）一体发展：多元经营比重跃升，加速建构媒体生态

《2023 年度全国报业经营整体分析报告》显示，2023 年我国传媒行业坚持一体化发展，在探索新传播、新营销和新模式的过程中，报业的融合转型和经营模式创新取得了显著成效。[①] 全国 100 余家主要报业传媒集团和报社 2023 年经营规模和营收总额同比增幅达 6.8%[②]，充分展现了报业在转型发展中的韧性与活力。

一是坚定不移地推进一体化发展。习近平总书记于 2019 年 1 月 25 日在中共中央政治局第十二次集体学习时强调，推动媒体融合发展，要坚持一体化发展方向。一体化的全媒体建设成为媒体融合的升级版，意味着媒体融合进入 3.0 时代。[③] 在实践中，媒体平台的一体化发展主要呈现为传媒集团一体化与区域媒体一体化两种路径。[④] 前者指的是媒体内部的重组，通过整合和重构经营、业务、技术等多个方面来实现综合一体化发展。在这个过程中，“南方 +”客户端作为一体化发展的先行者，通过内容生产、技术支撑和经营统筹的协同策略，成功实现了传媒集团内部资源的有效整合，并与外部资源紧密对接。如今，“南方 +”客户端已发展成为一个用户基础坚实、盈利模式丰富多样、综合服务能力卓越的自有媒体平台。区域媒体一体化，实质上是将省域范围内的媒体资源进行全面整合的过程，旨在构建一个由省、市、县三级媒体共同参与的，自主可控的区域性平台。这种发展模式的核心在于实现媒体间的互联互通与互利共赢，进而形成具

① 陈周行．同比增幅达 6.8%！看多家媒体机构如何逆势上扬［EB/OL］.（2024-04-02）. https://mp.weixin.qq.com/s/GrZiMRhdcoLZvmfDF1ffnw.

② 汤广花．百余家主要报业传媒集团和报社经营向好［N］. 中国新闻出版广电报，2024-02-27（3）.

③ 漆亚林．一体化的全媒体：媒体融合进入 3.0 时代［J］. 现代视听，2019（2）：1.

④ 郭全中，张金熠．一体化、智能化、服务化：主流媒体平台建设的回顾与展望［J］. 青年记者，2024（1）：5-9.

有鲜明区域特色的媒体生态。2023 年新出的“潮新闻”客户端，是区域媒体一体化发展的经典案例。浙江日报报业集团旗下的“浙江新闻”“天目新闻”“小时新闻”三大平台得到整合，在更大程度上打破了地方媒体集团之间的行业壁垒以及同级媒体之间的地域限制。以“荔枝云”“长江云”等为代表的省级平台在技术、产品、应用上实现了一体化发展新图景，进一步巩固了其在省域内的传播影响力。

二是多元经营比重跃升，传媒数字产业向着更高层次发展。《2023 年度全国报业经营整体分析报告》显示，2023 年报业经营收入的构成变化显著。具体而言，与上一年度相比，广告收入所占比重由 38.5% 下滑至 35.6%，新媒体收入占比从 23.6% 降至 18.6%，发行收入占比减少了 5.1 个百分点，而多元化经营收入占比则大幅增加，从 13.9% 增至 27.0%。[①] 从数据中可以看出媒体经营收入构成的持续优化，同时也凸显了新媒体经营布局的成效以及多元化经营战略的重要性。《南方都市报》的经营收入突破了 5 亿元大关，其背后功臣当数新媒体业务与多元化经营策略的巧妙运用，二者合力贡献了 2/3 的收入。《南国早报》的收入表现更加抢眼，其中在新媒体领域的占比高达 85%。另外，包括《生活报》《大河报》《海峡导报》等在内的多家媒体，其经营收入中约七成来自新营销策略的推行。这些骄人的成绩充分表明新媒体及新营销在媒体行业中的巨大潜力，它们正逐渐成为媒体发展的新引擎，引领整个行业朝着更加多元的方向发展。

二、中国报业发展的困境与突破

在新一轮数智化浪潮席卷之下，中国报业正面临着全新挑战。数据能力短板致使平台发展受阻，同时，资本运营思维固化，产业转型的壁垒尚未完全消除，管理模式也亟待优化。在面临多重困境的同时，中国报业也正孕育着新的突破与变革。

① 汤广花．百余家主要报业传媒集团和报社经营向好［EB/OL］.（2024-02-29）. https://mp.weixin.qq.com/s/Tg_Ua36hkFgGI0mZNoP29w.

（一）数据能力短板凸显，平台发展困境仍存

媒体融合转型本质上是介质的迭代，而介质迭代的实质是构建新能力的过程。[①] 在媒体转型的进程中，我国报业媒体平台建设主要分为 To C 型与 To B 型两种，在打造种类和功能丰富的平台生态方面虽取得一定突破，但仍面临发展困境。《2022—2023 报业融合发展观察报告》显示，2022 年以来，全国 1330 家主要报纸的自有客户端覆盖用户数明显提升且头部效应明显，但报业媒体的自有客户端开通率仅为 42.9%，低于电子报、网站等其他自建平台开通率。[②]

平台发展的主要痛点集中在以下几个方面。一是平台日活、月活等流量指标低。一些媒体通过发放赠品等奖励机制吸引市民下载，只在下载量上做文章，有表无里，平台“僵尸号”泛滥。如何深入洞悉用户需求、真正满足用户诉求、增强用户黏性，成为媒体平台建设的重中之重。二是对数据的开发、整合与应用能力不足。数据在平台运营和发展中扮演着至关重要的角色，如果把握不住数据资源就枉论建设自主可控平台的初衷。三是精准服务意识亟待加强。自“新闻 +”战略提出以来，部分媒体在平台建设过程中过于追求速度和规模，急功近利，贪图“大而全”，或者一味复制转型范本的成功经验，缺乏对媒体自身特色、目标用户资源的精准市场研判，这种情况导致了功能的冗余和资源的过度消耗，使得资源无法充分发挥其应有的价值和作用。四是内容与运营顾此失彼。一些主流媒体平台往往过于关注内容的生产和传播，而忽视了运营的重要性。这往往体现在缺乏有效的用户管理和互动机制，难以建立稳定的用户群体，导致用户流失率高。最终，市场推广的薄弱将直接制约平台的知名度和影响力，使其难以在竞争激烈的市场中脱颖而出。运营是媒体平台持续发展的关键环节，它涉及内容生产、用户管理、市场推广等多个方面，唯有持续优化运

---

① 黄常开．新型主流媒体建设漫谈：与国内媒体同行调研交流的几点思考［J］．南方传媒研究，2023（4）：5-8.

② 叶蓁蓁.2022—2023 报业融合发展观察报告［J］．传媒，2023（13）：9-12.

营策略，方能显著提升平台的竞争力与影响力。

（二）报业发展面临经济压力，资本运营呼唤创新思路

当前，拓展产业边界、壮大主流媒体经济实力已刻不容缓，经济形势亟待提振。一方面，传统广告业务日渐式微；另一方面，报业资本运营的难题阻碍其形成核心竞争优势。

第一，我国报业发展“东边日出西边雨”的态势仍然显著。这种发展不平衡现象一方面源于地域经济发展的差异性。东部一线城市等经济发达地区，其媒体经营的造血能力也相对更强，但经营模式无法简单复制，经济欠发达地区即使照猫画虎构建“新闻 +”综合平台，往往也无法取得同前者相似的成绩。另一方面，不平衡也体现在媒体规模和知名度方面。大型报业集团凭借深厚的品牌优势，其影响力和市场份额均较为可观。相比之下，小型报业机构则面临着更大的挑战，不仅资源有限，而且难以在激烈的竞争中脱颖而出。我国报业在追求整体发展的同时，必须正视这种地域和规模上的不平衡现象。

第二，报业可持续盈利模式仍未普及。在数字化浪潮的冲击下，传统的“二次售卖”广告模式难以为继，而“免费 + 收费”的新型商业模式逐渐崭露头角，成为行业内外关注的焦点。这种模式依托巨型信息服务平台，通过降低用户边际成本，进而以高端增值服务实现稳定收益。国内报业媒体大多没有形成类似的有效实践。在这方面，财新传媒提供了宝贵的经验，即打造综合性的盈利模式，采取线上线下相结合的运营策略。一方面与支付宝、微信等平台合作，推出“免费试读”等功能，从而吸引新用户、挖掘潜在消费者；另一方面定向销售给金融机构客户，同时辅以广告推广，实现品牌影响力的提升。

第三，媒体融资渠道单一已成为深度融合后半程的主要难题。长期以来，融资难问题一直困扰着媒体行业，而这一问题短期内恐难以得到解决，成为阻碍媒体融合向纵深发展的一大障碍。因此，需要不断探索社会

资本注入报业资本运营的途径，特别是国有资本将成为主要来源，支持媒体融合的发展。澎湃新闻的成功融资案例便是这一策略的现实注脚。继2016年引入6家国有资本战略投资后，澎湃新闻于2022年正式完成了B轮融资。上海文化产业发展投资基金独家出资4亿元，成功增资入股澎湃新闻的运营主体——上海东方报业有限公司（简称“东方报业”）。此次增资后，上海文化产业发展投资基金一跃成为东方报业的第二大股东，而上海报业集团则继续稳坐控股股东之位，持续引领澎湃新闻的发展走向。这次国有资本与媒体的结盟对整个传媒业来说极具示范意义。

（三）产业转型壁垒未消，管理模式仍需优化

2023年，得益于疫情影响消退、消费复苏，我国资本市场整体迎来恢复性增长，多层次资本市场建设蹄疾步稳。万德和国泰君安证券研究显示，2023年一季度传媒板块的归母净利润合计同比增速显著提升至18%，增长势头强劲。在细分领域中，影视院线、数字媒体、广播电视、广告营销以及游戏等子板块均实现了估值的显著提升，展现出传媒产业整体发展的积极态势。这一积极态势为报业运营提供了良好的外部条件，但我国报业内部环境改革仍需持续推进，管理与监管模式有待优化。

一是投入机制老化问题凸显，未能充分发挥市场机制应有的作用。报业以往单纯依靠财政和国资支撑便能繁荣发展的旧日荣光不再，这导致资金投入与团队激励面临“双不可持续”的困境。文化产业的发展是一个长期且需要精细打磨的过程，它呼唤着更为持久和系统的投入。鉴于当前传媒行业的数字化浪潮，构建一支能够迅速适应并引领数字化转型的管理团队，已成为报业产业发展刻不容缓的迫切需求。这支管理团队应具备深厚的“国有背景”与灵活的“市场基因”。他们既要精通文化传媒和国资管理的专业知识，又要具备敏锐的市场洞察力和应变能力，以实现与市场的深度融合。近年来，文化产业基金的组建工作在国家和地方层面均呈现出蓬勃发展的态势。政府通过引导资金的杠杆作用，吸引多方资本参与，推

动文化企业的改制、重组和并购，通过市场化的运作和专业化的管理，促进文化资源的优化配置和产业结构的升级，为文化产业的高质量发展注入新的活力。① 因此，为保证报业运营合理合规，应结合新媒体运营特点，完善投资融资、广告营销、应收账款管理、运营成本控制、合同管理等制度体系等。此外，管理模式和监管模式是对立统一的。一方面，管理模式需要更加灵活高效，以适应媒体融合的发展需求；另一方面，为确保媒体内容的合法性和媒体发展的可持续性，监管模式需更加严谨和规范。在寻求管理模式和监管模式之间的平衡点时，也需要充分考虑到文化产业的特殊性和复杂性，确保在保障市场活力的同时，维护公共利益和文化安全。

二是媒体机构冗余，做加法多，做减法少。目前，一些媒体在改革过程中陷入了“融合内卷化”困境，组织机构日趋庞大复杂，制度日趋烦琐精细，消耗了大量资源，最终导致媒体发展陷入困境。此外，媒体数量、产业结构、人员配置，以及包括印刷厂房、设备、机器、办公大楼等在内的固定资产和非固定资产，均是在媒体广告经营收入达到巅峰时期进行的规划。然而，随着媒体收入的大幅下滑，如果媒体布局结构和人员规模未能及时缩减，就会引发匹配性矛盾。为实现“消肿减负”的目标，有三条主要路径。首先，应积极推动媒体整合的进程，通过合并同类媒体资源、优化资源配置，实现媒体机构运营效率的提升和市场竞争力的增强。其次，对于无法继续运营的项目和子媒体，应果断进行关停并转，避免资源的浪费和风险的扩散。最后，针对冗员问题，需要制订科学合理的分流方案，逐步减少人员规模，实现人力资源的优化配置。②

三、中国报业创新发展的路径

中国报业正站在一个新的历史起点上，展望未来，报业需要不断探索

① 董剑．慢进则退　不进则汰：2022 年报业资本运营盘点［J］．中国报业，2023（1）：27-29.

② 陈国权．做加法多，做减法少：当前全媒体传播体系建设中存在的问题［EB/OL］．（2023-06-01）．https://www.sohu.com/a/681028734_121119272.

创新，寻找新的增长点。其中，加强复合人才队伍建设，助力智能产业发展；坚持“以人为本”的创新经营理念，不断发掘价值蓝海；肩负起推动文明交流与和平发展的任务，担负起新的文化使命，将成为中国报业未来发展的三大方向。

（一）加强复合人才队伍建设，延展智能产业边界

2024 年全国两会，“人工智能 +”首次被写入《政府工作报告》，其中特别提到“人工智能、量子技术等前沿领域创新成果不断涌现”。在谈到“大力推进现代化产业体系建设，加快发展新质生产力”时，报告中说，深化大数据、人工智能等研发应用，政府正积极倡导并开展“人工智能 +”行动，打造具有国际竞争力的数字产业集群。这一举措旨在广泛激发企业和社会各界的参与热情，共同推动人工智能技术在社会各领域的深入应用和广泛普及，从而引领产业创新。对传媒领域而言，加快媒体智媒化转型和智能化人才队伍建设已成为一项刻不容缓的任务。

我国媒体融合的深度虽然有所提升，但在全新的人才结构挑战下，复合型人才根基还较薄弱。在党的新闻舆论工作座谈会上，习近平总书记强调，媒体竞争关键是人才竞争，媒体优势核心是人才优势。随着人工智能技术的深入应用，它不仅重塑着媒体内容的形态，更对媒体行业的人才结构提出了全新的挑战和要求，推动媒体进行人才结构的转型升级。① 在当今瞬息万变的媒体生态中，拥有传媒素养与人工智能知识并且将其相融合的复合型人才，正逐渐成为传统媒体迈向智能媒体转型升级道路上不可或缺的关键人才力量。他们不仅是推动媒体行业创新发展的核心动力，更是塑造未来媒体格局的重要支柱。媒体应建设多学科背景的智能化人才队伍，能够熟练掌握媒体内容策划、制作与传播的全流程，还具备扎实的人工智能技术知识，能够运用最新的人工智能技术来优化媒体内容的生产、分发和反馈。一是加强与高校的战略合作，开展短期实践训练营等项目。

---

① 何慧敏 . 智媒时代传统媒体人才结构转型研究［J］. 青年记者，2023（15）：70-72.

二是全面推行导师制度，不断提高员工业务水平。三是注重激励和考核机制的建设，发挥考核机制的指挥棒作用，同时使员工实现自我价值的提升。四是引入大数据、机器学习、人机交互设计、性能测试跟踪、AI训练等相关专精技术人才，打造工作室模式，通过团队协作创新媒体内容、拓展“新闻+”边界，打造良性用人生态。

（二）创新经营“以人为本”，持续发掘价值蓝海

媒体融合既是一场颠覆性的技术革命，也是一场引领未来的产业革命。对传统报业而言，要想在这场变革中脱颖而出，就必须强化自身的独特竞争力，敏锐地把握媒体融合的时代脉搏，并勇于开创价值创新的“蓝海战略”。这不仅是发展的关键，更是生存的必需。创新媒体经营要坚持“以人为本”，在媒体融合过程中做到精准化传播，满足不同受众信息需求、提升用户体验、强化互动与参与以及培养用户黏性等。

首先，完善用户分层驱动付费机制。长久以来，我国媒体在各自领域潜心耕耘，不仅积累了丰富的行业经验与资源，更铸就了强大的内容生产能力。这些优势，如今已成为打造高质量数字新闻产品的坚实基石。通过汇聚独家资讯、提供权威解读、呈现深度报道，我国媒体持续为公众提供高质量、有价值的信息内容。多象限的数字新闻付费产品正逐步拓展内容付费市场的边界，不仅有助于深入挖掘现有用户的价值，更能培养一批忠实且高质量的用户群体，进一步推动国内数字新闻付费模式的成熟与新闻付费产业的壮大。[①] 以南方周末报系为典范，其旗下的“南方周末”App、《南方周末》报纸、“南周书院”等多个媒体平台及社交媒体账号，共同构筑起强大的宣传网络，形成推广合力。这些平台相互协同，通过整合内部资源与外部合作，实现了内容的多渠道传播与用户的广泛触达。此外，南方周末报系积极拓展合作领域，与《财新周刊》《三联生活周刊》等业界

① 陈旭东．媒体融合转型中的数字新闻付费模式研究：基于生产—消费双重视角［J］．新媒体研究，2022，8（11）：37-40.

翘楚携手，共同策划推出了一系列联合会员福利活动，通过共享资源、互换流量，进一步提升了各自的品牌影响力和用户黏性。此外，媒体在追求内容付费的同时，还应注重与用户的深度连接，推动数字新闻付费模式向数字新闻服务模式拓展，实现内容价值的最大化与用户价值的深度挖掘。

其次，随着“Z 世代”与“银发”经济的迅速崛起，媒体需精准把握这两大用户群体的特性与需求，从而寻求“产业蓝海”。当下，“Z 世代”群体的信息获取渠道、数字消费习惯、新闻解读方式正经历深刻变革，附带新闻消费正成为“Z 世代”新闻消费中的新模式。[①] 作为数字时代的原住民，“Z 世代”注重个性化、互动化和创新性。媒体应推出更加时尚、前沿的内容，同时结合社交、游戏等元素，打造沉浸式的体验。在付费机制上，可以探索订阅制、会员制等模式，通过提供独家内容、增值服务等方式，激发“Z 世代”的付费意愿。“银发”经济则代表着老龄化社会带来的新机遇。老年群体对信息的需求同样旺盛，如健康、养生、旅游等领域。媒体应关注这一市场的潜力，推出适合“银发”群体的内容产品，如健康讲座、养生知识等。在付费机制上，可以同保险、医疗等机构合作，推出优惠套餐或联合会员，以满足老年群体的多元化需求。加强用户分层，完善付费机制，有助于提升媒体的盈利能力，拓展产业边界，实现可持续的发展。

（三）担负新的文化使命，探索国际传播新模式

2023 年 10 月，全国宣传思想文化工作会议在京召开，会上首次正式提出习近平文化思想，这一思想是对党的十八大以来思想文化领域实践的全面总结和理论的高度凝练。习近平总书记在会上强调，宣传思想文化工作事关党的前途命运，事关国家长治久安，事关民族凝聚力和向心力，

① 贺心颖，周绍雄.我国“Z 世代”附带新闻消费现状、模式及特征［J］.新媒体研究，2023，9（24）：18-22，26.

是一项极端重要的工作。[①]在2023年6月召开的文化传承发展座谈会上，习近平总书记深入阐释了“两个结合”的重大意义，尤其是对“第二个结合”的独到见解。这一论断为我们指明了方向，让我们在更加宽广的文化领域中，得以充分利用中华优秀传统文化的丰富宝藏，勇敢探索符合时代发展趋势的理论创新和制度创新，不仅为新闻媒体深入开展宣传工作提供了明确指引，更为我们未来的文化繁荣与发展注入了强大动力。

扎根于中华沃土，媒体应肩负起崭新的文化使命，坚守社会责任，捍卫新闻内容的品质与格调，积极促进中华优秀传统文化的创造性转化与创新性发展。新闻媒体不仅是宣传思想文化工作的核心力量，更是中华文明的坚实承载者，其地位独特且不可或缺。它不仅承载着记录、保存、传承中华文明的历史使命，更是推进中华文明走向全球的思想舆论阵地。新闻传播与我国现代文明建设是不可分割的整体，二者互融共生。[②]对媒体而言，一是要保障媒体内容品格。要坚定不移地秉持马克思主义新闻观，坚决拥护党的领导，确保新闻工作的政治方向始终正确。媒体工作者应当深刻增强政治意识，时刻保持对大局的清醒认识，坚决做到与党中央保持高度一致，并牢固树立看齐意识，确保新闻工作始终与党的决策部署同频共振、同向发力。始终坚持内容为王，打造精品化内容，紧跟时代步伐，运用新技术、新应用，创新内容呈现和传播方式。二是要着力培养社会公众对核心价值观、中华优秀传统文化以及科学知识的追求，提高国民整体文化素养，增强中华民族软实力。

面向全球，媒体肩负着推动文明交流、和平发展与全球治理的使命任务。在2023年《政府工作报告》中，国际传播再次成为重要议题，报告中明确提出了“提升国际传播效能”的要求。这是继2014—2016年之后，

① 人民日报.习近平对宣传思想文化工作作出重要指示强调　坚定文化自信秉持开放包容坚持守正创新　为全面建设社会主义现代化国家全面推进中华民族伟大复兴提供坚强思想保证强大精神力量有利文化条件［N］.人民日报，2023-10-09（1）.

② 董天策，刘畅.新闻出版与中华民族现代文明建设关系研究［J］.中国出版，2023（22）：10-15.

第 5 次在《政府工作报告》中强调国际传播的重要性。面对全球治理的新挑战和“百年变局”的考验，我国积极响应，提出了共建“一带一路”这一具有深远意义的国际合作方案。2023 年是共建“一带一路”倡议提出10 周年的重要节点。10 年来，这一倡议不仅为共建国家带来了实实在在的利益，也为全球经济增长、和平稳定做出了巨大贡献。这期间，我国在政策话语、媒介话语等多领域话语建构成效显著，但也遭遇了不可忽视的风险与阻碍。为有效应对逆全球化的“场域”阻碍、西方话语制衡与围堵、地缘政治冲突的挑战，媒体要探寻国际传播、构建中国话语和中国叙事体系的新路径。[①]

在内容策略上，要坚持文化为魂、故事为本，贯彻视听化策略，聚焦新生代用户。在机制保障方面，做到资源整合、内外协同合作。例如，四川日报报业集团建立了国际传播联席会议机制，打通了与央省市县各层级、报端网号各平台、内宣外宣各主体之间的协作通道，依托工作室模式打造“C 视频”原创视频品牌，现已推出超过 2500 条原创视频，多条视频在海外社交媒体成功“破圈”，成绩亮眼。

在发展举措上，要坚持差异化传播，对标国外受众的媒介接触习惯，做到精准传播。例如推出被国外媒体称为媒体转型“瑞士军刀”的新闻信（newsletter）。当今全球面临的信息生态挑战，包括但不限于新闻回避、信息焦虑、政治抑郁等受众对新闻的消极态度以及媒体面临的新闻荒漠化、信任危机等困境，倒逼着受众觉醒和创作者反思，新闻信热潮从西方社会向全球范围蔓延开来。根据路透社新闻研究所的《2023 数字新闻报告》，高达七成的受访者明确表示将增加对新闻信的资源投入，全球 42 个媒体市场中，更有 17% 的读者坚持每周阅读新闻信。[②] 这一趋势不仅证明了新闻信在全球新闻业中的重要地位，也使我国媒体认识到这种高效的国际传

① 龙小农，陈昕瑶．全球治理与经济发展：共建“一带一路”面临挑战与国际话语权建构［J］．当代中国与世界，2024（1）：30-43.

② Reuters Institute for the Study of Journalism. Digital news report 2023［EB/OL］. https://reutersinstitute.politics.ox.ac.uk/digital-news-report/2023.

播渠道的价值。

2023 年，中国报业砥砺前行，实现了全新的突破与成长。虽仍面临着诸多挑战，但报业已经展现出强大的韧性和巨大潜力，未来将继续在挑战中前行、在创新中发展，切实落实党的二十大战略部署，朝着构建全媒体传播体系和推动媒体高质量发展的总目标迈进。

B.4
2023年中国网络视听媒体内容创新研究

陈鹏　沈文瀚*

摘　要： 本文重点关注网络剧、网络电影、网络综艺、短视频、网络直播和网络微短剧等行业的内容创新和产业发展，对中国网络视听产业的年度发展进行梳理，发现问题并提出应对策略。2023年网络视听行业内容生产稳中有变，与现实生活紧密融合。网络视听行业在坚持深耕既有领域的同时，丰富产品类型、拓展产业链条。主旋律视听作品持续创新，生成式人工智能为行业带来颠覆式影响，网络视听产品在国际传播中的影响力日渐提升，对中华文化走出去意义重大。未来，需要进一步贯彻行业发展精品化路线，重点治理“剧本化”内容和低质量内容，并针对新一代人工智能技术可能引发的技术风险做好预防工作。

关键词： 网络视听产业；内容创新；数智传播；商业模式

一、2023年网络视听内容发展基本状况

（一）网络剧发展情况

剧集正在逐渐取代网络剧和电视剧的二分研究视野。一方面，网播主

* 陈鹏，南开大学新闻与传播学院副院长，融媒体研究中心研究员；沈文瀚，南开大学新闻与传播学院研究生。

导了影视剧市场，网络媒介改变了影视剧产业的全链条生态；另一方面，网络剧上星数量不断增加，网台融合需要网络视听市场重新统合研究对象。电视剧和网络剧逐渐相向而行，在播映平台方面，剧集播放网络化趋势加速；在出品方面，头部互联网影视公司和传统影视公司均入局了电视剧和网络剧出品领域；在内容方面，剧集创作精品化成为电视剧和网络剧的共同追求。

根据云合数据，2023 年上新国产新剧 305 部，同比减少 10 部；集数 8829 集，同比减少 278 集；会员内容有效播放为 1588 亿，在全网剧集有效播放中占比 53%。[①] 剧集提质行动获得明显成效，2023 年暑期档上新国产剧中，24 集及以下剧集占比 34%，同比下降 5%；25—40 集的剧集占比 62%，同比上涨 7%。[②] 网络剧长剧集作品在市场中的重要性提升，精品剧集迭出，《漫长的季节》《问苍茫》《有生之年》《三体》《去有风的地方》等剧豆瓣网评分均在 8.5 分以上。

（二）网络电影发展情况

2023 年网络电影总票房为 12.85 亿元，相较上年同比下降 33.46%；上新数量继续下降，从 2021 年的 551 部、2022 年的 388 部下降至 2023 年的 355 部，分账票房破千万元的影片数量由 2021 年的 69 部、2022 年的 52 部下降至 2023 年的 38 部（见图 1）；在视频平台方面，2023 年爱奇艺上新网络电影 234 部，腾讯视频上新 137 部，芒果 TV 上新 41 部，优酷上新 69 部。[③] 根据云合数据，在 2023 年网络电影分账票房榜 TOP20（不含点播付费模式）中，爱奇艺占 17 部，腾讯视频占 14 部，芒果 TV 占 2 部，优酷占 12 部。

---

① 云合数据 . 报告丨 2023 年剧集网播表现及用户分析报告［R/OL］.（2024-01-03）. https://mp.weixin.qq.com/s/TBLS6kGVQsuALCVyLjYG-w.

② 云合数据 . 报告丨 2023 年剧集网播表现及用户分析报告［R/OL］.（2024-01-03）. https://mp.weixin.qq.com/s/TBLS6kGVQsuALCVyLjYG-w.

③ 云合数据为以上数据提供了支持。

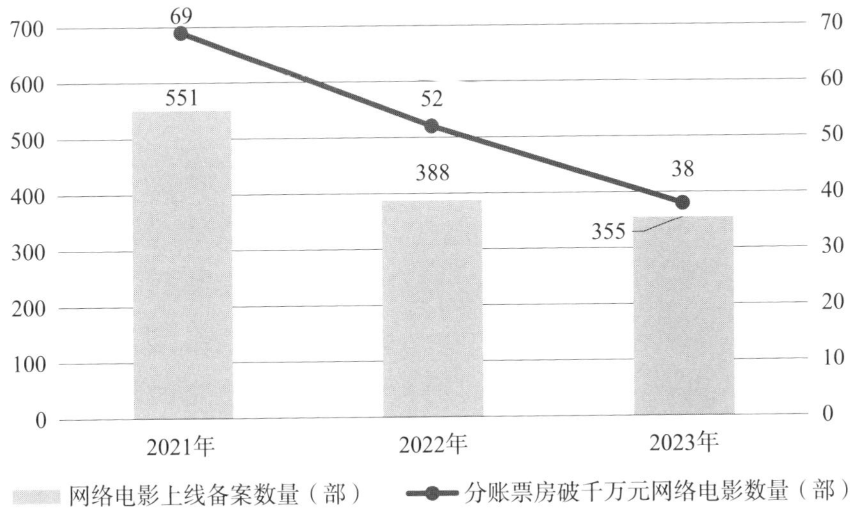

图 1　2021—2023 年网络电影上新数量和分账票房破千万元数量

数据来源：云合数据。

具体到每部影片，《零号追杀》分账票房 4654 万元，高于 2022 年网络电影最高分账票房 4097 万元，位于 2023 年网络电影分账票房榜之首。影片《东北警察故事 2》《奇门遁甲 2》《天龙八部之乔峰传》分账票房均突破 3000 万元；影片《狙击之王：暗杀》《东北恋哥 2 对你爱不完》《穷兄富弟》分账票房均在 2500 万元以上。2023 年网络电影分账票房榜 TOP20 中，13 部电影为两平台或三平台拼播，电影拼播不仅成为主流发行方式，而且越发流行。

（三）网络综艺发展情况

2023 年上新国产季播网络综艺共 159 部。主要平台中，爱奇艺上新季播网络综艺 32 部，腾讯视频上新 38 部，优酷上新 33 部，芒果 TV 上新 39 部（见图 2）。全网综艺有效播放 275.8 亿，与上一年相比基本持平。[①]《锵锵行天下》第三季、《花儿与少年·丝路季》、《你好，种地少年》、《快乐的大人》、《一路前行》等上新综艺豆瓣网评分均达 9 分以上，网络综艺

① 云合数据为以上数据提供了支持。

制作模式更加成熟，质量提升。

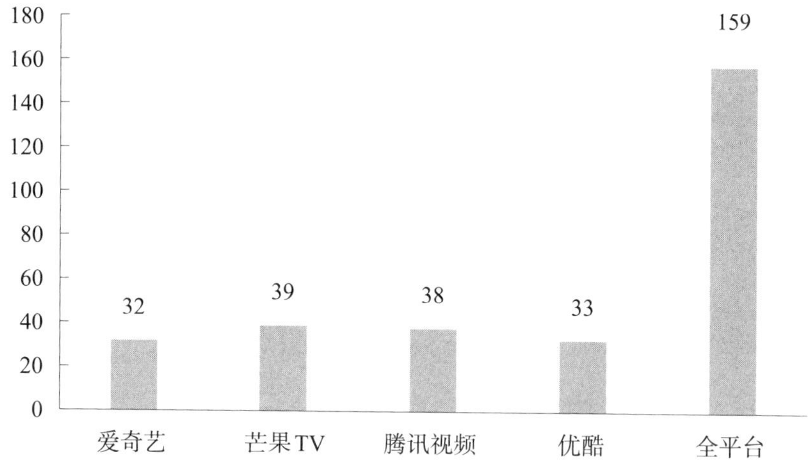

图 2　2023 年各平台上新国产季播网络综艺部数

数据来源：云合数据。

尽管“综 N 代”网络综艺持续占据市场高位，但原创综艺仍然不乏佳品，如《种地吧》《星星伴我心》等网络综艺在场景和互动形式方面做了较大创新。在选题方面，竞演类成为 2023 年最火热的网络综艺题材，情感类、推理类、生活类网络综艺也均受到观众热捧。日常美学成为网络综艺的新兴美学风格，观众与生活之间的距离成为网络综艺把握的重要一环，向往的生活环境和惬意的生活方式受到创作者的青睐和消费者的认同。

（四）短视频发展情况

2023 年我国短视频用户规模达 10.53 亿人，占网民整体的 96.4%，较 2022 年增长约 1.6 个百分点，用户增长规模已经接近饱和（见图 3）。截至 2023 年底，以网络视听为主业务的平台中，短视频账号总数达 15.5 亿个，我国职业网络主播数量已达 1508 万人。[①] 目前，短视频产业规模已近

① 中国网络视听节目服务协会.《中国网络视听发展研究报告（2024）》在蓉发布［EB/OL］.（2024-03-27）. https://mp.weixin.qq.com/s/MSjSUN_xZZr3J_YkD6NKcw.

3000 亿元，近七年来规模增长 153 倍。[①] 主流媒体拥抱短视频，中央广播电视总台等单位持续举办《中国短视频大会》，媒介形态短视频化趋势持续增强。

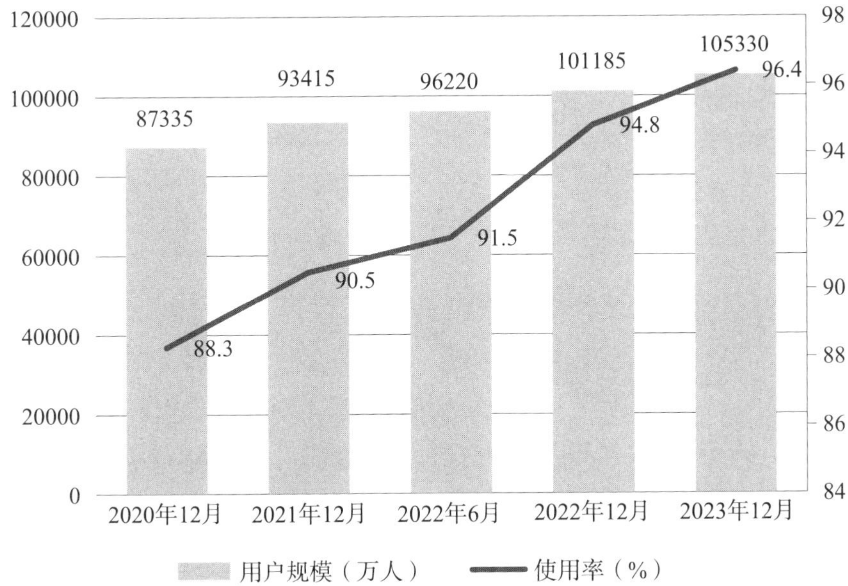

图 3 2020 年 12 月至 2023 年 12 月短视频用户规模及使用率

数据来源：CNNIC 发布的第 47—53 次《中国互联网络发展状况统计报告》。

（五）网络直播发展情况

网络直播方面，根据中国互联网络信息中心（CNNIC）发布的第 53 次《中国互联网络发展状况统计报告》，截至 2023 年 12 月，中国网络直播用户规模为 8.16 亿人，占网民整体的 74.7%，同比 2022 年增长 6501 万人，增长率为 8.7%。[②] 数字技术在网络直播行业得到深入使用，人工智能技术在数智营销、数字主播、智能售后、AI 审核等领域大显身手。新冠

① 国家广电智库 .【观察】短视频发展新态势与新走向［EB/OL］.（2023-12-20）. https://mp.weixin.qq.com/s/kxxqgN2r4yqGZcU8oGecIw.

② 中国互联网络信息中心 . 第 53 次《中国互联网络发展状况统计报告》［R/OL］.（2024-03-22）. https://www.cnnic.net.cn/n4/2024/0322/c88-10964.html.

疫情过后，电商经济回温，根据艾瑞咨询发布的《2023 年中国直播电商行业研究报告》，2023 年中国直播电商市场规模达到 4.9 万亿元，同比增长 35.2%[①]（见图 4），综合服务提供商、MCN（多频道网络）、内容 AIGC 引擎服务商等多个融资方获得千万元级以上融资。

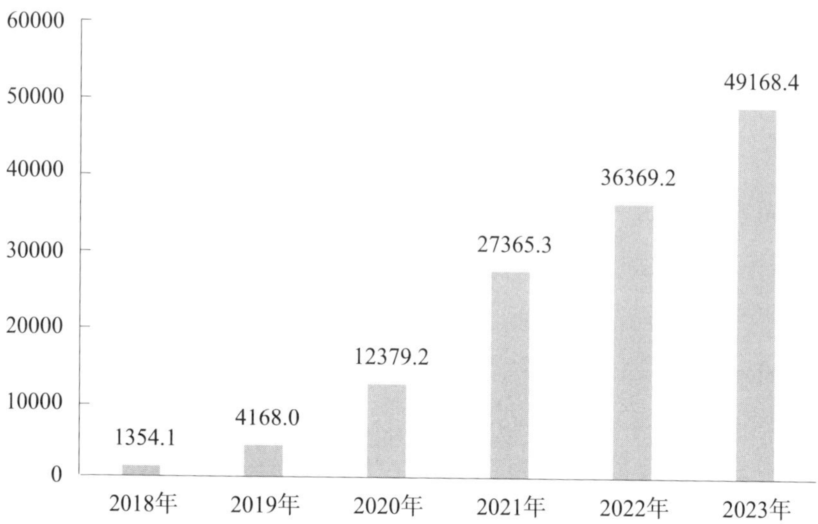

图 4　2018—2023 年直播电商市场规模（单位：亿元）

数据来源：艾瑞咨询。

（六）网络微短剧发展情况

网络微短剧继 2022 年迎来爆发期之后，于 2023 年持续增量。2023 年网络微短剧拍摄备案共通过 3574 部、97327 集，部数同比上涨 9%，集数同比上涨 28%，部均集数增至 27 集 / 部。[②]2023 年网络微短剧有效播放量表现良好，《招惹》等剧的集均 V30 播放量表现突出（见表 1）。2022 年 12 月至 2023 年 12 月，微短剧应用行业月活跃用户规模从 1682 万人激增

① 艾瑞咨询 . 2023 年中国直播电商行业研究报告［R/OL］.（2024-04-06）. https://mp.weixin.qq.com/s/o_c82pmXPxnV9CNrzlkx0A.

② 清华大学影视传播研究中心 . 重磅发布丨云合数据 × 清华影传中心 × 腾讯视频联合发布《2023 年度短剧报告》［R/OL］.（2024-01-18）. https://mp.weixin.qq.com/s/IBsJn5A1hnv3NnuRj3cBCA.

至 1.48 亿人，增长至先前的 8.8 倍。[1] 与此同时，网络微短剧监管持续规范，继国家广播电视总局出台《关于进一步加强网络微短剧管理 实施创作提升计划有关工作的通知》之后，正在加快制定《网络微短剧创作生产与内容审核细则》。

表 1 2023 年全网微短剧有效播放量排行榜 TOP10

排名	剧集名	集均 V30[2]	总集数	上线日期	播放平台
1	《招惹》	434 万	25	2023/03/30	腾讯视频
2	《盲心千金》	428 万	30	2023/08/31	腾讯视频
3	《风月变》	396 万	22	2023/07/12	芒果 TV、搜狐视频
4	《进阶的主母》	368 万	24	2023/09/28	腾讯视频
5	《反诈风暴》	311 万	24	2023/10/29	腾讯视频
6	《追捕者》	267 万	24	2023/08/23	爱奇艺、腾讯视频、优酷
7	《重返 1993》第二季	266 万	15/23	2023/11/25	腾讯视频
8	《卿卿三思》	256 万	24	2023/09/20	腾讯视频
9	《只是离婚的关系》	244 万	22	2023/07/21	腾讯视频
10	《皇妃为何那样》	198 万	32	2023/08/27	腾讯视频

数据来源：云合数据。

二、2023 年网络视听媒体内容多元创新

（一）现象级剧集涌现，剧集品牌化程度持续提升

2023 年现象级剧集涌现。《三体》于 2023 年 1 月 15 日在总台央视电

① QuestMobile. QuestMobile2023 中国移动互联网年度报告：二线以上城市用户占比增 10.5%，用户集聚促互联网使用及消费模式三大剧变［R/OL］.（2024-01-30）. https://mp.weixin.qq.com/s/Hh5idF2Kxc2Oh_b-HQOc0w.

② 集均 V30 为每集 30 天累计有效播放量 / 集数，可客观且直观地对比长短剧集的有效播放表现。表 1 的统计范围为 2023 年 1 月 1 日至 12 月 31 日的全网微短剧（单集 3—20 分钟），网络全端覆盖 PC 端、移动端以及 OTT 端。

视剧频道（CCTV-8）首播，并在腾讯视频、咪咕视频同步播出，获得第二届中国电视剧年度盛典年度优秀电视剧和年度海外传播大剧等奖项。《狂飙》于 2023 年 1 月 14 日在总台央视电视剧频道首播，并在爱奇艺同步播出，该剧由中央电视台、爱奇艺出品，获得第二届中国电视剧年度盛典年度优秀电视剧等奖项。在电视剧与网络剧融合的同时，网络平台与传统主流媒体的合作也进一步强化。

为了提高受众黏度、增强品牌辨识度，使剧集在众多剧集中脱颖而出，平台强化剧场建设，通过类型化明星剧集积累口碑。腾讯视频运营“X 剧场”，爱奇艺持续积累“迷雾剧场”优势的同时，也经营“爱青春剧场”“小逗剧场”，投放甜宠剧和喜剧。优酷在“悬疑剧场”基础上升级，官宣“白夜剧场”，此外还运营“国风剧场”“宠爱剧场”等。

（二）网络电影耕耘 IP，产业运营受到冲击

2023 年，网络电影的主要内容创作路线仍是 IP 改编。从质量来看，2023 年中国网络电影延续增质态势，《东北警察故事 2》《天龙八部之乔峰传》《抬头见喜》等影片在舆论口碑、制作质量、影视荣誉等方面均获得突破。尽管如此，2023 年网络电影传统 IP 边际效益正在递减，吸引力显著下降，创作者们转向原创 IP 的创作和发掘。《奇门遁甲》《斗破苍穹》《法医秦明》等经典 IP 改编的电影作品票房反而有限。

疫情过后，原本属于院线的电影市场虽然受到网络化影响，但基本夺回了电影市场主动权。相比之下，网络微短剧、院线电影和网播剧集对网络电影市场份额的冲击较大。网络电影困境源于其自身定位和内容质量：网络电影目前的定位是线上观影，其线上竞争力难敌短视频内容，影像竞争力则难敌院线作品。因此，网络电影精品化创作路线尚待推进。

（三）网络综艺坚持长期主义，内容品牌持续创新

网络综艺产业制作方坚持长期主义，探索持续化运营策略。[①] 各网络

① 石小溪，范可欣．在不确定性中探寻确定性：2023 年中国综艺的市场、美学与文化［J］．现代视听，2024（1）：13-22.

综艺平台持续优化“综N代”品牌，沉淀粉丝、积累用户，深耕综艺品牌质量。2023年网络综艺有效播放量靠前的网络综艺产品中，《令人心动的offer》《哈哈哈哈哈》《大侦探》《披荆斩棘》《乐队的夏天》等均为“综N代”产品。网络视听平台优化品牌设置，优酷于2023年5月推出了综艺厂牌“酷酷综”，囊括酷热爱、酷欢乐、酷成长、酷生活四大赛道。同时，一些综艺节目优化内容呈现形式，例如网络综艺《种地吧》采用“长视频+短视频+直播”的方式，将短视频平台纳入综艺播映平台，超越了以往短视频只作为营销渠道的功能局限性。

（四）短视频格局稳中有变，文旅内容提振地方经济

从平台格局来看，抖音、快手系在2023年平台用户渗透率共占95.3%，其余平台共占比4.7%。[①] 微信视频号作为微信平台的短视频工具，依托微信的社交复刻能力，2023年总用户使用时长翻番。[②] 央视频、西瓜视频、腾讯微视等平台则深耕细分领域。支付宝布局短视频行业，在其首页“生活”板块上布设短视频内容，错开抖音、快手内容类型，主打生活品牌。一方面，增加短视频内容可以吸引用户注意力，促进用户体验多元化，完善平台端口。另一方面，支付宝企图摆脱单一的支付工具属性，丰富自身定位。

2023年，短视频助推地方经济作用明显。密集的碎片化信息投放加强了用户卷入内容场景的程度。淄博烧烤、贵州“村超”等媒介事件加剧了短视频反哺实体文旅的程度，抖音等短视频平台中的美食、游玩、购物、休闲娱乐、住宿等类目的生活服务下单量激增。“短视频+新农”使快手进军新农业和新农人领域，拓展下沉市场，平台在三线及以下城市用户覆盖超过六成。[③] “短视频+传统文化”创造产业增长点，传统乐器、传统戏

① 中国网络视听节目服务协会.《中国网络视听发展研究报告（2024）》在蓉发布［EB/OL］.（2024-03-27）. https://mp.weixin.qq.com/s/MSjSUN_xZZr3J_YkD6NKcw.

② 微信视频号创造营.腾讯财报来了！视频号总用户使用时长翻番［EB/OL］.（2024-03-20）. https://mp.weixin.qq.com/s/mncrolUHqPJxTSJnWGFfOQ.

③ 飞瓜快数.飞瓜发布快手本地生活洞察报告：7亿老铁成商家新市场破局关键［EB/OL］.（2024-03-21）. https://mp.weixin.qq.com/s/jSBpqJBr2CSn8OmTvIdPfw.

曲、传统手工业等内容收获高播放量和点赞量。

（五）网络直播独立性增强，多公司延伸上下游产业

网络直播产业独立性增强，向全产业链延伸。一方面，品牌商自播模式日渐成熟，2023 年品牌商自播的市场规模首次超过达人带货，占直播电商市场规模的 51.8%。[①] 另一方面，直播电商服务商投资上游产业链。例如，东方甄选成立东方甄选（河南）食品科技有限公司，以强化东方甄选自营产品的研发和供给能力。网络直播经济的纵向扩展说明，网络直播已经成为商品营销的首选路径之一，直播公司逐渐由销售方向产销一体的联合体转进。

三、2023 年网络视听行业内容发展新变化

（一）主旋律视听创新发展，温暖现实主义引领风尚

主旋律传播方式持续迭代，传播风格更加温润亲和，一批温暖现实主义网络视听产品斩获受众芳心。温暖现实主义关注平民叙事，以温暖为主基调，表现人们对真善美、光明和未来的追求。[②]2022—2023 年，央视网联合抖音推出系列短视频《星火成炬》，新华社联合快手推出系列短视频《凡人微光》，腾讯新闻联合人民视频推出系列短视频《亿缕阳光》，这些作品均受到中国互联网发展基金会中国正能量网络传播专项基金支持。《星火成炬》等短视频记录普通人身边的感人事迹，与宏大叙事青睐的历史题材、国家符号不同，温暖现实主义短视频的主要内容是社会生活。官方制作的传统主旋律作品往往投资高昂、制作精致，并由记者、演员、编辑等职业从业者制作，而温暖现实主义短视频则不同，它借鉴了众包式的生产方式，往往取材于民众拍摄和监控摄像头记录的内容。这些内容被上

① 艾瑞咨询 .2023 年中国直播电商行业研究报告［R/OL］.（2024-04-06）. https://mp.weixin.qq.com/s/o_c82pmXPxnV9CNrzlkx0A.

② 王垚 . 新时代的影视创作，呼唤温暖的现实主义：新时代影视创作的温暖现实主义研讨会综述［J］. 北京电影学院学报，2022（5）：126-128.

传至抖音、快手等短视频平台，主流媒体将之分类整理并汇集，分集、分主题编辑为新集锦，形成系列短视频。“取之于民，用之于民”的制作方式降低了产品的排异风险。温暖现实主义短视频探索了一种更具有烟火气、更贴近基层生活的宣传方式，丰富了主流意识形态宣传话语，拓展了主流媒体宣传路径。同时，温暖现实主义短视频的生产方式具有经济性特点。

（二）生成式人工智能投入应用，行业开展规模性技术迭代

2023 年 7 月，中央广播电视总台联合上海人工智能实验室发布了“央视听媒体大模型”，并首次应用于《千秋诗颂》的创作。该模型综合运用可控图像生成、人物动态生成、文生视频等技术成果，将《过故人庄》《黄鹤楼送孟浩然之广陵》等 6 首唐诗转化为唯美的国风动画。原本需要 8 个月完成的动画在 AI 辅助下 4 个月就已完成。

一年时间内，各大媒体平台相继建立智能媒体实验室，推出 AIGC 传媒产品。浙江广播电视集团新媒体视频平台“Z 视介”上线了《微距中国》等 AI 生成短视频；湖南广播影视集团制作的《湘行漫记》讲述少年左宗棠的故事；北京广播电视台利用 AI 智能辅助技术，将三顾茅庐等三国往事尽现于短片《AIGC 三国》之中。短短数月之内，上海广播电视台挂牌成立生成式人工智能媒体融合创新工作室；北京广播电视台创建人工智能融媒创新实验室；河南大象融媒体集团启用 AIGC 应用研究室暨产业孵化中心。

在 AIGC 介入下，传统影视业所需的脚本设计、剧本审核、内容拍摄、后期制作等流程受到颠覆。例如，2023 年 6 月，华策集团宣布成立 AIGC 应用研究院，一部 120 万字的小说，过去需要一周时间来评估，现在使用 AI 编剧助手后仅需 15—30 分钟。[①] 在实际拍摄过程中，人工智能可以帮助解决拍摄背景问题，智能翻译也大大推进了影视剧内容翻译工作。

① 杨文杰．影视业 AI 应用如何超乎想象？剧本评估从一周降为半小时［EB/OL］．（2024-04-01）．http://bj.news.cn/20240401/d5af74991e7944638a5e3b61d644a4b6/c.html.

Sora诞生后，原本需要耗费大量人力物力和时间成本的影视制作，可由生成式人工智能一键生成。行业成本降低，门槛平民化，影视行业可能迎来就业危机。

除内容创作外，人工智能技术深刻嵌入影视制片管理之中。视频制作方可以利用AI技术进行“剧本拆解”，识别和解析角色、场景、道具、服装、造型以及场次等信息，也可以采用线上化、数据化制片管理，将影片拍摄进度同步给制片人。制片管理系统还可以细化预算收支管理，对预算情况进行异常识别和预警，把控预算风险。①

（三）数字平台出海爆火，网络视听赋能国际传播

以米哈游、ReelShort、TikTok等为代表的数字传媒平台为中国国际传播提供了新的可能性。例如，网络微短剧平台Reelshort跻身英国、美国、加拿大的App Store总榜前三名，微短剧于海外市场赢得海量用户青睐。以上数字传媒平台拥有共同特征：一是利用国内短视频快速发展的基础，快速下手抢占国际网络视听市场；二是发挥传媒经济的“吸引力经济”特征，用户卷入度高，对其爱不释手、欲罢不能；三是产品严肃性低，网络游戏、网络微短剧和网络短视频相较于新闻、电影、纪录片而言更为灵活，意识形态色彩相对弱化，受到海外国家的政策管制程度较弱。数字平台，尤其是网络视听平台为国际传播提供了新机遇。

史安斌等学者坚持一种“平台世界主义”（platform cosmopolitanism）理念，“全球性数智媒体平台则凭借越发成熟的网络信息技术运用和平台经济模式，以更具广度和深度的赋权赋能为主要表现形式”②。在全球信息争夺与认知争夺加剧的地缘政治格局下，新闻平台出海在一定程度上遭遇更大阻力，全球新闻生产格局长期被路透社、美联社、BBC（英国广播公

① 腾讯视频Post.一场有关影视工业化的革新，腾讯视频AI技术重塑制片流程［EB/OL］.（2024-03-05）. https://mp.weixin.qq.com/s/sGnx47zuX8cIuQlH_vKFiA.

② 史安斌，梁蕊洁.转文化传播视域下“数智华流”的理论与实践探索：以ReelShort为例［J］.青年记者，2024（2）：86-92.

司）、CNN（美国有线电视新闻网）等西方主流媒体占据主导地位，短期内难以突破。然而，网络视听媒体属于传媒经济的新型赛道，生产空间和市场份额存有窗口期，为中国推动数字领域的文化出海和提升国际话语权提供契机。

需要指出，数字平台出海同样面临一定挑战。“平台世界主义”与地缘政治的冲突正在加剧：2024 年 3 月 13 日，美国国会众议院以 352 票对 65 票的压倒性多数通过涉 TikTok 相关法案，要求字节跳动剥离对 TikTok 的控制权，否则 TikTok 会在美国遭到封禁。2024 年 4 月 23 日，美国参议院投票通过了一项涉及 TikTok“不卖就禁”的法案，要求字节跳动剥离 TikTok，否则 TikTok 将被禁止在美国应用商店中上架。次日，美国总统拜登签署了价值 950 亿美元的一揽子对外援助法案，涉及强制字节跳动 9 个月内剥离 TikTok 美国业务。因此，数字传媒产业与海外国民经济的交融不能只依赖一种路径，而应多点开花、多管齐下，同时应考虑到地缘政治的风险应对。

四、网络视听产业长效发展的问题与对策

（一）技术风险引发行业担忧，人工智能技术尚待规范

生成式人工智能以假乱真的图文生产能力可能给社会治理造成重大隐患。2023 年 3 月，Reddit 用户上传所谓“北美西海岸发生 9.1 级地震和海啸事件”的图片，肉眼难以分辨真假，其实这些图片均为 Midjourney 生成；5 月，一张“美国五角大楼附近发生爆炸”的 AI 虚假图片导致美股大跌；6 月，虚假新闻“上虞工业园区发生火灾”在视频平台发布，之后警方逮捕了 3 名犯罪嫌疑人。生成式人工智能真实度高、操作门槛低、应用范围广，因此，借助生成式人工智能实施的违法犯罪行为成本低但辨识难、破坏力广。

2023 年 8 月 15 日，《生成式人工智能服务管理暂行办法》正式施行。

这是我国首部生成式人工智能管理办法，适用于利用人工智能技术向中国境内公众提供内容的服务，利用境外技术向中国境内提供内容的服务也须遵守该办法。该办法囊括了提供和使用生成式人工智能服务的组织和个人。9月7日，科技部等十部门联合印发《科技伦理审查办法（试行）》。10月18日，中国发布《全球人工智能治理倡议》，围绕人工智能发展、安全、治理三方面，向世界传递人工智能治理的中国方案。11月1日，首届全球人工智能安全峰会在英国布莱切利庄园开幕，中国、美国、英国等28个国家及欧盟共同签署了旨在推动人工智能全球治理的《布莱切利宣言》（Bletchley Declaration）。与会国一致认为，人工智能已经在全球各领域广泛运用，各国应该携手面对人工智能的潜在风险，加强人工智能领域的国际合作。

从《生成式人工智能服务管理暂行办法》到《布莱切利宣言》，人工智能治理实践已经起步。此类人工智能治理方案多贯彻以人为本的精神内核，强调全球视野，筑牢底线思维，尽可能将人工智能安全风险防患于未然。当前，全球人工智能治理实践仍然表现出碎片化和区隔化的问题，人工智能治理和人工智能应用之间存在国家与国家、政府与企业的利益张力，人工智能发展过程中的问题也尚未完全暴露，人工智能治理尚需国际社会持续磋商、携手应对。

（二）“短微小”产品诱发数字沉迷，治理难点期待解决

在过去数年内，“短微小”一直是网络视听产品的发展方向。在内容形态方面，网络视听产品转向微小化、碎片化和实时化，长视频内容出现小微趋势。在平台载体方面，短视频平台、微短剧小程序、社交媒体的短视频端口吸收了更多网络视听用户。在内容生产方面，“短微小”往往由PUGC（专业用户生产内容）联合MCN完成，单位作品投资小，生产主体众多，产品数量丰富、增速极快。“短微小”内容存在的一部分问题相对传统，例如内容低质问题，猎奇化、低俗、情色、暴力内容汇聚，“擦

边”视频挤占内容市场；再如短视频侵权问题，短视频搬运长视频内容，盗版内容破坏市场秩序。经过数年的制度优化和技术迭代，这些问题得到了有效整治。目前，“短微小”内容引发的另一大问题是全年龄段数字成瘾问题。以往的研究往往更关注未成年人手机使用问题，但实际上，老年人、中年人同样沉迷于短视频等网络视听产品，部分老龄用户一天使用短视频应用超过 10 小时。①

目前，有关部门开展了部分治理行动。2022 年 12 月，国家广播电视总局印发《国家广播电视总局办公厅关于进一步加强网络微短剧管理 实施创作提升计划有关工作的通知》，要求严肃、扎实开展“小程序”类网络微短剧专项整治，加强规范管理，实施创作提升计划。抖音、微信、快手、哔哩哔哩相继发布关于违规微短剧类小程序的处置公告②，压实平台责任，形成政府、行业、平台综合治理体系。2023 年 3 月至 11 月，国家广播电视总局督导抖音、快手等平台清理低俗有害网络微短剧 35 万余集（条）、2055 万余分钟；分级处置传播低俗有害网络微短剧的“小程序”429 个、账号 2988 个。③

（三）“剧本化”产品大行其道，公共文化环境尚待整治

网络视听产品是一种“热媒介”，用户无须高知识水平和仔细思考就可享用和消费。在注意力经济的逻辑下，低准入门槛和快叙事节奏易导致公共议题的“剧本化”。大量短视频出于迎合人们的叙事想象而被制作出来，由表演生成“段子”，引导受众按照剧本情节认知公共事务，进而制造网络热度。其中，最具代表性的是 2024 年初发生的“秦朗巴黎丢寒假作业”事件。2024 年 2 月 16 日，网红博主“Thurman 猫一杯”（简称“猫

① 姜楠．从“数字鸿沟”到“网瘾老人”，技术无法消除老年存在焦虑［EB/OL］．（2023-04-20）. https://www.thepaper.cn/newsDetail_forward_22640265.

② 中国网络视听节目服务协会．微信：关于违规微短剧类小程序的处置公告（第四期）［EB/OL］．（2023-08-19）. http://www.cnsa.cn/art/2023/8/19/art_1488_41810.html.

③ 人民网．广电总局：完善常态化管理机制 持续开展网络微短剧治理工作［EB/OL］．（2023-11-15）. http://ent.people.com.cn/n1/2023/1115/c1012-40118808.html.

一杯”）声称在法国巴黎有法国人递给她两本中国小学一年级的寒假作业，说是在厕所捡到的。猫一杯在全网寻找作业主人，事件冲上热搜。随后，自称“秦朗舅舅”的网民出现，甚至还开启直播。仅三日后的2月19日，“秦朗舅舅”承认摆拍，有关部门封禁其账号，猫一杯声称已联系到“秦朗母亲”。4月12日，杭州市公安局西湖区分局发布警情通告，确认网民徐某某（猫一杯）编造事件，依法对其作出行政处罚。

网络剧本由自媒体博主和MCN自导自演，批量生产、情节夸张、模式化强，契合社会“梗文化”，却以真实事件的面貌出现。这类产品点赞量、转发量高，用户不究真假，从中获取娱乐价值，但同时还将其纳入社会公共事件的正式讨论中。其背后隐藏着社会文化精神的空心化和社会文化产品的快餐化。由于此类产品备受网民喜爱，在流量需求下，这些剧本化内容甚至被搬上地方主流媒体，变相使得官方权威信息渠道为之背书，损害了主流媒体公信力。

剧本化产品的治理难点在于：其一，剧本生产者由市场力量介入，产量大、市场流通度高，已经形成了成熟的行业生产体系；其二，剧本消费者往往不究真假，主要目的是在故事剧情中获得乐趣，使短视频内容更容易混入公共环境。在治理方面，一是从严治理剧本扰乱公共舆论环境的问题，对典型案例、典型犯案人员依法处置，注重社会示范效应；二是及时完善法律法规，解决网络视听问题治理中的滞后性问题；三是完善奖惩措施，激励打假误导公众的信息、制造谣言的剧本产品，鼓励短视频精品化创作。

B.5
2023年中国数字音乐产业发展报告 *

司思　郑禹　陈琤隽 **

摘　要： 2023年，中国继续保持全球第五大音乐市场的成绩。2023年，中国数字音乐市场规模约为893.45亿元，保持稳定市场增量。两大数字音乐平台腾讯音乐和网易云音乐市场业绩良好，网易云音乐实现首次全年盈利。用户付费意愿稳步提升，音乐平台盈利能力持续健康增长，在科技赋能音乐创作的生态下，AI音乐制作、智慧票务系统以及“大视听”产业长足进步。在音乐版权方面，AI生成音乐的版权问题有望解决，网络音乐版权保护加强，全国著作权登记量增幅显著。此外，数字音乐平台降本增效，并专注于提升会员权益、提高音乐品质和社交娱乐服务质量，数字音乐创生与传播呈现新业态发展趋势。本文以产业数据和市场分析为基础，剖析2023年中国数字音乐产业发展环境，梳理市场现状和行业创新点，展望中国数字音乐产业的未来发展趋势。

关键词： 数字音乐平台；数字音乐版权；AI音乐；智慧票务；大视听；音乐社交娱乐

---

* 本文系2023年度国家社科基金艺术学重大项目“中国式现代化进程中艺术高质量发展研究”（项目编号：23ZD15）以及2024年度中国音乐学院科研项目“乡村振兴背景下音乐小镇发展策略研究”（项目编号：YYB2402）的阶段性成果。

** 司思，中国音乐学院艺术管理系副教授、硕士生导师，牛津大学访问学者；郑禹，中国音乐学院艺术管理系2023级硕士研究生；陈琤隽，中国音乐学院艺术管理系2022级硕士研究生。

一、数字音乐产业发展环境分析

（一）国际环境

国际唱片业协会（IFPI）于2024年3月21日发布的《2024年全球音乐报告》显示，2023年，全球音乐流媒体服务付费订阅量首次突破5亿，全球录制音乐收入增长10.2%，贸易总收入达到286亿美元，已连续9年保持增长态势（见图1）。增长率相较于2022年有所上升，这主要是由付费流媒体用户的增长推动的。截至2023年底，付费订阅用户数已达6.67亿人，不过在不同国家地区的渗透率有较大差异。流媒体仍继续主导全球收入结构，2023年收入同比增长10.4%，达到193亿美元，占全球录制音乐总收入的67.3%；其中付费订阅流媒体收入同比增长11.2%，达到141亿美元。其他领域也有增长，实体收入增长率最高，达到13.4%；表演权收入增长9.5%，达到27亿美元，超过了疫情前水平，占全球市场的9.5%；同步音乐收入微涨4.7%。下载及其他形式的数字产品收入却再次下降2.6%。①

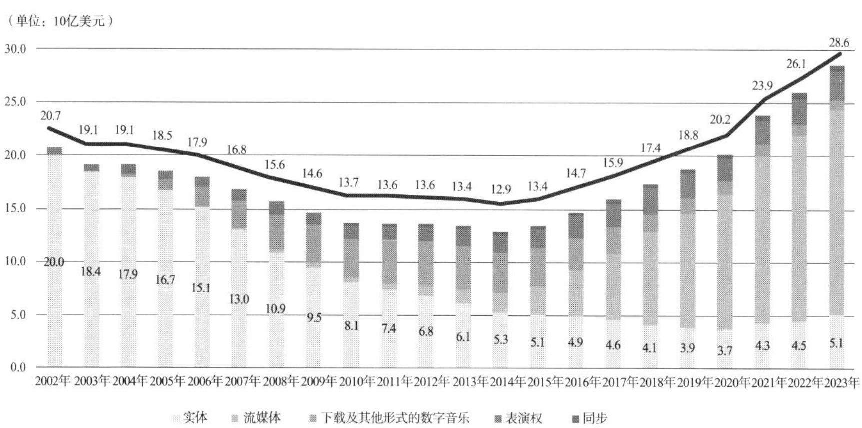

图1 2002—2023年全球唱片业收入

数据来源：国际唱片业协会《2024年全球音乐报告》。

① IFPI. IFPI global music report：global recorded music revenues grew 10.2% in 2023［EB/OL］.（2024-03-21）. https://www.ifpi.org/ifpi-global-music-report-global-recorded-music-revenues-grew-10-2-in-2023/.

全球音乐的总收入主要来源于流媒体、实体、表演权、下载及其他形式的数字音乐、同步收入（见图 2）。值得注意的是，全球实体唱片收入连续第三年增长，并且相比前一年的 4% 有了明显提升，2023 年增长率达到 13.4%，相当于 51 亿美元的收入，使实体市场份额达到 17.8%，高于 2022 年的 17.5%。在 CD 收入稳步增长、黑胶唱片热度持续升温以及 K-Pop 强劲销售的推动下，实体业务在亚洲市场的表现突出，收入几乎占全球的一半（49.2%），可见音乐实体零售业稳步发展。[1]

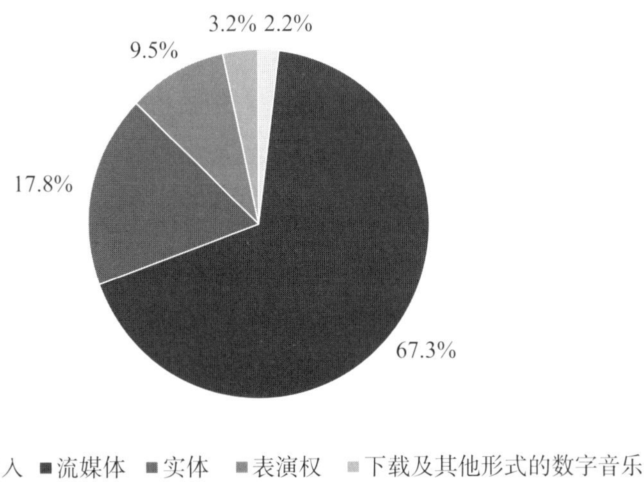

图 2　2023 年全球录制音乐收入细分

数据来源：国际唱片业协会《2024 年全球音乐报告》。

根据国际音乐市场的数据，全球数字音乐市场在技术进步、市场多元化和消费模式变革的推动下，呈现出蓬勃发展的态势，流媒体收入涨幅明显，全球音乐市场已实现连续 9 年增长。在不断发展和快速变化的音乐市场中，许多独立艺术家通过自媒体平台直接与听众互动，平台也成为艺术家推广新作品和与粉丝互动的重要渠道，不仅提高了音乐消费的便捷性，也改变了音乐发行和推广的方式，实现了商业成功和艺术成就的双赢。AI

① IFPI. IFPI global music report：global recorded music revenues grew 10.2% in 2023［EB/OL］.（2024-03-21）. https://www.ifpi.org/ifpi-global-music-report-global-recorded-music-revenues-grew-10-2-in-2023/.

作曲、虚拟音乐会和沉浸式音乐体验等新技术的应用，正在为音乐产业带来新的可能性和商业模式。全球化进程加速了不同文化音乐的交流与融合，世界音乐市场呈现出多样化的特点。拉丁音乐、K-Pop以及非洲音乐Afrobeats等不同地区、不同文化的音乐风格在全球范围内越来越受欢迎，不仅丰富了全球音乐市场的内容，也促进了音乐的跨文化交流。

（二）政策环境

2023年，中共中央、国务院印发的《数字中国建设整体布局规划》明确，数字中国建设按照“2522”的整体框架进行布局，即夯实数字基础设施和数据资源体系“两大基础”，推进数字技术与经济、政治、文化、社会、生态文明建设“五位一体”深度融合，强化数字技术创新体系和数字安全屏障“两大能力”，优化数字化发展国内国际“两个环境”。2023年9月，文化和旅游部、公安部联合发布《关于进一步加强大型营业性演出活动规范管理促进演出市场健康有序发展的通知》。

2023年是中国文化数字化进程的关键之年。根据2022年中共中央办公厅、国务院办公厅印发的《关于推进实施国家文化数字化战略的意见》，从指导思想、工作原则、主要目标、重点任务、保障措施、组织实施等各个方面做出全面部署，文化产业的数字化进程正以习近平文化思想为指引，落实国家文化数字化战略的理论和实践问题，为建设中华民族现代文明打牢数字化基础。2023年，全国信息技术标准化技术委员会大数据标准工作组设立文化大数据行业组，标志着我国文化数字化领域已经形成了团体、国家、国际三个层次有机衔接的标准化工作机构，以及完善的文化数字化标准体系和工作机制；中国公共关系协会文化大数据产业委员会和华为云计算技术有限公司联合开发的文化大模型，经过评测，基本达到了设计目标，已上线公测；由全国权威研究机构和产业专家联合编撰的《中国文化元宇宙白皮书》正式发布；国家文化大数据华东区域交易平台正式上线，该交易平台具有数据确权、交易、结算、分发等功能。

（三）经济环境

根据国家统计局公布的数据，2023 年全年国内生产总值达 1260582 亿元，比上年增长 5.2%。其中，第三产业增加值 688238 亿元，增长 5.8%，增加值占国内生产总值比重为 54.6%。全国规模以上文化及相关产业企业实现营业收入 129515 亿元，比上年增长 8.2%。全年居民消费价格比上年上涨 0.2%，其中教育文化娱乐类消费价格比上年上涨 2.0%。全年全国居民人均可支配收入 39218 元，比上年增长 6.3%，扣除价格因素，实际增长 6.1%。全年全国居民人均消费支出 26796 元，比上年增长 9.2%，扣除价格因素，实际增长 9.0%。[①] 居民收入与经济增长基本同步，消费支出实际增速大幅上涨，消费市场迸发新活力，新型消费仍保持较好发展态势。

2023 年，中国经济在全球复苏浪潮中稳步前行，国内消费需求持续扩大，数字经济蓬勃发展。在这种经济环境下，数字音乐产业迎来了新的增长机遇，技术的快速进步也为数字音乐产业注入了新的活力。人工智能和大数据在音乐推荐、版权保护和用户分析方面的应用，使得音乐服务更加智能化和个性化。行业协会如中国音像与数字出版协会、中国音乐著作权协会、中国音像著作权集体管理协会等继续发挥重要作用，通过加强版权保护和行业规范，保障了创作者和消费者的权益，为数字音乐产业的可持续发展创造了良好环境。总体而言，2023 年在政策支持和经济环境的双重推动下，中国数字音乐产业展现了强劲的发展势头，正在向更加多元和高质量的方向迈进。

（四）版权环境

2023 年是中国与世界知识产权组织合作 50 周年，国家知识产权局加快推进知识产权强国建设，有效支撑创新驱动发展，印发了《推动知识产权高质量发展年度工作指引（2024）》，坚持以习近平新时代中国特色社会

① 国家统计局．中华人民共和国 2023 年国民经济和社会发展统计公报［R/OL］．（2024-02-29）．https://www.gov.cn/lianbo/bumen/202402/content_6934935.htm.

主义思想为指导，坚持稳中求进、以进促稳、先立后破。2023 年 11 月，第九届中国国际版权博览会举办，以“版权新时代　赋能新发展”为主题，结合新时代新征程版权强国建设的新任务、新要求，突出政治站位、前瞻视野、行业推动和产业发展，打造高层次国际交流平台，扩大版权领域对外开放，聚焦高效率产业供需对接，助推版权转化运用，创新高科技应用场景，激活版权数据价值，并首次设置了元宇宙线上展。

为顺应版权产业的数字化趋势，进一步加大网络版权保护力度，推动构建网络版权严保护、大保护格局，中国音像与数字出版协会数字音乐工作委员会联合国内多家数字音乐企业，共同发起促进中国数字音乐产业高质量发展的倡议，共同为加强行业自律、引导音乐企业提高音乐产品质量、扶持中国的优秀音乐文化和音乐创作而努力。国家版权局、工业和信息化部、公安部、国家互联网信息办公室四部门联合启动打击网络侵权盗版“剑网 2023”专项行动，这是全国持续开展的第 19 次打击网络侵权盗版专项行动。该行动共查办涉网侵权盗版案件 1513 件，关闭侵权盗版网站（App）2390 个，删除侵权盗版链接 244 万余条，推动发展新质生产力，营造良好版权保护环境。①

二、中国数字音乐产业发展概况

（一）全球产业规模持续增长，中国成为营收增速最快音乐市场

国际唱片业协会发布的《2024 年全球音乐报告》显示，2023 年全球唱片市场市值 286 亿美元，收入增长率为 10.2%，是有记录以来第二高的增长率，唱片市场也迎来第 9 年的连续增长。2023 年，全球排名前十的音乐市场都实现了同比增长，其中亚洲作为全球第三大音乐市场，由于实体唱片和数字流媒体业务收入的强劲增长，收入增长率达到

① 国家市场监督管理总局 .《中国打击侵权假冒工作年度报告（2023）》发布［EB/OL］.（2024-04-26）. https://www.samr.gov.cn/xw/zj/art/2024/art_b8638d289d0b441da443113a802d85f4.html.

14.9%（见表 1），这一稳步上升的发展轨迹已经持续多年。亚洲最大的两个市场都呈现了健康增速的趋势。值得关注的是，2023 年中国市场营收同比增长 25.9%，成为营收增速最快市场，稳居全球第五大音乐市场（见表 2）。[①]

表 1　2023 年全球各大音乐市场增长情况

全球音乐市场	市场增长率（%）	全球各地区业务增长情况
美国和加拿大	+7.4%	2023 年，美国和加拿大的全球录制音乐收入份额增长 7.4%，收入增长速度高于 2022 年（增长 5.1%）。作为世界上最大的音乐市场，美国的音乐收入增长 7.2%。加拿大的音乐收入增长 12.2%。总体来看，美国和加拿大地区音乐市场加起来占全球总录制音乐收入的 40.9%
欧洲	+8.9%	欧洲市场占全球收入的 1/4 以上（28.1%），在收入增长 8.9% 后，欧洲仍然位居第二。2023 年，欧洲是世界第二大录制音乐收入地区，录制音乐收入超过 80 亿美元。三个最大的市场（均位于前十名）实现了健康增长：英国（增长 8.1%）、德国（增长 7.0%）和法国（增长 4.4%）
亚洲	+14.9%	作为全球第三大市场，由于实体和数字流媒体收入的强劲增长，2023 年亚洲的音乐收入增长了 14.9%，延续了多年的上升趋势。亚洲最大的两个市场都呈现健康增速趋势，世界第二大音乐市场日本的音乐收入增长 7.6%，世界第五大音乐市场中国的音乐收入增长 25.9%，是目前全球十大音乐市场中增长最快的

① 参见国际唱片业协会《2024 年全球音乐报告》：https://www.ifpi.org/our-industry/industry-data/。

续表

全球音乐市场	市场增长率（%）	全球各地区业务增长情况
拉丁美洲	+19.4%	在连续第 14 年的收入增长中，拉丁美洲的录制音乐收入在 2023 年出现了 19.4% 的急剧增长，再次超过了全球增长率。其中，巴西市场（增长 13.4%）和墨西哥市场（增长 18.2%）实现了收入率两位数的百分比增长。流媒体业务是主要的驱动因素，占该地区总收入的 86.3%
澳大利亚	+10.8%	澳大利亚在 2023 年实现了 10.8% 的百分比增长，超过了 2022 年的 8.3%，得益于流媒体订阅业务收入的增长（增长 13.5%）。新西兰音乐收入增长 8.4%
中东和北非	+14.4%	2023 年，中东和北非地区的总收入增长 14.4%，尽管增长率低于 2022 年的 26.8%，但也超过了全球增长率。其中，流媒体业务收入再次在中东和北非占据主导地位，占该地区 98.4% 的市场份额
撒哈拉以南非洲地区	+24.7%	撒哈拉以南非洲地区再次成为增长最快的地区，也是唯一一个增长超过 20% 的地区。受付费流媒体收入业务增长的推动（增长 24.5%），其收入增长了 24.7%。目前南非仍然是该地区最大的市场，在增长 19.9% 之后，贡献了该地区收入 77.0% 的市场份额

数据来源：国际唱片业协会《2024 年全球音乐报告》。

表 2 2023 年全球十大音乐市场

排名	1	2	3	4	5	6	7	8	9	10
国家	美国	日本	英国	德国	中国	法国	韩国	加拿大	巴西	澳大利亚

数据来源：国际唱片业协会《2024 年全球音乐报告》。

中国传媒大学音乐产业发展研究中心最新发布的《2024 中国音乐产业发展（总）报告》显示，2015—2023 年，中国数字音乐产业规模稳步增长，2023 年达到 893.45 亿元，同比增长 5%（见图 3）。同时，在线听歌、网络 K 歌、音乐社交、音乐短视频以及 AI 生成音乐等多种音乐生态呈现了不同的音乐娱乐功能和音乐消费场景。

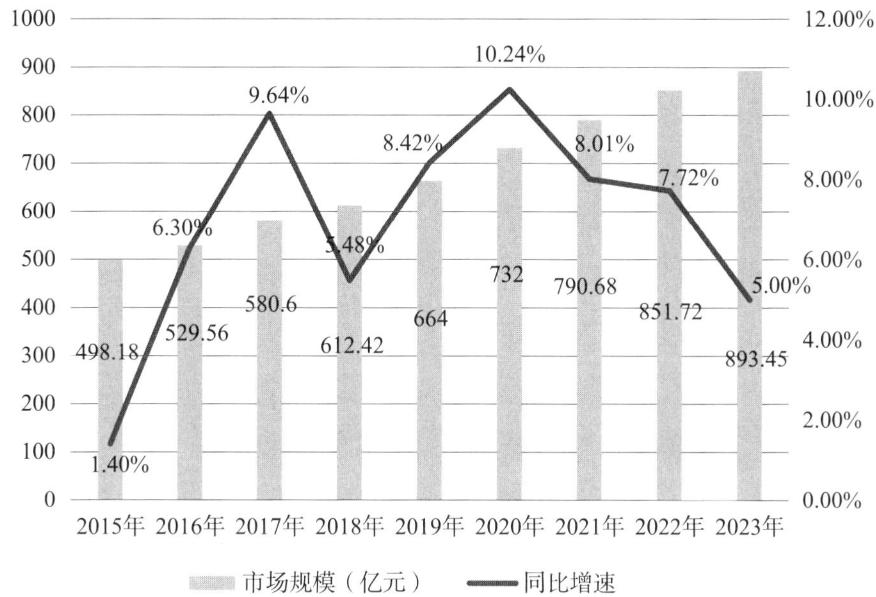

图 3　2015—2023 年中国数字音乐市场规模

数据来源：中国传媒大学音乐产业发展研究中心《2024 中国音乐产业发展（总）报告》。

（二）用户付费意愿稳步提升，音乐平台盈利能力持续健康增长

根据中国互联网络信息中心（CNNIC）发布的第 53 次《中国互联网络发展状况统计报告》，截至 2023 年 12 月，我国网民规模达 10.92 亿人，互联网普及率达 77.5%。我国网络音乐用户规模达 7.15 亿人，较 2022 年 12 月增长 3044 万人，占网民整体的 65.4%（见图 4）。[①] 国际唱片业协会

① 中国互联网络信息中心 . 第 53 次《中国互联网络发展状况统计报告》[R/OL] .（2024-03-22）. https://www.cnnic.cn/n4/2024/0322/c88-10964.html.

的报告《Engaging With Music 2023》，对覆盖 26 个国家的 4.3 万名用户进行调研，调研结果显示 2023 年全球收听音乐的用户平均每周收听时长 20.7 小时。而中国用户更是高达 27.9 小时，远超平均水平，且有较高的活跃度。①

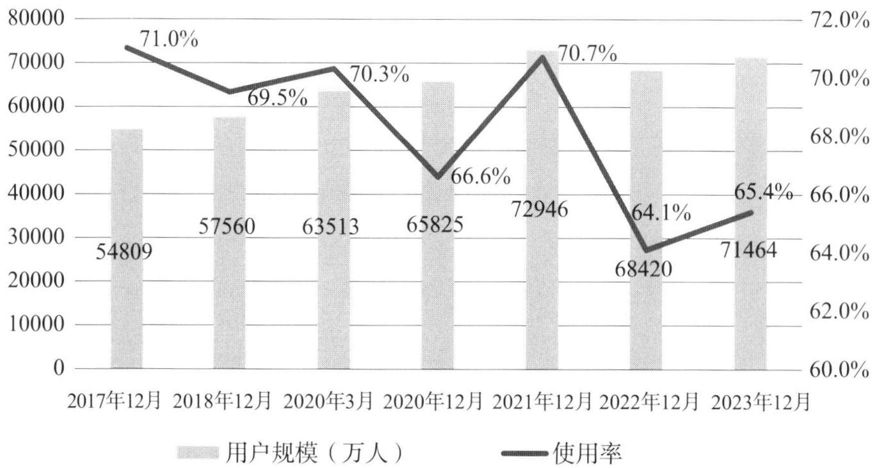

图 4　2017—2023 年网络音乐用户规模及使用率

数据来源：CNNIC 第 53 次《中国互联网络发展状况统计报告》。

2023 年我国网络音乐用户付费意愿稳步提升，带动业务营收显著增长。得益于版权成本的控制与在线音乐业务的较快增长，网络音乐产业逐步形成了政府、企业、行业与公众相结合的良好发展格局。随着网络音乐版权保护力度的加强，网络音乐付费用户数量出现明显增长，带动网络音乐业务营收增长。

以 2023 年数字音乐平台头部企业腾讯音乐娱乐集团（TME）为例，2023 年 TME 财报显示，截至 2023 年 12 月 31 日，2023 年全年总收入为人民币 277.5 亿元（39.1 亿美元），同比下降 2.1%。但在线音乐付费用户同比增长 20.6%，首次突破 1.067 亿人，环比净增 370 万人，在线音乐订

① IFPI. Engaging with music 2023［R/OL］.（2023-12-30）. https://www.ifpi.org/wp-content/uploads/2023/12/IFPI-Engaging-With-Music-2023_full-report.pdf.

阅收入为121亿元（17亿美元），同比增长39.1%。[①] 同时，另一数字音乐平台头部企业网易云音乐2023年四季度财报显示，2023年网易云音乐净收入为人民币78.7亿元（11亿美元），虽然同比2022年的人民币90亿元减少12.5%，但毛利润由2022年的人民币13亿元增长了62.6%至21亿元，实现首年盈利，这主要得益于会员订阅的收入增加和成本管控的持续改善。2023年，网易云音乐会员规模同比增长15.3%，在线音乐服务月活跃用户稳步增长至205.9万人，同比增长8.7%，用户黏性进一步增强。[②]

（三）科技赋能音乐创作生态，AI生成音乐版权问题有望解决

2023年8月，国家广播电视总局召开广播电视和网络视听高质量发展专家咨询会，锚定“两大业务、三大属性、四个层次”工作定位，积极推动5G、AIGC等新技术创新应用和管理。2023年以来，To C（面向消费者）的AI生成音频产品之间的竞争日益激烈，Meta（元）和Google（谷歌）等巨头先后推出了能够创作歌曲和声音的AI工具，国内外众多AI音乐生成工具落地开发（见表3）。就版权方来看，三大唱片公司在AI音乐领域主要以投资的方式进行布局，索尼音乐依托母公司索尼强大的机器学习基础实力及硬件研发能力，发布了大量前沿研究成果。环球音乐与AI声音初创公司Endel建立战略合作关系，以创作“AI助力、音乐人驱动的功能性音乐”。流媒体平台聚焦音频识别及播放行为领域。Spotify（声田）的R&D部门长期致力于机器学习研究，在AI音乐领域有着丰富的研究成果，包括音频转录、鼓声转录等；腾讯音乐推出天琴实验室，截至2023年累计发布10余篇国际顶会论文，获得超过500项发明专利；网易在2023年推出AI音乐工具网易天音，其核心竞争力是AI日推系统。互

① TME. Tencent Music Entertainment Group announces fourth quarter and full-year 2023 unaudited financial results［EB/OL］.（2024-03-19）. https://ir.tencentmusic.com/2024-03-19-Tencent-Music-Entertainment-Group-Announces-Fourth-Quarter-and-Full-Year-2023-Unaudited-Financial-Results.

② 网易. NetEase announces fourth quarter and fiscal year 2023 unaudited financial results［EB/OL］.（2024-02-29）. https://ir.netease.com/system/files-encrypted/nasdaq_kms/assets/2024/02/29/3-17-11/4Q23%20NTES%20Earnings%20Release.pdf.

联网企业持续不断探索前沿科技，微软、谷歌、苹果、字节跳动等公司均在 AI 音频领域进行了投资并购及专利储备，谷歌 2023 年 2 月推出了最新的音乐生成模型 MusicLM，投资 AI 工具公司 Anthropic，各公司将开发的 AI 工具应用于主营业务，帮助降本增效。

表 3　部分 AI 音乐生成工具相关布局

名称	公司	AI 音乐相关布局
MusicGen	Meta	MusicGen 主要用于音乐生成，可以将文本和已有的旋律转化为完整乐曲。除此之外，MusicGen 还支持文本与旋律的组合输入
AIVA	ATVA	专业音乐人创作辅助产品，提供风格预设和曲到曲生成。可以使用预先训练的“预设样式”，这些样式是基于内部精心制作的各种数据集（由调和级数、节奏模式和旋律线等重要音乐特征组成）；也可以使用上传的歌曲来影响创作过程，以创作出具有相似音乐特征但完全不同的曲目
网易天音	网易云音乐	可以在网页或者移动端使用，音乐生成有风格预设和曲到曲生成两种方式。对比 AIVA，网易天音除音乐生成外，还结合 TTS 提供歌声生成、结合 NLP 模型提供歌词创作等。产品整体分成 AI 写歌、AI 编曲两个模块，提供大量的预设模板，创作自由度高
Magenta	谷歌	基于 tensorflow，探讨机器学习在创作过程中作为工具的作用。Magenta 为熟悉代码的音乐家们提供丰富的开源资源，主要针对作曲领域，并不提供作词和歌曲合成功能
天工 SkyMusic	昆仑万维	用户可自行写词或通过 AI 写词，再选取歌曲或者哼唱的曲调文件作为曲风参考，然后由 AI 生成歌曲。用户生成内容后可通过链接分享至微信，也可以直接分享至抖音

续表

名称	公司	AI 音乐相关布局
Musenet	OpenAI	可以使用 10 种不同的乐器生成 4 分钟的音乐作品，并且可以对乡村音乐、披头士乐队、莫扎特等差异较大的风格进行组合和融合
给麦	盛天网络	提供 AI 歌声进化、“全民会说唱”玩法，AI 模仿用户声音打造用户专属音色音效，也可以 AI 生成声线翻唱特定歌曲，给麦 AI 音乐功能已开启商业化
Wondershare Filmora	万兴科技	可根据用户选择的“mood”，为用户的视频创建背景音乐，同时支持用户对生成的 AI 音乐进行裁剪。通过 AI 生成音乐，为创作者解决了视频内容创作过程中歌曲、声音版权的问题，进一步降低了视频创作的门槛和成本
AI Song	TikTok	借助大语言模型 Bloom 的能力，使用 AI 生成歌曲、歌词，辅助用户创作短视频内容
MusicFX	谷歌	用户通过简短文字即可创作独特音乐。结合 MusicLM 模型和 SynthID 水印技术，解决版权问题，提供丰富的音效和调整选项，降低音乐创作门槛

资料来源：根据公开资料整理。

以热点事件“AI 孙燕姿”为例，“AI 孙燕姿”翻唱的《发如雪》于 2023 年 4 月 14 日在哔哩哔哩网站（B 站）发布，至今播放量已超 330 万。此外，虚拟歌姬翻唱歌曲在哔哩哔哩投稿视频中也广泛存在。因为声音具有强烈的人身属性，也是音乐人的生存根本，随着创作门槛的降低，版权问题成为 AI 音乐发展难以规避的问题。2023 年初，谷歌开发的 AI 音乐生成器 MusicLM 模型已经取得良好的效果，但由于存在潜在的版权风险，谷歌并未公开发布该模型。该模型基于 280000 小时的音乐数据集进行训练，研究发现模型生成的音乐中约有 1% 直接复制自训练数据中的歌曲，这可能导致版权侵犯问题。2023 年 8 月，谷歌和环球音乐进行谈判，希望在授权 AI 使用艺人的声音和音乐方面达成合作伙伴关系，让用户可以合法地创作 AI 歌曲，向版权方付费，而歌手们可以自由选择是否加入。长远来看，AI 音乐生成工具的版权合法化问题有望得到解决。

（四）后疫情下演出消费复苏，智慧票务系统优化观演体验

2023 年，文化和旅游部、公安部发布《关于进一步加强大型营业性演出活动规范管理促进演出市场健康有序发展的通知》，针对演出活动的公开售票比例、购票入场制度等进行规范，保证演出市场健康有序发展。2022 年底以来，我国经济社会全面恢复常态化运行，线下文娱消费需求得到集中释放，2023 年前三季度，全国演出市场实现票房收入 315.40 亿元，相较于疫情前的 2019 年同期，增幅达 84.2%，且已超过 2019 年 200.41 亿元的全年票房收入。[①] 另外，消费能力增长，消费形态逐渐向商品和服务消费并重转变，技术成为中国演出票务行业发展驱动力。智慧票务系统具有在线选座、智慧检票、会员管理、分销渠道管理等功能，不仅可以为演出主办方、场馆方提供一站式电子票务服务，同时能够为 C 端消费者提供查询已售的票务信息，选择合适的场馆、场次和座位等功能。消费者入场时可通过闸机核销、小程序核销、PDA 核销等多种核票方式快速入场，更好地优化消费者购票和观演体验。除此之外，会员管理和会员营销功能可实现流量沉淀到私域，为会员提供更加个性化、定制化的服务，实现票源的高效配置。

2023 年 9 月 19 日，阿里大文娱集团旗下的阿里巴巴影业集团有限公司（简称“阿里影业”）宣布与阿里巴巴集团的全资子公司阿里巴巴投资有限公司达成了一项股份购买协议。根据公告，阿里影业计划以 1.67 亿美元（大约 13.07 亿港元）的价格收购经营“大麦”品牌的 Pony Media Holdings Inc. 的全部股权。在阿里系资源的加持下，大麦网在巩固自身票

① 艾瑞咨询 . 2023 中国演出票务行业研究报告［R/OL］.（2024-01-09）. https://www.iresearch.com.cn/Detail/report?id=4289&isfree=0.

务领域原有优势的基础上，持续发力产业上中下游，以大麦、MaiLive 和麦座三大子品牌，实现对内容、场馆、票务三大现场娱乐领域的全链路布局，当前已累计服务 180 万场演出，并拥有逾 1 亿人次注册用户，可推动线下文娱产业涌现出更多商业模式和创新形式。

（五）“Z 世代”消费潜力突出，音乐社交娱乐市场布局调整

随着数字音乐平台的发展，音乐传播媒介已从磁带、CD 等实体，以及单曲下载的数字音乐，切换至以流媒体为主。根据国际唱片业协会的数据，2023 年全球录制音乐市场规模达 286 亿美元，同比增长 10.2%，其中流媒体（以会员订阅或广告变现为主要变现模式，比如 Spotify、QQ 音乐、网易云音乐等）收入占比 67.3%，达 193 亿美元，同比增长 10.4%；实体音乐收入占比 17.8%，达 51 亿美元，同比增长 13.4%；表演权（收入来自表演所支付的歌曲版税）收入占比 9.5%，达 27 亿美元，同比增长 9.5%。[①] 调查显示，“Z 世代”消费群体更注重选择体验而不是拥有产品，超四分之一的“Z 世代”受访者强烈同意他们“宁愿把钱花在体验上，而不是产品上”。在调查的国家中，中国和德国的千禧一代（“Y 世代”）和“Z 世代”之间的差异最为显著，强烈需要体验而非产品的人增加了 5% 以上。[②] 社交娱乐功能板块逐渐成为各大头部数字音乐平台关注的重点。

以网易云音乐在社交娱乐方面的功能为例，其在主 App 内不断嵌入有社交属性的功能，以 UGC 模式为核心，为普通用户提供互动音乐社区，包括 K 歌、直播、唱聊等。此外还推出了“一起听”功能、“妙时”社交 App 等，以满足年轻用户对原始社交的热爱。在网易云音乐用户账号体系

① 参见国际唱片业协会《2024 年全球音乐报告》：https://www.ifpi.org/our-industry/industry-data/。

② Fastdata 极数 . Fastdata 极数：全球 Z 世代消费洞察报告 2024［R/OL］.（2024-02-01）. http://www.ifastdata.com/2024/02/01/fastdata%e6%9e%81%e6%95%b0%ef%bc%9a%e5%85%a8%e7%90%83z%e4%b8%96%e4%bb%a3%e6%b6%88%e8%b4%b9%e6%b4%9e%e5%af%9f%e6%8a%a5%e5%91%8a2024/.

下，用户可参与恋爱、婚姻、学习、萌宠等 28 个话题的讨论，其中细分为音乐人、情感、高校、学习等 14 个主题，用户加入圈子后除了发帖互动，还能进入聊天室参与即时聊天。从推荐的动态、圈子、聊天室的活跃度和互动量维度看，网易云音乐的社区建设较为成功，产生了较多优质内容。对比网易云音乐，QQ 音乐的社区优势在于歌手粉丝经济模式。随着粉丝经济受到政策监管，QQ 音乐也逐步加强社区氛围建设，社区板块将成为网易云音乐与腾讯音乐的角力点。

随着短视频对在线音乐平台社交娱乐板块的冲击，以及社交娱乐内容的风险控制挑战不断加剧，在线音乐平台的营收重心逐渐趋向于音乐本身。财报数据显示，腾讯音乐、网易云音乐 2023 年上半年的在线音乐服务收入都超过了社交娱乐服务及其他收入。其中，网易云音乐上半年社交娱乐服务及其他收入为 18.9 亿元，在线音乐服务收入为 20.21 亿元；2023 年度社交娱乐服务及其他收入为 35.16 亿元，同比减少 33.6%，社交娱乐服务月付费用户数从 2022 年的 133 万人增长至 160 万人，同比增长 20.3%。[①] 腾讯音乐 2023 年度社交娱乐服务及其他收入从 2022 年的 158.6 亿元下降至 2023 年的 104.3 亿元，降幅达 34.2%。可见，两大头部数字音乐平台的社交娱乐板块收入均存在下滑趋势，腾讯音乐和网易云音乐不约而同提出了要“强化以音乐为导向的内容产品”的布局。

（六）网络音乐版权保护加强，全国著作权登记量增幅显著

2023 年是中国与世界知识产权组织合作 50 周年。2023 年 4 月 26 日，中国与世界知识产权组织合作 50 周年纪念暨宣传周主场活动在北京举行，国家主席习近平致贺信并指出，50 年来，中国始终坚定维护国际知识产权多边体系，与世界知识产权组织合作不断拓展深化，取得丰硕成果。活动前夕，国家版权局与世界知识产权组织在北京更新签署了双边合作谅解

① 魏蔚．网易云音乐 2023 年营收 78.67 亿元［EB/OL］．（2024-02-29）．https://www.bbtnews.com.cn/2024/0229/505303.shtml.

备忘录，积极推动双方关系进一步深化。同时，为进一步加大网络音乐版权保护力度，国家版权局、工业和信息化部等相关部门积极完善立法、加强版权治理、优化版权服务、实施社会共治，共同构建政府监管、企业自管、行业自律与公众监督相结合的良好发展格局。

2023 年，全国著作权登记总量达 8923901 件，同比增长 40.46%（见图 5）。其中，作品著作权登记 642.83 万件，同比增长 42.30%，实现近年来最大幅度增长。著作权登记量大幅上涨为助推版权产业高质量发展奠定了坚实基础，版权产业逐步成为激发全民族文化创新创造活力、建设文化强国的重要力量。另外，如何助推中国数字音乐产业高质量发展，构建数字音乐版权生态，进一步强化数字音乐版权保护，也成为 2023 年数字音乐产业发展的重点议题。未来我国将持续加大对数字音乐侵权盗版的打击力度，支持优秀原创音乐作品，推动构建规范有序的正版数字音乐商业模式，维护良好的网络音乐传播秩序，并进一步推动完善便利数字音乐确权的版权登记体系，支持数字音乐版权资产管理体系建设，积极培育数字音乐版权示范园区、示范企业，促进数字音乐产业高质量发展。

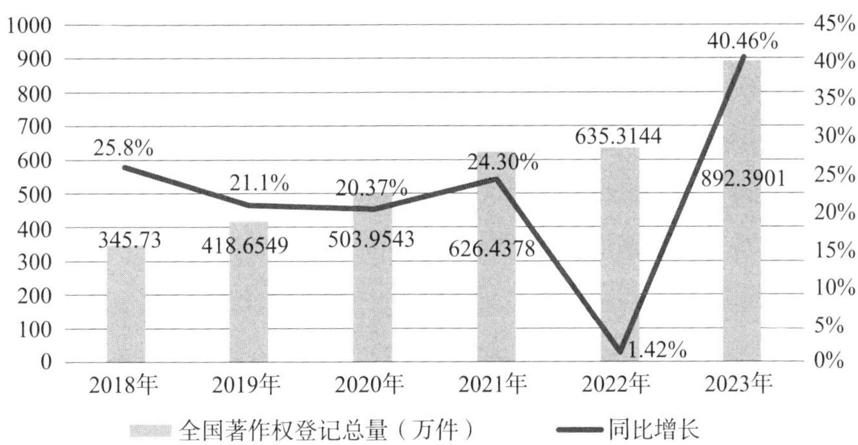

图 5　2018—2023 年全国著作权登记总量

数据来源：根据公开数据资料整理绘制。

（七）音乐收听场景呈现多元化，从音乐到“视听 +”产业延伸

2023 年，基于互联网用户行为，用户音乐收听场景以多元化多渠道呈现。根据国际唱片业协会的数据，2023 年，分别有 32%、31% 的用户选择音频流媒体、视频流媒体作为听歌渠道，较 2019 年的 46%、42% 大幅降低，意味着用户收听歌曲的渠道逐步丰富，不再局限于音视频流媒体，音乐场景趋于多元。《2023 快手音乐生态数据报告》显示，2023 年 1 月至 12 月，快手音乐为 30 家版权公司促成 68 首歌曲的商业场景合作，价值金额总计 807 万元。平台使用 BGM（背景音乐）的短视频创作者有 3.4 亿人，带有 BGM 的短视频发布量有 106 亿条。2023 年，头部短视频平台抖音日均音乐内容播放量为 1800 亿，创作者日均发布带 BGM 内容超过 5000 万条，利用视频、图文发布音乐作品的比例高达 78%。歌曲内容与真实生活的密切关联，激发着用户的创作热情，通过视听一体的音乐体验，触发用户丰富的情绪与多元互动，短视频让音乐变得更加可视化。通过与不同类型的内容融合，用户可以通过 BGM 来表达当下的情绪。同时，音乐内容创作者在抖音通过直播、视频和图文进行创作，主题覆盖众多细分生活场景。据统计，抖音平台 2023 年全年累计演出场次 4000 余次，同比增速超过 600%。演出类型也从音乐演唱会拓展到传统文化、主题晚会、喜剧、语言类、综合表演等 14 大品类。在传统文化品类中，既有抖音自制出品的专场演出，也有与全国百余家剧院、乐团联袂呈现的众多精彩演出。①

随着国家广播电视总局在《中国广播电视全媒体发展报告（2022）》中首次解读“大视听”产业概念，视听产业结构持续转型，不断深化改革、创新探索，大视听产业逐渐成为数字文化产业中最具增长性的新型产业之一。②《00 后长音频消费趋势报告（2023）》数据显示，2023 年 5 月，

① 巨量算数 . 抖音娱乐音乐白皮书［R/OL］.（2024-04-01）. https://trendinsight.oceanengine.com/arithmetic-report/detail/1070.

② 艾瑞咨询 . 2023 年中国大视听市场趋势洞察报告［R/OL］.（2023-12-25）. https://www.iresearch.com.cn/Detail/report?id=4281&isfree=0.

网易云音乐平台的长音频收听总时长较去年同期提升显著，核心用户（每周收听超过 5 小时）周均消费时长较去年同期增长 7.3%。调研显示，约 6 成“00 后”用户（59.7%）几乎每天都会收听长音频，70.9% 的用户每次收听时长超过半小时。从音乐场景和收听时间段来看，“00 后”用户偏好在失眠、独处、学习或工作时的闲余场景收听长音频，早间通勤和午后时光等日常生活场景的消费渗透正在增加。[①] 可见，互联网音乐用户的收听场景和音乐收听习惯在向多元化发展，并向内容多样化、媒体全面化、品类综合化等方向形成了以音乐消费为特征的“视听 +”音乐产业延伸。

三、中国数字音乐产业发展趋势

（一）付费平台注重提升会员权益，音乐品质和社交服务成为竞争点

目前较为活跃的数字音乐平台有腾讯音乐、网易云音乐一超一强两大市场巨头，还有 2022 年抖音推出的汽水音乐等数字音乐平台，其核心业务基本都以在线付费订阅和社交娱乐服务两大板块为主，竞争趋势也在向深耕用户和提高用户黏性转移。2023 年，我国在线音乐用户规模达 7.15 亿人，较 2022 年 12 月增长 3044 万人，可见对音乐平台来说，存在在线用户及付费用户的转化空间，但并不大。因此，音乐用户的数量竞争方面进入存量竞争阶段，在线平台发展重心逐渐向夯实会员权益、提升产品质量和提高用户黏性转移。

在提升音乐产品质量方面，腾讯音乐注重提升会员权益，为用户提供高品质音乐的多元化选择，在原有平台音乐排行榜的基础上，推出腾讯音乐浪潮榜评比，挖掘高水准音乐作品。以 QQ 音乐为例，在豪华绿钻会员的基础上推出超级会员，拓展付费会员的服务范围和提升服务质量。在音乐品质方面，QQ 音乐推出臻品音质，还原母带级音质，同时推出自主研

① 36 氪研究院．36 氪研究院丨00 后长音频消费趋势报告（2023） 以网易云音乐为例［EB/OL］．（2023-08-08）．https://36kr.com/p/2377443588827906.

发的臻品全景声服务，让在线音乐声效堪比录制现场。网易云音乐致力于开发会员服务功能，进一步提升会员权益，陆续推出“5元学生会员”、教师节好礼服务、激励广告等优惠及权益提升活动，同时围绕音乐社区进一步开发平台社交娱乐功能，提高用户黏度。由此可见，未来数字音乐平台的竞争点在于付费用户所获得的音乐产品品质和社交娱乐功能的长足开发。尤其是音乐社交功能的深度开发，不仅能完善数字音乐平台的服务生态，更是未来数字音乐推广发行的重要渠道。

（二）音乐平台盈利能力持续提升，降本增效与新盈利点开发并举

近年来，我国的数字音乐平台正在不断拓宽业务领域、完善功能生态，各平台继续专注于付费用户的开发和转化，音乐内容付费仍是我国数字音乐产业的重要盈利点，各大音乐平台的企业发展战略也在向盈利能力的持续提升和成本控制方向转移，同时在战略部署上开发和挖掘新的盈利增长点。

2023年数字音乐平台网易云音乐扭亏为盈，盈利创造新高，在财报上实现首年盈利。网易云音乐除了继续开拓付费服务领域以及寻找新的盈利增长点，其成本控制方面也成效显著，由2022年的2亿元净亏损变为全年盈利，毛利率由2022年的14.4%增长至2023年的26.7%，大幅提高。同样在降本增效方面取得成果的有腾讯音乐娱乐集团，腾讯音乐2023年全年净利润52.2亿元，同比增长36%。同时根据2024年腾讯音乐第一季度财报以及财经媒体雪球网的数据分析，TME降本增效战略压缩了7.6%的运营费用，其毛利率由33.1%增至40.9%，实现了盈利能力的持续增长。今后，在音频平台和音频内容方面竞争激烈，以及抖音、快手等短视频平台占据更多网民时长的情况下，我国数字音乐两大平台腾讯音乐和网易云音乐将面临更加严峻的综合竞争环境。因此，为保持良好的平台循环和产业生态，令数字音乐平台保持盈利增长，降本增效与新盈利点开发并举将是未来的发展方向。

（三）数字音乐场景趋于多元化，大视听成为产业融合的重要链接

在数字经济、元宇宙以及人工智能全面发展的大背景下，数字音乐产品和线上音乐平台的边界在不断外扩。基于高新技术、区块链技术、全真宇宙技术等的线上演出业态也在拓展外延，数字音乐的收听、消费和演出场景趋于多元化创新发展。音乐与科技的深度融合程度加深，AIGC 技术不断创新音乐产品和用户体验，基于 VR、XR、AR 等技术的虚拟音乐人、虚拟音乐会等创新范式创造了新的音乐场景，同时也是一种新的音乐发行和传播方式。未来的数字音乐平台能够更加清晰、全面地进行用户画像，以提供更加精细化的音乐服务。数字音乐的线上体验也呈现出多场景、多元化的趋势。

同时，伴随着数字技术的发展，音乐场景由传统的收听音乐向"视听 +"拓展式多元化大视听产业延伸发展。大视听产业是由视听和"视听 +"产业组成的产业集合体，其核心层以广播电视和网络视听产业为主，包括广告、有线电视网络业务、节目版权、智慧广电及融合业务、视听产业基地（园区）等。[①] 我国的数字音乐平台在长音频等业务领域的发展逐渐完善，同时开发 AIGC 工具和新兴智能工具，扩展音乐内容向在线演出、虚拟演出以及集视听享受于一体的"视听 +"综合在线服务发展。

（四）数字音乐创生与传播新生态，音乐与人工智能趋向融合发展

2023 年是人工智能的爆发之年，在数字音乐产业方面，也是 AI 大模型与音乐的长足发展之年。纵观国际数字音乐行业发展走势，未来将是人工智能与数字技术不断突破和创新的时代。伴随着人工智能的广泛应用，陆续出现了 AI 作曲、AI 演艺、AI 音乐产业等新生态。目前，音乐作品的创作与音乐的传播更加趋向于结合数字技术的创新。音乐创作与 AI 的结合带来全方位的变革，乐器仿真、虚拟演奏、音乐生成、歌词创作、音乐

① 艾瑞咨询．2023 年中国大视听市场趋势洞察报告［R/OL］.（2023-12-25）. https://www.iresearch.com.cn/Detail/report?id=4281&isfree=0.

可视化、关键词生成音乐作品、音乐规模化自动生产、在线音乐传播智能化等人工智能数字技术的应用，使音乐的创作与传播以及在线音乐的消费都朝向深度数字化方向迈进，数字音乐生成人工智能大模型的技术创新和应用也将朝着更广阔的未来发展。

与此同时，AI 的参与也给音乐行业带来诸多挑战，AI 编曲创作和生成视频作品等功能在挑战人类创作的同时所产生的音乐版权与音乐伦理等问题亟待解决。未来，在解决和协调人工智能发展背景下的音乐版权、音乐政策和音乐制度等诸多问题后，音乐与人工智能将会趋向于融合创新发展，颠覆音乐产业的价值链条和原有的商业模式，这也将是数字音乐产业的技术创新推动新质生产力发展的重要表现。

B.6
2023年中国数字阅读发展现状及商业模式研究

袁培博 *

摘　要： 2023年，中国数字阅读市场整体保持平稳发展，降本增效成为行业共识，并逐渐显露出精细化、多元化的商业营运布局。从发展现状来看，青少年受众、短剧改编、AIGC以及生态出海是2023年各大数字阅读企业的规划重点，其中短剧改编作为新的增量风口，为数字阅读行业的版权价值链路带来更多经营方向。在商业模式方面，广告流量转化的免费阅读、用户内容消费的付费阅读、版权作品开发的IP孵化以及海外产业布局的生态出海是目前国内数字阅读市场的四种主流盈利方式。数字阅读企业已踏入精细化的下半段发展场景，未来仍需深度耕耘所擅长业务领域，不断推动国内数字阅读市场的积极演进，为新时代文化产业的健康发展贡献力量。

关键词： 数字阅读；商业模式；IP运营；生态出海

数字化战略是近年来我国文化产业的发展基调，中共中央办公厅、国务院办公厅共同印发的《关于推进实施国家文化数字化战略的意见》明确指出，到“十四五”时期末，基本建成文化数字化基础设施和服务平台，

* 袁培博，中国传媒大学经济与管理学院传媒经济学博士研究生，主要研究方向为传媒经济。

形成线上线下融合互动、立体覆盖的文化服务供给体系。[①]数字阅读作为我国文化产业数字化转型过程中的重要一环，其发展价值不言而喻。事实上，国内数字阅读市场已由早年的野蛮生长时期过渡到精细化发展阶段，其用户运营也从增量时代更迭至存量时代。尤其在近年来降本增效的行业共识实践下，2023 年我国数字阅读的发展现状不仅面临着新情景与新形势，其商业模式更是呈现出多元化的市场布局。本文通过对 2023 年中国数字阅读市场的发展状况进行盘点与分析，归纳出其关键演变脉络，并在此基础上探寻目前数字阅读行业的主流商业模式，进而全面认识与理解国内数字阅读市场的发展景观。

一、2023 年中国数字阅读发展现状分析

2023 年，中国数字阅读行业在流量红利日渐衰退的压力下稳步前行，以多元的营运布局来实现从流量到用户的私域化红利转变。在存量时代成为市场发展大背景下，通过精品化战略、重视青少年受众等手段来引领行业的产销新态势；漫改、影改等 IP 开发方式依旧火热，“IP+ 短剧”作为营销“黑马”提振数字阅读企业版权开发的价值链条；AIGC 等人工智能技术被更多地应用至数字阅读平台的消费与生产场景中，其跨模态的技术特征也低成本地延伸了平台 IP 资源的营销空间；头部数字阅读企业争相竞争海内外优质创作者，阅读产业生态出海初具规模，经营效率得到进一步提升。

（一）市场进入存量时代，青少年话语权持续攀升

近年来，在“全民阅读”政策加码、媒介终端下沉等多种因素作用下，我国数字阅读市场的用户规模仍保持着相对稳定的增长态势，但其增长率却开始逐年下滑。中国音像与数字出版协会历年发布的《中国数

① 新华网 . 中共中央办公厅　国务院办公厅印发《关于推进实施国家文化数字化战略的意见》[EB/OL] .（2022-05-22）. http://www.news.cn/2022-05/22/c_1128674022.htm.

字阅读报告》统计显示，我国数字阅读市场的用户数量自 2018 年是一个双位数增长率之后，在 2019—2021 年持续走低，2022 年虽有所回暖，但其增长率仍不足 5%；2023 年用户规模为 5.70 亿人，增长率达 7.53%（见图 1）。由此可见，国内数字阅读市场已触及用户量级的增长“天花板”，其“拉新”投入的边际回报也有所下降。因此，在用户规模拓展乏力的发展情景下，如何提升现有受众群体的平台留存率，成为诸多数字阅读企业在 2023 年的发展关键词。以阅文集团为代表的数字阅读龙头企业在 2023 年积极拥抱存量时代，通过降本增效的营运手段，不断将资源聚焦在平台主导的核心付费业务，用精品化内容来维系其用户群体的留存率和活跃率，实现了效益和效率的叠加提升。截至 2023 年底，其旗下的阅读平台“起点读书”超过 10 万订阅的作品同比提升 75%，并输出了《道诡异仙》《灵境行者》《宿命之环》等爆款作品。同样，番茄小说也在 2023 年 11 月 22 日宣布开启“和光计划”，以提供影改机会、资源倾斜、宣传推广等方式加大对优质作者的扶持力度，进而激发作者的内容创作力，为精品化的发展蓝图铺陈道路。

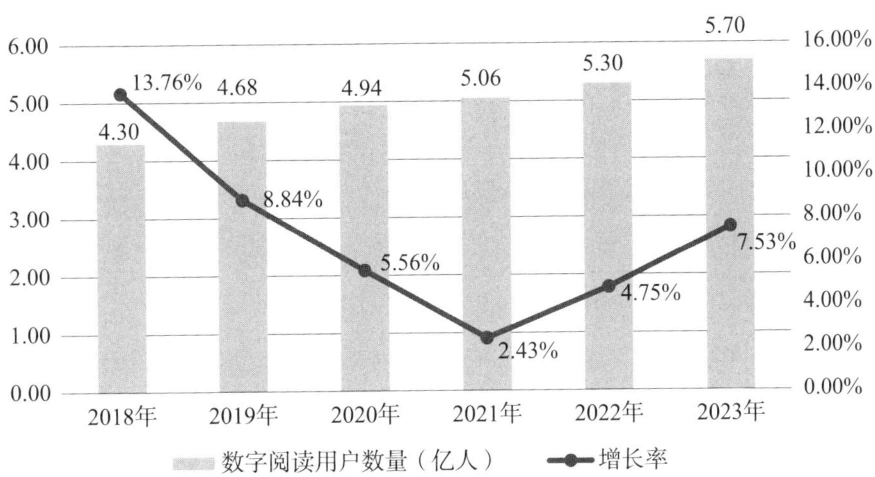

图 1　2018—2023 年中国数字阅读用户数量及增长率

数据来源：中国音像与数字出版协会。

而在众多阅读平台主动钩沉存量时代的发展进路之外，国内数字阅读市场中的青少年话语权开始持续攀升。一方面，青少年群体的数字阅读比率日益上升。2023 年 4 月发布的《Z 世代数字阅读报告》指出，新增数字阅读用户中“Z 世代”青年群体占比超过 66%，QQ 阅读上 93% 的“Z 世代”读者在过去一年中至少阅读了 1 本书，年平均在读书籍数量达到 11.7 本。[①] 也就是说，以“95 后”和“00 后”为代表的“Z 世代”青年群体正逐渐演化为国内数字阅读市场的主力军。另一方面，青少年群体在数字阅读市场的供给端也持续发力。以代表性阅读平台为例，2023 年，阅文集团新增作家数量的 60% 为“00 后”，番茄小说签约作者的“95 后”比例也高达 57%。与此同时，在校大学生作者“季越人”更是凭借其创作的小说《玄鉴仙族》入选 2023 年网络文学榜样作家“十二天王”榜单。值得一提的是，入榜人员中近八成为“95 后”青年。可见，青少年群体在当下国内数字阅读市场的供需双端均显示出不俗的发掘潜力，不仅成为阅读平台在用户运营方面的重要变量，而且有望引领消费资源的新一轮创作风潮，对数字阅读行业的未来发展显露出关键作用。

（二）IP 营运蓬勃发展，短剧改编成为“新风口”

受用户数量难以增长的困苦之扰，国内数字阅读市场开始注重拓展用户消费场景以外的价值产业链，而 IP 运营作为探索过程中的关键一环，在 2023 年取得了较为亮眼的发展成绩。与传统的用户付费或广告收益相比，以 IP 版权为核心的运营模式能够放大数字阅读企业已有书籍资源的商业价值，其通过电影、电视剧、漫画、动画、周边商品等多元渠道为一体的跨媒介开发方式，能够有效延长与拓展平台相关阅读资源的生命周期以及价值链。云合数据统计的 2023 年剧集排行榜单显示，前 20 名作品中超过半数改编自网络文学，其中不乏《长月烬明》《长风渡》《宁安如梦》《莲花

① 首都新闻出版 .95 后读者成为数字阅读主力军，年均在读书籍超 11 本［EB/OL］.（2023-05-04）. https://mp.weixin.qq.com/s/GQQHnF7YqiNhuGD8_K3SMw.

楼》等大热剧集。[①]在动画制作方面，2023 年腾讯动漫播出的动漫作品中，网文 IP 改编的比例高达 57%，B 站举办的 2023—2024 国创动画作品发布会所公布的片单中，43% 也来自网文 IP。而在与其他机构联手制作影视剧之外，众多数字阅读平台也开始加快 IP 产业链的自有化布局，以衍生品开发等手段来帮助 IP 价值链路的回流与落地。2023 年 3 月 11 日，阅文集团旗下 IP《诡秘之主》上线“卷毛狒狒研究会”主题站，首月汇聚用户数量超 60 万人，依托这一 IP 所延伸的“克莱恩”系列盲盒也一度登上淘宝盲盒销量排行榜的前 10 名。

伴随短视频媒介的盛行，用户越来越习惯于接受碎片化、直观化、情绪化的“快餐文化”，这不仅使以短剧为表现载体的内容产品获得了爆发式发展，更为国内数字阅读行业的 IP 运营带来新的思路。《2023 短剧行业年度研究报告》显示，2023 年国内短剧市场总规模达到 373.9 亿元，数字阅读行业则在短剧产业链中扮演着上游版权方的角色，为短剧制作提供相对成熟、受众热度高的 IP 内容。根据 2023 年上新短剧分账票房 TOP10（含并列，见表 1），分账排行位列前 10 名的 13 部短剧中，有 6 部改编自网络文学作品，其中包括分账票房排名第一的《招惹》，以及《锁爱三生》《只是离婚的关系》等大热作品。

表 1　2023 年上新短剧分账票房 TOP10

剧集名称	分账票房	是否改编	原著名称
《招惹》	2000 万元	是	《招惹》
《盲心千金》	1800 万元	否	
《见好就收》	1200 万元	否	
《风月变》	1100 万元	是	《风月变》
《反诈风暴》	1000 万元	否	

① 云合数据 . 报告丨2023 剧集网播表现及用户分析报告［R/OL］.（2024-01-03）. https://mp.weixin.qq.com/s/TBLS6kGVQsuALCVyLjYG-w.

续表

剧集名称	分账票房	是否改编	原著名称
《锁爱三生》	1000 万元	是	《少帅，你老婆又双叒叕被人撩了》
《结婚吗？好的！》	800 万元	否	
《只是离婚的关系》	800 万元	是	《离婚后，前夫总想抱我回家玩亲亲》
《妻不可欺》	800 万元	否	
《宠妃凰图》	700 万元	是	《宠妃凰图》
《麻烦请你先告白》	700 万元	否	
《女人的抉择》	700 万元	否	
《卿卿三思》	700 万元	是	《夫君一心想造反》

数据来源：云合数据。

从实际情况来看，数字阅读企业所掌握的 IP 资源能够高度适配微短剧的发行制作。一方面，被出售的网文 IP 往往经历了市场和观众的双重筛选与检测，这为其改编短剧提供了一定程度的质量保障；另一方面，网文 IP 已然拥有相当规模的用户基础，这使得短剧开播时便能吸引数量可观的“书粉”并聚拢人气。因此对短剧制作方来说，购买阅读平台现有的 IP 资源无疑是一个优质选择。而在版权出售之外，众多头部数字阅读企业也尝试布局短剧制作赛道，通过消化自有 IP 来扩充运营矩阵，进而反哺平台的经济效益。2023 年 12 月 5 日，阅文集团发布“短剧星河孵化计划”，并宣布推出“百部 IP 培育计划”“亿元创作基金扶持”“探索创新互动短剧”三大举措扶持短剧生态创作，目前已有《万道龙皇》等多部剧集流水破千万元。2023 年，番茄小说也上线短剧平台“番茄免费短剧”，目前平台月活跃用户规模超 2000 万人。

（三）技术赋能产销双端，AIGC 应用渐成主流

2023 年，以 AIGC 为代表的新媒介技术在国内数字阅读市场获得了更广泛的应用，并为其产销双端注入了强劲的发展动能。AIGC 全称为人工

智能生成内容（AI Generated Content），指涉经过大量数据投喂的AI技术能够实现特定场景下的内容生产和交互需求，数据巨量化、内容创造力、跨模态融合、认知交互力等技术特征表征了AIGC与UGC、PGC等生产模式的异质性。[①] 目前，AIGC已深度嵌入国内数字阅读行业的实际发展过程，并在创作生产、内容分发、用户体验等方面发挥着积极作用。首先，在内容创作维度，头部数字阅读企业在该领域进行了较多布局，通过将AIGC打造为平台作者写作时的智能辅佐工具，为作者的内容创作提供效率加持。2023年7月19日，阅文发布行业内首个基于AI创作的大模型"阅文妙笔"及其衍生的应用产品"作家助手妙笔版"。该产品不仅能够在词汇储备、世界观设定、文字内容生成等创作维度为平台作者提供帮助，更具有文图转换、文内世界地图绘制等功能，可以为读者提供更丰富的阅读体验。10月13日，中文在线也推出"中文逍遥"大模型，包含续写小说、自动生成小说、图片生成小说等AI辅助创作功能，作者可以通过它来快速生成故事梗概、写作大纲甚至是成品文稿等。此外，七猫小说也与优刻得、竹子互联网等AI技术公司开展合作，共同探索人工智能大模型在数字阅读领域的商业应用和产业发展，同时其创作者端口的AI写作新增了AI起名、AI设定等功能，为旗下签约作者的文字写作提供建议与灵感。

其次，AIGC的深度学习、智能分发等特性也可以帮助读者提升阅读体验。背靠于样态丰富的语言质料库，AI满足了用户在平台层面的多种交互需求，为其营造了沉浸式、实时性的智能阅读体验。2023年6月13日，掌阅科技宣布推出国内数字阅读行业首个对话式AI应用"阅爱聊"。该应用聚焦阅读程式中"聊书"和"聊人"两大需求场景，读者可以通过它与虚拟系统中的拟态角色进行实时对话，并在这一过程中获取所阅读书籍的延伸知识。同样地，咪咕阅读也上线元宇宙阅读体验场景"比特书房"，旨在将数字空间、购书感受与书店氛围进行深度耦合，以数智化、场景

① 李白杨，白云，詹希旎，等. 人工智能生成内容（AIGC）的技术特征与形态演进［J］. 图书情报知识，2023，40（1）：66-74.

化、互动化的阅读服务来还原读者、书籍和书店之间的原生氛围，打造触手可及的沉浸式阅读场景。

此外，由于 AIGC 有着跨模态应用的技术特征，能够将相对单薄的文字表述转化为更直观的图像、音频、视频等感知内容，这使得 AIGC 可以放大相关内容产品的产业价值链并为数字阅读企业的产业扩张提供相应助力。也因此，众多数字阅读企业将其视为降本增效的重要落地场景并予以打造。例如在 AI 翻译方面，AIGC 不仅可以帮助企业提升出海作品的翻译效率，更为阅读平台显著降低了翻译成本。据阅文集团披露，以 AI 主导的机器翻译成本仅为人工翻译的 1%，同时数据也显示，阅文海外阅读平台 WebNovel 畅销排行榜排名前 100 的作品中，AI 翻译的作品多达 21 部。[①] 除了 AI 翻译，AIGC 也在 AI 生成漫画、AI 有声书等方面为阅读平台生产了多模态的消费内容，并且其应用范围初具规模。目前，番茄小说团队已经建构了一套角色特征鲜明、情感属性丰富的 AI 多角色演播方案，既可以根据文章风格来自动从 AI 角色矩阵中匹配适宜的音色，并且还能深度感知文章的情绪演变，以多元的情感样态来表达文本的内蕴情感，为用户带来沉浸式的听书体验。

（四）作者市场竞争激烈，海外阅读生态初具规模

尽管各大数字阅读企业在 2023 年依旧以降本增效为旗下平台的发展主基调，但伴随高质量发展政策的铺设蓝图，以及存量情境下提升用户留存率等现实需求，众多阅读平台相继推出优质作者扶持计划，抢夺相对稀缺的创作渠道。一方面，作者数量和平台内容资源之间存在显著的正比例关系，作者数量多不仅能够丰富平台可供消费的阅读内容，也为平台的爆款打造与之后的 IP 转化预留了可能性；另一方面，作者本身也可以被视为平台价值资源的一种类型，平台能够通过作者在写作生涯中积攒的声望、

① 周尧．左手 AIGC，右手 IP，阅文到了关键时刻［EB/OL］．（2024-03-20）．https://mp.weixin.qq.com/s/me7qkAuW_ZvsPoWoy2s8Sw.

名气等非实体资本来吸引用户并刺激消费。因此，对数字阅读企业而言，以作者市场的投入来扩展平台自有内容的生产能力，进而提升平台圈层效应并增加用户黏性和数量，实现口碑与效益的双丰收，无疑是一种行之有效的营运方式。据不完全统计，2023 年各大头部数字阅读企业均上线了作者扶持计划（见表 2），旨在挖掘与争夺潜在的优秀创作者。2023 年 3 月 21 日，起点读书 App 宣布启动“北斗第四星”青年作家扶持计划，主要为 30 周岁以下的青年作者提供千万流量支持。8 月 31 日，七猫中文网发布“举杯揽月，以笔换金”首届短篇征文大赛，为优秀获奖作品和优质作者提供短剧、有声书、影视作品、游戏改编等 IP 孵化机会。

表 2　2023 年数字阅读企业上线的部分作者扶持计划

平台	计划名称	上线时间	主要内容
番茄小说	芒种计划	2023/06/06	面向满足特定完结条件的作者限时开放，旨在激励完结作者持续创作
	短故事限时激励活动	2023/10/10	征集言情向、爽文向等 7 大赛道 9 个品类的短故事作品，签约作者可享受高额保底金或独家分成等签约收益，还可以叠加获得资源曝光、流量加持、大 V 推荐、IP 孵化等奖励
	伯乐计划	2023/11/06	推荐站外有长篇作品历史成绩的作家好友与番茄小说签约，可获最高千元奖励，并有机会瓜分 10 万元奖金池
	和光计划	2023/11/22	以协同奖励政策激发作者创造力，为潜力作者和优质作品提供影改机会、平台资源和宣传推广等服务

续表

平台	计划名称	上线时间	主要内容
七猫中文网	“举杯揽月，以笔换金”首届短篇征文大赛	2023/08/31	征集短篇文章的作者投稿，并为优秀作品提供短剧、有声书、影视作品、游戏改编等 IP 孵化机会
阅文集团	“北斗第四星”青年作家扶持计划	2023/03/21	设立“星辰榜”，通过为 30 周岁以下的青年作者提供千万流量支持，激励更多年轻作家尝试网文写作
	短剧剧本征集令	2023/10/31	签约作者最高可获得 1.5 万—5 万元的保底稿酬，以及最高 2% 的流水分账
	恒星计划	2023/11/30	打造以作者内容创作为核心的 IP 孵化前置模式，助力作品在连载期间积攒 IP 价值
咪咕文学	“元叙事”计划	2023/01/13	规范内容生产及作者服务，并通过提升创作奖励、降低创作门槛等方式激发全民元宇宙创作热潮
书旗小说	筑金计划	2023/08/18	以多种签约模式推动网络文学原创内容发展，扶持平台新生力量，同时还包括相关创作减压政策

资料来源：根据网络公开资料整理。

在国内市场之外，挖掘优秀海外作者、扶持国外阅读生态内容建设也是众多数字阅读企业在 2023 年的主要发展赛道之一。数据显示，目前国内数字阅读行业海外营收规模已达 40.63 亿元，并且推出了 WebNovel、GoodNovel 等一批颇具知名度的海外阅读平台。在内容生态方面，以起点国际为例，截至 2023 年 10 月，旗下平台 WebNovel 共培养了约 40 万名海外网络作家，覆盖全球 100 多个国家和地区，还孵化出了美国作家白色夜莺的《继承至尊遗产的我》、加拿大作家青玄的《魔法的继承者：魔法王》、加纳作家光荣之鹰的《寻迹旧爱》、印度尼西亚作家永恒之蝶的《猎爱无声》等爆款作品。[①] 与此同时，随着 AI 翻译等新媒介技术的赋能支持，国内网文市场更可以实现“一键出海”，以源源不断的阅读资源来持续夯实海外内容生态，进而为中国文化的出海交流搭建更加宏大的展演舞台，推动国内阅读市场融入全球化发展浪潮并实现价值拓展。

二、中国数字阅读市场的典型商业模式

数字阅读行业的商业模式主要指涉数字阅读企业实现经济收入的方式与渠道，包括销售收益、广告收益、服务收益等，而从既存数字阅读企业的盈利形式进行分析，可以将其分为免费阅读、付费阅读、IP 孵化、生态出海等四种主流商业模式。这些商业模式勾连着众多阅读企业的产销价值链，有必要对其展开具体考察。

（一）免费阅读：广告与可读资源的捆绑营销

免费阅读的商业模式是指将大多数可读内容免费提供给用户浏览，平台通过在前端交互的阅读界面中植入一定的广告位，进而在可读资源与广告投放的捆绑式营销情境下，将广告主青睐的用户注意力进行流量变现并以此来达成平台的收益获取。事实上，这一商业模式已广泛应用于国内数字阅读市场的平台化发展策略之中，其中不乏一些头部阅读平台，包括品牌口号为“免费好书，尽在番茄”的番茄免费小说 App 与“免费看书一百年”的七猫免费小说 App 等。根据信息服务机构 QuestMobile 发布的《2023 中国移动互联网年度报告》，2023 年 12 月中国数字阅读行业月活跃用户规模前 3 位的 App 分别是“番茄免费小说”、“七猫免费小说”以

① 虞婧.《2023 中国网络文学出海趋势报告》发布：网文 IP 全球圈粉［EB/OL］.（2023-12-07）. https://mp.weixin.qq.com/s/Dx6g7Dj_LS5ZQD3TNOMN4A.

及“番茄畅听”，数量分别为 19211 万人、9008 万人以及 7877 万人，同比用户活跃增长率均突破 30%。[1] 可见，免费阅读仍作为现阶段国内阅读平台最惯常采用的商业模式之一，深植于其市场发展理念中。与其他商业模式相比而言，免费阅读的发展策略能够为数字阅读平台带来大量的用户群体和公域流量，这不仅有助于平台获取更丰厚的广告收入和分成，也为其扩展了自有的私域流量池，从而为平台开展更多样的变现业务带来可能。但值得注意的是，这种严重依赖广告植入换取回流收益的商业模式也存在着一定弊端，即阅读平台自身的资本增值受用户规模与广告市场的波动影响较大。尤其伴随近年来互联网广告市场的持续萎靡，以及降本增效成为行业共识的发展前景下，在原有免费阅读的模因基础之上，探索“免费为主，内购为辅”的多元付费策略日益成为这一商业模式新的常态。

如何在最大限度内拉拢受众的注意力资源并诱使其观看广告，是以免费为主导的阅读平台商业模式的核心，也因此，其往往更看重平台所聚拢的用户量级和留存的日活跃度。以番茄免费小说为例，作为 MAU（月活跃用户人数）规模位于国内首列的阅读平台，用户数量的增长始终是其商业策略的开展重点。数据显示，2023 年 1 月至 3 月，阅读类 App 营销推广前 10 名分别为番茄免费小说、七猫免费小说、熊猫免费小说、阅友免费小说、江湖免费小说、快看漫画、七读免费小说、得间小说、飞卢小说、追书神器。[2] 包括番茄免费小说在内的 6 个席位都采取了免费阅读的商业模式，即此类阅读平台更关注自身的 ASO（应用商店优化）以及更广泛互联网场域内的营销推广，以便触及更庞大的用户资源边界。同时，以免费为基调的阅读平台也看重所拉拢用户的启动次数、页面访问率、日活跃时长等在线数据，一方面与平台的流量分布和曝光次数息息相关，另一

① QuestMobile.QuestMobile2023 中国移动互联网年度报告：二线以上城市用户占比增 10.5%，用户集聚促互联网使用及消费模式三大剧变［R/OL］.（2024-01-30）. https://www.questmobile.com.cn/research/report/1752183696050458625.

② 何书瑶，金天意 . 越来越“下沉”的网文小说，靠什么吸引 5 亿中国人［EB/OL］.（2023-12-29）. https://www.jfdaily.com/news/detail?id=698668.

方面也可以进一步增加经由 CPM（Cost Per Mille，千次展示成本）定价策略所变现的经济收益。此外值得一提的是，对阅读平台而言，关联了特定产品的广告内容——尤指视频广告——会比一般的广告销售获得更多的 eCPM（千次展示收益），因此通过设置一定的激励任务来诱使用户点击广告内容也成为这类免费阅读平台的惯用手段。

（二）付费阅读：精品化为主导的多元收费形式

付费阅读是指用户通过一定的经济手段来获取被平台运营方加密或隐藏的可读化内容，其中使用者对索引文本的阅读需要和价值感知是这一商业模式存在的前提。相比免费阅读高度依赖于广告收入的商业模式而言，付费阅读往往制订了多种渠道并存的混合变现方式，除了常见的会员订阅、书籍整本付费、按章节付费等形态，近年来还增加了作者打赏、角色打榜等依托于社交逻辑的新业务。因此，广告所获取的经济收益仅占据了付费阅读商业版图中的少数部分，由阅读内容及其衍生服务所锚定的收费结构与增值业务才是驱动其商业运转的核心要素。

与免费阅读注重用户群体规模拓展的发展理念不同，以付费为基调的阅读平台更重视自身所持有阅读资源的内在质量与自有价值。一方面，精品化的阅读内容勾连着平台用户的付费意愿。有研究指出，读者对数字阅读资源的感知价值显著影响其付费意愿[①]，即作品质量和用户付费意愿之间存在着正变量关系，其与受众的付费转化率紧密相关。另一方面，高质量的阅读资源也是征召用户栖居平台的助推器，可以源源不断地帮助平台扩大受众基本盘，并提升既存用户社群的活跃度与留存率。尤其在国内数字阅读市场日渐青睐精品化战略的当下，强调独家签约作者并扩充平台自有的优质书籍库存，已成为不少阅读平台未来所预期转型的生态架构。2023 年 8 月，阅文集团 CEO 侯晓楠表示：“阅文继续坚持质量优先原则，以打

① 张文亮，李晶．数字青年数字阅读付费意愿的影响因素与服务改进策略研究［J］．情报资料工作，2022，43（4）：61-70.

造精品 IP 为战略重点，推动运营效率持续改善。”同期披露的《阅文集团 2023 年中期业绩》也显示，其付费用户数量已达 880 万人，同比提升 8.6%，环比提升 12.8%；在作品方面，平均订阅数量过万的书籍数量同比上涨超 120%，单月月票过万的书籍数量同比增长超 50%。[①] 这也表明了阅读平台的可读资源在一定程度上显现出“网络效应”的竞争特质，并揭示了其对以用户付费为枢纽的商业模式的重要性。然而，付费阅读的商业模式也存在着一些风险与挑战，例如盗版屡禁不止、用户付费习惯尚未养成、免费阅读的市场蚕食等严峻问题，这需要平台紧密把握市场风向和受众习惯，不断开拓新的付费服务赛道，以多元化的盈利模式来支撑平台商业生命的周期接续。

（三）IP 孵化：文娱作品的一体化开发

IP 即 Intellectual Property，所指为“知识产权”。作为现阶段国内数字阅读市场最主要的商业模式之一，以 IP 孵化策略为牵引的文娱作品的一体化开发日益成为众多头部阅读平台所青睐的关键变现方式。《2023 年中国网络文学发展研究报告》数据显示，2023 年国内网络文学 IP 市场规模已达 2605 亿元，同比增长近百亿元，且 2023 年影视剧热播榜前 20 名中超半数改编自网络文学[②]，这也再次印证了 IP 所主导产业价值链的商业潜力和发展价值。具体来看，IP 孵化勾连着阅读平台自有内容的培育能力，这是指平台通过打造一批有潜力、有质量的优秀文学作品，并在粉丝社群的情感黏性加持下，将作品在更广泛的文化领域内进行开发、转化和延伸，从而获取其在这一运营链路中创造的版权价值及其他附加收益的一种商业模式。目前，内容改编、营销授权、衍生品授权等是国内数字阅读市场主要的 IP 开发方式，同时，这些开发方式也可以依据主体差异将其大致划分

① 阅文集团 . 一图看懂 2023 年中期财报：乘 AI 长风，好故事加速向前［EB/OL］.（2023-08-10）. https://mp.weixin.qq.com/s/ef8JdC0QCzv8ccEi5FS-7g.

② 中国社会科学院文学研究所 .2023 年中国网络文学发展研究报告［R/OL］.（2024-02-27）. http://literature.cssn.cn/xjdt/lbt/202402/t20240229_5735756.shtml.

为两个维度，即自主开发和授权开发。前者是指阅读平台参与到 IP 本体的转化过程中，并以完全独立或与其他机构合作参与的姿态完成对相关 IP 的价值延伸，例如番茄小说自主成立的“番茄动漫”“番茄影视”两大厂牌，以及七猫和爱奇艺签订 IP 制作方面的战略合作协议等，都可以视为这一层面的典型代表。后者是指阅读平台将 IP 关联的改编版权出售给其他开发机构，平台则获得这一知识产权售出的经济价值。随着精品化战略和“内容为王”理念的不断深化，以及近年来新用户增长放缓、广告市场萎靡、阅读付费率较低等现实因素的叠加，IP 孵化的商业模式日益被国内数字阅读市场视为未来重要的经济增长点和发展变量，并牵引更多头部平台推行围绕 IP 一体化开发的营运举措。

IP 孵化的本质仍是一种以内容培育和转化为轴心的商业手段，但与付费阅读以及免费阅读两种商业模式的生存逻辑不同，其面向的不再仅是由读者与广告商构成的单边或双边市场，而是身处一个包括影视制作、图书营销、文创设计等多元价值链条的多边市场之中，因此对这种商业模式而言，其在维持原有盈利来源的基础上，更着重借助多种内容孵化渠道来发掘优秀的“潜力股”IP，并以此为节点来进行产品分销与收益获取，推动自身商业规模的拓展。2023 年 11 月 6 日，番茄小说上线“伯乐计划”，意图通过作者群体裂变来挖掘优质写手。“2023 第三届七猫中文网现实题材征文大赛”也邀请合作伙伴爱奇艺自评审阶段便对参赛作品进行 IP 改编方面的价值评估，以期对 IP 开发的全产业链展开探索。在作品层面之外，众多头部平台也借力 AI 东风，利用 AIGC 来辅助作者的内容写作，如阅文集团的大模型“阅文妙笔”、喜马拉雅的“WriteWise”等，为 IP 孵化的开发效率和生态体系增效提质。

（四）生态出海：内容销售与产业输出

伴随中国的国家话语权和文化影响力在全球范围内的逐步提升，“走出去”已成为国内文娱产业构思发展蓝图时所必须观照的现实问题与机会路径，对数字阅读市场而言亦是如此。由中国音像与数字出版协会支持、阅文集团发布的《2023中国网络文学出海趋势报告》指出，2023年中国数字阅读市场海外营收规模达40.63亿元，同比增长39.87%，起点国际培养了约40万名海外网络作家，上线海外原创作品约61万部，较三年前同时期跃增280%。[①] 由此可见，生态出海的商业模式已然成为数字阅读市场在2023年乃至未来更长时期内的重要战略高地。

从现有情况来看，可以大致把中国数字阅读市场的生态出海模式分为两个层面，其一是内容销售，其二是产业输出。前者是指将包括书籍版权、IP改编权等在内的文化知识产权以直接售卖的形式赋权给海外机构的商业变现手段，后者则涵盖了自有平台体系、内容孵化渠道、海外本土化运营等更为复杂维度的生态建构问题。如今，历经近10年的发展，越来越多的阅读平台开始尝试布局海外市场，阅文、掌阅科技等少量头部企业也迭代至以平台生态为拓展核心的商业范式，并逐渐形成以“创作—运营—消费”[②] 为实践表征的完整产业链的初步建设。截至2023年，阅文集团旗下海外平台WebNovel上线约3800部中文网文翻译作品，涉及语种达20多种；累计访问用户约2.3亿人，覆盖全球200多个国家和地区。在IP运营方面，共与66家海外出版机构合作并授权作品出版1000余部；上线漫画作品1500余部，其中浏览量超千万的作品123部；动画日均在YouTube上线1集，年浏览量超2.7亿。[③] 而在知名阅读平台依托体量优势拓展海外市场之外，国内数字阅读行业也出现了诸如新阅时代的GoodNovel、若古信息的MangaToon等自成立起便专注于海外阅读业务的平台机构，并取得了一定成绩。

生态出海商业模式的底层逻辑仍体现出互联网平台经济的思维模式，

---

① 中国音像与数字出版协会．上海国际网文周发布出海趋势报告，网文迎来新一轮全球化浪潮［EB/OL］．（2023-12-08）．https://mp.weixin.qq.com/s/lNS97l0ox3-Nt2H-z3DFGw.

② 屈高翔，梅雨浓．行动者网络视角下网络文学出海的出版生态与逻辑进路［J］．出版发行研究，2023（8）：86-91.

③ 阅文集团．海外00后网文作家超40%［EB/OL］．（2023-12-05）．https://mp.weixin.qq.com/s/JQSgD_XWzAQAwko1-z-Nbg.

其耦合了一个接合着作者、营运技术、当地政府、本土受众等囊括内外部不同行动者的网状结构，并串联形成以自身为中心节点的生态系统。在这一营运形式观照下，海外网文产业链上下游的市场主体被阅读平台整合，“创作—运营—消费”的完整产业渠道也开始逐渐形成规模，并持续产出契合当地受众审美旨趣的文娱作品，最终使得平台内部能够接续循环创造经济收益的价值链条。同时，平台化的分发方式也在一定程度上解决了国内阅读机构如何适配本土化场景的文化难题，通过签约所在海外地区的内容创作者，平台可以实现对当地文化习惯的定向深化，精准把握大量腰部和底层用户的阅读需求，从而部分避免文化折扣的问题，达成资本增值的良性闭环。

结　语

在 2024 年到来之际，回望 2023 年，中国数字阅读市场在 IP 开发、内容创作、技术引入等多元维度进行了有益探索。同时，伴随着流量红利的退却和消逝，从公域到私域的营销场景转变势必会持续渗透至数字阅读行业全生态的生产与销售链条中，这也意味着国内数字阅读企业必须要精细化营销情景，为产业布局提质减量。未来，数字阅读市场仍面临着用户增长困难、盗版产业猖獗、消费欲望低迷等现实难题，这都需要数字阅读企业积极探寻市场风向，以高质量的营销机制来拓展盈利空间，开辟具有竞争力的价值航道。

Ⅲ 传媒市场篇

B.7
2023年中国电视市场发展特征与未来展望

唐嘉楠　胡心佩*

摘　要： 2023年，中国电视市场呈现出多元化、高质量的发展趋势。大屏电视市场持续稳定发展，观众活跃率回升。IPTV和OTT TV发展迅速，成为大屏电视市场的重要补充。智能电视开机率和用机时长均保持高位，展现出观众的高黏性。在内容创作方面，总台央视频道与地方卫视推出多档反映新时代伟大变革的专题节目和电视剧佳作，综艺市场供给稳定，新闻类节目关注度高；省级卫视深耕内容优势，强化价值引领，收视份额集中增强。整体来看，广播电视媒体在媒体融合、经营版图拓展、技术创新和监管治理等方面取得了显著进展。未来，AI大模型的应用有望实现进一步普及，推动市场效率提升与流程再造；内容供给将更加丰富和优化，行业监管水平也将获得持续完善。这些都预示着电视市场将朝着更加智能化、多元化和规范化的方向发展。

关键词： 媒体融合；内容创新；技术升级；监管治理；用户体验

* 唐嘉楠，中国传媒大学经济与管理学院传媒经济学博士研究生，主要研究方向为传媒经济；胡心佩，中国传媒大学经济与管理学院传媒经济学硕士研究生，主要研究方向为传媒经济、智能融媒体经营与管理。

随着数字化、网络化、智能化的浪潮席卷全球，电视市场正经历着前所未有的变革。2023 年，大屏电视市场持续稳定发展，观众活跃率回升，这标志着电视行业在面对新兴媒体的挑战时，依然保持着较强的吸引力。各类节目百花齐放，电视剧、文艺节目、生活服务节目和新闻节目均展现出创新活力，吸引了大量观众的眼球。IPTV 和 OTT TV 发展迅速，为大屏电视市场增添了新的发展机会。智能电视作为家庭娱乐的中心，其开机率和用户黏性均保持稳定，体现出智能电视在现代家庭中的重要地位。2023 年，我国广播电视行业在高质量发展道路上迈出了坚实步伐。

一、2023 年中国电视市场收视特征

（一）大屏电视市场发展可观，观众活跃率回升

2023 年大屏电视市场稳定向上发展，大屏消费和观众收视情况呈现出多元化、高质量的发展趋势，各类题材作品百花齐放，引发了广泛的观看热潮。在节目内容方面，电视剧、文艺节目、生活服务节目和新闻节目都表现出了较强的竞争力，吸引了大量观众。据中国视听大数据的统计数据，2023 年全年上星频道播出电视节目共计 46.7 万小时，新闻节目、电视剧和纪录片是播出时长前 3 名的节目类型；在观众到达率方面，新闻节目、电视剧和文艺节目排名靠前，分别达到 90.990%、90.835%、88.006%，吸引了较多的观众；公益广告全年播出 1.4 万小时，全年收视用户平均观看 1021 条次。[①]

在收视率方面，2023 年大屏电视观众人均收视时长 250 分钟，较 2022 年的 262 分钟和 2021 年的 257 分钟小幅降低，回落至疫情前 2018 年的收视水平（见图 1）。[②] 根据收视中国统计，2023 年电视大屏消费总时间

① 中国视听大数据. 中国视听大数据发布 2023 年收视年报［R/OL］.（2024-01-05）. http://www.cavbd.cn/news/2024010502.html.

② 收视中国. 热点聚焦映时代 大屏融合创辉煌——2023 年电视大屏收视洞察［EB/OL］.（2024-02-26）. https://mp.weixin.qq.com/s/VfUOaROgXM3gTyvcmxOZhQ.

为 7318 亿小时，观众规模达 12.6 亿人，有 19 个上星频道（包括 CCTV-1、CCTV-6、CCTV-8、CCTV-3、CCTV-4、湖南卫视、浙江卫视、江苏卫视、东方卫视、北京卫视等）观众月活规模超 2.5 亿人。这些都显示了大屏电视作为一种传统媒介，其受众基础仍然十分庞大。

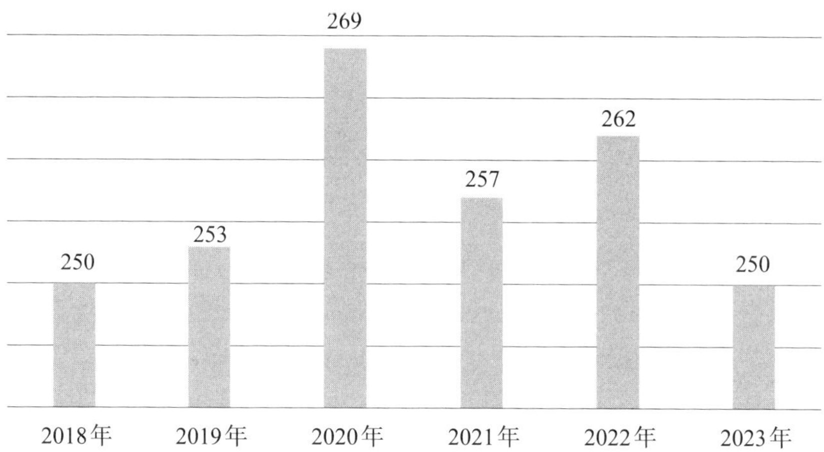

图 1　2018—2023 年电视大屏观众人均收视时长（单位：分钟）

数据来源：CSM 媒介研究，历年所有调查城市组。

（二）IPTV 和 OTT TV 发展迅速，为大屏电视增添发展机会

近年来，我国有线电视用户数呈现出持续减少态势，与此同时，用户向 IPTV 和 OTT TV 转移的倾向越来越显著。工业和信息化部发布的数据显示，IPTV 的用户规模呈现持续上涨的趋势，截至 2023 年底，三家基础电信企业发展 IPTV 用户总数达 4.01 亿户，全年净增 2058 万户。[①] 另外，治理电视“套娃”收费和操作复杂工作阶段性总结部署推进会上提到，2023 年底，全国 IPTV 缴费用户数较第三季度净增 429.13 万人。[②] 根据收视中国的数据，在重点城市组中，2023 年 IPTV 为电视大屏总计贡献

① 中华人民共和国工业和信息化部运行监测协调局 .2023 年通信业统计公报［R/OL］.（2024-01-24）. https://www.miit.gov.cn/gxsj/tjfx/txy/art/2024/art_76b8ecef28c34a508f32bdbaa31b0ed2.html.

② 国家广播电视总局 . 治理电视“套娃”收费和操作复杂工作阶段性总结部署推进会在京召开［EB/OL］（2024-01-23）. https://www.nrta.gov.cn/art/2024/1/23/art_112_66648.html.

35.8% 的收视率；在观众到达率方面，IPTV 累计触达全国重点城市 46.1% 的大屏观众，其中 IPTV 直播的到达率为 44.9%，互动平台为 43.5%。对比观察 IPTV 直播及互动平台的观众构成情况，在年龄层面，IPTV 直播较互动平台吸引了更多 25—34 岁青年及 55 岁以上的老人，收视占比分别为 15.6% 与 41.0%；4—14 岁青少年及 35—54 岁中年观众对 IPTV 互动内容的收视贡献更高，占比分别为 15.1% 与 34.9%（见图 2）。[1]

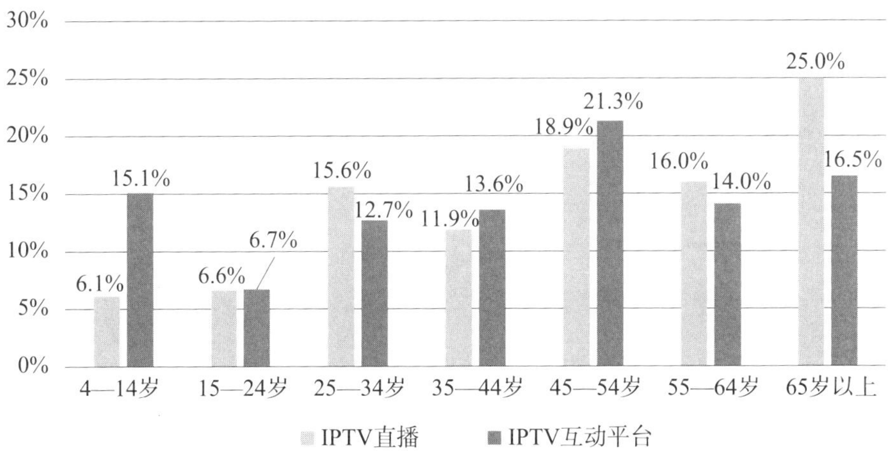

图 2　2023 年重点城市组 IPTV 平台观众构成百分比（按年龄段）

数据来源：CSM 大屏跨平台收视数据。

作为家庭信息和娱乐中枢，智能电视仍占有重要地位，整体趋势稳中有变。根据勾正科技发布的数据，截至 2023 年底，我国智能电视激活户数达 3.26 亿户，较上年同比增长 4%；全国智能电视日均开机率 52%，月均开机率 91%。回顾 2021—2023 年整体开机趋势，智能电视开机率随着月度有季节性的变化，但连续两年日均开机率稳定维持在 50% 以上，且从 2023 年第四季度起开机率有明显上升趋势（见图 3），这与“双治理”工作有密切关系。不仅开机率高，用机时长也反映了智能电视用户的高黏

① 收视中国 .2023 年度全国重点城市组 IPTV 盘点：累计触达四成大屏观众，青少与中年群体贡献更多互动收视［EB/OL］.（2024-01-29）. https://mp.weixin.qq.com/s/YWwJ5ietJe_Eagn2atgX8w.

性，2023 年日均开机时长达 352 分钟，较 2022 年日均 328 分钟和 2021 年日均 315 分钟有较高幅度增长。[①] 从智能电视开机触达的群体年龄段看，15—24 岁、25—34 岁、35—44 岁三个年龄段的青中年群体占比持续上涨。其中，25—34 岁观众是 2023 年重点城市智能电视开机观众中占比最高的年龄群体，开机占比达 20.9%，较上年增幅达 2.6%。从市场整体来看，智能电视观众的收视时长及触达都呈现稳定态势，反映出较强的观众收视黏性和电视大屏的优势。

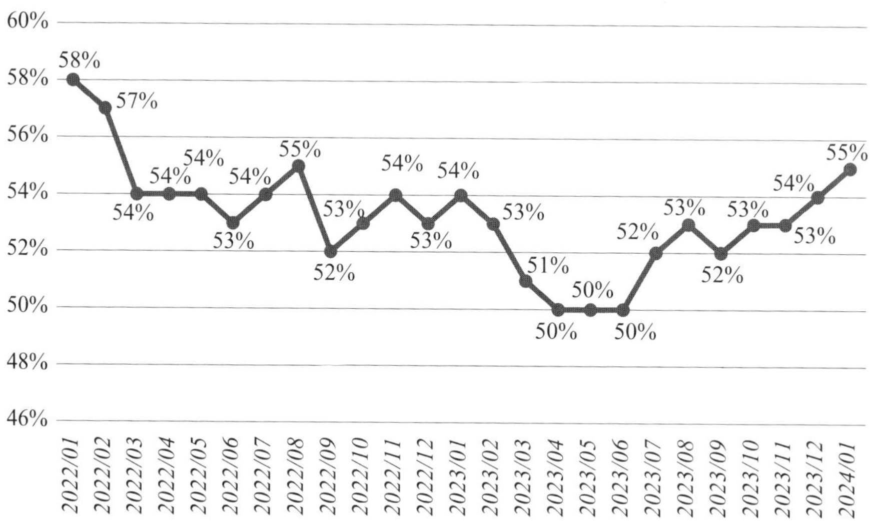

图 3　2022 年 1 月—2024 年 1 月智能电视开机率

数据来源：勾正 URS（Uni Reach System），Uni-insight。

（三）大屏内容题材兼济，绘筑现实主义底色

在 2023 年大屏电视内容市场中，现实主义创作不再居于中心地位，同时自主性创作焕发出勃勃生机。这一变化不仅丰富了电视内容市场的多样性，也体现了我国电视内容创作的新趋势和发展方向。

央视频道与地方卫视频道推出多档专题节目，反映新时代的伟大变

① 勾正科技．2023 智能电视开机盘点：日均开机率达 52%，十一期间到达率近 80%［EB/OL］．（2024-01-16）．https://mp.weixin.qq.com/s/eWYZZnu8XT8sNgECE3RT3A.

革。其中，东方卫视《这就是中国》以平均收视率0.286%、平均收视份额1.543%，蝉联省级卫视理论专题节目第一，观众平均忠实度超过65%。湖南卫视的《当马克思遇见孔夫子》、浙江卫视的“中国共产党为什么能”系列节目，积极展现全国各地发展新气象，在收视率和观众忠实度上表现良好。

电视剧市场新佳作不断，既锤炼出现象级作品《狂飙》，又凝结出《人生之路》《三体》《去有风的地方》等各类型中的出圈之作。2023年央视黄金时段收官电视剧单频道收视率TOP3为《此心安处是吾乡》《珠江人家》《狂飙》，地方卫视黄金时段收官电视剧单频道收视率TOP3为《无间》《狂飙》《不完美受害人》（见表1）。[①]

表1　2023年央视和省级卫视黄金时段收官电视剧单频道收视率前10名

排名	电视剧名称	收视率（%）	省级卫视	电视剧名称	收视率（%）	央视频道
1	《无间》	1.269	东方卫视	《此心安处是吾乡》	2.617	CCTV-1
2	《狂飙》	0.965	东方卫视	《珠江人家》	2.503	CCTV-1
3	《不完美受害人》	0.857	东方卫视	《狂飙》	2.501	CCTV-8
4	《狂飙》	0.768	北京卫视	《画眉》	2.258	CCTV-8
5	《繁华似锦》	0.669	东方卫视	《我们的日子》	2.215	CCTV-1
6	《梅花红桃》	0.636	东方卫视	《人生之路》	2.162	CCTV-1
7	《归路》	0.575	湖南卫视	《无所畏惧》	1.925	CCTV-8
8	《薄冰》	0.569	湖南卫视	《向风而行》	1.887	CCTV-8
9	《我的人间烟火》	0.567	湖南卫视	《潜行者》	1.646	CCTV-8
10	《龙城》	0.559	东方卫视	《破晓东方》	1.625	CCTV-1

数据来源：中国视听大数据。

电视综艺市场供给稳定，内容不断丰富。央视频道推出一系列文化类、音乐类综艺节目，如《中国中医药大会》《三餐四季》《原声天籁——

① 中国视听大数据．中国视听大数据发布2023年收视年报［R/OL］．（2024-01-05）．http://www.cavbd.cn/news/2024010502.html.

中国民歌盛典》等，深受观众喜爱；浙江卫视、东方卫视、湖南卫视在综艺领域持续发力，深耕《奔跑吧》《王牌对王牌》《你好星期六》等王牌综艺（见表2）。在新闻类节目方面，全年热点不断，如“两会”“巴以冲突”“一带一路”等话题深受关注。这些事件不仅引发了广泛的社会关注，也进一步提升了新闻类节目的收视率。总体而言，2023年大屏电视内容市场交出了一份不错的答卷，无论是思想性、艺术性、可视性还是话题度方面，均有作品脱颖而出，精品化、现实化、创新化趋势明显。

表2　2023年央视和省级卫视晚间时段首播文艺节目单频道收视率前10名

排名	节目名称	收视率（%）	省级卫视	节目名称	收视率（%）	央视频道
1	《奔跑吧》第七季	0.544	浙江卫视	《中国中医药大会》	2.832	CCTV-1
2	《王牌对王牌》第八季	0.494	浙江卫视	《三餐四季》	2.776	CCTV-1
3	《今晚开放麦》	0.490	东方卫视	《非遗里的中国》第二季	2.692	CCTV-1
4	《你好，星期六》	0.475	湖南卫视	《中央广播电视总台2023主持人大赛》	2.608	CCTV-1
5	《妈妈咪呀》第八季	0.468	东方卫视	《宗师列传·唐宋八大家》	2.535	CCTV-1
6	《向往的生活》第七季	0.461	湖南卫视	《简牍探中华》	2.397	CCTV-1
7	《极限挑战》第九季	0.459	东方卫视	《美美与共》	1.969	CCTV-1
8	《非诚勿扰》	0.457	江苏卫视	《山水间的家》第二季	1.471	CCTV-1
9	《奔跑吧·生态篇》	0.451	浙江卫视	《原声天籁——中国民歌盛典》	1.417	CCTV-1
10	《声生不息·宝岛季》	0.442	湖南卫视	《星光大道》	1.341	CCTV-1

数据来源：中国视听大数据。

（四）省级卫视深耕原有内容优势，强化价值引领

在定位自身特色与优势的基础上，各省级卫视以强化价值导向为核心，创新主题宣传策略，紧密围绕时代主题，持续推出一系列高质量的内容，满足广大观众日益增长的精神文化需求。收视中国数据显示，2023年，被评为“年度最具品牌影响力省级卫视”的头部五大卫视（湖南卫视、浙江卫视、江苏卫视、东方卫视、北京卫视）累计收视份额达15.2%，

集中程度增强，同比增幅达27.1%，占据省级卫视半壁江山。前6—10名省级卫视（山东卫视、河南卫视、东南卫视、深圳卫视、广东卫视）累计收视份额5.8%，同比增幅达18.5%。省级卫视凭借王牌综艺及热门大剧的播出拉动收视增长，收视率同比2022年都有不同程度的增长，近半数省级地面频道收视份额同比上升。[①]

通过精心策划和制作，省级卫视不断推出具有时代价值和社会意义的节目，旨在传递正能量、引领社会风尚，为构建和谐社会贡献媒体力量。从各时段来看，黄金时段，东方卫视凭借《无间》《狂飙》《不完美受害人》等热播剧包揽电视剧单频道收视率前3名；晚间时段，浙江卫视、东方卫视、湖南卫视和江苏卫视包揽文艺节目单频道收视率前30名，其中，浙江卫视凭借《奔跑吧》第七季、《王牌对王牌》第八季两大热门综艺位列第一；全天时段，东方卫视和湖南卫视包揽纪录片单频道收视率前5名，北京卫视因《档案里的中国》《中国梦365个故事》等热播纪录片排名有所提升。[②]

二、2023年中国电视市场发展概况

（一）深化媒体融合，提升广电协同互补能力

自2013年8月19日习近平总书记在全国宣传思想工作会议上做出“加快传统媒体和新兴媒体融合发展”的重要指示至今，10年时间里，广电媒体深入学习贯彻国家关于媒体融合发展的重要论述，全面挺进互联网主战场，不断完善全媒体传播体系建设，在媒体融合发展层面取得重大进展和显著成效。

从2023年广电主流媒体的融合实践情况来看，结合自身优势与现有

① 收视中国.热点聚焦映时代　大屏融合创辉煌——2023年电视大屏收视洞察［EB/OL］.（2024-02-26）. https://mp.weixin.qq.com/s/VfUOaROgXM3gTyvcmxOZhQ.

② 中国视听大数据.中国视听大数据发布2023年收视年报［R/OL］.（2024-01-05）. http://www.cavbd.cn/news/2024010502.html.

资源，积极推动内容运营创新与管理机制改革，成为各级广电媒体组织融合发展的业务重心。其中，省一级融媒体平台在平台的传播力、影响力、引导力以及公信力建设等方面，都交出了较为亮眼的答卷。2023 年，全国各省级台新闻类三微账号发布量为 675.4 万，较 2022 年增长 6.8%；揽获超 2590.6 亿传播量，同比下降 5.6%，其中播阅量超 2445.4 亿，互动量超 145.1 亿；有 10 家省级台新闻内容的三微传播量超百亿，合计揽获超 1904.0 亿传播量，贡献省级台新闻三微传播总量的 73.5%。[①] 地市级广电媒体也加快了融合转型的步伐，截至 2023 年底，浙江、辽宁、安徽、甘肃、宁夏、内蒙古、新疆等地已初步实现地市级融媒体中心基本覆盖。

但是，县一级的融媒体中心建设依旧呈现出不均衡发展的两极格局。浙江安吉、江苏江阴、福建尤溪等典型案例，已探索出较为成功的融合发展路径，而不少县级媒体则依然深陷于公益一类事业单位体制，尚未能有效激发组织的主观能动性。伴随着媒体融合逐渐步入深水区，如何继续推动主流媒体从“物理融合”走向“化学融合”，如何进一步推动媒体的升级转型以及高质量发展，仍是各级广电媒体应当着力探索的方向。面对当前传媒产业发展中存在的各种不均衡、不协调现象，如何进一步优化顶层设计部署，处理好传统与新兴、中央与地方、主流与商业、大众化与专业化等各类型媒体之间的关系；如何继续坚持资源集约、结构合理、差异发展、协同高效的核心原则，充分发挥各级媒体的资源优势，都成为广电媒体深度融合发展期的题中应有之义。

（二）丰富经营版图，提高传媒市场竞争能力

在数字化时代，传统广电经营面临的核心困境在于其旧的经营版图难以匹配新用户的需求。如今，用户对内容的选择更加多元且追求个性化，他们更倾向于在零散的时间里获取有针对性的信息，而不再满足于传

① 收视中国．2023 年省级台新闻融合传播观察：要走出自己的路［EB/OL］．（2024-01-10）．https://mp.weixin.qq.com/s/JAdVy7mEN9Rt-f7s8F79Bw.

统广电的线性传播模式。与此同时，数字化媒体凭借其互动性、即时性和个性化定制等特点，吸引了大量年轻观众，对传统广电媒体形成了巨大的挑战。

为了应对这一挑战，2023 年各级广电媒体围绕传播渠道、商业模式等经营问题进行了积极且富有成效的创新探索。针对低效的地面频道，“关停并转”成为大势所趋。据统计，2023 年全国共有 30 多个频道频率停播，这一举措不仅提高了广电媒体的运营效率，而且有利于媒体组织更加专注于内容创新。同时，广电媒体也积极拓展网络平台和移动终端的传播渠道，尤其努力推动自有平台的建设，实现了从“借船出海”到“造船出海”的重要转型。一些地区还成功地将智慧城市相关功能与服务融入地方媒体客户端，推动了“新闻 + 政务服务商务”的新型媒体综合服务平台的建设，为地方媒体的发展打开了新的空间。

在商业模式方面，广电媒体也进行了积极的创新探索。除了传统的广告收入，还通过与电商平台合作、推出付费内容等方式实现收入的多元化。许多主流广电媒体选择进军电商直播领域，在保持原有媒体内容业务的同时，积极开拓 To C 端的经营服务领域。例如，东方卫视的直播账号“东方卫视星选”在淘宝平台上进行了海派直播首秀，用上海方言进行直播带货，宣传上海国货，帮助用户了解和感受独特的海派文化；央视财经与拼多多合作，推出“金牌国货　多多真香”系列活动，为用户提供优质且价格合理的商品，并讲述品牌背后的故事。这些创新的商业模式不仅彰显了传统媒体正在努力把握数字时代的发展风口，也体现了其与内容平台、社交平台以及电商平台建立新型合作关系的决心。通过加强经营模式探索，重塑主流媒体的影响力，广电媒体正在努力突破传统的经营模式，更好地满足新一代观众的媒介使用期望。

（三）强化技术创新，补齐高质量发展短板

广电行业长期以来一直扮演着信息传递和文化娱乐的重要角色，但在

数字化、网络化、智能化的新时代背景下，仅仅依靠传统的技术和业务模式已经无法满足现代观众的需求。随着科技的不断进步，新技术对于传统广播电视行业转型的影响已经日益凸显，成为其转型升级过程中不可或缺的关键因素。截至 2023 年 3 月，全国已经开通 1085 个高清频道、8 个 4K 频道、2 个 8K 频道。全国有线电视网络整合和广电 5G 建设一体化发展取得突破性进展，“全国一网”加快推进，广电 5G 开通运营并覆盖全国，目前用户已超过 650 万，基本完成 700 兆赫频率迁移工作。[①] 这一系列的成果和数据不仅展示了广电媒体在数字化、智能化转型道路上取得的显著进展，也预示着未来电视生态布局中智能推荐系统的巨大潜力。

广电媒体在 2023 年继续加速推动“未来电视”战略科技攻关，进一步深化“未来电视”内涵外延和推进路径研究，系统研究适应未来媒体新形态的管理制度和体制机制，为全面推动传统广电在生产组织方式、传播服务方式、监管治理方式上的系统性重塑提供有力支撑。其中，以大屏为入口的智能推荐系统建设，更是成为面向未来的电视生态布局中的一大亮点。大屏作为家庭娱乐的中心，其智能推荐系统的建设不仅关乎用户体验的升级，更是传统广电向数字化、智能化转型的关键一步。如何充分利用好大数据、人工智能等先进技术，对用户的收视习惯、内容偏好进行深度挖掘和分析，进而实现精准的内容推荐，不仅有助于为用户日益流失的大屏市场补上用户黏性这一短板，也为广电媒体提供了更为丰富的经营策略选择。比如中国广电集团上线的有线电视智能推荐频道服务，可以根据个人喜好或家庭成员喜好，通过人工智能计算，从海量内容库中自动编排、连续推送定制节目；贵州多彩新媒体与火山引擎共建的 IPTV 用户智能推荐系统，借助大数据、人工智能等技术对 IPTV 收视数据进行分析和监测，预测用户兴趣偏好，并结合业务场景为贵州 IPTV 用户提供个性化智能推荐。经评估，相比人工运营，该智能推荐系统的启用，使大屏移动端用户

① 国家广播电视总局 . CCBN2023 举行主题报告会［EB/OL］.（2023-04-19）. https://www.nrta.gov.cn/art/2023/4/19/art_112_64024.html.

页面访问点击率平均上升 50%，播放率增加了 27%，曝光媒资数量提升了 127%，付费转化和订购率提高了 134%，充分激活了智能大屏的更多流量，也使得用户活跃度和黏性进一步释放。[①] 随着技术的不断进步和市场的持续竞争，大屏智能推荐系统还有望获得进一步优化和升级。此外，系统还可以与其他智能设备和服务进行联动，为用户提供更加无缝的跨屏体验。在大数据和人工智能的赋能下，种种新技术、新工具将成为广电媒体的重要工具，帮助其在数字化、智能化的转型道路上走得更远。

（四）完善监管治理，保障行业秩序健康有序

2023 年，多项监管举措的并行，进一步提升了我国广电领域的规范发展程度，使行业秩序更为合理化。特别是在视听内容检测监管或数据治理现代化等方面，有关部门的及时介入，为全广电行业的健康、有序、规范发展起到了积极的作用。

在视听内容检测监管方面，有关部门采取了更加严格的措施，加强对内容的把关，确保视听内容符合法律法规和社会道德规范。同时，对于违规内容的发现和处置也更加及时和准确，有效遏制了不良信息的传播。2023 年 8 月 21 日，国家广播电视总局联合工业和信息化部、国家市场监管总局、中央广播电视总台、中国消费者协会等有关单位召开治理电视“套娃”收费和操作复杂工作动员部署会，针对“收费包多、收费主体多、收费不透明”等问题，在试点地区重点采取“关停并免”等措施进行治理。经过数月的大力推进，曾一度泛滥的电视“套娃”收费和操作复杂问题得到有效整治，7 家试点单位的 1.29 亿有线电视、IPTV、互联网电视终端完成整改，收费包压减 50% 以上，收费行为更加规范透明；全国范围内 80% 的有线电视终端、85% 的 IPTV 终端已实现开机看直播。开机及开机广告时长得到规范，除老旧机顶盒外，有线电视和 IPTV 机顶盒开机时

① 火山引擎.【行业】提供千人千面个性化推荐，贵州多彩新媒体与火山引擎共建 IPTV 用户智能推荐系统［EB/OL］.（2023-06-08）. https://www.163.com/dy/article/I6NJSOQ505119UAT.html.

长（含广告）均减少到不超过 35 秒。这些措施，有效拉动了电视大屏用户回流与行业发展，促使电视收视率呈现明显提升态势，实现了社会效益和经济效益双丰收。

在数据治理现代化方面，有关部门还加强了对于广电行业的数据监管和治理举措，有效推动数据治理的规范化和现代化。2024 年 1 月 2 日，国家广播电视总局制定并印发了《广播电视和网络视听统计数据质量管理办法》，提出国务院广播电视主管部门将定期开展广播电视和网络视听统计数据质量核查，加强统计源头数据质量管理，采用实地核查与书面核查相结合的形式，对有关报表、指标及专项统计调查相关数据质量进行核查。这些监管政策可以有效提升我国广电领域的规范发展程度，进一步促进行业的健康、有序、规范发展，为广电行业的高质量发展提供有力支撑。

三、中国电视行业未来发展展望

（一）大模型应用普及，推动市场效率提升与流程再造

面对由 ChatGPT 等人工智能技术带来的变革性影响，广播电视行业正处于一个风险与机遇并存的关键时期。智能化媒介技术为广电领域注入了新的活力，同时也带来了一系列前所未有的挑战，这意味着广电行业需要在继续深耕传统优势项目的同时，积极拥抱创新，探索新的发展路径。正是在这样的背景下，2023 年 2 月，国家广播电视总局印发了《智慧广电技术体系及实施指南（2022 年版）》，提出以“算力 + 算法 + 数据”为重要支撑的智慧广电技术体系，为广电行业的智能化转型提供了明确的方向和实施路径。通过构建智慧广电技术体系，广电行业可以进一步提升节目质量、优化用户体验、提高运营效率，从而为未来的发展道路进一步夯实基础。

事实上，除了“文心一言”等由国内互联网公司打造的智能大模型应用，各头部主流媒体对于应用级大模型的研发，也表现出了浓厚的兴趣并

进行了积极实践。这背后不仅是对技术前沿的敏锐洞察，更是对传媒行业未来发展方向的深刻思考。据 2024 年 4 月 2 日国家互联网信息办公室发布的生成式人工智能服务已备案信息的公告，截至 2024 年 3 月底，我国共有 117 个生成式人工智能应用或功能已成功通过备案。[①] 其中，由传播大脑科技（浙江）股份有限公司研发的传播大模型，作为全国首个由媒体技术公司研发并成功通过备案的媒体专属大模型，已被应用于浙江省内部分县级融媒体中心。该模型应用的训练数据集均来自高质量的新闻媒体报道，可以追溯来源，有效降低了大模型内容生成的不稳定性，确保内容真实、安全可控，且在内容呈现方面也更加符合新闻专业的表达规范。[②] 除此之外，中央广播电视总台联合上海人工智能实验室发布的“央视听媒体大模型”（CMG Media GPT），成为我国首个专注于视听媒体内容生产的 AI 大模型。总台还与上海人工智能实验室等 10 家单位联合发起了大模型语料数据联盟，为大模型发展提供高质量、大规模、安全可信的语料数据资源，保障大模型科研攻关及相关产业生态发展。经过数据训练和模型微调的央视大模型，已经在多个具体领域内初步展现出实用价值，无论是节目创作、短视频生成，还是节目编辑 / 剪辑、超写实 AI 数字人、AIGC 动画和 AI 换脸等方面，央视大模型都表现出了卓越的性能和广阔的应用前景。[③] 这些成果的取得，不仅彰显了我国在大模型技术领域的发展潜力，也为传媒行业的未来发展注入了新的活力和动力。

（二）丰富和优化内容供给，提升文化表达与艺术理念

在可预期的未来，坚持受众导向、精准把握受众需求、针对内容供给的持续创新，将继续成为广电媒体的工作重心。2024 年 2 月 29 日，中央

① 中国网信网．国家互联网信息办公室关于发布生成式人工智能服务已备案信息的公告［EB/OL］．（2024-04-02）. https://www.cac.gov.cn/2024-04/02/c_1713729983803145.htm.

② 黄云灵．浙江媒体装上新“大脑”，国内首个备案媒体大模型有何不同？［EB/OL］．（2024-04-03）. https://baijiahao.baidu.com/s?id=1795288754911629210&wfr=spider&for=pc.

③ 中国电影电视技术学会．【中国电视大会】中央广播电视总台赵贵华：央视听媒体大模型［EB/OL］．（2023-11-28）. https://mp.weixin.qq.com/s/wH4K-vGZ74zcsUYGpY-fuw.

广播电视总台举行央视频 2024 年精品节目片单发布活动，发布了 37 档重点节目和品牌活动，集中展现了央视频链接用户、链接世界、链接未来的全新布局。例如，融媒体活动《千里江山如画》以“直播节目 + 短视频 + 云上展览”的形式，展开一幅新时代中国发展的磅礴画卷。这种创新的表现形式，不仅让观众能够身临其境地感受祖国的繁荣昌盛，还通过线上线下的互动，增强了观众的民族自豪感和归属感。新媒体互动活动《与共和国同框》发起线上线下同打卡，全方位展示共和国发展的铿锵足迹。这种互动式的活动设计，无疑拉近了观众与历史的距离，也让广电媒体在传播正能量、弘扬主旋律方面发挥了更大的作用。另外，如《探！镇馆之宝》《再问三星堆——一场关于艺术与国宝的对话》等融媒体文化类节目，也都积极尝试提炼和开发原创特色文化 IP，深入挖掘中华优秀传统文化精神内涵，以文化市集、文艺展演等形式为总台观众打造专享文化盛会。[①] 总体而言，新节目、新形式的推陈出新，不仅彰显了广电媒体的创新活力，也为广电行业的数字化转型提供了有益的参考和借鉴。

另外，对于微短剧等新兴题材赛道的关注，也无疑将成为未来一年广电系统的重要发展方向之一。一方面，各大平台对于微短剧保持着较高的关注与扶持力度。如 2024 年 1 月 18 日，抖音发布了“辰星计划”，旨在推动精品微短剧的创作与发展，不仅为创作者提供丰厚的资金和流量扶持，更广泛地向影视公司、媒体机构、MCN 机构及个人开放，鼓励各方积极参与，共同打造优质微短剧内容。一周后，快手也宣布“星芒短剧”合作计划全面升级，通过加大资金支持力度、丰富流量扶持措施，并提供更全面的商业赋能服务，期望构建起一个更加完善、精品化的微短剧支持体系。另一方面，广电媒体拥有丰富的内容资源和制作经验，因此进入这一新兴领域具备独特的优势。2024 年 1 月 26 日，在国家广播电视总局网络视听司召开的 2024 新春档精品微短剧宣推会上，重点推介了包括《锦

① 国际在线．未来之频 “+”速向新！中央广播电视总台央视频 2024 年精品节目片单发布［EB/OL］.（2024-02-29）. https://new.qq.com/rain/a/20240229A03ZLA00.

月安笙》《超越吧！阿娟》《观复猫》等在内的16部将在春节期间上线的微短剧。[①]2024年初，国家广播电视总局发布了“跟着微短剧去旅行”创作计划，准备推出100部优秀的主题微短剧。在3月29日第十一届中国网络视听大会“微短剧创作论坛暨精品点映礼”上发布的《2024精品微短剧行业倡议书》，更是从行业层面为微短剧的发展提供了有力支持。因此，我们有理由相信，在未来一年中，微短剧将成为广电文艺创作领域的重要组成部分，为观众带来更多有品质、有价值的好内容。

（三）整合监管资源，提升行业治理水平

随着新媒体技术的迅猛发展和传播渠道的多元化，行业监管面临着前所未有的挑战。在未来一年中，如何加强法律法规建设、明确行业规范，确保广播电视内容的合规性和品质，如何继续加强监管力度、提高监管效率，确保监管措施能够落地生根、发挥实效，都成为摆在全行业面前的重要课题。

2024年4月10日，全国广播电视法治工作会议在福州召开。会议特别指出，要以《广播电视法》立法工作为龙头，体系化推进相关法规性文件制修订工作，为广播电视和网络视听行业的健康发展提供坚实的法律保障。同时，会议还强调了在广电法治实施体系和广电法治监督体系上持续用力的重要性。[②]不仅如此，如何更有效地整合监管资源、精细化优化监管流程以及持续提升监管技术水平，从而进一步加强监管力度并显著提高监管效率，仍是一个需要广电系统不断探索和完善的问题。2024年1月3日至4日，全国广播电视工作会议在京召开。会上提出要以推进广播电视和网络视听高质量发展为主题，坚持“二三四”工作定位，锚定三大工作方向，抓好包括“全面提升行业治理水平”与“体系化推进安全保障”等

① 国家广播电视总局．2024新春档精品微短剧宣推会召开［EB/OL］．（2024-01-29）．https://www.nrta.gov.cn/art/2024/1/29/art_114_66692.html.

② 国家广播电视总局.2024年全国广播电视法治工作会议召开［EB/OL］．（2024-04-16）．https://www.nrta.gov.cn/art/2024/4/16/art_112_67127.html.

在内的八项重点工作。[①] 有理由相信，这些策略的实施，不仅可以为广大网民营造一个更加清朗、健康的网络环境，同时也能够为广电系统的监管工作提供新的方向和思路，从而更好地应对网络环境中的新风险、新挑战，保障广播电视行业的健康有序发展。

① 国家广播电视总局 .2024 年全国广播电视工作会议在京召开［EB/OL］.（2024-01-04）. https://www.nrta.gov.cn/art/2024/1/4/art_112_66550.html.

B.8
2023年中国网络视频市场总体特征与创新发展

齐世峰　吕涵潇*

摘　要： 2023年，中国网络视频用户规模仍在持续增长；网络视频市场发展处于成熟期，存量用户竞争白热化；各大视频平台控本增效，角力精品内容，聚焦头部内容的价值；市场管控继续完善。网络视频平台以创新驱动发展，持续产出优质和多元内容、角逐独播版权、拥抱新技术、耕耘海外新市场等举措成为网络视频平台维系与塑造发展新动能的着力点。网络视频平台盈利状况不断改善，除了传统的会员收费商业模式，2023年长视频平台在内容衍生方面聚力拓延价值，剧集点映和线下演唱会成为新常态。各平台运营持续升级转向，通过“长短合作”、布局微短剧、建构强连接等方式，共创新增量。

关键词： 网络视频；长视频；微短剧；视频平台；创新驱动

2023年，中国网络视频市场在控本增效的行业主流中持续聚焦精品内容，积极求变，迎来存量用户竞争的新时期。随着剧集市场监管的逐步完善，各大视频平台坚持创新驱动，在内容布局、技术转型、市场探索、行

* 齐世峰，中国传媒大学经济与管理学院传媒经济学博士研究生，主要研究方向为传媒经济；吕涵潇，中国传媒大学经济与管理学院传媒经济学硕士研究生，主要研究方向为传媒经济、智能融媒体经营与管理。

业合作等多个方面进行新布局，推动网络视频市场健康发展。总体来看，中国网络视频市场已经步入成熟期，通过策略转型、运营升级逐步摆脱过去的商业模式单一、盈利难的困境，积极拓展内容衍生价值，探索视频平台发展新增量。

一、2023 年中国网络视频市场总体特征

（一）市场规模持续增长

从整体用户规模来看，网络视频用户仍在持续增长。中国互联网络信息中心（CNNIC）发布的第 53 次《中国互联网络发展状况统计报告》显示，截至 2023 年 12 月，我国网民规模达 10.92 亿人，互联网普及率达 77.5%；各类互联网应用持续发展，多类应用的用户规模获得一定程度的增长，其中即时通信、网络视频、短视频的用户规模稳居前三。网络视频用户规模已达 10.67 亿人，占网民整体的 97.7%。其中，短视频用户规模达 10.53 亿人，占网民整体的 96.4%。①

根据 QuestMobile 的数据，截至 2023 年 9 月，全网活跃用户规模达到 12.24 亿，近一年增速稳定在 2%—2.7%；12:00—18:00 时间段用户活跃度同比提升 2.5%，“00 后”“60 后”用户占比同比分别提升了 0.3%、1.1%；“00 后”月人均使用时长达到 173.9 小时，远高于全网平均的 157.9 小时；“60 后”月人均使用时长虽然只有 126.1 小时，但是同比提升了 5.5%。②

（二）存量竞争进入白热化阶段

从市场竞争格局来看，网络视频市场发展处于成熟期，存量用户竞

① 中国互联网络信息中心 . 第 53 次《中国互联网络发展状况统计报告》[R/OL] .（2024-03-25）. https://www.cnnic.net.cn/NMediaFile/2024/0325/MAIN1711355296414FIQ9XKZV63.pdf.

② QuestMobile. QuestMobile 2023 中国移动互联网秋季大报告：全网用户稳定增长，三大特点支撑回暖，00 后与 60 后持续增长 [R/OL] .（2023-10-31）. https://www.questmobile.com.cn/research/report/1719277873330753538.

争白热化。根据极光研究旗下月狐数据 2023 年 10 月底发布的数据，2023 年暑期期间，头部在线视频平台均呈现出明显的活跃用户增长（见图 1）。其中，爱奇艺涨势相对明显，其 8 月 DAU（日活跃用户数量）均值达到 9751.9 万，同比增长 15.2%，且进入 9 月份后仍保持增长态势，与腾讯视频的距离不断拉大；腾讯视频 8 月 DAU 均值达 8577.1 万，同比增幅为 5.7%；优酷 8 月 DAU 均值为 3976.9 万，同比涨幅达 8.2%；芒果 TV 则凭借多部热播综艺实现明显的活跃流量增长，8 月 DAU 均值达 2919.5 万，同比增长 11.0%。[①]

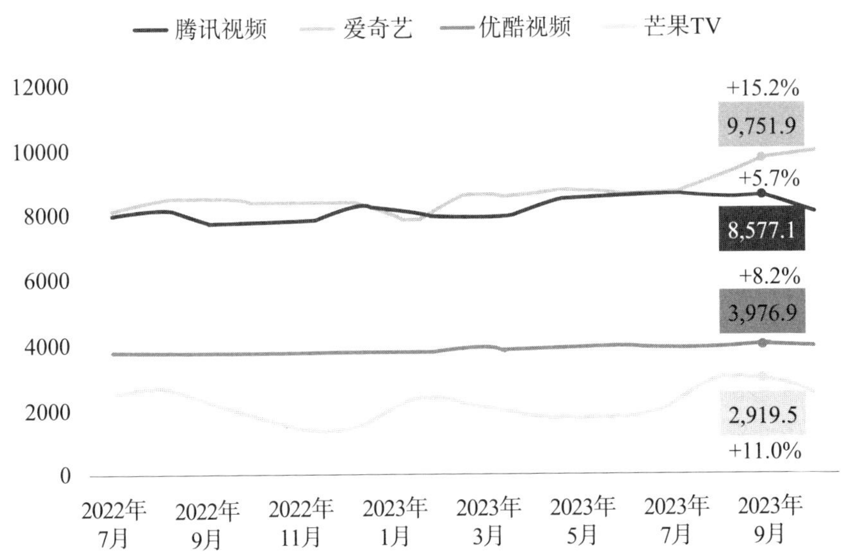

图 1　头部视频平台月均 DAU 对比

数据来源：月狐数据。

根据 QuestMobile 的数据，2023 年暑期档长视频市场竞争白热化，打响了用户时长争夺赛，但随着线下娱乐消费的复苏，线上内容消费相较 2022 年流量有所下降。剧集方面，古偶、悬疑、都市职场等多元题材出圈，剧集播放量峰值多出现在上线一周内。综艺方面，经典 IP 纷纷回归，

① 极光研究 .2023 年 Q3 移动互联网行业数据研究报告［R/OL］.（2023-10-26）. https://www.moonfox.cn/insight/report/1328.

舞台竞演、恋爱、电竞、职场等多类型综艺挤进前 10 名，“综 N 代”霸榜。哔哩哔哩积极发展 UGC 生态，基于自身二次元、游戏属性丰富平台内容，短、中、长视频共同发力，丰富内容，留存用户。咪咕视频在亚运会期间为用户带来全量全场次的赛事直播，同时推出丰富的亚运会衍生节目，全方位满足观众的多元观看需求，从东京奥运会、北京冬奥会，到世界杯转播权，咪咕视频频繁活跃在国际顶流赛事中。央视频 App 作为总台央视官方平台，重要赛事节点流量也有明显增长。[①]

（三）内容供给角逐精品

从内容供给趋势来看，各大视频平台控本增效，角逐精品内容，聚焦头部内容的价值。根据灯塔专业版《2023 年度剧集市场报告》，2023 年全年网播剧集市场有效数量 294 部，较 2022 年减少 10.6%，大盘正片总播放指数 3861.2 万，逆势增长 7.7%，进一步显现市场提质减量成效。2023 年全年有 7 个月的剧集播放量超 2022 年同期，头部剧集分布更为均匀，暑期（6—8 月）创近三年大盘播放新高。“腰部”剧集整体呈现明显增长趋势，作为市场中坚力量助力全年实现增长，多部爆款剧集表现超过 2022 年头部项目（见表 1）。

表 1　2022—2023 年头部爆款剧集对比

2022 年			2023 年		
剧集名称	播放平台	集均播放指数	剧集名称	播放平台	集均播放指数
《卿卿日常》	爱奇艺	27043	《狂飙》	爱奇艺	37744
《龙岭迷窟》	腾讯视频	25617	《长相思》第一季	腾讯视频	30862
《人世间》	爱奇艺	22255	《长月烬明》	优酷	28524
《苍兰诀》	爱奇艺	20900	《他是谁》	优酷	23024

① QuestMobile. QuestMobile 2023 中国移动互联网秋季大报告：全网用户稳定增长，三大特点支撑回暖，00 后与 60 后持续增长［R/OL］.（2023-10-31）. https://www.questmobile.com.cn/research/report/1719277873330753538.

续表

2022 年			2023 年		
剧集名称	播放平台	集均播放指数	剧集名称	播放平台	集均播放指数
《沉香如屑·沉香重华》	优酷	20870	《长风渡》	爱奇艺	20081
《与君初相识·恰似故人归》	优酷	19705	《偷偷藏不住》	优酷	19717
《重生之门》	优酷	19410	《云之羽》	爱奇艺	17010
《幸福到万家》	优酷	19207	《宁安如梦》	爱奇艺	16877
《开端》	腾讯视频	18499	《异人之下》	优酷	16743
《风吹半夏》	爱奇艺	18193	《漫长的季节》	腾讯视频	16734

数据来源：灯塔专业版。

网络综艺呈现稳中有进、进中有新的态势。根据云合数据，2023 年全网综艺（含电视综艺和网络综艺）大盘流量趋于稳定，共上新 275 部国产季播综艺（不含衍生、晚会），累计正片有效播放 276 亿，同比持平；爱奇艺、芒果 TV、腾讯视频三平台综艺正片有效播放均在 75 亿左右。其中前三季度共上新网络综艺 114 部，网络综艺有效播放 130 亿，比 2022 年前三季度的 118 亿播放量有所增长。[①]

微短剧市场续写热度，长短视频平台全年上线破千部。在长视频平台，德塔文数据显示，2023 年，优酷、腾讯视频、芒果 TV、爱奇艺、B 站微短剧上线数量分别为 189 部、176 部、66 部、12 部、5 部。云合数据、清华大学影视传播研究中心、腾讯视频联合发布的《2023 年度短剧报告》显示，截至 2023 年 12 月 31 日，共计 6 部微短剧分账票房破千万元，微短剧分账票房同比增长 56%，独播仍为长视频平台微短剧主流发行模式。[②]

① 云合数据 . 报告丨2023 年综艺网播表现及用户分析报告［R/OL］.（2024-01-04）. https://mp.weixin.qq.com/s/6okJYjFNPkUS8wFewsxqnw.

② 杨翔菲 .2023 年度我国短剧拍摄备案通过 3574 部　同比上涨 9%［EB/OL］.（2024-01-17）. http://news.sohu.com/a/752424438_120988576.

（四）政策监管保驾护航

从市场管控政策来看，2023 年继续完善监管制度，护航行业生态。为规范广播电视和网络视听标准化工作，促进广播电视和网络视听高质量创新发展，2023 年 9 月 5 日，国家广播电视总局印发《广播电视和网络视听标准化管理办法》，该管理办法共 7 章 43 条，主要包括标准体系建设、标准制定、应用推广、实施监督等全生命周期管理要求，重点完善了标准布局、专利披露、实施推广等方面内容。[①]2023 年 8 月 1 日，国家广播电视总局发布《国家广播电视总局关于进一步规范电视剧、网络剧、网络电影规划备案和内容审查等有关事项的通知》，涉及规范制作和内容审查流程、对"注水剧"等不良现象加强治理、规范演员片酬等内容，有利于营造健康良性的行业生态。[②]2023 年 12 月 5 日，中央网信办发布了《关于开展"清朗·整治短视频信息内容导向不良问题"专项行动的通知》，围绕短视频领域多发频发的乱象，集中整治短视频传播虚假信息、展示不当行为、传播错误观念等三类短视频信息内容导向不良问题，对推动短视频行业健康有序发展、维护网络传播秩序、净化网络生态提供了重要指导。[③]

二、平台战略：控本提质，创新驱动

（一）贯彻提质减量

2023 年，各大平台持续贯彻提质减量措施，精心打造优质作品，积极探索良性发展道路。根据灯塔专业版数据，多平台实现增长，持续输出优

① 国家广播电视总局 . 国家广播电视总局关于印发《广播电视和网络视听标准化管理办法》的通知［EB/OL］.（2023-09-08）. https://www.nrta.gov.cn/art/2023/9/8/art_113_65494.html.

② 国家广播电视总局 . 国家广播电视总局关于进一步规范电视剧、网络剧、网络电影规划备案和内容审查等有关事项的通知［EB/OL］.（2023-08-01）. https://gbdsj.gd.gov.cn/attachment/0/532/532529/4262402.pdf.

③ 中央网信办秘书局 . 关于开展"清朗·整治短视频信息内容导向不良问题"专项行动的通知［EB/OL］.（2023-12-05）. https://www.gov.cn/zhengce/zhengceku/202312/content_6919785.htm.

质内容。平台独播剧供给方面，优酷、爱奇艺分别增长 29.8%、26.6%；芒果 TV 基本保持稳定；腾讯视频缩减最多，降幅达 42.0%。播放表现方面，在供给减少最多的情况下，腾讯视频实现最大幅度逆势增长，涨幅 54.2%；芒果 TV 环比增长 34.1%；爱奇艺表现相对稳定，实现 18.3% 增长；优酷下滑 12.1%。①

在降本增效的背景下，严格控制预算成为长视频平台的无奈之举，微短剧制作周期短、投资成本低，成为文娱行业最大风口，更是席卷了长、短视频平台等多方主体，几乎各大平台都出台了扶持政策。据德塔文数据，2022 年 10 月 1 日至 2023 年 8 月 31 日，长视频平台共上线 455 部微短剧，分账总金额超 2.03 亿元，超越 2020 年至 2022 年 9 月近三年分账金额总和。2023 年前三季度，腾讯视频上新微短剧 154 部，在长视频平台中一马当先，在云合全网微短剧年度霸屏榜 TOP10 中占据八席。②

相较于热闹的微短剧市场，2023 年的网络电影市场似乎遇冷。根据骨朵网络影视数据，2023 年上线的网络电影仅有 242 部，月均只有 20 部；相较之下，2021 年、2022 年上线网络电影数量分别高达 746 部、541 部。③不过，《综艺报》文章指出，2023 年的网络电影仍在持续发力“提质减量”，虽然看起来更加冷静，但仍然保持活力，为电影市场提供了差异化的市场空间。④

在综艺方面，“综 N 代”热度持续释放。腾讯视频《五十公里桃花坞》第三季在暑假期间播放市占率全网排名第一，达 8.67%；而芒果 TV《乘风 2023》、《密室大逃脱》第五季等多部头牌综艺播放市占率位居前列；爱

① 灯塔专业版 . 观点丨 2023 年度剧集市场报告发布——优质内容井喷　大盘逆势增长［EB/OL］.（2023-12-26）. https://www.sohu.com/a/747110657_745022.

② 首都广播电视节目制作业协会 . 2023 微短剧行业报告：全年上线破千部，长视频平台上线微短剧总分账破 2 亿（内附 PPT）［EB/OL］.（2023-12-19）. https://www.tvoao.com/a/216861.aspx.

③ 骨朵数据研究院 . 网络电影 2023 抛弃、不放弃丨年度特辑·五大趋势［EB/OL］.（2024-01-05）. https://www.thepaper.cn/newsDetail_forward_25902035.

④ 综艺报 . 2023 年影视分账市场：分账网络剧出海热，网络电影动作片突围［EB/OL］.（2024-01-04）. https://www.sarft.net/a/216990.aspx.

奇艺只有《中国说唱巅峰对决 2023》、《萌探探探案》第三季两个综艺上榜全网播放市占率前 10 名（见表 2）。

表 2 2023 年暑期档综艺全网播放市占率 TOP10

综艺名	播放平台	播放市占率	上线时间
《五十公里桃花坞》第三季	腾讯视频	8.67%	2023/05/28
《乘风 2023》	芒果 TV	8.19%	2023/05/05
《中国说唱巅峰对决 2023》	爱奇艺	5.23%	2023/05/06
《密室大逃脱》第五季	芒果 TV	5.13%	2023/06/14
《萌探探探案》第三季	爱奇艺	4.63%	2023/04/28
《向往的生活》第七季	芒果 TV	4.62%	2023/04/28
《全员加速中 2023》	芒果 TV	4.25%	2023/06/10
《心动的信号》第六季	腾讯视频	3.78%	2023/07/25
《现在就出发》	腾讯视频	3.26%	2023/08/13
《战至巅峰》第二季	腾讯视频	3.16%	2023/07/08

数据来源：灯塔专业版。

（二）创新驱动发展

在创新方面，网络视频平台创新提质，以优质内容驱动流量的留存和拉新，以创新驱动发展，持续产出优质和多元内容、角逐独播版权、拥抱新技术、耕耘海外新市场等举措成为网络视频平台维系与塑造发展新动能的着力点。

在线视频平台通过剧集和综艺等内容持续受到用户关注，以持续产出剧集和综艺等内容，占据用户心智。在 2023 年 6 月上海电视节期间举办的腾讯视频影视年度发布大会上，“精品”一词被反复提及。腾讯公司副总裁、腾讯在线视频首席执行官孙忠怀在发言中表示，在腾讯视频的所有内容品类中，剧集仍然是核心。腾讯将以每年做好 100 部剧为主要目标，并进一步细分出了“总体提升、内容多元、增加爆款、减少平庸”四个具体目标。[1] 爱奇艺 2023 年第三季度财报显示，爱奇艺综艺和大剧的招商额分别同比增长 67% 和 28%，消费者对内容品质的喜闻乐见与广告主对营销形式的喜闻乐见，都统一到内容之上，爱奇艺自然就成为享受优质内容红利的赢家。

角逐独播版权，仍是各大视频平台重点策略。2023 年，控本与紧抓优质独播剧仍是各大视频平台重点策略。“爱优腾芒”四大视频平台中，爱奇艺剧集上线数量最多，共 123 部，而腾讯视频上线剧集的播映指数平均表现（64.0）最好；从独播剧来看，腾讯视频上线的头部独播剧（播映指数 TOP50）数量最多，且上线独播剧的好评度优于其他平台。[2]

拥抱新技术，以科技创新提振生产力。2023 年 9 月，在“2023 爱奇艺 iJOY 悦享会”上，爱奇艺创始人、CEO 龚宇呼吁行业共同拥抱 AIGC 技术，为内容创作带来更多新可能，并指出优质内容创作和科技引领创新决定未来的发展方向。爱奇艺已将 AIGC 的应用场景覆盖到内容制作、宣发和消费的全链条，AIGC 将提升影视制作的语言表达、创意发散以及美术视频能力，AIGC 正在爱奇艺的文本、图片、声音、视频、3D 模型五大应用场景中形成生产力。[3]

耕耘海外新市场，激发文化共振。根据爱奇艺 2023 年第三季度财报，报告期内，爱奇艺国际版华语剧集播放时长同比增长 23%，环比增长 33%，《莲花楼》登顶东南亚、东亚及北美多区域市场播放量榜首，《云之羽》成为热播期爱奇艺国际版营收最高的项目。2023 年第三季度，爱奇艺在日本、韩国、美国以及中国香港地区会员营收同比增长超过 50%。[4]

---

① 江西网络广播电视台．腾讯孙忠怀：还有无数朝霞，尚未点亮我们的天空［EB/OL］．（2023-06-19）．http://cn.chinadaily.com.cn/a/202306/19/WS649016c8a310ba94c561283e.html.

② 艺恩网．2023 年剧集市场年度复盘：平台加速炼金，市场不断焕新［EB/OL］．（2023-12-28）．https://c.m.163.com/news/a/IN0N6LCL05383L0H.html.

③ 羊城派．爱奇艺创始人龚宇：AIGC 正在爱奇艺五大应用场景中形成生产力［EB/OL］．（2023-09-22）．https://new.qq.com/rain/a/20230922A036O600.

④ 钛媒体．爱奇艺 2023Q3 持续高质量发展：业务经营弹性增强，收入利润同比双增长［EB/OL］．（2023-11-21）．http://h5.ifeng.com/c/vivo/v002bkjU2Vtp1ehUg4TN10vwvYLM0KaUohgoLP9FJfj1xmY.

腾讯视频也在通过构建“内容 + 渠道”的大传播格局，布局国际化发展战略。在内容上，腾讯视频每年都会引进大量优质的国际内容，在引进来的同时，腾讯视频也致力于将《三体》等优秀的原创 IP 发行至全球。截至 2023 年 10 月，腾讯视频已经有 300 多部作品在海外发行，覆盖 200 多个国家和地区。在渠道上，一方面，基于腾讯视频海外版 WeTV 进行内容的制作、发行和推广，搭建了一个让世界各地接触中国内容的桥梁，WeTV 已经成为东南亚地区最具影响力的流媒体平台之一；另一方面，基于国际主流互联网平台，建立社交媒体矩阵，力求通过立体化和精细化的运营，让全球更广泛的人群接触到中国内容世界。[①] 优酷 2014 年 1 月发布的《2023 剧集价值报告》显示，优酷长短视频海外累计播放量近 203 亿次，收获近 5700 万海外粉丝。[②] 芒果 TV 高度重视国际传播能力建设，持续探索中国故事和中国声音的全球化表达。一是平台出海，芒果 TV 国际 App 目前覆盖全球超过 195 个国家和地区，下载量超 1.4 亿次，已成为中华文化走出去的重要窗口；二是内容出海，《乘风 2023》、《花儿与少年・丝路季》、《中国》第三季等节目的国际传播效果获得广泛赞誉，芒果 TV 与 Netflix（奈飞）在影视剧版权方面也达成了合作；三是渠道出海，芒果 TV 在 YouTube、Facebook、Twitter 等海外媒体平台持续深耕内容运营，不断扩大其在海外用户群体中的影响力。[③]

三、内容创作：深耕出爆款，营销得流量

（一）“影视综短”全面布局

2023 年，网络视频平台向综合化、多元化进一步发展，在电视剧、综

① 羊城派 .2023 法国戛纳电视节举行，孙忠怀分享腾讯视频国际网络视听的“中国样本”［EB/OL］.（2023-10-17）. http://news.sohu.com/a/729008619_120046696.

② 国际在线 . 优酷发布《2023 剧集价值报告》：海外播放量近 203 亿次，中华文化吸引全球剧迷［EB/OL］.（2024-01-05）. https://ent.cri.cn/20240105/4f4445b6-4715-a47a-d8da-cbd250819d66.html.

③ 证券之星 . 芒果超媒：公司高度重视国际传播能力建设，持续探索中国故事和中国声音的全球化表达［EB/OL］.（2024-01-04）. https://stock.stockstar.com/RB2024010400030014.shtml.

艺节目、网络电影、微短剧等视听内容上广泛布局，争取多点开花。在国产剧方面，“精品化”成为一众影视公司和平台的主要方针，这一策略也转化成了良好的口碑。从平台自身热度指数来看，爱奇艺2023年有5部破万剧集，腾讯视频“破3万剧”为4部，优酷破万剧突破10部。从第三方口碑平台来看，《狂飙》《漫长的季节》两部剧达到豆瓣网80万打分人数，评分逼近9分。2023年，剧情、爱情、都市、古装依旧是上线数量较多的剧集类型，好评率高的出圈剧更加集中在小众垂类，如古装悬疑剧《莲花楼》、科幻剧《三体》等。

与前几年野蛮生长的网络剧相似，微短剧在2023年步入快车道。微短剧的生产逻辑是在短时间内传递“爽感”，抓住观众眼球，多家媒体评价许多微短剧打着庸俗、低俗、媚俗的擦边球。在政策规范和市场竞争的背景下，长视频平台出品的微短剧有意和粗制滥造的作品区分开来，为热门题材“做加法”，创作出复合类型的微短剧，画面、运镜和场景追求“高级感”，成功推出多部分账票房达到千万元的微短剧作品。云合数据显示，2023年长视频平台微短剧分账票房在500万—900万元的有15部，在200万—400万元的有16部，破100万元的有21部。[①] 由腾讯视频出品的《招惹》涵盖了爱情、复仇、悬疑、家国情怀等多种元素，俊男美女相爱相杀的剧情风靡互联网，以2000万元分账票房刷新了微短剧诞生以来的单部剧分账天花板，成为全网微短剧霸屏榜的第一名。“爱优腾芒”四大平台在各自微短剧内容战略的引导下，深耕微短剧剧场，重视优质内容，和短视频的微短剧形成分庭抗礼之势。

在电视剧、微短剧欣欣向荣的对比下，网络电影的2023年显得有些冷清，市场大盘持续萎缩。骨朵数据显示，2023年票房分账破千万元的网络电影仅有34部，比2022年减少17部，更比2021年减少31部。[②] 一方

① 云合数据．云合数据 × 清华影传中心 × 腾讯视频联合发布《2023年度短剧报告》[R/OL]．(2024-01-17)．https://mp.weixin.qq.com/s/SOukRx8pV97JZ1lCHqRK2A.

② 骨朵数据研究院．网络电影2023抛弃、不放弃丨年度特辑·五大趋势[EB/OL]．(2024-01-05)．https://www.thepaper.cn/newsDetail_forward_25902035.

面，院线电影重整旗鼓后，作为“平替”的网络电影丧失了优势；另一方面，短小精悍的网络剧营造的“电影感”毫不逊色，综艺、微短剧、短视频、直播等也占据着用户的时间。受众注意力难以获取，创作者也陷入了瓶颈。网络电影的大 IP 一般涉及仙侠、奇幻、怪兽等类型，这类电影追求特效、动作设计，更容易打通三、四线下沉市场，过去创下傲人成绩的 IP 其续集《奇门遁甲 2》《兴安岭猎人传说 2 轮回森林》在 2023 年反响平平。网络电影能否在雷同的剧情、跟风的设定中重新撕出一条路，是内容创作者需要思考的问题。

无论是观众注意力还是招商数量，综艺市场大盘在 2023 年稳步回升，“综 N 代”仍然占据舞台中心，代表着平台稳定的“保鲜”能力。《奔跑吧兄弟》《哈哈哈哈哈》等综艺拥有固定的制作班底和嘉宾阵容，积累了忠实的受众群体。平台紧跟时事热点的创新具有天然的互联网传播优势，《种地吧》将真人秀视角落点于素人农业生产，成功开辟综艺新领域，并和助农、电商等有机结合在一起，是异军突起的典范。此外，衍生综艺的蓬勃发展能够有效实现从普通观众到核心粉丝的转化，追求内容的长尾效应。年度话题网络剧《长相思》第一季推出衍生微综艺《大荒奇遇记》，由简单的小游戏和采访花絮剪辑而成;《大宋少年志 2》以原班人马为基础，打造熟人生活体验类综艺《团建吧！七斋》；暑期档爆款电影《封神》在观众的热情建议下，对电影幕后素材进行重新剪辑，推出《封神训练营》。

（二）碎片化传播助力出圈

2023 年网络视频内容以短视频形式传播越发密集，无论是长视频还是微短剧，对原有内容进行的“切片”成为用户了解视听内容市场的重要渠道。微短剧综合了短视频碎片化特点和连续剧的剧情优势，在养成短平快、碎片化的内容消费偏好的短视频用户中广受欢迎。在抖音、快手等短视频平台，微短剧的切片为各大微短剧播出平台不断引流，既有“爱优腾芒”等传统长视频平台，也有知乎、快点、百视等抢占微短剧赛道的新兴平台。

短视频平台的用户生成内容特性能够将视听内容和文旅产业串联在一起，粉丝的“打卡”为内容增加热度，助力内容出圈，也为文旅产业带来更多的活力和机遇。电视剧《去有风的地方》中的云南风光吸引了大量游客，刺绣、木雕、扎染等非遗文化元素，民族服装和风味小吃等生活元素也成功出圈，带动地域经济发展。短视频带动的旅游特色也让创作者诞生灵感，美食综艺《一起撸串吧》紧随淄博烧烤热推出，将城市烟火气传递给每一个观众。

四、商业变现：降本见效，渠道拓展

（一）视频平台盈利改善

连续三年降本增效的趋势下，网络视频平台的盈利状况不断改进。爱奇艺财报显示，2023 年全年总营收 319 亿元，同比增长 10%，创下最佳财年业绩，总营收、运营利润、净利润及现金流等核心指标均创历史最佳。[①]腾讯公司副总裁孙忠怀对媒体透露，腾讯视频连续四个季度实现盈利。[②]芒果超媒财报显示，2023 年全年总营收 146.31 亿元，同比增长 4.68%，净利润为 16.96 亿元，同比增长 5.71%。[③]虽然在阿里大文娱最新的财报中没有优酷的具体数据，但有消息透露优酷连续六个季度亏损收窄。哔哩哔哩 2023 年第四季度实现营收 63.5 亿元，同比增长 3%，日均活跃用户超 1 亿，毛利率实现连续六个季度增长，调整后净亏损同比大幅收窄 58%，实

① 界面新闻 . 爱奇艺 2023Q4及全年财报：创最佳财年业绩　核心财务指标均创新高［EB/OL］.（2024-02-28）. https://www.jiemian.com/article/10853980.html.

② 锌财经 . 爱奇艺和腾讯视频盈利了，只有优酷没赶上［EB/OL］.（2024-01-20）. https://finance.sina.cn/2024-01-20/detail-inaeerav9403002.d.html?from=wap.

③ 任晓宁 . 芒果超媒重回增长，2023 年营收净利出现好转［EB/OL］.（2024-03-01）. https://new.qq.com/rain/a/20240301A01ZVR00.

现全年正向经营现金流。[①]

根据以上数据可知，五大综合视频平台的盈利情况均有所好转。各大平台基于自身平台用户特性，有针对性地进行了内容生态建设，强调多元化的内容拓展，通过降本提质增效，逐步实现盈利，行业整体进入良性发展阶段。从用户规模来看，国内长视频格局从原有的“三足鼎立”，逐步呈现四大视频平台“2+2”竞争格局；在剧集市场，爱奇艺与腾讯视频两者形成了绝对的领先优势，优酷和芒果 TV 次之，在未来一段时间内，这种格局大概率还会维持。

（二）商业模式持续探索

在商业模式的探索上，除了传统的会员收费，2023 年长视频平台在内容衍生方面不断开发价值，剧集点映和线下演唱会成为新常态。头部热播剧在临近收官 6 集前，通过举办“大结局点映礼”给剧粉发放福利，观众可以花钱提前收看结局，剧方通过赠送点映礼直播券和其他优惠券作为交换。此外，平台还对原有积分系统进行升级，比如爱奇艺会员可使用 360 积分兑换剧集《莲花楼》的提前点映权。热门的古装剧还能利用其丰富的 OST（原声带）曲库和音像行业合作，通过举办演唱会进一步收割粉丝钱包。如爱奇艺《莲花楼》演唱会线下演唱票需花费 448 元购买爱奇艺星钻会员（或会员等级 V7）才可获得 1 次抽票机会，线上直播票则需要花费 30 元购买。[②] 据报道，《莲花楼》演唱会及衍生品销售额已经突破 2500 万元。

网络电影和微短剧的发行和分账情况也不断进行调整。网络电影的分账从过去的“前 6 分钟有效观看”到如今的“按照市场分账”“取消平台评级”，意味着平台方完全与创作方共担风险和收益，分账单价降低，付

① 雷帝网 . B 站 Q4 及全年财报图解：年营收 225.3 亿　实现全年正向经营现金流［EB/OL］.（2024-03-07）. https://www.bilibili.com/read/cv32783374/.

② 每日经济新闻 . 448 元年卡有人充了十年？《莲花楼》售后演唱会能为爱奇艺三季报注入多少收入？［EB/OL］.（2023-09-14）. https://www.nbd.com.cn/articles/2023-09-14/3019386.html.

费分账比例提升，也意味着平台不再试图用更高的价格来引入独家网络电影，许多内容质量尚可的网络电影选择全平台上线以扩大收入。2023年的网络电影市场遇冷，微短剧市场则如火如荼，在长视频平台，独播是微短剧主流发行模式。云合数据显示，2023年上新微短剧中，405部为独播发行，27部为拼播发行，独播发行微短剧占比为93.75%。[①] 在分账方面，各综合视频平台大多采用传统的会员分账这一模式，以会员观看时长确定价格，从会员费中抽取资金分账给片方（见表3）。相比之下，抖音推出首部品牌定制短剧《不熟恋人》，开启在品牌招商层面的创新。

传统分账方式金额受限于视频平台会员规模。主流视频平台会员破亿后已经进入存量竞争时代，在会员收入增长放缓的情况下，网络电影和微短剧的流量争夺加剧。无论是提高单片的片方分账比例，还是按时长阶梯分账，都是视频平台鼓励内容精品化的策略，在这一趋势下，未来网生内容预计将创造分账新纪录。

表3 “爱优腾芒”的具体分账方式

具体分账方式	腾讯视频	优酷	芒果TV	爱奇艺
分账模式	会员分账	会员分账 流量分账 CPM分账	会员分账	会员分账 CPM分账
会员基础分账规则	会员观看时长×级别单价	会员观看总时长/固定时长（3小时）×级别单价	会员观看时长×级别单价	会员观看时长×分端单价
单价	评级（S、A、B）单价/元（2、1.5、1）	评级（S、A）单价/元（6、4） 播后定级单价/元（6、4、2）	评级（S+、S、A、B、C）单价/元（2.5、2.5、2、1、0.5）	分端（手机、电视、电脑、平板电脑、智能家居、车联网、虚拟现实） 单价/元（0.9、0.5、0.6、0.7、0.5、1.3、2.0）

① 云合数据．云合数据×清华影传中心×腾讯视频联合发布《2023年度短剧报告》[R/OL]．（2024-01-17）. https://mp.weixin.qq.com/s/SOukRx8pV97JZ1lCHqRK2A.

续表

具体分账方式	腾讯视频	优酷	芒果 TV	爱奇艺
会员分账周期	6 个月	90 天（含上线首日）	更新期 +90 天	跟播期 +6 个月
时长 & 集数	3—15 分钟 / 集	10 分钟 / 集，总集数≥ 24 集	8—15 分钟 / 集（S+）& 2—15 分钟 / 集（其他级别），总集数≥ 12 集	10—20 分钟 / 集，总时长≥ 120 分钟
横竖屏	建议横屏	横竖屏不限	横屏（S+）& 横竖屏不限，鼓励横屏（其他级别）	横屏为主

数据来源：云合数据。

五、市场拓展：价值共创　建构强连接

2023 年的网络视频市场呈现稳中向好的态势，头部视频平台在减量提质的道路上坚持精品化战略和创新驱动，在网络剧、网络综艺、网络电影、微短剧等内容类型加以布局，不断探寻多维度的新增量。随着网络视频行业存量竞争趋于白热化，平台运营存在以下三个难点：第一，内容生产和市场需求匹配难题。头部平台凭借资源优势瞄准市场热门内容进行内容制作，同类节目同台竞争激烈，生态位重叠的问题较为严重；剧集和网络电影前期在演员、特效等层面投入高额成本，但因种种问题无法转化为匹配的商业价值；微短剧市场火爆但内容质量良莠不齐，市场环境亟待进一步规范。第二，降本增效和增量探索的策略规划难题。为了取得内容优势，视频平台需要不断挖掘各年龄段受众的独特需求，关注小众圈层兴趣偏好与价值取向以推行创新，同时也要积极布局微短剧、平台出海、VR 技术等热门赛道。尽管行业大方向寻求降本增效，但策略上依旧需要投入

大量的资金和人力，对平台资源管理能力提出了挑战。第三，付费会员关系维系难题。经过多年培养，用户付费习惯逐渐养成，对于网络视频平台的收费模式认可度也在不断提高，但是依旧有部分用户付费意愿不高，这使得用户会员留存率尚有提高空间。如何将普通付费会员转化为高级且忠诚的会员，将一般观众转化为愿意为内容衍生付费的观众，仍然需要平台在营销方面的创新。

因此，在日益激烈的网络视频行业竞争中，各平台运营策略需不断升级转向，可以从“长短合作”、布局微短剧、建构强连接三个方面加以提升，共创新增量。

（一）继续推进“长短合作”

随着网络视听产业生态的发展，长短视频早已不是水火不容。事实上，从 2022 年开始，长短视频的战略合作已然成为趋势，抖音与搜狐视频、快手与乐视视频、抖音与爱奇艺纷纷达成合作。2023 年 4 月，腾讯视频与抖音达成版权合作，宣布将围绕长短视频联动推广与短视频二次创作等方面开展合作。[①]2023 年 12 月 14 日，芒果 TV 与抖音宣布将以短剧联合开发为切口，后续推进二创视频、品牌营销等多方面的深度合作。[②]

（二）布局微短剧

剧情紧凑、拍摄成本低、制作周期短的微短剧被长短视频平台均寄予厚望，长视频平台希冀依靠微短剧留存拉新。QuestMobile 数据显示，2023 年 11 月，微短剧应用行业活跃用户规模达到 1.2 亿，同比增长超过 1126%。微短剧可以补充长短视频的用户触达空白，对“银发”人群的渗透优于在线视频及短视频平台；同时，微短剧对低线级城市的覆盖高于在线视频。虽然各渠道布局微短剧已取得初步成果，其中多个平台获得千万

---

① 北京日报．长短视频平台“破冰”达成合作 相向而行开启新探索［EB/OL］.（2023-04-08）. https://wap.bjd.com.cn/news/2023/04/08/10391605.shtml.

② 光明日报．芒果 TV 与抖音达成合作 以短剧共创为切口探索长短视频合作新空间［EB/OL］.（2023-12-15）. http://www.nrta.gov.cn/art/2023/12/15/art_3731_66382.html.

规模的活跃用户，但尚未出现在多渠道均取得领先优势的微短剧平台。因此，这在新的一年可以是发力方向。

（三）建构强连接

视频平台的会员业务根据平台发展的不同阶段而不断进行调整，以达成与用户的密切连接。比如爱奇艺会继续引导用户进行长期订阅，提高长周期卡的用户占比，平台也会继续推进会员忠诚度建设，特别是提升长周期会员的价值感知。[①]2023 年暑期，爱奇艺首次推出积分兑换《莲花楼》大结局活动，8 天内吸引 600 万会员参与活动。腾讯视频推出的《长相思》《玉骨遥》等剧邀请主创做直播点映，面向核心剧粉收费 18 元提前看结局。此外，更多平台开始通过剧集衍生出演唱会，比如腾讯推出的《长相思》演唱会、爱奇艺推出的《莲花楼》演唱会等。为建构与用户的强连接，平台方不断推出新的尝试，当然在此过程中，深耕内容、聚焦精品内容仍是建构强连接的重心。

① 于玉金．暑期档竞争激烈：爱奇艺从《狂飙》高点回落 Q2 净利润同比增环比降［EB/OL］．（2023-08-23）．https://www.163.com/dy/article/ICRSQFDT0512D03F.html.

B.9 2023年中国短视频市场发展特征及未来展望

张瀚文 胡心佩*

摘 要： 2023年，中国短视频市场逐渐从高速扩张转向深度运营阶段。这一年短视频行业发展呈现出五个鲜明的特征：第一，随着视听消费回归常态，短视频内容创作呈现出减量供给的趋势；第二，短视频市场逐渐形成抖音、快手、微信视频号三方博弈的格局，头部效应显著；第三，短视频内容价值持续提升，AIGC等新技术不断助力短视频内容革新；第四，短视频电商增长放缓，各平台开始在本地生活服务领域频频发力；第五，国内微短剧市场逐渐成熟，出海成为新的发展方向。但虚假信息、恶意营销、不良价值观等问题仍然在影响短视频行业的良性发展。随着国家监管政策和平台政策的不断完善，未来短视频市场的内容生态将趋向专业化、精品化，商业生态将趋向融合化、多元化，技术生态将趋向智能化、合规化，用户生态将趋向细分化、国际化。

关键词： 短视频；提质减量；本地生活；微短剧；AIGC

中国互联网络信息中心最新数据显示，截至2023年12月，中国网

* 张瀚文，中国传媒大学传媒经济学硕士研究生，主要研究方向为智能融媒体经营与管理；胡心佩，中国传媒大学传媒经济学硕士研究生，主要研究方向为智能融媒体经营与管理。

民规模达 10.92 亿人，其中短视频用户规模达 10.53 亿人（见图 1），占网民整体的 96.4%，与当前互联网第一大应用即时通信的差距从 2018 年的 17.4% 缩小到 1.9%。[①] 在内容形态方面，随着用户需求的多样化，短视频平台上的内容类型也越来越丰富，同时，平台也在不断推出各种创作工具和扶持计划，鼓励创作者发布更高质量的短视频作品。在商业模式方面，QuestMobile 数据显示，2023 年短视频媒介广告收入占整体互联网广告收入的 16%[②]，同时，短视频与电商、本地生活等服务加速融合，逐步渗透至网民生活的全场景。随着流量红利的加速减退，互联网存量竞争加剧。其中，抖音、快手、微信视频号三大头部平台持续发力，在原有业务板块增长见顶的情况下，不断在 AIGC、微短剧等新业态上做出创新探索。

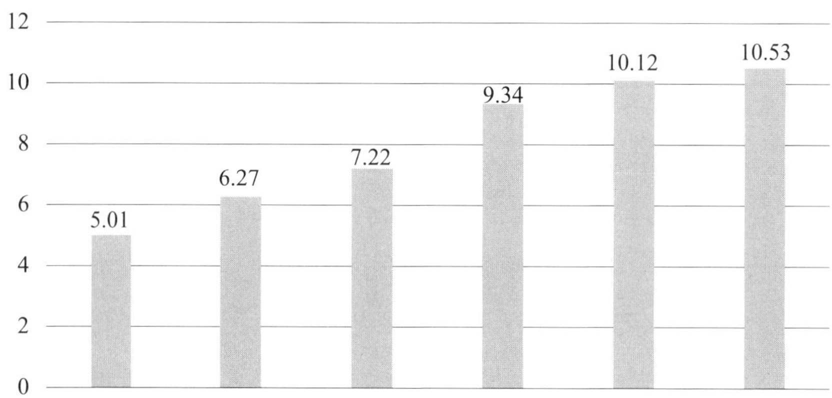

图 1　2018—2023 年中国短视频用户规模（单位：亿人）

数据来源：中国互联网络信息中心。

① 中国互联网络信息中心 . 第 53 次《中国互联网络发展状况统计报告》发布［EB/OL］.（2024-03-22）. https://www.cnnic.net.cn/n4/2024/0321/c208-10962.html.

② QuestMobile. QuestMobile2023 年中国营销市场洞察·市场篇：媒介用户争夺战陷入“血海厮杀”，“五大营销模式”全面提振消费［EB/OL］.（2024-03-26）. https://mp.weixin.qq.com/s/jpriE8UMFs7AbEV2-x2nhw.

一、2023 年中国短视频市场发展特征

（一）视听消费回归常态，内容创作减量供给

中国广视索福瑞媒介研究（CSM）发布的《2023 年短视频用户价值调研报告》显示，用户观看短视频的日均时长较 2022 年有所下降，同时，活跃度更高、使用黏性更强的用户占比也呈下降趋势，用户更倾向于高效、有价值的观看体验。[①] 伴随线下社交场景和大众外出活动的恢复，用户视听消费需求逐渐回归常态，人们对线上和线下活动的时间配比开始走向新的平衡。在不同类型的视听内容消费中，仍有 35.9% 的网民将观看短视频作为自己空闲时间的“唯一娱乐形式”，用户占比持续领先，但较 2022 年有所下降，而长视频、电视节目的用户偏好度有所回升，反映出网民日益多元化的娱乐消费需求。

用户使用时长的下降伴随着对使用效率的重视程度提升。报告显示，80% 以上的用户通过观看短视频获取实用资讯及生活技能，“有用”超过“解压”成为用户观看首因，生活技巧、生活记录、社会记录、知识科普类内容的用户偏好度维持在高位。同时，新闻、财经、军事等内容受用户喜爱程度提升明显，较 2022 年增幅均超 35%。用户对读书类短视频的关注度也有所上涨，知识付费意愿极高。数据显示，看过相关短视频后 94.7% 的用户会选择下单购买，反映出用户对知识的渴求日益增强。

在内容供给上，用户自制及发布短视频数量呈现下降趋势。随着流量红利的减退，短视频市场竞争加剧，打造优质内容的门槛日渐升高，这使得普通用户在创作过程中面临更多挑战，如创意不足、技术限制、同类型账号增多等问题。在此背景下，短视频平台也会将算法推荐权重更多偏向于专业制作的精品内容，这进一步加大了普通用户突破流量池的难度，对

① 收视中国．重磅丨CSM 发布 2023 年短视频用户价值调研报告［EB/OL］．（2023-12-21）．https://mp.weixin.qq.com/s/lUfMpbEnQyqZTCJqlknxZw.

普通用户创作短视频的积极性产生影响。但这一趋势也标志着短视频平台内容正在朝精品化、优质化迈进，内容丰富、新颖有趣、更新及时成为吸引用户的重要创作标准。

（二）抖音、快手、微信视频号三方博弈，头部效应显著

在短视频市场相对饱和、流量红利加速退去的背景下，短视频用户对头部平台的使用时长和使用频率持续增长，短视频行业市场集中度持续提升（见图 2），抖音、快手和微信视频号作为第一梯队平台，在存量竞争中优势明显。与此同时，越来越多的社交媒体平台和传统电商平台纷纷布局短视频领域，如小红书、淘宝等借助视频化策略激发用户潜在兴趣，平台流量进一步向短视频倾斜，这使得短视频市场尾部平台的竞争压力持续加大，新创企业进入门槛提高，行业迎来加速整合期。

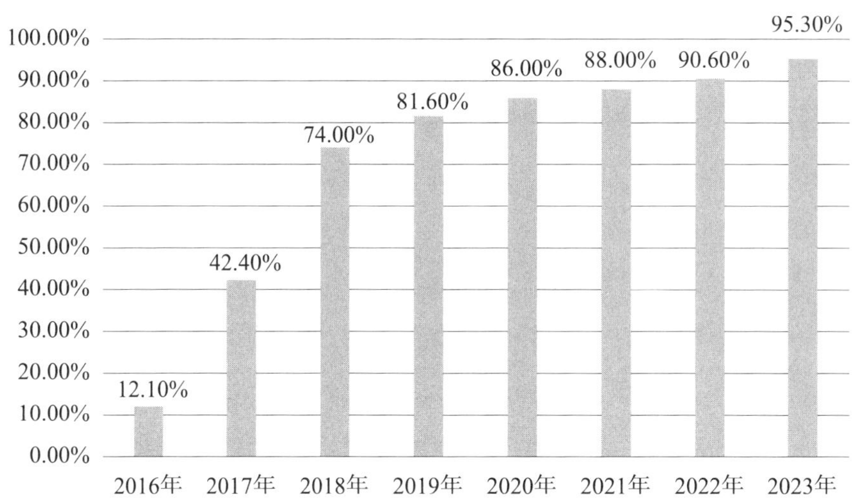

图 2　2016—2023 年中国短视频行业市场集中度

数据来源：《中国网络视听发展研究报告（2024）》。

在用户最常使用的新媒体客户端中，抖音稳居首位。自 2016 年 9 月 20 日上线以来，抖音面向全年龄段深挖垂类内容，并通过算法推荐持续为用户提供个性化服务。相较而言，快手月活低于抖音，但快手在下沉市场

的影响力要略胜一筹。根据 Mob 研究院发布的《2023 年短视频行业研究报告》，在下沉市场中，快手用户比抖音高出 5%。[①]

微信视频号自上线以来就表现出强劲的发展势头，至今已经稳居行业第三。腾讯控股 2023 年年报显示，作为腾讯业绩增长的重要引擎之一，受益于日活跃账户数和人均使用时长的增长，视频号总用户使用时长翻番。[②] 在商业化上，得益于视频号的广告需求，腾讯第四季度的网络广告业务收入高达 298 亿元，环比增长显著。2023 年第三季度，微信及 WeChat 合并月活跃账户数达 13.43 亿，同比增长 2%。依靠微信庞大的流量池和具有熟人社交属性的生态圈，微信视频号电商红利明显，吸引了许多中小商家进入，且在电商方面显现出高客单、高复购、高黏性和低退货率的特性。

（三）短视频内容价值提升，AIGC 助力革新

随着短视频市场的日益成熟与行业监管的日益完善，用户对短视频内容的整体评价连续两年提升。为适应用户提质减量的需求变化，创作者将目光从开拓题材转到挖掘深度上，短视频内容价值持续提升。《2023 年短视频用户价值调研报告》显示，66.5% 的用户通过短视频平台观看历史故事、历史人物、历史遗迹、特色民俗等相关内容，传统文化成为最受用户青睐的短视频类型（见表 1）。同时，传统文化类短视频还有效带动了大批用户实地参观短视频中的博物馆、考古地，或参加相关线下活动，成为文化消费的新引擎。

表 1　2023 年抖音十大非遗热点

排名	非遗热点
1	# 全抖音都在挖宝藏博物馆

① Mob 研究院 . 研究报告丨 2023 年短视频行业研究报告［R/OL］.（2023-06-29）. https://mp.weixin.qq.com/s/sY6KaNmwMLzlDGsf3OHFaw.

② 腾讯控股 . 腾讯公布二零二三年全年及第四季业绩［R/OL］.（2024-03-20）. https://static.www.tencent.com/uploads/2024/03/20/28fde3c13055712b43ca0598092ece2c.pdf.

续表

排名	非遗热点
2	# 传统手艺里藏着多少智慧
3	# 醒狮人日常训练是啥样的
4	# 手艺人为了宣传非遗有多拼
5	# 非遗里的中国浪漫
6	# 狼牙棒 vs 红缨枪
7	# 中国拳法伦敦行
8	# 用非遗的方式迎亚运
9	# 世上最后一只羽毛风筝
10	# 中国茶敬世界客

数据来源：《2023 抖音年度观察报告》。

在线下消费持续回暖的背景下，许多创作者将镜头转向户外，其中，生活记录、风景分享这两类内容的创作者数量较 2022 年均上涨超 6%。在内容消费侧，用户对景点讲解、风光直拍等旅游类短视频的喜好度显著上涨，并将其作为一种“出行攻略”，跟随创作者的路线规划共同体验美食与美景。这种线上与线下的联动助推了文旅产业发展。2023 年，“淄博烧烤”“天津大爷跳水”“哈尔滨冰城”等关键词在各大短视频平台热度高涨，通过全民联动的裂变式传播实现了文旅资源的最大化利用，为文旅注入新活力。

2022 年 11 月，人工智能大模型 ChatGPT 的上线点燃了市场对 AIGC 的热情，也为短视频内容生产添加了新动能。在选题策划阶段，人工智能凭借海量的学习数据能够迅速捕捉热点话题，为创作者提供灵感；在内容生成阶段，AIGC 有效提升了短视频创作的效率，如智能美颜、自动剪辑、模板创作等功能，降低了技术门槛，让普通用户也能参与到更加复杂的内容创作中来。随着 AIGC 技术的火热发展，各大平台加速研发自己的人工智能产品，抖音在2023年2月便成立了大模型团队，全面进军AI领域；6月，抖音内测了一款AI对话类产品“Grace”，其具备文生文、文生图等功能。同时，抖音持续增加大模型领域投入，推出“火山方舟”大模型服务平台和“火山写作WritingGo”AI写作助手，不断寻求新的增长机会，推动短视频行业智能化发展。AI同样也是快手在新技术方向投入的重点，2023年快手投入123亿研发资金用于探索5G、云计算、人工智能及区块链等前沿技术的发展，研发了大语言模型“快意”和文生图大模型“可图”。快手官方称，“快意”大模型最新的175B版本，已经达到ChatGPT3.5的水平，追赶GPT4。

（四）短视频电商增长放缓，本地生活战场火热

随着用户规模增速放缓，短视频电商也随之进入增长放缓期，各平台开始积极探索新的带货模式。飞瓜数据显示，2023年2月，抖音电商全面开放了图文带货入口，较低的创作门槛为用户带来变现新机遇，通过免佣、返现等优惠政策保障达人的图文创作热情；从带货偏好来看，腰部以上的达人更倾向于通过直播带货，而粉丝量较低的潜力主播则更多通过视频和图文的形式进行带货推广。[①] 另外，尽管各大平台补贴火热、低价内卷，但短视频用户的消费决策逐渐趋于理性和务实。中国广视索福瑞媒介研究（CSM）数据显示，在短视频用户下单的原因中，“价格实惠”占比超过“商品功能性”成为首因。从消费水平看，短视频用户消费呈现降级状态，2023年下半年，购买商品平均单价低于百元的用户占比为35.6%，较2022年上涨9.5%；内容付费用户数仅占63.5%，较2022年下降3.5%。

作为电商市场的重要领域，本地生活业务呈上涨态势。2023年，快手本地生活第四季度的消费用户同比增长23倍，GMV（商品交易总额）同

① 飞瓜数据．年度报告丨2023年短视频直播与电商生态报告［R/OL］．（2024-01-31）．https://www.feigua.cn/article/detail/811.html.

比增长 25 倍。[①] 抖音对本地生活业务的大力扶持使得站内团购直播数量增长迅猛，2023 年抖音生活服务平台总交易额增长 256%，共覆盖超过 370 座城市，涉及超过 450 万家门店。[②] 自 2021 年 1 月抖音生活服务启动以来，抖音不断与本地商家开展合作，合作门店已经超过 200 万家，目前已覆盖超过 370 座城市。随着抖音和快手在到店团购和外卖领域持续发力，稳坐本地生活头把交椅的美团开始积极调整应对策略，争夺市场份额。未来短视频平台能否在本地生活服务行业持续占据一席之地，还需经过市场检验。

日渐成熟的本地生活业务还催生了一种新的商业形态——“探店经济”。作为“美好生活的发现者”，短视频平台上的 KOC（关键意见消费者）、KOL（关键意见领袖）会实地体验美景和美食，并通过短视频的形式进行展示和评测，为消费者决策提供参考。“探店”模式也为商家提供了更为多样的营销选择。为提升平台在本地生活中的影响力，抖音、快手大力扶持“探店达人”入驻，继“内容 + 电商”之后不断开拓“内容 + 本地生活”的新市场。《2023 抖音生活服务年度数据报告》显示，2023 年，入驻抖音生活服务团购中心的达人数量同比增长 289%，达人探店助力实体商家增收 946 亿元。[③]2023 年 7 月，快手本地生活发布了“种草官扶持计划”，对探店达人进行内容激励，8 月又上线了“飞鸟计划”，激励新人团购带货，挖掘长尾流量。

（五）微短剧市场逐渐成熟，出海成为新方向

作为与短视频相伴而生的新内容形态，微短剧在 2023 年表现亮眼。艾媒咨询数据显示，2023 年中国微短剧市场规模达 373.9 亿元，同比上涨

① 快手本地生活 . 快手本地生活聚力生态大会［EB/OL］.（2024-03-21）. https://mp.weixin.qq.com/s/EVNF71iQ33iNQiHfvFZxRg.

② IT 之家 . 抖音：2023 年抖音生活服务平台总交易额增长 256%［EB/OL］.（2024-01-03）. https://roll.sohu.com/a/749157897_114760.

③ 抖音生活服务 . 发布丨 2023 抖音生活服务年度数据报告（完整版）［R/OL］.（2024-01-02）. https://mp.weixin.qq.com/s/vdzA6nooyiSdiLjozes5tA.

267.65%（见图 3）。[①] 2023 年市场共上线微短剧 1400 多部，连续两年同比增速超过 50%。[②] 其中，抖音、快手在 2022 年 10 月至 2023 年 8 月分别上新 455 部、214 部微短剧，在数量上超过长视频平台。在内容上，抖音推出的《心动不止一刻》累计播放量为 11.9 亿，《二十九》两季累计播放量达 12.7 亿，都市题材占比呈现绝对优势。快手“星芒短剧”重点规划微短剧发展，均匀布局青春励志、国韵古风、都市职场、家庭共情、时代旋律五大题材。[③] 依托短视频平台精准的用户画像，微短剧内容创作能够精准匹配用户喜好，再加上跌宕起伏的故事情节，微短剧在用户观看层面拥有极强的内容吸引力和较高的使用黏性。

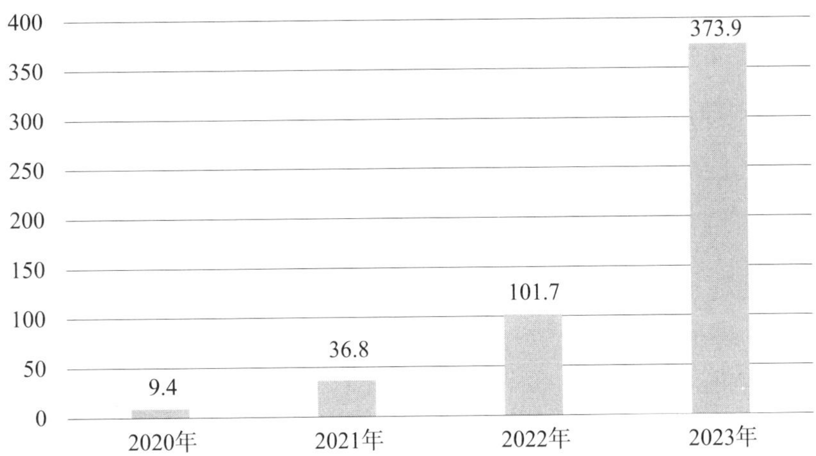

图 3　2020—2023 年中国微短剧市场规模（单位：亿元）

数据来源：艾媒咨询《2023—2024 年中国微短剧市场研究报告》。

在带来巨大商业价值的同时，微短剧也存在内容良莠不齐、运营模式乱象频出的问题。对此，国家广播电视总局自 2022 年以来持续开展网络

① 艾媒咨询 .2023—2024 年中国微短剧市场研究报告［R/OL］.（2023-11-22）. https://mp.weixin.qq.com/s/60rhhGxqBMjPnt1wTvZkIA.

② CMNC.2023 微短剧市场报告［R/OL］.（2024-01-16）. https://mp.weixin.qq.com/s/CETvRyQajyayw7otDGq7YQ.

③ 广电视界 .《2023 微短剧行业报告》丨十大关键词，洞见微短剧最新业态［R/OL］.（2023-12-15）. https://mp.weixin.qq.com/s/w1iuH2uD6Swz7aZx7oxSqg.

微短剧治理工作，2023年3月开始，国家广播电视总局督导抖音、快手、腾讯、B站、小红书、好看视频等平台累计对外发布公告40余期，清理低俗有害网络微短剧35万余集（条）、2055万余分钟；分级处置传播低俗有害网络微短剧的“小程序”429个、账号2988个，不断增强对内容风险的把控，净化行业生态。[①] 随着管理措施的日益完善，备受瞩目的微短剧行业正在告别无序扩张，向规范化发展。

在国内微短剧市场逐渐走向成熟的背景下，微短剧出海成为新的发展方向。依托TikTok、YouTube等平台的流量，微短剧在海外热度高涨。微短剧的内容生产重视本土化特征，融合了符合当地观众审美的吸血鬼、狼人、豪门等元素进行改造，备受海外观众喜爱。如星阅在TikTok上更新的狼人题材微短剧 *Alpha Nocturne's Contracted Mate* 以及NovelToon在YouTube和TikTok上更新的印尼本土化题材微短剧《逼婚少爷》等。快手已在海外平台Kwai搭建微短剧专区TeleKwai，并面向其最有优势的拉美市场推出了首个IP主题爆款微短剧计划《福尔摩斯》，帮助平台提升内容竞争力和海外覆盖效果。值得注意的是，2023年中文在线在海外推出的应用ReelShort在美国iOS下载量一度超过TikTok，对TikTok拓展海外市场形成一定冲击，未来以TikTok、Kwai为代表的出海短视频应用在海外微短剧市场的竞争表现值得期待。

二、2023年中国短视频市场发展存在的问题

（一）不良信息影响价值导向

摆拍制作虚假短视频、断章取义或篡改官方信息、煽动不良情绪等是当前短视频行业面临的重要问题。部分自媒体或个人为了追求流量和关注度，故意发布虚假信息或误导性信息，给大众的认知和判断造成干扰。还

① 央视网．广电总局：再次开展为期1个月的网络微短剧专项整治工作［EB/OL］.（2023-11-15）. https://news.cctv.com/2023/11/15/ARTItHt7qrv6kJzXVgcqzDca231115.shtml.

有一些短视频博主将曲解、调侃国家政策作为引流手段，如在房地产、股票等有关民生的信息上故意煽动大众情绪，错误引导公众舆论。还有一些短视频博主为“造热点”散布错误婚恋观，故意挑起性别对立，表面上是为维护女性权益，实则为吸粉引流。由于短视频平台的用户基数大、传播速度快，不良信息很容易在短时间内被迅速复制，不仅损害了用户的权益，也严重影响了短视频行业的良性发展，需要引起平台和监管部门的重视。

一些短视频还会故意在网络上传播错误价值观念博取认同，如打着“揭秘生活”“体验人生”的旗号，以豪宅、豪车、奢侈品等高昂消费为主题，传播炫富拜金、奢靡享乐等错误价值观。在过分追求物质享受的功利主义氛围下，公众会逐渐降低精神层面的追求，导致价值观的单一化和全社会道德水平的下降。同时，此类内容对于三观尚未成熟的青少年更容易产生负面影响，可能会引导青少年树立错误的消费观与价值观，如果长期接触这些短视频，青少年的深度思考能力和批判能力也会被影响，养成盲目跟风等不良恶习。2023 年春节期间，中央网信办启动“清朗·2023 年春节网络环境整治”专项行动[①]；2022—2023 年，国家网信办、国家广播电视总局等部门也相继出台了很多政策（见表 2），向营造有利于未成年人身心健康的网络环境迈出关键步伐。

表 2　2022—2023 年未成年人网络保护相关法律法规及政策文件部分整理

政策 / 规则 / 整治行动	制定主体	发布时间
《未成年人网络保护条例（征求意见稿）》	国家互联网信息办公室、司法部	2022-03-14
《关于进一步规范网络直播营利行为促进行业健康发展的意见》	国家互联网信息办公室、国家税务总局、国家市场监督管理总局	2022-03-25

① 人民日报. 中央网信办：严肃查处网络炫富等问题！[EB/OL].（2023-01-20）. https://mp.weixin.qq.com/s/XOiuBjUyrJLF5rGV8Ud0gg.

续表

政策 / 规则 / 整治行动	制定主体	发布时间
《关于加强网络视听节目平台游戏直播管理的通知》	国家广播电视总局网络视听节目管理司、中共中央宣传部出版局	2022-04-12
《关于规范网络直播打赏　加强未成年人保护的意见》	中央文明办、文化和旅游部、国家广播电视总局、国家互联网信息办公室	2022-05-07
《网络主播行为规范》	国家广播电视总局、文化和旅游部	2022-06-22
《文化和旅游部关于规范网络演出剧（节）目经营活动　推动行业健康有序发展的通知》	文化和旅游部	2023-01-16
《互联网广告管理办法》	国家市场监督管理总局	2023-02-25
《网络表演直播与短视频术语》	中国演出行业协会	2023-03-21
《未成年人网络保护条例》	国务院	2023-10-24

资料来源：根据公开资料整理。

（二）短视频消费的隐患与挑战

在短视频消费方面，一些网红主播不择手段进行恶意营销，获取不当利益。中国消费者协会于 2023 年 11 月 22 日发布的《2023 年“双 11”消费维权舆情分析报告》显示，在监测期间，有关“直播带货”的负面信息超过 150 万条，其中低俗带货问题突出，指出靠“审丑”发迹的主播正引发大众反感。[①] 由于短视频和直播行业门槛较低，不少主播刻意扮丑引流，借“反串”等名义打造低俗人设，为攫取更多经济利益无底线挑战公众审

① 中国消费者协会 .2023 年“双 11”消费维权舆情分析报告［R/OL］.（2023-11-22）. https://www.cca.cn/Detail?catalogId=475800865030213&contentType=article&contentId=521578513342533.

美。这些低俗行为严重扰乱了互联网生态秩序，也违背了直播带货的初衷，如果不加以干涉，不仅会让消费者的购物体验大打折扣，也会导致文化产业畸形发展，降低整个社会的审美水平。

在内容消费方面，2023 年 11 月，抖音平台开始测试付费短视频，探索新的盈利途径。这一模式虽然能够激发用户对高质量内容的付费意愿，为创作者提供一定的激励，但付费短视频也面临着一系列挑战和问题。首要的是如何确定合理的价格体系。在测试阶段，短视频付费用户无法获得对视频内容的长期观看权，且在购买后不能退款，这可能导致用户信任度的下降以及消费风险的增加。此外，如何保障付费内容的质量和更新频率，以维持用户的付费意愿，如何防止盗版和侵权行为，以保护创作者的权益，这些都是短视频平台探索付费模式需要解决的基本问题。

（三）AI 监管不力影响平台生态

一些短视频创作者还会利用技术手段伪造虚假内容，对社会稳定产生负面影响。澎湃新闻报道，2023 年 6 月上旬，浙江绍兴上虞警方在网上巡查时发现有网民发布关于上虞工业园区火灾的视频，短时间内视频浏览量迅速攀升，该账号下同类型的视频还涉及杭州、宁波等地，但经核查均为 AI 合成的不实信息。为了获取流量，该账号不断利用 AI 技术散布谣言，故意误导公众和制造恐慌。短视频内容极易误导用户对社会的正确认知，从而对其生活造成不良影响，这不仅损害了用户的权益，也严重影响了短视频行业的良性发展。

随着 AIGC 行业的发展，利用 AI 技术编造、拼接视频的门槛也随之降低，给一些不法分子带来可乘之机。部分短视频账号为博取更多关注，还违法使用他人肖像和声音进行人脸替换或人声合成，通过“换脸变声”生成虚假短视频，这不仅侵犯了他人的名誉权和肖像权，也给社会治安和经济秩序造成了严重不良影响。同时，平台出于自身商业价值的考虑，鼓励创作者使用能够迅速提高内容增长率的 AI 工具，却忽视了加大审核力度，造成对人工智能的监管缺位。AI 生成的内容虽然数量庞大，但往往缺乏深度和原创性，这些内容如果未经审核就在平台上传播，长期如此就会对平台生态造成不良的影响。因此，平台需要建立严格的审核机制，并积极与相关部门配合，大力打击不良信息的传播。

（四）市场饱和带来增长难题

在经历了数年的迅猛增长后，短视频用户规模增速放缓，从 2022 年的 6.4% 降至 2023 年的 2.4%，因此进入存量竞争阶段是短视频行业面临的现实问题。这意味着，各平台需要更加注重用户留存和活跃度，而不是简单地追求新用户的增加。为了吸引和留住用户，平台需要不断创新内容和形式、提高服务质量，以在激烈的市场竞争中脱颖而出。另外，商业化变现难题也是短视频行业需要面对的挑战。随着广告收入的逐渐饱和，短视频平台需要探索新的盈利模式。付费等新模式虽然为行业提供了新的发展方向，但其可行性和长期效益仍然存在不确定性。如何在保持用户体验的同时实现商业化变现，是短视频平台需要解决的重要问题。

三、短视频行业未来发展展望

（一）内容生态趋向专业化、精品化

随着短视频行业的日渐成熟和市场监管的不断完善，低俗化、同质化的粗制内容已无法满足用户的需求，市场对内容创新的要求越来越高。对此，各大短视频平台不断加大对优质原创内容的扶持力度，如通过现金奖励或流量补贴，激励创作者制作更多有创意、有价值、有趣、有温度且质量较高的短视频，从而在日益加剧的存量竞争中实现用户留存、增强用户黏性。从 2023 年短视频市场的发展变化来看，实用性强及知识类短视频不仅契合用户的生活需要，也能够满足平台向优质化转型的需求，表现出较大的发展潜力。

在内容精品化的过程中，主流媒体的作用也不容忽视。《2023 年短视

频用户价值调研报告》显示，2023 年短视频用户对主流媒体短视频的整体评价高于行业整体水平。从内容来看，主流媒体短视频的正能量、高品质和专业性获得了用户的肯定，短视频《"习近平与一带一路的故事"系列报道》入选国家广播电视总局 2023 年网络视听节目精品创作传播工程。[①] 用户对主流新闻短视频"事实陈述清晰""观点鲜明""现场感强"等特点较为看重，对"政策解读准确""易懂及具有深度性"等特点的关注度提升。在直播带货方面，60% 以上的用户认为主流媒体融媒主播直播带货比网络达人信誉度更高、货品更优质、讲解更清晰、专业化程度更高。同时，主流媒体直播带货积极服务乡村振兴，助力乡村文化传播，为视听内容注入温度。未来主流媒体将进一步促进短视频内容生态从泛娱乐化向专业化、精品化迈进，推动短视频行业实现高质量发展。

（二）商业生态趋向融合化、多元化

随着"短视频 + 电商"模式的增长见顶，抖音、快手等头部平台相继发力"短视频 + 本地生活"，探索新的增长可能。艾媒咨询预测，2025 年中国本地生活服务市场规模将超 2.5 万亿元。[②] 短视频的全民化特征为本地生活服务提供了庞大的用户基础，餐饮、旅游、美容等各种本地商家可以通过短视频平台这一新的营销渠道更好地宣传和推广自己的产品与服务，吸引更多潜在消费者，提高知名度。同时，短视频平台可以根据用户的兴趣和需求，通过算法技术为用户精准推荐个性化的本地生活服务信息，提高用户的消费体验和满意程度。可以预见，本地生活服务未来的市场增长空间依旧广阔，短视频平台将不断发挥双边网络效应，促进供给方与需求方之间的连接。

作为与短视频相伴而生的新内容形态，微短剧也表现出巨大的发展潜

① 国家广播电视总局 . 国家广播电视总局 2023 年网络视听节目精品创作传播工程入选作品［EB/OL］.（2024-01-26）. http://www.nrta.gov.cn/attach/0/230e8489cf6e435daa75a4491deb79ba.pdf.

② 艾媒咨询 .2023—2024 年中国本地生活服务行业市场监测报告［R/OL］.（2023-04-10）. https://mp.weixin.qq.com/s/T2QJfi-I1xwVLVW_mfLPyA.

力。微短剧以短小精悍、情节紧凑、出其不意为特点，而且制作周期短、灵活性强，可以根据用户需求的变化快速调整内容，从而更好地适应市场需求。随着国内外用户规模的不断扩大，微短剧的商业价值也开始显现。目前，已有多个美妆品牌、餐饮品牌、服装品牌、数码品牌等参与过微短剧品牌投放，“微短剧 + 电商”有望成为继“直播 + 电商”之后又一备受品牌青睐的内容电商新模式。2024 年 1 月 12 日，国家广播电视总局宣布开展“跟着微短剧去旅行”创作计划，提出 2024 年要创作播出 100 部“跟着微短剧去旅行”主题优秀微短剧，助力文旅产业发展。

（三）技术生态趋向智能化、合规化

2023 年，AIGC 的广泛应用为短视频创作增添了新动能。抖音、快手分别推出了“云雀”大模型、“快意”大模型，为用户提供具备文本生成、图像生成、3D 素材生成、音频生成、视频生成等多种功能的智能工具，不断简化短视频生产流程，降低创作门槛。同时，用户还可以利用剪映、必剪等软件的自动剪辑、自动配音、模板创作等实用性功能辅助内容生产，不仅能有效提高内容生产效率，也能提升短视频的视觉效果和表现力，帮助平台增强用户黏性。此外，字节跳动还为抖音推出专门的 AI 工作平台——“即创”，助力短视频电商和直播电商的智能化革新。未来，AIGC、大数据等新技术将为短视频平台提供更多可能性，持续提升短视频的生产效率和传播效果。

AIGC 的创新发展也给大视听监管带来了新挑战。一方面，虚假、错误的训练数据可能会带来许多不实信息，影响人们的判断力和价值观。另一方面，AIGC 也引发了一系列侵权问题，如“AI 孙燕姿”以及短视频平台上许多对影视作品的 AI 二创内容都涉嫌侵犯著作权，对社会造成不良影响。为了促进生成式人工智能的健康发展和规范应用，国家互联网信息办公室联合国家发展和改革委员会、教育部、科学技术部、工业和信息化部、公安部、国家广播电视总局发布的《生成式人工智能服务管理暂行办

法》，自2023年8月15日起施行。随着监管措施的不断完善和落实，可以预见，短视频行业的技术生态将会日渐趋于合规化，并朝着智能化方向有序发展。

（四）用户生态趋向细分化、国际化

短视频行业正经历着深刻的变革，在用户生态方面，细分化和国际化是两大显著趋势。2023年，短视频用户对生活服务、出行服务、综合电商、游戏娱乐等多元化需求持续高涨。在内容类型方面，传统文化、生活技巧、社会记录、生活记录和知识科普这五个部分成为短视频用户喜欢观看的内容类型（见图4）。随着用户需求的多样化和个性化，短视频平台需要不断细分内容类型，以满足不同用户群体的兴趣和需求。

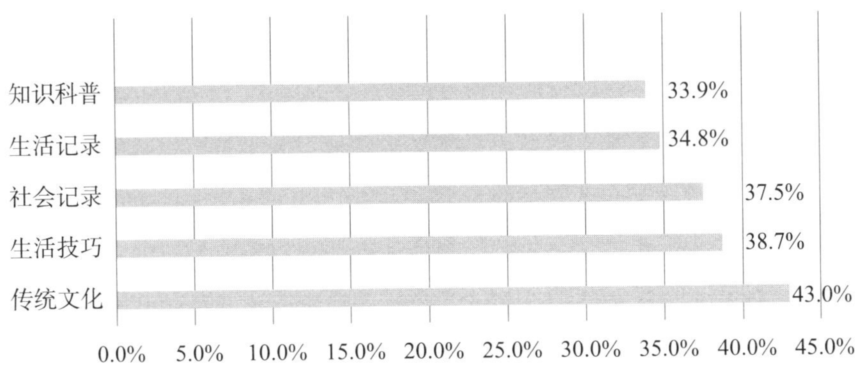

图4 用户喜欢观看的短视频内容类型占比

数据来源：中国广视索福瑞媒介研究。

与此同时，在全球化的背景下，用户对于外国的文化、风土人情和生活方式的兴趣日益浓厚。短视频平台通过引入国际化内容，为用户打开了一扇了解世界的窗口。平台也积极寻求跨国合作，与国外的创作者和机构共同打造优质内容，推动文化的交流与传播。为此，平台需要积极应对挑战，加强技术创新和内容监管，以更精准、更优质的内容满足用户需求，推动行业的健康发展。同时，平台也应抓住机遇，加强国际合作和交流，推动文化的多元融合，为用户带来更丰富、更精彩的视觉盛宴。

B.10
2023 年中国电视剧市场发展特征与趋势

吕涵潇　岳斯嘉 *

摘　要： 2023 年，中国电视剧行业响应时代号召，紧跟市场需求，持续深化供给侧结构性改革，创作生产步入理性和规范阶段，在受众端得到了广泛的好评。延续前两年减量提质的步伐，2023 年的剧集上线规模保持递减，高口碑、高收视的品质剧不断涌现，创作题材追求多元化，表达方式尊重现实、贴近年轻人口味，动画 CG 等科技手段赋予剧集新鲜质感，热播剧集助力文旅业创收。在发行方面，传统的“卫视主导”时代远去，头部视频平台主投主控的作品更容易成为“爆款”，台网合作趋向纵深发展，网络剧在网络视听文艺的主流地位进一步确立。总体来看，2023 年的国产剧创作坚持守正创新，呈现稳中向好的局面。

关键词： 电视剧市场；国产剧；网络剧；电视剧发展趋势

2023 年，中国电视剧市场佳作频出，一部部内容上乘、制作精良、点燃线上线下观众热情的剧集涌现。这一现象和全行业持续深化供给侧结构性改革、强调创作内容精品化的理念相关。国产剧市场在“提质增效”的

* 吕涵潇，中国传媒大学经济与管理学院传媒经济学硕士研究生，主要研究方向为传媒经济、智能融媒体经营与管理；岳斯嘉，中国传媒大学经济与管理学院传媒经济学博士研究生，主要研究方向为传媒经济。

口号中稳步前进，内容的创作、宣推面向全网，收获年轻受众群体，不断解锁新的内容爆点和商业模式，带给市场新的体验。

一、生产规范化：延续减量提质，深化供给侧结构性改革

在宏观经济影响和市场需求下，中国影视剧行业从野蛮生长步入理智化、规范化发展。根据国家广播电视总局数据统计，2023 年全国制作发行电视剧 156 部、4632 集[①]，与 2022 年 160 部获准发行的数据相比略有下降。灯塔专业版数据显示，2023 年全年剧集数量为 294 部，环比减少 10.6%，但播出情况不降反升，正片播放指数逆势增长 7.7%，减量提质成效得到体现。[②]

（一）政策引导，剧集供给良性发展

2023 年 8 月，国家广播电视总局发布《关于进一步规范电视剧、网络剧、网络电影规划备案和内容审查等有关事项的通知》，从科学规范做好拍摄制作备案公示工作、继续加强“注水剧”治理、加强视频网站首播剧的审查管理、坚决遏制“天价片酬”等四个方面对电视剧、网络剧、网络电影的规划备案和内容审查做出了明确规定和指示。新政策的发布推动了剧集市场供给侧结构性改革的不断深入，流量至上、天价片酬、作品注水等现象得到了有效治理和遏制，市场迎来健康有序的高质量发展格局，剧集制作进入提“质”也提“量”的阶段，提质增效的口号落在实地。

国家广播电视总局数据显示，2023 年 1 月至 12 月全国拍摄制作的电视剧备案公示剧目为 538 部、17535 集，相较 2022 年备案数增加 66 部，增长幅度达 13%，这是自 2018 年以来电视剧备案数的首次增长，稳定向

① 国家广播电视总局 . 2023 年全国广播电视行业统计公报［R/OL］.（2024-05-08）. https://www.nrta.gov.cn/art/2024/5/8/art_113_67383.html.

② 灯塔专业版 .2023 年度剧集市场报告（附下载）［R/OL］.（2023-12-29）. https://www.sohu.com/a/747976179_121833995.

好的市场表现给影视公司带来信心，助力行业发展欣欣向荣。

2023 年获得发行许可的国产网络剧共 196 部，比 2022 年 6—12 月的 89 部在平均量上实现了增长。除了量上的增长，国产网络剧在质上也有了明显提升。随着制作方在内容领域的持续洞察与不断深耕，网络剧市场佳作频出、内容丰富，其在网络视听文艺领域的重要地位进一步确立。新政策的发布，更是进一步推动了网络剧市场的供给侧结构性改革，网络剧创作生产精品意识不断增强。

（二）精品剧集赢得口碑

2023 年，精品剧集表现突出，《问苍茫》《鲲鹏击浪》《大道薪火》《欢迎来到麦乐村》等重大题材作品厚重真挚，《狂飙》《三体》《繁花》等精品力作热播荧屏，取得收视口碑双丰收。CSM（中国广视索福瑞媒介研究）收视率统计显示，每周收视率最高的剧集几乎均破 2%。美兰德视频大数据提及，2023 年上半年长视频平台上线的国产剧平均美誉度同比提升 2.75 个百分点。[①] 在观众评价方面，头部剧集在 2023 年表现更加出色，相比 2021 年的 9 部、2022 年的 14 部，2023 年豆瓣网评分 8 分以上的国产剧（含网络剧）高达 23 部（见表 1），涵盖的题材类型包括悬疑、科幻、古装、都市等 19 种。爱奇艺出品的《狂飙》豆瓣网打分人数超过 80 万，刷新 2022 年《开端》和《梦华录》创下的纪录。

表 1　2023 年豆瓣网评分超过 8 分的国产剧

排名	剧集名称	题材类型	豆瓣评分
1	《漫长的季节》	剧情、悬疑、家庭	9.4
2	《三体》	科幻、剧情	8.7
3	《去有风的地方》	爱情、剧情	8.7
4	《破事精英》第二季	喜剧、剧情	8.6

① 网娱观察编辑部．广电总局发布《2023 中国剧集发展报告》[EB/OL]．(2023-10-30)．https://36kr.com/p/2496840813614976.

续表

排名	剧集名称	题材类型	豆瓣评分
5	《曾少年之小时候》	爱情、家庭、剧情	8.6
6	《狂飙》	警匪、刑侦、犯罪	8.5
7	《莲花楼》	武侠、古装	8.5
8	《繁城之下》	剧情、悬疑	8.5
9	《我有一个朋友》	古装、喜剧	8.5
10	《少年歌行》	武侠、古装	8.3
11	《问心》	都市、医疗	8.3
12	《父辈的荣耀》	家庭、剧情	8.3
13	《那些回不去的年少时光》	爱情、剧情	8.3
14	《鹊刀门传奇》	喜剧、武侠、古装	8.2
15	《爱情而已》	爱情、剧情	8.2
16	《特工任务》	都市、谍战	8.2
17	《异人之下》	奇幻、剧情	8.1
18	《尘封十三载》	犯罪、悬疑、刑侦	8.1
19	《故乡，别来无恙》	都市、剧情	8.1
20	《装腔启示录》	爱情、都市、剧情	8.1
21	《九义人》	古装、悬疑	8.0
22	《追光的日子》	校园、青春、励志	8.0
23	《似火流年》	青春、年代	8.0

数据来源：灯塔专业版。

二、台网融合趋势化：剧集发行迎来“平台主导”，台网联动共建新生态

国家广播电视总局发布的《2023 中国剧集发展报告》指出，当前剧集

生产发行模式正从“卫视主导”转向“平台主导”。小屏发家的视频平台在互联网时代逐渐树立了内容优势，传统电视渠道对观众的吸引力不如以前。2023 年台网两端在内容、技术上的合作更加紧密，在台网融合的背景下，将进一步满足各类观众多元化的观剧需求。

（一）卫视影响力减弱，电视大屏生态焕新生

对于传统广电来说，广告收入的下滑制约其购买优秀剧目的能力，电视台的首播剧正在减少。美兰德视频大数据显示，2023 年上半年，总台央视 27 部热播电视剧和湖南卫视 8 部热播电视剧均为独播[①]，但浙江卫视、江苏卫视、东方卫视、北京卫视等大多采用联播模式。对二、三线卫视而言，二轮剧、多轮剧在卫视黄金档播出渐成常态。灯塔专业版发布的《2023 年度剧集市场报告》显示，台播剧头部收视率呈下滑趋势，青年女性用户为台播剧主要受众，35 岁以上的成熟用户更倾向于看电视。[②]

尽管卫视频道面临不小的挑战，但电视大屏仍然拥有可观的市场，4K 超高清、超大屏的智能电视越来越多地出现在家庭中，互联网用户回归客厅，在内容的驱动下，电视机触网渗透率不断提高。QuestMobile 数据显示，2023 年 8 月，全国范围内通过智能网联并活跃使用的电视终端设备量达到 2.9 亿台。电视和互联网的融合推动 OTT 产业链的完善：传统电视台和网络视频平台产出内容，基于牌照方链接至电视终端，以 OTT 应用为载体，实现内容到大屏用户的触达，OTT 应用日均活跃稳定在 4000 万台以上。[③]

但智能电视市场的快速发展也催生了许多问题，电视开机难、免费难以及“套娃”收费等问题长期困扰着电视大屏的发展。为了优化电视大屏

① 美兰德视频大数据 .2023 上半年剧集市场“五强 + 黑马”态势凸显，精品化内卷引领新高度［EB/OL］.（2023-07-12）. https://lmtw.com/mzw/content/detail/id/226288/keyword_id/618.

② 灯塔专业版 . 2023 年度剧集市场报告（附下载）［R/OL］.（2023-12-29）. https://www.sohu.com/a/747976179_121833995.

③ QuestMobile.2023OTT 行业研究报告：双轮驱动催热大屏，多合一产业链成型［EB/OL］.（2023-10-11）. https://www.tvoao.com/a/216202.aspx.

生态，国家广播电视总局自 2023 年 8 月推进“双治理”工作，以“开机看直播、收费包压减 50%、提升消费透明度”为目标。截至 2023 年底，电视“套娃”收费和操作复杂现象得到显著改善，有线电视和 IPTV 开机广告全面取消，开机时长从治理前的最多 118 秒减少到不超过 35 秒，有线电视、IPTV 和互联网电视都加强了优质免费内容供给，让观众看电视回归简单方式。①

（二）视频平台自制内容占据主流，网络剧反向输出卫视

随着经验的积累，视频平台自制内容越发得心应手，平台主控出品的剧集活跃在台网两端，热播剧《狂飙》《他是谁》《我们的日子》等背后都有“爱优腾”的身影，并且都获得了不俗的口碑和收视率，意味着 2023 年台网联动进入生态共建期，台网边界不断消融。从开年首部爆款科幻剧、开启“科幻元年”的《三体》，打破豆瓣网近 5 年来国产剧最高分纪录的《漫长的季节》，到暑期档掀起追剧狂潮的《长相思》第一季、《梦中的那片海》、《玉骨遥》，再到下半年聚焦社会议题引发广泛讨论的《好事成双》《问心》《故乡，别来无恙》等，腾讯视频逐步构建起包括科幻、悬疑、古装、都市题材在内的比较全面的内容生态体系。

优质精品的网络剧除了在视频平台热播，还反向输出到上星卫视，成为台网合作的又一趋势，这一点在 2023 年剧集市场上的表现尤为明显。2023 年 4 月，《风起洛阳》在北京卫视黄金档播出，开启网络剧从小屏走向大屏的新模式；7 月，《不完美受害人》在爱奇艺、北京卫视、东方卫视同步首播，成为在卫视采用网台同步播出的首部网络剧；《莲花楼》于 2023 年 7 月 23 日在爱奇艺独播，并于 8 月 6 日在 CCTV-8 电视剧频道播出。网络剧反向输出到卫视播出，意味着剧集市场生产发行关系正发生深刻变化，剧集生产发行的“平台主导”时代正在到来。

① 新华社．有线电视开机广告，全面取消！［EB/OL］．（2024-01-24）．https://www.nrta.gov.cn/art/2024/1/24/art_3731_66664.html.

三、类型题材多元化：主流题材质量提升，细分垂类剧集颇受追捧

多元化的类型题材是近几年国产剧差异化竞争的结果，从大热的现实主义题材到受众广泛的都市、爱情、古装等题材，抑或是从某一领域的职场剧到吊足人胃口的悬疑巨制，2023 年的电视剧市场可谓百花齐放。延续往年的趋势，市场在竞争激烈的主流赛道加大投入，确保剧集精品化；在类型融合和题材探索方面不断创新，不断满足观众的新鲜感。在互联网时代粉丝效应的作用下，优质剧集积累大批忠实粉丝，收获现象级热度。

（一）深耕现实主义题材，散发都市"生活气"

在 2023 年以电视剧为代表的文艺创作中，现实主义精神持续深化。在政策引导和市场需求下，电视剧行业紧跟时代潮流，用现实主义精神和浪漫主义情怀反映人民关切、讴歌奋斗人生。总台积极打造"大剧看总台"的品牌，成为主旋律剧集播出的代表平台。在 2023 年央视电视剧收视排名中（见表 2），年度收视冠军《此心安处是吾乡》以基层干部为切口，聚焦百姓大小事，再现基层社会治理的艰辛，精确捕捉"以民为本"的时代主题；《珠江人家》《人生之路》作为年代剧的代表，成功刻画了在时代中沉浮并努力奋斗的年轻人，以蓬勃的朝气鼓舞当下；《破晓东方》《潜行者》等聚焦不同革命历史时期的剧集重现父辈的艰难困苦，奏响波澜壮阔的革命乐章。重大主题电视剧创作强调守正创新，兼顾历史真实与艺术真实。

表 2　2023 年央视黄金时段收官电视剧全剧平均收视率 TOP10

排名	剧名	类型题材	集数	全剧每集平均（综合）收视率	收视平台	收视周期
1	《此心安处是吾乡》	现实政法剧	32 集	2.617%	CCTV-1	2023 年第四季度

续表

排名	剧名	类型题材	集数	全剧每集平均（综合）收视率	收视平台	收视周期
2	《珠江人家》	家庭年代剧	35 集	2.503%	CCTV-1	2023 年第四季度
3	《狂飙》	扫黑刑侦剧	39 集	2.501%	CCTV-8	2023 年第一季度
4	《画眉》	年代谍战剧	38 集	2.258%	CCTV-8	2023 年第四季度
5	《我们的日子》	家庭年代剧	38 集	2.215%	CCTV-1	2023 年第一季度
6	《人生之路》	年代情感剧	37 集	2.162%	CCTV-1	2023 年第二季度
7	《无所畏惧》	律政职场剧	40 集	1.925%	CCTV-8	2023 年第四季度
8	《向风而行》	都市情感剧	39 集	1.887%	CCTV-8	2023 年第一季度
9	《潜行者》	年代谍战剧	37 集	1.646%	CCTV-8	2023 年第三季度
10	《破晓东方》	革命历史剧	37 集	1.625%	CCTV-1	2023 年第一季度

数据来源：根据中国视听大数据整理而成，相关指标为统计周期内有关剧目每集收视指标均值。

都市职场剧是剧集市场的主流类型，贴近现实的创作手法则是剧集获得成功的关键，不浮于表面、富有“烟火气”的剧情呈现更能走进年轻观众内心。讲述各行各业故事的职场剧成为 2023 年的一股清流，《爱情而已》《向风而行》《问心》等剧既体现人文关怀，也抒写积极向上精神，被视为行业剧的范本。在省级卫视的电视剧榜单中（见表 3），节奏紧凑的谍战悬疑剧集（《无间》《不完美受害人》）和讲述家长里短的都市情感剧集（《繁华似锦》《归路》）更能激起观众兴趣，符合卫视频道以青年女性为主的用户画像。都市偶像剧虽然凭借类型元素取得了不错的收视，但在口碑方面时常出现争议。

表 3　2023 年省级卫视黄金时段收官电视剧全剧平均收视率 TOP10

排名	剧名	类型题材	集数	全剧每集平均（综合）收视率	收视平台	收视周期
1	《狂飙》	扫黑刑侦剧	39 集	2.182%	东方卫视、北京卫视、广东卫视	2023 年第一季度
2	《无间》	近代谍战剧	40 集	1.782%	东方卫视、江苏卫视	2023 年第二季度
3	《不完美受害人》	犯罪悬疑剧	29 集	1.247%	东方卫视、北京卫视	2023 年第三季度
4	《梅花红桃》	近代谍战剧	32 集	1.123%	东方卫视、北京卫视	2023 年第四季度
5	《繁华似锦》	都市情感剧	38 集	0.669%	东方卫视	2023 年第三季度
6	《归路》	都市情感剧	30 集	0.575%	湖南卫视	2023 年第二季度
7	《薄冰》	近代谍战剧	41 集	0.569%	湖南卫视	2023 年第二季度
8	《我的人间烟火》	都市情感剧	44 集	0.567%	湖南卫视	2023 年第三季度
9	《龙城》	家庭情感剧	36 集	0.559%	东方卫视	2023 年第二季度

续表

排名	剧名	类型题材	集数	全剧每集平均（综合）收视率	收视平台	收视周期
10	《打开生活的正确方式》	都市情感剧	40 集	0.535%	东方卫视	2023 年第一季度

数据来源：根据中国视听大数据整理而成，相关指标为统计周期内有关剧目在所有播出平台每集收视指标均值之和。

（二）聚焦古装剧赛道竞争，细分类型精品频出

2023 年的网络剧市场创作生产呈高质量、多样化发展，古装剧规模占比较大，涌现了一批内容多样、制作精良的作品。古装悬疑剧《莲花楼》《显微镜下的大明之丝绢案》、古装爱情剧《云之羽》《长风渡》《宁安如梦》、古装神话剧《长相思》第一季、青春偶像剧《偷偷藏不住》《听说你喜欢我》、奇幻剧《玉骨遥》《长月烬明》、现代悬疑剧《尘封十三载》《消失的十一层》《漫长的季节》、都市医疗剧《问心》、田园治愈剧《去有风的地方》等佳作频出。由此可见，网络剧市场进一步突破了创作同质化的窠臼，呈现出现象级爆款剧多样化发展的乐观态势。

德塔文数据显示，2023 年第三季度共有 4 部剧季度平均景气破 2，分别为《长相思》第一季、《莲花楼》、《好事成双》和《玉骨遥》，头部市场由古装剧包揽大半。[①] 通过对 2023 年古装剧的创作背景进行梳理，发现入选 2023 年网络首播剧周播映指数 TOP10（见表 4）的《莲花楼》、《长相思》第一季、《宁安如梦》等均由网络文学作品改编而成，可见，网络文学 IP 持续发力，为网络剧提供源源不断的故事创意。随着科技水平的不

① 德塔文影视观察 . Q3 季报丨《长相思》《莲花楼》《好事成双》《玉骨遥》破 2，暑期档古装剧霸屏［EB/OL］.（2023-10-11）. https://www.163.com/dy/article/IGQ7GNO90517D4E0.html.

断发展，网络剧的特效水平和制作水平也不断精良化，收视口碑、艺术质感、内容表达等各个层面都在持续提升，满足了观众的视听需求和审美取向。奇幻爱情剧《玉骨遥》通过实景拍摄与后期特效相结合的呈现手法，为观众构建出了一个既真实又壮美的云荒世界，彰显出东方美学色彩；奇幻仙侠剧《长月烬明》更是在后期特效技术的加持下，让整部剧的质感都上了一个台阶，网络剧的精品化趋势日渐明晰。

表 4　2023 年网络首播剧周播映指数 TOP10

排名	剧名	类型题材	最高播映指数（周）	播出平台	是否具有电视剧发行许可证
1	《长相思》第一季	古装神话剧	89.5	腾讯视频	否
2	《莲花楼》	古装悬疑剧	88	爱奇艺	是
3	《云之羽》	古装爱情剧	87.6	爱奇艺	否
4	《玉骨遥》	奇幻爱情剧	86.8	腾讯视频	否
5	《浮图缘》	古装冒险剧	86.7	爱奇艺	否
6	《一念关山》	古装传奇剧	85.8	爱奇艺	否
7	《安乐传》	古装爱情剧	84.1	优酷	否
8	《长风渡》	古装爱情剧	84	爱奇艺	否
9	《宁安如梦》	古装爱情剧	83.7	爱奇艺	否
10	《长月烬明》	奇幻仙侠剧	83.1	优酷	否

数据来源：艺恩数据，最高播映指数为 2023 年该剧的每周播映指数峰值。

（三）创新小众垂类剧集，满足各年龄段人群多元需求

2023 年，电视剧市场上涌现出更多类型元素叠加的复合类剧集，现代、古装、行业、偶像等热门题材具有广泛的受众基础，且行业内具有丰富的制作经验。同时，影视公司在具体故事开发时注重创新，以新鲜感激发观众热情。电视剧《狂飙》就是现象级的成功案例，作为一部刑侦剧，该剧将扫黑除恶作为主线，为观众呈现出一幅横跨 20 多年的年代画卷，

通过群像叙事，展现出黑白较量的张力和复杂的人性，一经播出便霸榜热搜。由张颂文饰演的高启强在微博2023年热度最高的影视角色排行榜上断层第一，收官时主话题#狂飙#在抖音短视频平台揽下294亿次播放。《狂飙》的爆火证明了剧集创作时的人物塑造、情节设置、故事内核，以及剧集播出时的话题营销缺一不可。

科幻剧作为小众类型剧集在2023年交出了一份不错的答卷。改编自刘慈欣同名原著的《三体》开启了中国电视剧的“科幻元年”。在技术上，真人动作捕捉、面部扫描技术、CG（计算机生成图形）动画制作被大量采用，“艺术+技术”的效果凸显着中国影视工业化的进步，对科幻类型创作起到模范作用。和体现都市生活的职场剧不同，《去有风的地方》反其道而行之，将网络种田文的慢节奏叙事和乡村振兴主题相结合，通过展现大理秀丽风景以及描写许红豆、谢之遥等人之间简单温馨的生活故事，向观众传递治愈与温暖，满足了当代人的情感诉求。电视剧《欢颜》创新性地融合公路片和革命年代剧，由董子健饰演的年轻人徐天，秉承着父辈的信仰和嘱托，运送支援革命的物资，一波三折的旅途意味着冒险和刺激，更象征着对信仰的追寻。随着网络文学的进一步开发，以及各年龄段流行事物的变迁，创新复合类剧集依旧是市场潜在的增长点。

四、新增量出现：微短剧步入高速发展，为行业注入新活力

2023年是微短剧的高速发展期。《中国网络视听发展研究报告（2024）》显示，2023年，在国家广播电视总局“重点网络影视剧信息备案系统”中通过登记并进行上线备案的微短剧共557部、12630集；2023年全年共上线重点网络微短剧384部，较2022年（172部）增加一倍多。①

① 中国青年报.《中国网络视听发展研究报告（2024）》发布 网络视听用户10.74亿人 短视频人均单日使用151分钟［EB/OL］.（2024-03-28）. https://news.youth.cn/gn/202403/t20240328_15160419.htm.

艾媒咨询数据显示，2023 年中国网络微短剧市场规模为 373.9 亿元，同比增长 267.65%。[①] 剧情紧凑、高潮迭起、时长合理的微短剧很好地迎合了互联网时代的传播特征，满足了差异化、个性化的用户需求。总结来看，2023 年的微短剧市场主要呈现以下三个特征。

（一）监管政策不断完善，微短剧发展逐步规范化

过去几年，我国微短剧数量增长迅速，但内容质量良莠不齐，行业乱象层出不穷，低俗、擦边、猎奇等内容对微短剧市场的健康发展产生了巨大影响。2023 年 4 月 15 日，快手发布《快手关于微短剧类小程序内容 / 质量规范治理公告》，宣布对小程序微短剧采取监管措施。11 月 15 日，中国网络视听节目服务协会刊文称，国家广播电视总局将不断完善常态化管理机制，从七方面对网络微短剧加大管理力度、细化管理举措，包括加快制定《网络微短剧创作生产与内容审核细则》，建立小程序“黑名单”机制，开展为期 1 个月的专项整治工作等。[②]11 月 16 日，抖音发布关于打击违规微短剧的公告，下架违规微短剧并处置违规推广微短剧的账号。11 月 17 日，微信发布《关于进一步加强微短剧内容治理的公告》。

监管政策的不断完善，推动微短剧发展逐渐迈入正轨。例如，拥有众多网络文学 IP 的阅文集团在 2023 年发布“短剧星河孵化计划”，为国内微短剧市场注入新的活力；芒果 TV 与抖音联合发布“精品短剧扶持计划”，以期构建更加完整、全面的内容生态；2023 年 12 月 21 日，新华社、央视频、东方卫视等超 20 家媒体机构与抖音达成合作意向。可见，我国微短剧市场迈入质与量同步发展的新阶段，治理也逐渐实现规范化。

（二）制作精良，商业化探索逐渐多元化

2023 年，微短剧向着精品化方向发展。芒果 TV 于 2023 年 7 月上线

① 艾媒咨询．2023—2024 年中国微短剧市场研究报告［R/OL］．（2023-11-22）．https://www.iimedia.cn/c400/97005.html.

② 法治日报．2023 年，监管风暴席卷短视频行业［EB/OL］．（2023-12-31）．https://news.cctv.com/2023/12/31/ARTImcTfT8PU1TQmnKLl8MYo231231.shtml.

的古装剧《风月变》，播出不到一个月就拿下了破6亿的平台播放量，并登陆湖南卫视成为全国首部上星播出的微短剧。《逃出大英博物馆》以文物归家为主题，通过拟人化的创作手法，在各大社交平台和短视频平台刷屏霸榜，引发网友热议，央视网、人民网等主流媒体纷纷为其点赞。《完蛋！我被美女包围了！》更是开辟了“微短剧＋游戏”的新赛道，“微短剧＋”成为内容创作的新趋势。AI等新技术的运用也助力微短剧的制作水平迈上一个新台阶。

随着微短剧作品质量不断提升，其商业化探索也逐渐多元化。除了传统的分账模式，广告植入、用户付费、品牌定制等多元盈利模式，进一步推动了微短剧市场的迅速扩张。德塔文数据显示，2023年，腾讯视频上新微短剧176部，优酷上新微短剧189部，芒果TV上新微短剧66部，爱奇艺上新微短剧12部。2023年的有代表性爆款微短剧《招惹》，以超2000万元的分账票房创下微短剧分账纪录。

（三）扬帆出海，“走出去”步伐逐渐国际化

在制作逐渐精良、商业化模式逐渐成熟的情况下，微短剧成功走出国门，成为讲好中国故事的重要窗口。除了“爱优腾”的国际版App及其各自的YouTube、TikTok账号上有专供微短剧的频道，还涌现出了一批由网络文学平台推出的如ReelShort、FlexTV等独立微短剧App。虽然ReelShort等独立App的发展势头很好，部分微短剧也有较好的流量和市场回报，但微短剧出海整体还处于培育阶段，其商业模式主要集中于流量分账和C端付费。[①]

五、营销破圈化：围绕会员打造专属运营，利用社交媒体联动其他产业

一部影视剧从剧情讨论到角色人物广为人知，再到成为某一热点话题

① 华策影视．广电总局：2023中国剧集发展五大态势［EB/OL］．（2023-10-27）．https://new.qq.com/rain/a/20231027A07M2100.

或者文化现象，离不开影视公司、视频平台、营销号、观众等各方面的助推。2023 年，视频平台针对会员的存量竞争越发激烈，纷纷依托优质剧集完善会员运营，拉动单个会员收入的增长。同时，随着长短视频的合作渐入佳境，电视剧市场的营销更加依赖以短视频为代表的社交媒体。

（一）视频平台升级会员视听权益，完善会员福利体系

观众对内容的消费不仅体现在满足观看这一需求上，而且在线上和线下有着更加多元丰富的需求。2023 年，视频平台纷纷实践视听权益的创新升级，在内容交互上给予观众更多的选择。悬疑恐怖剧《西出玉门》在播出时，腾讯视频为会员提供了专属的“胆小模式”，出现恐怖画面前会有高能倒数预警，自动开启黄沙特效和满屏弹幕护体；遇到阴暗的背景时会自动调高亮度达到“开灯”效果；如果有配合恐怖镜头的音效，还会自动降低手机音量。对于一些偶像剧视频，平台则推出了“嗑糖模式”“荷尔蒙模式”。从早期的弹幕、会员免广告，再到如今的“好友一起看”功能、超高清 4K、杜比视界与音效、下载特权等，视频平台逐步将会员权益延伸到整个观看过程，试图通过优化体验维持会员满意度，增加用户黏性。

在观看之外，版权方还积极和其他产业合作，刺激电视剧粉丝产生附加消费，这一传统的 IP 联动也成为视频平台会员运营的突破点。《繁花》作为 2023 年末腾讯视频的热门剧作，其精美的镜头语言和对老上海的还原俘获了大批观众的心。腾讯视频顺势在上海思南公馆附近以《繁花》为主题打造会员线下开放日，加深与会员剧粉之间的联系。2023 年，许多视频平台通过更新会员体系促进头部爆款剧集的会员转换率，爱奇艺剧集《莲花楼》推出会员可使用 360 积分兑换“加更礼”活动，腾讯视频的《长相思》第一季也采用了类似的积分兑换权益模式。这一方式可以视为以往“超前点播”的优化，以争议较少的方式刺激优质内容的商业转化。

（二）剧集的短视频传播蔚然成风，赋能文旅创新收入

2023 年，短视频平台创作环境走向规范化，爱奇艺与抖音对二创视频

创作方式、发布规则、导流设置等都设置了参考性的范例。长视频为创作者提供广大素材的同时也获得了可观的流量入口，短视频碎片化、鬼畜式的传播容易给剧集带来巨大的热度，如《狂飙》在短视频的火爆程度就有“整个抖音都是高家的”戏称。而对于品质不过关的剧集来说，短视频的吐槽文化则会招来许多“黑流量”，产生负面的传播效果。

短视频的社交属性能够很好地将文化和旅游结合起来，热门剧集作为用户的文化消费形式，很容易成为互联网热点话题，从而推动某一事物或地点的流行。优质剧集的成功不单单体现在收视、口碑两个维度，其背后附带的文化内涵有时候能创造更多的经济效益，2023 年的诸多热播剧集赋能文旅，“一部剧带火一座城”的现象比比皆是。《狂飙》取景地位于广东省江门市，慕名前往打卡“猪脚面”的游客带动江门市 2023 年全年收入突破 250 亿元，同比增长 164%[①]；《去有风的地方》以田园治愈的“慢生活”主题抚平都市观众焦躁的内心，是大理民宿、古镇的优秀广告招牌，为云南旅游注入新动能；此外，《人生之路》里的陕西省清涧县、《三体》里的雷达峰也都成功将部分剧迷转化为游客。由此可见，优秀剧集的文化内涵可以挖掘出更多消费潜能，创作者在现实的物理空间中注入文化元素，有助于实现社会空间的再生产。

六、电视剧市场发展启示意义

2023 年的电视剧市场在“提质增效”的口号中稳步前进，题材多样、佳作频出，但在突破流量瓶颈、创新商业变现能力方面仍有进步空间。结合对 2023 年电视剧市场特点的分析，对未来电视剧市场增量探索提出以下几点建议。

（一）深耕内容创作，推动题材多样化发展

2023 年的电视剧市场精彩纷呈，很多类型的剧目都有亮眼表现，不断

① 中国发展改革．站上四千亿台阶，江门如何再“狂飙”？［EB/OL］.（2024-03-15）. https://mp.weixin.qq.com/s/KbDkmaoLkvgENSuLZVauuA.

刷新各平台公布的热度指数，收获口碑和商业价值的双赢，但在内容和题材上仍然存在短板。过去三年市场呈现产能收缩、产出精品化的趋势。从库存来看，2023 年电视剧市场仍在持续消化疫情期间的积压作品，随着剧集上新速度的减缓，有效播放量继续保持现状。未来电视剧市场需要延续轻量化、精品化的道路，注重头部优质内容的产生。

从需求侧来看，剧集渗透率接近饱和，常见题材受众基本固定，如网络剧中的古装题材、现代剧里的偶像爱情元素，不会有更多观众将更多的时间花在追剧上面，而类似于《狂飙》这样普适性高、受众更为广泛的剧集则是凤毛麟角。因此，未来在题材挖掘方面仍然需要不断创新，通过复合类型寻求圈层突破，同时在热门题材的创作中完善剧集评价体系、优化资源配置。

（二）鼓励出海，实现对外传播的精准化

2023 年，我国内容出海的形式不断丰富，出海体量持续上涨。随着中国流媒体的海外影响力提升，国产剧出海的题材类型逐渐多元化，从古装武侠、甜宠、奇幻、悬疑等热门题材到反映中国普通人生活的现实题材作品。尽管在落地播出上取得了一定实绩，但在未来的出海过程中，更应当注重方式方法，重视海外用户在平台选择、内容偏好方面与国内用户的差异。只有深入洞察海外市场，了解当地风土人情和当地民众的偏好习惯，寻找文化之间的共通性，因地制宜地调整和改变出海策略，才能更好地做到本土化与国际化的结合。在做好内容出海的同时也要做好平台出海，爱奇艺、腾讯视频、优酷、芒果 TV 等平台已纷纷自建国际版平台，并在海外设立办事处进行本土化运营，逐步完成从“借船出海”到“造船出海”的转变。拥有更多世界级的平台，用平台搭载内容，才能更好地让内容“走出去”。只有双管齐下，才能做到有效出海，实现对外传播的精准化和落地化。

（三）增强与用户的互动，为商业化运营拓展空间

2023 年剧集的会员有效播放增速较为显著，意味着精品化战略得到

了较好的商业转化，但在宏观经济环境的影响下，剧集市场的广告收入增幅下降。因此，平台和剧方可以围绕精品内容丰富观众交互参与途径，线上线下共同布局，联动其他产业链，拓展粉丝见面会、演唱会、周边售卖等形式，打造专属的粉丝向运营，创新商业变现路径。增强和用户的互动不仅有利于增加平台的活跃用户、提升平台的广告价值，同时也可以提升用户的支付意愿和对衍生品的消费意愿，开辟多元收入渠道。对于制作精良、口碑和热度兼具的剧集，平台和剧方需要抓住互联网传播的优势加以营销，通过积极和地方文旅合作推出电视剧专属旅游路线，或者联合品牌方进行直播带货等方式，刺激观众或者路人的消费热情。

B.11
2023 年中国综艺市场特征与题材创新研究

张瀚文　刘萍*

摘　要： 2023 年，中国综艺市场呈现出多元化、创新化发展的态势，稳中有进、进中有新。“综 N 代”依旧霸榜、芒果 TV 优势显著、圈层爆款频出、剧综联动、AI 创新入局、微综艺趋势显现等亮点成为综艺市场发展的关键词；2023 年的中国综艺市场在文化类综艺、社交类综艺、音乐类综艺、体育竞技类综艺与治愈慢综艺等方面展现出题材的创新；题材融合、降本增效和 IP 孵化成为值得关注和借鉴的发展新趋向。基于此，本文重点对 2023 年中国综艺市场表现进行盘点与梳理，并对未来做出展望。

关键词： 综 N 代；剧综联动；AI 导演；微综艺；降本增效

综观 2023 年中国综艺市场的整体表现，可以说是稳中有升，继续显示了综艺市场强大的生命力和广阔的发展前景。在内容方面，涵盖了文化类、社交类、音乐类、体育竞技类和治愈慢综艺等多种题材，满足了不同观众的需求。头部“综 N 代”凭借强大的品牌效应占据了大部分市场份额，稳住了综艺市场的基本盘。一些影视剧的衍生综艺节目利用影视剧的

* 张瀚文，中国传媒大学传媒经济学硕士研究生，主要研究方向为智能融媒体经营与管理；刘萍，中国传媒大学传媒经济学硕士研究生，主要研究方向为传媒经济、智能融媒体经营与管理。

热度和影响力，成功打破圈层边界，成为综艺市场的新亮点。此外，AI 和微综艺的入局也为综艺市场带来了新的增长点。

一、2023 年中国综艺市场特征

（一）“综 N 代”依旧霸榜，新综艺以好口碑直追而上

在综艺节目市场，卫视频道和视频平台陆续孵化出了代表性的头部“综 N 代”节目，凭借积累的观众基础和成熟的节目制作模式，“综 N 代”成为综艺市场的中流砥柱。据统计，在 2023 年网络综艺播映指数 TOP10 榜单中（见表 1），有 8 部综艺属于老牌综艺节目，芒果 TV《大侦探》步入第八季，腾讯视频《五十公里桃花坞》推出第三季，爱奇艺《萌探探探案》迎来第三季，优酷《这！就是街舞》行进到第六季。在延续经典内核的同时，这些老牌综艺节目主动求变，实时匹配年轻人的语境，把握时代脉搏，将全新的时代内核注入节目内容，打造常青常新的综艺 IP。随着头部“综 N 代”地位日益坚挺，随之形成的赛道壁垒也日渐坚固，老牌综艺节目在不同内容赛道上独占鳌头，吸引了众多品牌方合作，体现出极强的商业价值。

与此同时，新综艺节目也在迅速崛起，通过差异化定位和独特创意赢得观众的青睐，迅速积累良好的口碑，逐渐缩小与老牌综艺节目的差距。进入 2023 年网络综艺播映指数 TOP10 榜单的还有《种地吧》和《舞台 2023》。以爱奇艺出品的劳作纪实互动真人秀《种地吧》为例，该节目通过记录 10 个年轻人长达半年的种地生活，向当下远离土地劳作的年轻人科普农耕与现代化农业生产知识，引导观众了解农业、亲近土地，关注粮食安全等民生问题，并通过打破原有的制播形式，创新性地采用“长视频 + 短视频 + 沉浸式直播 + 直播带货”的新思路，实现了热度与口碑的双丰收，豆瓣网评分高达 9.0 分，入选 2023 年度网综豆瓣评分榜 TOP10，并获国家广播电视总局 2023 年第一、二季度优秀网络视听作品推选。

表 1　2023 年网络综艺播映指数 TOP10

排名	节目名称	最高播映指数	网络播出平台
1	《乘风 2023》	79.9	芒果 TV
2	《五十公里桃花坞》第三季	76.5	腾讯视频
3	《大侦探》第八季	75.1	芒果 TV
4	《披荆斩棘》第三季	75.0	芒果 TV
5	《种地吧》	70.9	爱奇艺
6	《萌探探探案》第三季	70.5	爱奇艺
7	《舞台 2023》	70.5	腾讯视频
8	《这！就是街舞》第六季	70.0	优酷
9	《密室大逃脱》第五季	69.2	芒果 TV
10	《名侦探学院》第六季	67.6	芒果 TV

数据来源：艺恩数据，最高播映指数为 2023 年该综艺的播映指数峰值。

（二）芒果 TV 优势显著，“爱腾优”争夺新的综艺标杆

在综艺节目市场的激烈竞争中，芒果 TV 通过不断推出具有探索性意义的佳作，继续保持领先地位，“芒果出品”被视为高品质综艺的代名词。在综艺节目有效播放 TOP5 榜单中（见表 2），芒果 TV 出品占据三席，分别是《乘风 2023》、《大侦探》第八季、《披荆斩棘》第三季，彰显出优异的综艺制作能力。

表 2　2023 年综艺节目有效播放 TOP5

网络综艺			
排名	节目名称	正片有效播放（亿）	播出平台
1	《哈哈哈哈哈》第三季	10.7	爱奇艺、腾讯视频
2	《乘风 2023》	6.1	芒果 TV

续表

网络综艺			
排名	节目名称	正片有效播放（亿）	播出平台
3	《大侦探》第八季	6.0	芒果 TV
4	《种地吧》	4.9	爱奇艺
5	《披荆斩棘》第三季	4.4	芒果 TV
电视综艺			
排名	节目名称	正片有效播放（亿）	播出平台
1	《奔跑吧》第七季	15.9	爱奇艺、腾讯视频、优酷
2	《王牌对王牌》第八季	7.2	爱奇艺、腾讯视频、优酷
3	《你好，星期六》	6.9	芒果 TV
4	《极限挑战》第九季	4.2	爱奇艺、腾讯视频、优酷
5	《我们的客栈》	4.2	爱奇艺、腾讯视频、优酷

数据来源：云合·四象分析系统（EVA）。

在用户层面，芒果 TV 稳抓受众需求，坚守内容的独特优势。在熟人综艺领域，芒果 TV 激活“0713 男团”的活力，基于《披荆斩棘》第三季，为他们定制了团综《快乐老友记》，真实展现 6 位老友的相处日常，熟人嘉宾之间的磁场吸引让节目更有趣且更具可看性，芒果 TV 成为熟人综艺新风口的最大受益者。在女性价值领域，芒果 TV 通过出品《乘风 2023》《舞蹈狂花》《女子推理社》等女性向综艺，展示了现代女性的独立、坚强和智慧，打破针对女性的刻板印象。

在品牌商层面，芒果 TV 积极拓展内容 IP 的商业化链路，构建基于“内容—IP—电商”的商业生态体系，实现更好的品牌效益。《名侦探学院》作为《明星大侦探》的衍生节目，为节目助理侦探提供了更多的展示机会，通过与芒果 TV 出品的其他综艺联动，打造“院人”IP、“南波万

（NO.1）”系列周边，在 IP 的影响下累计销量高达 100 万件，GMV 超过 2 亿元，实现了品牌影响力的破圈升级。[①] 直播综艺也成为芒果 TV 带动电商转化的重要方式，比如在热门综艺《你好，星期六》中联合淘宝打造“芒果超选直播间”，通过沉浸式场景直播提高流量的变现效率。

随着体育竞技题材综艺强势入局，腾讯视频在恋爱综艺《炙爱之战》中也融入了体育竞技的元素，还打造了国内首档热血竞技生存真人秀《我可以 47》；爱奇艺则推出百人身体竞技真人秀《势不可挡》，会集 100 位中国体能达人进行一场无差别体能竞赛，最终决出一位冠军成为年度“最强身体”。

（三）从全民爆款到圈层爆款，剧综联动持续突破圈层边界

音乐类综艺仍然是 2023 年综艺市场的中流砥柱，大多数节目在模式上弱化了悬念感和竞技性，转而追求情怀共鸣，凸显音乐的纯粹。比如《时光音乐会》打出“重逢老友，结交新友”的口号，沉浸式讲述嘉宾和音乐好友的故事。推理类综艺加速抢占年轻人喜爱的消费市场和主题内容，《大侦探》第八季在守护大侦探宇宙的基础上持续扩张版图，创新推理模式并呈现全新题材，聚焦社会热点。观察类综艺连接用户需求，感受大众情绪并观照现实价值，以情感观察节目《再见爱人》为例，该节目邀请 3 对处于不同年龄阶段的面临情感危机的夫妻开启一段为期 18 天的行程，通过真人秀和观察室结合的方式，让观众真正感受到婚姻的责任与意义。

除垂直深耕细分受众市场以满足特定圈层的需求外，剧综联动作为一种创新的方式，通过融合不同内容形态，成功打破了剧集和综艺之间原有的圈层边界，满足了观众的多元需求，深入挖掘了 IP 潜在价值。原生影视自带的影响力为衍生综艺提供热度保障，综艺在剧集断更时承载了剧粉的需求和关注度，综艺中的名场面和衍生话题也会反哺剧集，两种内容形态形成合力，可以有效提升用户黏性。因此，各大平台通过把控剧综联动的

① 传媒最前线．布局“爆款”综艺生态，芒果何以成为品牌“香饽饽”？[EB/OL].（2024-04-28）. https://baijiahao.baidu.com/s?id=1797572118293306039&wfr=spider&for=pc.

整体进程，协同放大热度并打造 IP 宇宙，影视剧的 IP 优势与综艺的陪伴价值互相积累，IP 的声量越来越大。以爱奇艺 2023 年第 4 部热度值破万剧《宁安如梦》为例，该剧还未定档时便已开启团综录制，在剧集上线后的断更期间，衍生团综《100 万个约定之宁安如梦》接档播出，上线第 2 天站内热度峰值冲破 8000，截至衍生综艺收官，相关词条登上微博热搜榜 80 余次，话题总阅读量超 11 亿，IP 热度不断延长，成为剧综联动的典型案例。

（四）科技综艺开辟新篇，AI 导演创新入局

随着媒介技术的快速发展，各种高新科技在综艺节目中的应用也越来越多。创作者不再把新技术仅仅作为噱头，而是尝试将其融入节目制作的各个环节。从 AI 主持人到元宇宙再到 AI 导演，科技综艺正以其独特的形式和内容开辟综艺市场的新篇章。腾讯视频的综艺《毛雪汪》和抖音的综艺《大热门来了》利用 AI 剧本为创作者提供灵感，极大提高了节目内容的生产效率；湖南卫视《全员加速中 2023》运用 VR、虹膜识别、AI 等技术，将科技与视听相融合，其中的“须臾系统”能够自动抓取节目中的看点，并快速生成海量的短视频内容。《王牌对王牌》《萌探探探案》等节目运用 AI 换脸技术打造视频通话场景，在增强节目娱乐性的同时，也提醒观众需要警惕 AI 带来的潜在风险。

2023 年，AI 导演的创新入局为综艺节目注入了新的活力。在湖南卫视推出的慢综艺《我们仨》中，AI 导演“爱芒”参与了整个节目流程的策划，它不仅能与嘉宾进行无障碍交流，还能有条不紊地推动节目进程，为整段旅程注入新鲜感和活力。《我们仨》通过对 AI 技术的创新性运用，不仅为观众带来了全新的视听体验，也展示了科技与人文的完美融合，有效减少了大众与 AI 的隔阂。随着 AI 与传媒行业的深度融合，AI 赋能综艺节目制作已是大势所趋。

（五）短视频入局综艺赛道，综艺由长变微趋势显现

在传统制作模式下，综艺的筹备、拍摄、播出等阶段需要耗费大量的

时间和资源。与此同时，随着生活节奏的加快，受众的娱乐方式越发碎片化，在短时间内观看并获取内容的需求增加，“以短带长”与“以短代长”成为各大平台应对挑战的核心策略。

一方面，短视频平台（如抖音、快手等）凭借便捷的用户体验和强大的社交分享功能，积累了大量用户和流量，成为综艺节目宣发和运营的重要渠道，节目制作方以短视频的逻辑指导整个综艺的内容形态。通过入驻短视频平台，综艺 IP 以官方账号为主阵地，在正片播放期间持续发布嘉宾日常、幕后花絮、制作巧思等增量内容，打造团队号、嘉宾号、衍生号等多元化的账号矩阵，在满足观众好奇心的同时推动节目内容进入更大的流量池，吸引路人粉观看节目，提升节目的 IP 热度。此外，基于短视频平台的强互动性，官方能够及时跟进并回应用户关注的热点内容，主动发起与综艺节目相关的热点话题，推动观众参与互动，提升节目影响力和用户体验感。以《全力以赴的行动派》为例，节目制作方入驻抖音开设官方账号，在正片播出之前提前放送高光片段，形成预热效应；在节目播出期间高频输出高能片段等短视频内容，并联动嘉宾共创内容和开启直播，助推节目热度不断累积。

另一方面，制作方主动将综艺节目的时长缩短，微综艺成为综艺市场发展的新趋势。在内容层面，短视频平台通过推荐流将综艺片段推向用户，用户可以通过短视频底部的账号或者节目信息，直接跳转至正片观看界面。在商业价值层面，直接面向用户的内容输出模式也拓宽了商业变现路径，综艺不再依赖于单一的 To B 招商方式，电商带货、直播打赏、内容付费等 To C 变现方式也成为可能。比如抖音出品的《很高兴认识你》通过融合“直播 + 短视频 + 长视频”的形式，探访全国各地有趣的素人，讲述不同的人生故事。综艺正片时长均在 1 小时以内，在正片内容之外，常驻嘉宾阿雅成为节目直播间的主播，以“自在生活”为核心主题，打造高品质消费场景，延长节目的商业价值。

二、2023 年中国综艺市场题材创新分析

（一）文化类综艺成为电视综艺主流品类，为市场增添人文底蕴

2023 年，总台及各卫视频道播出的文化类综艺表现优异，展现了中华文化的博大精深与丰富多彩，为综艺市场增添人文底蕴（见表 3）。总台大型文化节目《非遗里的中国》不仅展示了非遗技艺的精湛，还深入挖掘了非遗背后的历史故事和文化内涵；《中国诗词大会》通过选手们精彩的对决，展现了中华诗词的韵律美、意境美和情感美；《中国书法大会》通过展示书法的不同风格和流派，带领观众感受中华书法的独特魅力。湖南卫视婚礼文化纪实节目《中国婚礼——好事成双季》通过纪实的手法，展现了中国各地的婚礼习俗和风土人情；美食文化节目《中餐厅》《大湾仔的夜》不仅展示了中华美食的多样性，更让观众在品味美食的同时，感受各地的风土人情；东方卫视文化类综艺节目《斯文江南》聚焦江南文化，通过多种形式展现江南地区的历史传承和人文内涵。

表 3　文化类综艺大屏直播收视率 TOP10

排名	节目名称	播出平台	直播收视率
1	《中国诗词大会》第八季	CCTV-1	1.24%
2	《非遗里的中国》第二季	CCTV-1	0.98%
3	《山水间的家》第二季	CCTV-1	0.89%
4	《宗师列传・唐宋八大家》	CCTV-1	0.83%
5	《中国中医药大会》	CCTV-1	0.79%
6	《中国书法大会》	CCTV-1	0.77%
7	《简牍探中华》	CCTV-1	0.77%
8	《美美与共》	CCTV-1	0.75%
9	《青春环游记》第四季	浙江卫视	0.37%
10	《一馔千年》第二季	CCTV-3	0.33%

数据来源：欢网大数据。

这些文化类综艺主要采取宏大主题与细微切口相结合的创作手法，与非遗、诗词歌赋、中式婚礼、文化传承、旅行见闻等垂类内容相融合，激发出文化类综艺在内容上的丰富性与多元化，同时助力该品类综艺实现更多的创新形态。通过深入挖掘历史、诗词、书法、非遗等文化元素，同时结合现代审美和表达方式，文化类综艺让观众身临其境地感受中华文化的魅力，从而使中华文化焕发出新的活力。从数量到题材，从内容到形式，2023 年文化类综艺可谓多点开花、精彩亮相，勇担新时代的文化建设使命，使综艺市场具有浓厚的文化气质。

（二）创新青春与社交主题，回归年轻人兴趣赛道

2023 年，充满活力的年轻态综艺密集回归，不仅青春底色鲜明，还涵盖了户外、社交、美食、探秘、潮流等不同垂类主题。具体来说，其中既有年轻观众喜爱的暖情互动挑战类棚内综艺，也有许多不同主题的群居生活体验类真人秀。浙江卫视的头部“综 N 代”节目《王牌对王牌》基于对现实社会生活的观察和思考，不断推陈出新，传递快乐与温度;《我们的客栈》借《武林外传》IP 的影响力唤醒年轻观众的兴趣，嘉宾们努力经营客栈，开启了一段温馨治愈的社交旅程。江苏卫视推出的青春社交综艺《野挺有趣》聚焦于当下年轻人的“宅家”现象，鼓励年轻人“脱宅”，拥抱健康生活。在网络综艺方面，优酷推出的《怦然心动 20 岁》以毕业旅行为题，观察少男少女在旅行中的成长，记录他们关于青春的特别记忆。

这些主打真诚的社交类综艺为年轻人提供了体察生活的别样窗口，容易让观众产生共情，引发共鸣感，因此备受欢迎。这种形式的互动不仅增强了节目的观赏性，也能引导年轻观众在娱乐中感受青春的活力与魅力，并找到自己的人生方向和价值。美兰德视频大数据显示，2023 年头部综艺的“Z 世代”热议网民比例进一步提升，这一趋势对未来综艺节目的制作和推广具有重要启示。节目制作方需要更加关注年轻一代的需求和喜好，通过社交媒体等渠道加强与年轻人的互动和交流，提升节目的

影响力和口碑。

（三）音乐类综艺爆款频出，创新不断

2023 年，线下演出的稳定恢复在某种程度上刺激着音乐类综艺的创新迭代，使其成为热门竞争赛道。总台大型音乐文化节目《经典咏流传·正青春》邀请上百位经典传唱人“和诗以歌”，带领观众感受历史长河的昂扬气质；湖南卫视音乐文化交流节目《声生不息·宝岛季》以音乐唤起两岸共同记忆，表达了实现祖国和平统一的美好愿望；青年共创音乐竞演综艺《青年 π 计划》发掘无限不循环的年轻音乐新力量，呈现新世代年轻人的思考与表达；浙江卫视音乐励志合唱节目《天赐的声音》以“声音凝聚力量”为口号，从“声音”本身出发，寻求品质音乐和专业审美的回归（见表 4）。网络市场还有如《乐队的夏天》《剧好听的歌》《时光音乐会》等新型音乐类综艺巧用“怀旧风”带观众重温经典，不断为音乐赛道注入活力与新鲜感。

这些音乐类综艺涵盖了文化、青春、竞技、经典怀旧等诸多主题，为整个综艺市场增添了各种各样的音乐氛围感，为观众带来层次丰富的视听享受。近年来，在观众审美日益疲劳的背景下，音乐类综艺的创新不仅仅是形式上的变化，而更在于情感价值的呈现。在节目中，通过深入挖掘歌曲的创作背景、歌词的意义、乐队的故事等，音乐类综艺注重将歌曲背后的温度传递给观众，从而让优秀的作品被时代反复认可和记忆。

表 4　音乐类综艺大屏直播收视率 TOP10

排名	节目名称	播出平台	直播收视率
1	《经典咏流传·正青春》	CCTV-1	0.75%
2	《中国好声音 2023》	浙江卫视	0.66%
3	《为爱而歌》	CCTV-3	0.65%
4	《声生不息·宝岛季》	湖南卫视	0.41%
5	《天赐的声音》第四季	浙江卫视	0.35%

续表

排名	节目名称	播出平台	直播收视率
6	《原声天籁——中国民歌盛典》	CCTV-1、CCTV-3	0.32%
7	《声生不息·家年华》	湖南卫视	0.28%
8	《我想和你唱》第四季	湖南卫视	0.26%
9	《时光音乐会·老友记》	湖南卫视	0.25%
10	《我们的歌》第五季	东方卫视	0.20%

数据来源：欢网大数据。

（四）体育竞技类综艺与治愈慢综艺带来极致体验

2023 年，《我可以 47》《势不可挡》等体育竞技类综艺相继爆火，这类拼搏热血的节目不仅能很好地传播体育精神，也符合当下年轻人热爱运动、关注健康减脂的潮流。国内首档热血竞技生存真人秀《我可以 47》于 2023 年 10 月在腾讯视频播出，节目创新设计多项复合型的竞技挑战，考验参赛者的身体意志，将体育竞技的热血发挥到极致。导演严敏还运用富有电影感的镜头语言和充满科幻元素的场景设置，为节目增添审美质感。11 月，百人身体竞技真人秀《势不可挡》在爱奇艺上线，节目会集了全国 100 位体能达人进行无差别的体能竞赛，贴近大众生活，传递健康意识，带观众沉浸式地感受运动和体育竞技的魅力。此外，《哎呀好身材·奔赴季》《这！就是街舞》等“综 N 代”节目也不断更新题材与形式，为观众带来高燃热血的极致体验。

与强竞技体育综艺截然相反，治愈慢综艺一般会将嘉宾放置在一个自由宽松的环境中，让他们真心碰撞，呈现日常生活中的本真状态。劳作纪实互动节目《种地吧》让 10 个年轻人走进农村，在 142 亩土地上播种、灌溉、施肥、收获，跟随麦子一同成长，最终见证土地变成麦田，这样的过程不仅具有奇妙的治愈感和吸引力，也传递了“认真做好一件事”的人生态度。户外旅行类真人秀《花儿与少年》回归亮眼，节目不再聚焦于嘉宾间的矛盾冲突，而是在轻松愉悦的氛围中展现真诚的友谊。2023 年 4 月，湖南卫视爆款“综 N 代”节目《向往的生活》也迎来收官季，持续为综艺市场注入清新和纯粹。这类慢综艺节奏舒缓、氛围轻松、画面精美，不仅能使受众获得感官上的愉悦，也能帮他们缓解生活中的焦虑，让他们在观看节目的过程中完成“自我治愈”。

三、中国综艺市场未来发展趋势

（一）节目题材加速拓展，融合成为创新主流

随着受众审美的不断变迁，综艺市场也在积极融合社会多元议题，节目题材加速拓展。文化类综艺的题材创新呈现出细分化的趋势，除了聚焦于汉字、诗词、书法等通识性文化知识，文化类综艺也开始深耕更专业的领域，如典籍、曲艺、礼仪等，不断为传统文化的传承和创新探寻新的路径。真人秀节目也展现出创新态势，与过去几年热衷于选秀的综艺市场不同，近年来，旅游类、美食类、探险类等多元题材不断涌现，如美食生活真人秀《超燃美食记》、海岛探索成长真人秀《这是我的岛》、劳作纪实互动节目《种地吧》等。这类综艺节目以其独有的治愈力量温暖观众的内心，收获了忠实的年轻粉丝群体。音乐赛道一直以来都是各大平台的“必争之地”，各平台的爆款音乐类综艺创新不断，涵盖电音、说唱、流行、乐队、唱跳等多种类型。除了传统的比赛形式，音乐类综艺还出现了“音乐 + 旅行”“音乐 + 影视”等新形式，通过融合创新持续吸引观众。

在节目的制作过程中，创作者也越来越注重与观众共同讲述故事，将传者与观者相融。许多综艺节目利用社交媒体的力量与观众互动，倾听观众的声音，同时也提升了节目的趣味性和曝光度。观众通过深度参与嘉宾们的真实情感和故事而形成共鸣，带来更多的思考和感悟。

（二）品牌投放积极入局，延续降本增效策略

随着经济的回暖，2023 年综艺市场品牌投放呈现出积极入局同时坚持降本增效的态势。头部节目仍然是品牌投放的主要聚集地，广告主更倾向于选择被市场检验过的精品内容。高人气“综 N 代”成为最受品牌方青睐的产品项目，芒果 TV《乘风 2023》获得 14 家品牌赞助，《向往的生活》第七季获得 6 家品牌赞助。

中小体量综艺占比高，降本增效仍是行业关注点。中小体量综艺的正片时长在 1 小时左右，拥有制作周期快、话题新鲜度高、成本可控等优势，成为综艺市场的探索方向之一。腾讯视频专门开辟“小鲜综”赛道，陆续推出《毛雪汪》、《展开说说》、《闪亮的日子》第四季等节目；优酷打造“一刻综厂牌”系列，以“一刻钟”的快节奏叙事篇幅，聚焦旅游、恋爱、新社交、文化等不同领域，推出了《出发吧！老孟》《静静吧！恋人》《来一局吧！康永哥》等节目；芒果 TV 成立“大芒计划工作室”，打造轻综艺板块并发力精品中视频内容，代表作有《YES OR NO》《衣见倾心》等。

（三）兼具高口碑与影响力的爆款 IP 仍待孵化

近年来，随着综艺市场的日益繁荣，观众对综艺节目的需求和期待不断提升，虽然涌现不少热门综艺，但真正兼具高口碑与广泛影响力的爆款综艺 IP 仍然稀缺，“综 N 代”仍霸屏榜单。《2023 腾讯娱乐白皮书》显示，2023 年国产季播综艺数量为 173 部，与 2022 年基本持平，但新 IP 播出数量出现明显下滑，从 2022 年的 101 部下降至 94 部（见图 1），综艺市场缺少创新活力。2023 年综艺商业指数 TOP10 榜单中（见表 5），仅有《现在就出发》是新综艺，其余 9 个均为“综 N 代”。“综 N 代”成为品牌参与投资的稳妥选择，新综艺突围之路艰难。

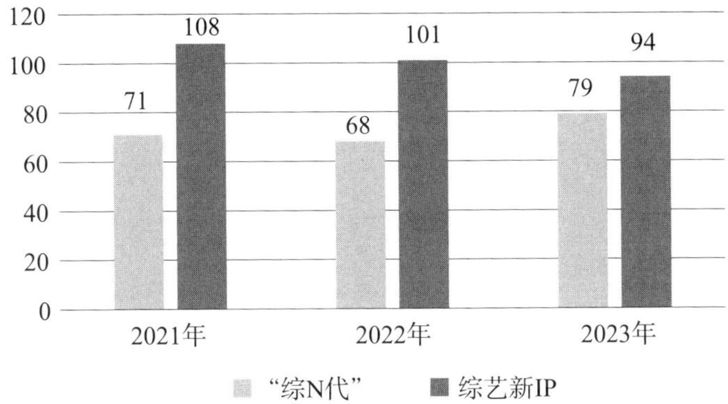

图 1　2021—2023 年"综 N 代"和综艺新 IP 播出数量（部）

数据来源:《2023 腾讯娱乐白皮书》。

表 5　2023 年综艺商业指数 TOP10

排名	节目名称	商业指数
1	《乘风 2023》	89.0
2	《披荆斩棘》第三季	86.9
3	《现在就出发》	86.2
4	《舞台 2023》	83.6
5	《中国说唱巅峰对决 2023》	83.2
6	《战至巅峰》第二季	82.3
7	《令人心动的 offer》第五季	82.1
8	《五十公里桃花坞》第三季	81.5
9	《乐队的夏天》第三季	81.4
10	《心动的信号》第六季	81.4

数据来源:《2023 腾讯娱乐白皮书》。

打造高质量的爆款综艺 IP 需要兼顾娱乐性和文化性，发挥节目的社会价值。此外，在互联网时代，单一平台的影响力有限，制作方可以通过跨平台合作覆盖更广泛的观众群体，通过多渠道推广提升节目影响力和观众参与度。需要注意的是，综艺新 IP 的孵化既需要耐心也需要机遇，观众的喜好也在不断变化，因此制作方需要具有长期耕耘的心态，也需要保持高度的创新敏感度，方能及时捕捉市场机遇。

B.12
2023 年中国微短剧市场特征与创新趋势

乌咏鸽　齐世峰 *

摘　要： 2023 年，中国微短剧市场呈现爆发式增长，市场规模迅速扩大，入局者多元化，微短剧的数量和质量都有显著提升。微短剧参与者创新合作模式，推动精品化发展，以“微短剧 +”概念探索微短剧新形态，以技术赋能开启微短剧想象空间，融合热门 IP 助推微短剧再生产。随着竞争加剧，微短剧相关主体纷纷将目光转向海外。同时，尚不成熟的产业生态难免引发隐忧。在监管机构、平台方、制作方、社会监督机构、受众方等多元主体协同治理的推动下，网络微短剧必将进一步形成健康规范、协同共生、前景明亮的良好生态。

关键词： 微短剧；精品化；短剧出海；平台；协同治理

近年来，伴随着互联网的深度应用和消费者行为的变迁，单集时长从几十秒到 15 分钟左右、有着相对明确的主题和主线、较为连续和完整故事情节的网络微短剧，以其篇幅短小、情节紧凑的特点完美契合现代人快节奏的生活方式和碎片化的信息消费习惯，成为当前网络视听行业的重要

* 乌咏鸽，南京大学新闻传播学院博士研究生，主要研究方向为媒介文化；齐世峰，中国传媒大学经济与管理学院传媒经济学博士研究生，主要研究方向为传媒经济。

组成部分。

一、2023 年中国微短剧市场总体特征

（一）市场规模扩张迅速

2023 年，微短剧领域展现出令人瞩目的发展势头，市场规模和影响力均得到显著提升。德塔文数据显示，2023 年主要平台共上新微短剧 899 部，相较于 2022 年全年上新的 454 部增长 98%，可见微短剧的发展已经驶入快车道。[①] 此外，国家广播电视总局公示数据显示，2023 年 4—12 月在总局“重点网络影视剧信息备案系统”中登记全国重点网络微短剧拍摄备案公示的网络微短剧共计 2708 部，数量蔚为可观。[②]

从市场规模来看，2021 年国内微短剧市场规模为 36.8 亿元，2022 年为 101.7 亿元，2023 年则为 373.9 亿元，同比上升 267.65%（见图 1）；同时，小程序微短剧的发展更是异军突起，截至 2023 年 7 月，小程序微短剧市场规模超过 40 亿元，增长 179%。[③] 在内容制作的高效性和成本相对较低的背景下，微短剧成为各路资本和创作者追逐的焦点。市场的快速扩张不仅在数量上得到体现，更在质量和多样性上展现出了积极的变化，从而进一步推动了行业的健康发展和市场的多元化。

① 说明：德塔文数据的统计对象包括腾讯、优酷、芒果 TV、抖音、快手等视频平台上线 1 天、单集时长 20 分钟以内的微短剧（含抖音、快手个人创作者创作的微短剧）；统计周期为 2023 年 1 月 1 日至 12 月 31 日。

② 根据国家广播电视总局公示数据整理。

③ 徐明皎．“小程序”类微短剧成为监管治理重点［EB/OL］.（2024-03-19）. http://www.legaldaily.com.cn/sylm/content/2024-03/19/content_8974733.html.

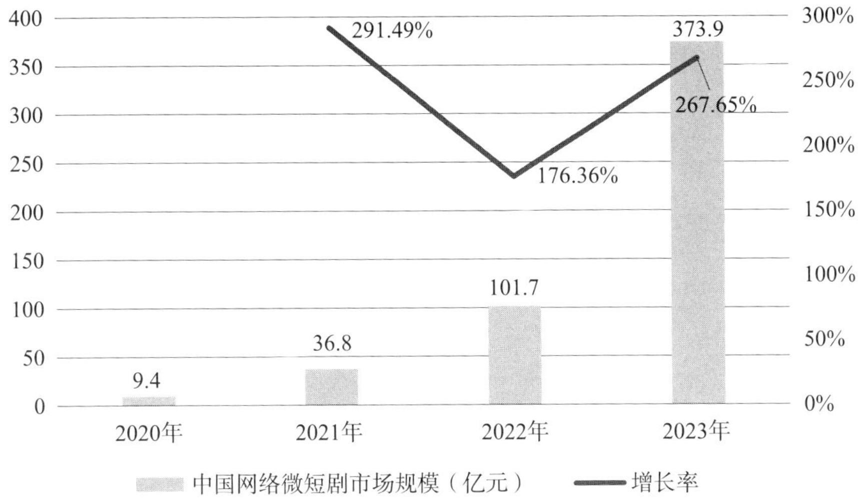

图 1　2020—2023 年中国网络微短剧市场规模及增长率

数据来源：根据艾媒数据中心公开数据整理。

（二）市场入局者多元化

2023 年的微短剧市场在竞争上呈现出多元共生的态势，从产业链角度可以分为上游内容创作、中游内容拍摄、下游内容分发（见图 2）。具体来看，上游内容创作主要由 IP 版权方的自有 IP、网络作家的原创内容或根据 IP 版权改编的内容构成，中游内容拍摄主要由不同类型的影视制作公司和在短视频、直播带货领域深耕的 MCN 机构构成。2023 年，微短剧的高速发展又迎来了包括政府机构、国资企业、出版集团、广电媒体、网文平台等在内的诸多新“面孔”，共同助力微短剧的提质创新。其中，最高人民检察院影视中心的《刺桐花》、中广天择的《完蛋！我被帅哥包围了！》、浙版传媒的《奋斗年代》《逐梦人》、中国移动集团下属咪咕数字传媒的《大宋小妆娘》《我的月光》等，皆是值得重点关注的作品。

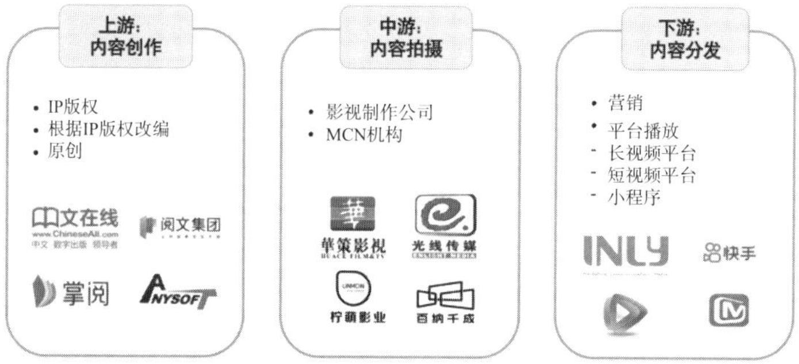

图 2　微短剧产业链

资料来源：根据公开资料整理。

下游内容分发涉及微短剧营销和微短剧平台播放两部分。在平台角度，以爱奇艺、腾讯视频、优酷、芒果 TV 为代表的长视频平台和以抖音、快手为代表的短视频平台共同构成了微短剧市场的双引擎，前者依托已有的用户基础和内容制作经验，后者则利用其独特的分发机制和用户互动特性，共同推动微短剧市场的发展。根据德塔文数据，2023 年抖音、快手、腾讯视频、优酷分别上新微短剧 404 部、96 部、196 部、122 部，芒果 TV 上新 68 部，爱奇艺上新 16 部（见图 3）。[①] 搜狐视频、百度百家号、喜马拉雅、咪咕、百视 TV 等平台也相继入局微短剧赛道，上线少量作品。2023 年 6 月，在线音频平台喜马拉雅与芒果 TV、达盛传媒共同开发了短剧《传闻中的陆神医》，并实现了音频、视频双平台同步联播。

① 德塔文影视观察．重磅丨德塔文 2023 年上半年微短剧市场报告（附二季度报告）[EB/OL]．(2023-07-06)．https://www.163.com/dy/article/I90I6LRC0517D4E0.html；德塔文影视观察．短剧 Q3 季报丨《风月变》《逃出大英博物馆》皆破 1，短剧市场提质效果明显[EB/OL]．(2023-10-11)．https://www.163.com/dy/article/IGQ7G8TO0517D4E0.html.

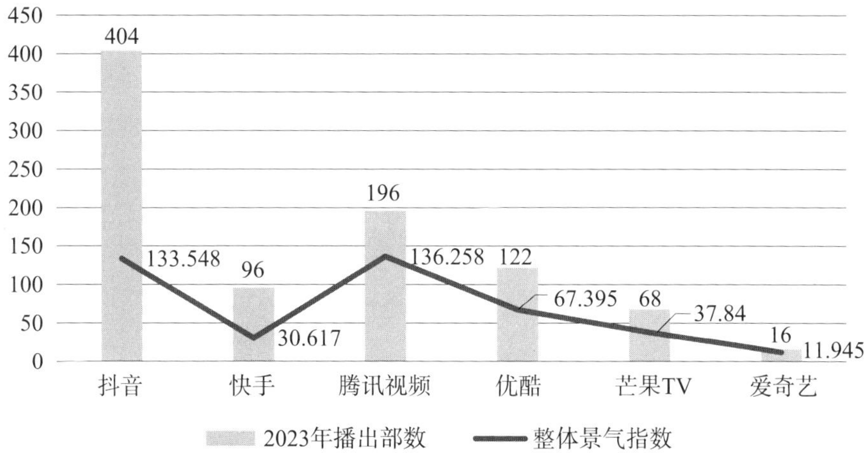

图 3　2023 年各大平台微短剧播出部数及整体景气指数

数据来源：根据德塔文公开数据整理。

2022 年底，小程序微短剧开始出现。这种形式的微短剧主要在小程序或社交平台上播放，考虑到移动端用户的观看习惯，通常采用竖屏模式拍摄，每集时长仅有几分钟，内容多以战神、穿越、重生等爽剧题材为主。从数据来看，《前妻攻略，傅先生偏要宠我》上线 24 小时充值超过 1000 万元，《哎呀！皇后娘娘来打工》上线 24 小时充值超过 1200 万元，《腾龙》上线 24 小时充值超过 2200 万元；2023 年 8 月上线的《无双》24 小时充值超过 2000 万元，8 天后更是突破 1 亿元。[①] 这类微短剧具有成本低、拍摄速度快、故事简单、题材爆款、融合爽文网络梗等特点，能够通过最低的成本撬动高回报。总的来说，多方参与的格局不仅推动了供给井喷，也推动了内容形式的创新和多样化。

（三）内容供给丰富多样

作为新型网络视听样态，目前我国微短剧市场仍然以年轻网生代受众为主。从内容生产的供需逻辑来说，面对数亿级别的大众市场，只有多

① 许俊浩 . 微短剧，风再起［EB/OL］.（2024-01-02）. https://www.thepaper.cn/newsDetail_forward_25871476.

元化的丰富题材样貌，才能满足差异化的用户需求。在内容题材的多样化上，无论是都市、古装、奇幻类，还是青春、悬疑、喜剧类，微短剧题材趋于丰富多样（见图 4）。从整体市场方面来说，都市类型的微短剧市场表现稳居首位，上新数量和上新剧集的市场影响力都远超其余剧集类型。

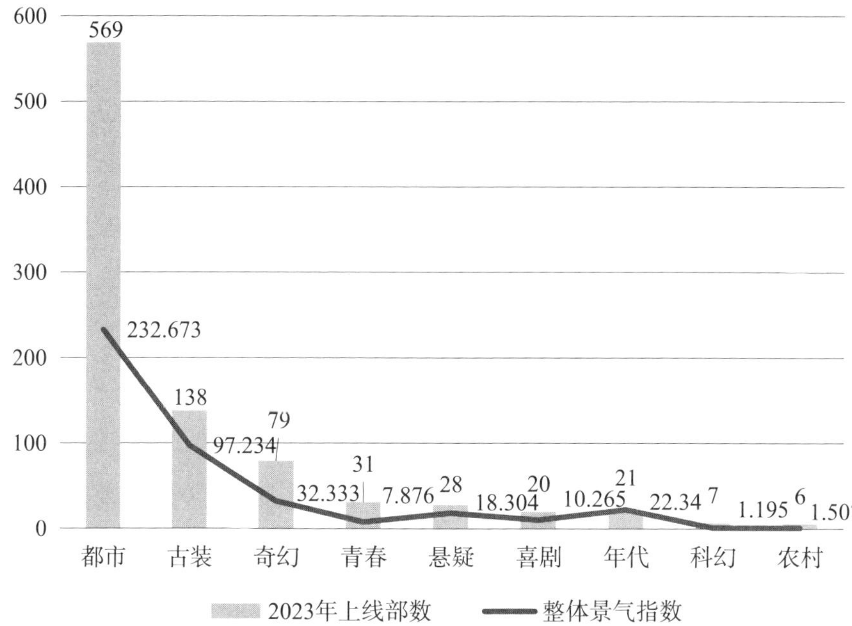

图 4　2023 年主要平台微短剧类型上线部数及整体景气指数

数据来源：根据德塔文公开数据整理。

在题材多样化的趋势下，微短剧在垂类内容上也愈加丰富，不仅捕捉和折射当下社会生活，更以充满真实感和烟火气的故事为观众提供了丰沛的情绪价值。其中，影视与文旅的深度融合已为微短剧的发展打开新思路，微短剧制作方纷纷开始打造全新的“微短剧 + 文旅”表达方式。比如文旅题材微短剧《我的归途有风》以人文治愈路线，结合四川乐山的美食美景，讲述了主人公们的自我成长，剧集站内播放量已破亿，单集最高播放量超 2000 万；乡村振兴题材微短剧《我和我的松树村》《拐弯遇到幸福》将辽宁和宝鸡优秀产业、产品和文化有机融入剧情当中，展现独具特色的地域人文风貌。

“微短剧 + 文旅”是一种创新的内容形式，它将微短剧的快节奏、强情绪带动性和文旅产业的丰富内容相结合，实现了线上线下的深度融合。进入 2024 年，国家广播电视总局推出“跟着微短剧去旅行”创作计划，促进实景拍摄微短剧的播出。[①] 该计划旨在通过微短剧这一新兴的文艺形式，深入挖掘和展示我国丰富的文化和旅游资源，不仅有助于推动微短剧产业的健康发展，还能够积极适应人民群众日益增长的精神文化需求。

（四）商业模式初步成熟

当前，微短剧领域的商业模式已逐渐完善，构建起了一个由内容版权供应商、拍摄制作团队和分销商等核心角色组成的微短剧商业模式（见图 5）。同时，多样化的商业化模式不仅反映了不同平台的特性和战略地位，也显示出内容市场的创新与活力。

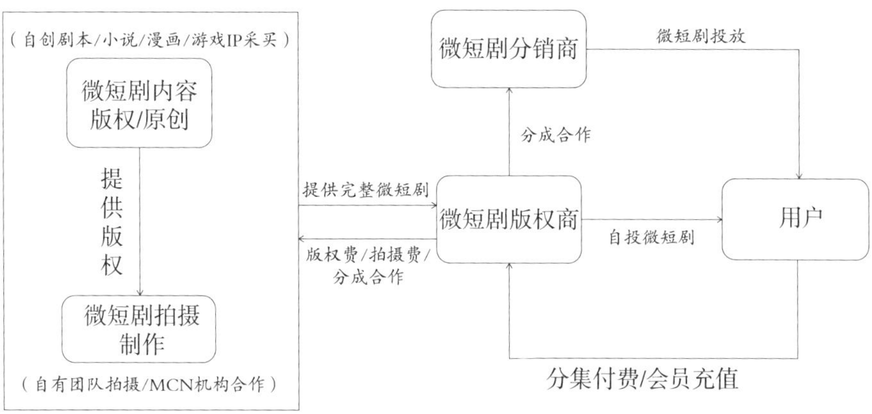

图 5　微短剧商业模式

资料来源：根据巨量创意、国联证券研究所资料整理。

长视频平台的微短剧商业模式以分账模式为主，并逐步发展出内容植入、品牌定制、剧场化品牌运营、会员付费等多元商业模式。分账模式指

① 国家广电智库 .“观察”微短剧：赋能农文旅正当时［EB/OL］.（2024-03-22）. https://baijiahao.baidu.com/s?id=1794227463976952174&wfr=spider&for=pc.

根据微短剧的播放量和用户观看行为，从平台的总收入中分配一定比例给内容创作者，从而鼓励创作者创作高质量内容以吸引更多付费观众。从微短剧的分账情况来看，2020 年至 2022 年“爱优腾”三大平台公布的微短剧分账金额超过 1.5 亿元，2023 年上半年分账金额超过 6000 万元。[①] 其中，《招惹》的分账金额突破 2000 万元，腾讯视频的《盲心千金》、优酷的《锁爱三生》、芒果 TV 与搜狐视频拼播的《风月变》分账金额也都超过 1100 万元，累计分账超 500 万元的作品也不在少数（见表 1）。同时，长视频平台还通过内容植入和品牌合作等增加收入。品牌商通过将自己的产品或服务植入微短剧的剧情中，以自然且不突兀的方式向观众推广。这不仅为品牌带来曝光，也为内容创作者提供了额外的收入来源。此外，长视频平台还通过提供额外的增值服务，如高清播放、无广告体验等，来吸引更多的付费订阅者。

表 1　2022—2023 年长视频平台部分爆款微短剧分账情况

序号	剧名	分账金额	题材	播出平台
1	《拜托了！别宠我》（1—3 季）	3000 万元 +	古装 / 爱情 / 喜剧	腾讯视频
2	《招惹》	2000 万元 +	爱情 / 剧情 / 悬疑	腾讯视频
3	《大唐小吃货》	1300 万元 +	古装 / 爱情 / 美食	腾讯视频
4	《风月变》	1300 万元 +	古装 / 奇幻 / 爱情	芒果 TV、搜狐视频
5	《致命主妇》	1000 万元 +	都市 / 剧情 / 家庭	优酷
6	《千金丫环》	1000 万元 +	民国 / 爱情	优酷
7	《妻子的反攻》	1000 万元 +	都市 / 爱情 / 家庭	腾讯视频
8	《给你我的独家宠爱》	1000 万元 +	都市 / 奇幻 / 爱情	腾讯视频

数据来源：根据观潮新消费数据整理。

① 观潮新消费 . 一路狂奔——微短剧的五年成长路［EB/OL］.（2023-11-08）. https://36kr.com/p/2509510645203205.

短视频平台的商业模式较为多元化，通常包括分账、直播带货、内容植入和品牌合作等（见图 6）。这些平台利用其庞大的用户基础和高度活跃的社交特性，为微短剧提供了一个理想的展示和传播平台。与长视频平台不同的是，短期内通过分账获取收入后，短视频平台微短剧的制作方和 MCN 机构还可以通过微短剧演员流量变现的方式实现中后期盈利。对于 MCN 机构而言，微短剧是孵化红人的新模式：在微短剧中加入素人演员，力捧“新人”，带动腰尾部的 KOL 快速涨粉，获取流量收益，继而以直播电商的形式持续增加观众黏性，售卖与剧集相关的产品或推广品牌产品，将微短剧的连带效应发挥到最大。例如有 20 亿播放量的微短剧女主角“一只璐”，一年的 GMV 达到了 1.7 亿元，这种方式不仅增加了商品的销售额，也提高了微短剧的观众参与度。[①] 内容植入和品牌合作也是短视频平台重要的商业模式。与长视频平台相比，短视频平台更强调内容与广告之间的互动性和娱乐性，使得广告成为内容的一部分。

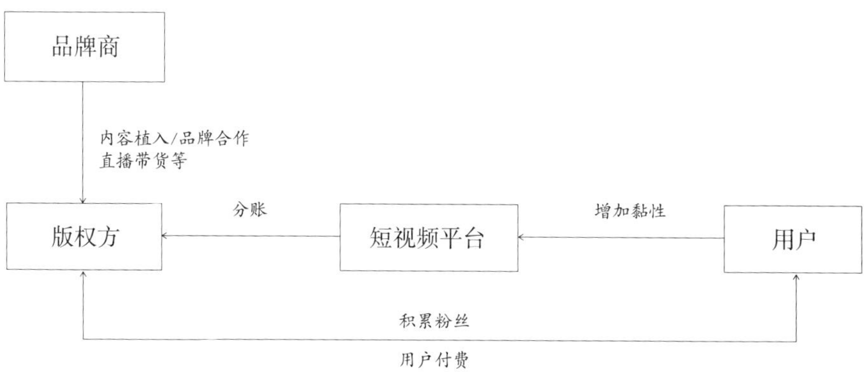

图 6 短视频平台微短剧商业模式

资料来源：根据申万宏源研究整理。

小程序微短剧则主要通过用户付费观看的模式实现商业化。这种模式通常涉及一定的推广费用，以从公共流量池中吸引用户到私域平台进行观

① 文旅中国 . 舆情关注：“黑莲花”被叫停，“狂飙”的短剧市场请减速［EB/OL］.（2023-11-27）. https://www.ccmapp.cn/news/detail?id=762932eb-10f0-4239-ae6c-68a0337a0c2a&categoryname=%E6%9C%80%E6%96%B0%E8%B5%84%E8%AE%AF.

看，观众需要支付费用才能解锁和观看特定的内容（见图 7）。在当前的流量渠道中，最主要的是抖音、快手、微信视频号；之后是图文信息流和网文平台；还有手机平台终端。该模式的优势在于它提供了更直接的收益来源，同时也使内容创作者能够更加灵活地控制内容和定价策略。

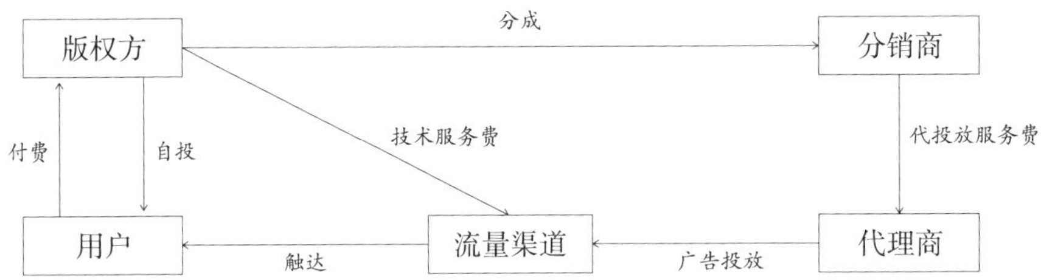

图 7　小程序微短剧商业模式

资料来源：根据申万宏源研究整理。

从微短剧小程序“九州短剧”的充值页面来看，安卓端 1 元可购买 100 金豆，共有 6 种充值方式，365 元购买年度会员后即可观看全部影片。其中，微短剧《十殿阎罗》显示从第 10 集开始需要充值，每集为 200 金豆。此外，“九州短剧”配有送豆活动，可以通过每日登录、添加客服微信、订阅提醒等方式获得免费金豆。作为小程序微短剧出海的产物，独立 App 的商业模式更加多样，包括应用内购买（IAP）、应用内广告（IAA）和订阅服务等。用户可以选择直接购买内容，或通过观看广告来免费获取内容，这为用户提供了更多选择，同时也为平台带来了多元化的收入来源。独立 App 通常会提供更加个性化和定制化的内容服务，比如提供独家内容、高清播放、下载观看等功能，还可以利用数据分析来更好地了解用户行为和偏好，从而为用户推荐更加符合其兴趣的内容，增加用户黏性，提高转化率。总的来说，微短剧市场的商业模式多样且不断发展。不同平台根据其特性和目标用户群体的需求，采取不同的商业策略。随着技术的进步和市场的发展，未来微短剧市场的商业模式可能会继续创新和多元化。

二、2023 年中国微短剧市场的创新发展

（一）创新合作模式，推动精品化发展

随着微短剧的影响力和人气不断攀升，多方参与者都在尝试根据自身的优势和市场需求进行创新和调整。在这一过程中，微短剧逐渐走上精品化、高质量路线，不仅在制作水平上亮点频出，还在观众口碑方面做到了提升，众多优质作品斩获好评。截至 2023 年 11 月，在 2022 年 10 月至 2023 年 8 月上线的微短剧中，共有 6 部作品获得了 7 分及以上的豆瓣网评分，口碑榜首为《逃出大英博物馆》，约 2.5 万人评分 7.6 分，第二名为《我回到十七岁的理由》，豆瓣网评分 7.4 分，《二十九》《东栏雪》《侍酒令》《全资进组》则分别获得 7.3 分、7.2 分、7.2 分、7.1 分的评分（见表 2），微短剧“低口碑、简制作”的固有印象开始逐渐被打破。

表 2　2022 年 10 月至 2023 年 11 月豆瓣网评分 6 分及以上的微短剧

序号	剧名	豆瓣网评分	评分人数	平台
1	《逃出大英博物馆》	7.6	25570	抖音、快手、B 站、微博
2	《我回到十七岁的理由》	7.4	3991	快手
3	《二十九》	7.3	2289	抖音
4	《东栏雪》	7.2	5156	快手
5	《侍酒令》	7.2	1739	腾讯视频
6	《全资进组》	7.1	12736	爱奇艺
7	《招惹》	6.9	26021	腾讯视频
8	《风月变》	6.9	11242	芒果 TV
9	《牌局》	6.7	1427	腾讯视频
10	《我迟到了那么多年》	6.1	4977	芒果 TV
11	《大唐来的苏无名》	6.1	462	抖音

续表

序号	剧名	豆瓣网评分	评分人数	平台
12	《锁爱三生》	6	5073	优酷
13	《寒枝折不断》	6	1867	芒果 TV
14	《婚事》	6	962	芒果 TV

数据来源：BBPA& 中国传媒大学《2023 微短剧行业报告》。

此外，各平台也在创新合作模式，引导作品向精品化升级。作为较早入场微短剧的长视频平台，优酷在 2023 年升级了分账短剧的激励规则及合作方式，并推出了“播后定级”的全新合作模式。相较于之前的定级方式，这次升级后的定级方式与剧播期间的观看热度、收入能力、拉新效率等均有关系，从而变相激励片方认真做剧，把优质内容的话语权交给观众。整体来看，在未来的微短剧市场中，好的内容将越来越受欢迎，也会获得更多经济收益，而低质量的内容则会愈加“贫瘠”，生存空间越发狭小。“播后定级”的合作模式有助于提升剧集质量，多方联合出品模式也促使微短剧的制作模式逐渐专业化和规范化。例如，由优酷牵头，太合影业、小猪自在、咪咕、抖音视界等公司联合出品，太合影业牵头制作的《锁爱三生》便高居 2023 年第二季度和半年景气榜单榜首，成为优酷 2023 年度开年以来微短剧的一个成功案例。此外，长短视频平台也加速互补，协作开发网络微短剧精品项目。2023 年 12 月，抖音与芒果 TV 宣布合作开展“精品短剧扶持计划”，表示将通过专项基金、流量激励等支持手段，面向行业激励优质微短剧的开发和制作，助力开启新一轮精品微短剧创作风潮。由此可见，精品化正成为微短剧内容发展的新趋势，这不仅提高了微短剧内容的质量，也为观众带来了更多高质量的观看选择。

（二）“微短剧 + 游戏”出圈，探索微短剧新形态

2023 年，微短剧在内容呈现形态层面也在创新发展，“微短剧 + 游戏”

的模式成为一大趋势。以国产游戏《完蛋！我被美女包围了！》为例，其“真人互动影像”的特色引发了业界对于“影视思维结合游戏制作”的广泛讨论。“微短剧＋游戏”的模式已有中文在线、天威视讯等约30家上市公司涉足。[①]其中，百纳千成与哔哩哔哩等联合出品的真人互动全视频影视游戏《隐藏真探》已经开始推进。紫天科技旗下河马游戏除一部侦破类题材互动影游《开馆》外，还与《完蛋！我被美女包围了！》原班人马合作制作一款修仙美女养成类影游。华策影视也在情景喜剧《爱情公寓5》中尝试互动玩法，并与抖音平台合作定制微短剧3部，其中《刺杀小说家》已开机。

随着同品类游戏数量的增加，“微短剧＋游戏”的商业逻辑和商业模式或将被市场不断验证和优化，助力开拓游戏行业的新赛道。根据DataEye短剧观察的统计，网易、完美世界、天娱数科、姚记科技等游戏公司均已开始制作微短剧。[②]微短剧在游戏行业快速渗透，一方面，丰富剧情走向的同时提升了用户沉浸感，从而吸引更多新玩家尝鲜；另一方面，有助于游戏厂商丰富其供应链生态，让其游戏和微短剧达到业务协同、资源互补的目的，给游戏注入新的动力。

（三）技术赋能多元内容，开启微短剧想象空间

从技术层面来看，4K、AIGC、VR、MR、数字人等新技术的结合，有助于强化多视角、互动感和虚拟性，从而进一步打开微短剧想象空间。无论是剧本创作、海报制作、服化道模拟呈现还是虚拟制片，人工智能技术都可以辅助完成。2023年8月，国内首部博物馆题材虚拟微短剧《步天歌》上线，广泛应用AIGC软件辅助制作出各类美术造型，打造出一个宏大而细致的博物馆虚拟数字空间，构建出极具吸引力与艺术性的虚拟现

① 每日经济新闻．微短剧方兴未艾　内容创作迎变革［EB/OL］．（2023-11-13）．https://baijiahao.baidu.com/s?id=1782404233998833625&wfr=spider&for=pc.

② 刘旷．短剧风吹到游戏：网易、完美世界前赴后继［EB/OL］．（2024-01-03）．https://36kr.com/p/2587477106763140.

实场景内容。其中，虚拟人“苏小妹”化身元宇宙星官，围绕古代神秘星象图与一件件文物展开了一场元宇宙冒险之旅，上演了虚拟现实版“星际穿越”。2024 年 1 月，由抖音、创壹科技联合出品的国内首部虚拟制片微短剧《柒两人生》上线，播出后不久就引发了观众对微短剧特效的热烈讨论。该片以 LED 虚拟屏为影棚拍摄，采用最新的虚拟影像技术，将技术与影像融合。比如剧中暴雨里的建筑物全景、缆车面临坠落的画面、不同场景空间的快速转换等都通过虚拟制片方式完成。

此外，国内大模型视频生成团队 CreativeFitting（井英科技）此前宣布完成了数百万美元 Pre-A 融资，其旗下自研高质量视频生成模型，可以生成 AI 微短剧视频，并且计划进军海外短剧市场，发布全球首款 AI 微短剧 App。[①] 这预示着微短剧市场正在朝着技术高度集成和内容形式多元化的方向迅速发展。

（四）热门 IP 积极融合，助推微短剧再生产

亨利·詹金斯提到“跨媒介叙事”时，认为“一个跨媒体故事横跨多种媒体平台展现出来，其中每一个新文本都对整个故事做出了独特而有价值的贡献。跨媒体叙事最理想的形式，就是每一种媒体出色地各司其职，各尽其责”[②]。在内容生态中，微短剧不仅带动了小说、影视、MCN、广告、游戏等多个领域的发展，还促成了 IP 共创衍生的多样化玩法。2022 年 10 月 1 日至 2023 年 8 月 31 日上线微短剧猫眼热度 TOP50 中，IP 改编作品共 10 部（见表 3），占比 20%[③]，比如《倾世小狂医》《江湖少年诀》《我的鲛人弟弟》《招惹》《锁爱三生》等。同时，IP 改编来源也愈加丰富，相比过去主要改编自小说、漫画，近一年来微短剧 IP 改编展现了更多形式，

① 陈美．短剧市场狂飙百亿之下，大模型 AI 短剧视频领域迎来一笔融资，九合创投等投资［EB/OL］.（2023-11-22）. https://baijiahao.baidu.com/s?id=1783263076792527080&wfr=spider&for=pc.

② 詹金斯．融合文化：新媒体和旧媒体的冲突地带［M］. 杜永明，译．北京：商务印书馆，2012：175.

③ 广电视界．2023 微短剧行业报告：十大关键词，解析微短剧最新业态［EB/OL］.（2023-12-16）. https://new.qq.com/rain/a/20231216A08MY200.

比如通过影剧联动进行微短剧的再生产，既有正片的改编，又有正片的番外篇。其中，由影视 IP 改编的微短剧与影视作品频繁互动，延宕长片热度，如《下一站你的世界》改编自韩剧《W- 两个世界》,《女神酒店》由长剧《南洋女儿情》支线内容衍生而来,《大唐来的苏无名》为古代探案剧《唐朝诡事录》的衍生剧,《天涯小娘惹》是长剧《小娘惹》的衍生剧，等等。可见，品牌化的剧集联动已经成为当前微短剧行业发展的重要趋势。

表 3　2022 年 10 月至 2023 年 11 月上线微短剧猫眼热度 TOP50 中的 IP 改编作品

序号	剧集名称	IP 原作	播出平台
1	《倾世小狂医》	小说《战王宠妃之倾世小狂医》	腾讯视频
2	《江湖少年诀》	小说《式微》	芒果 TV
3	《下一站你的世界》	韩剧《W- 两个世界》	腾讯视频
4	《盗门八将》	剧本杀《盗门八将》	腾讯视频
5	《我的鲛人弟弟》	小说《鲛人弟弟又咬我了》	腾讯视频
6	《招惹》	小说《招惹》	腾讯视频
7	《锁爱三生》	小说《少帅，你老婆又双叒叕被人撩了》	优酷
8	《我的医妃不好惹》第二季	小说《神医毒妃不好惹》	腾讯视频
9	《灵猫捕君心》	漫画《猫妖的诱惑》	快手
10	《皇妃为何那样》	小说《狂女重生：纨绔七皇妃》	腾讯视频

资料来源：BBPA& 中国传媒大学《2023 微短剧行业报告》。

从内容源头来看，对那些不适合改编为电影或长剧的故事设定来说，微短剧提供了一个理想的承载形式。例如，作为国内最大的网络文学原创内容平台之一的中文在线通过其微短剧业绩获得了市场关注，旗下的小说改编微短剧《招惹》和《别跟姐姐撒野》分别成为 2023 年与 2022 年微短剧分账票房 TOP1 与 TOP10。依靠字节旗下网文平台番茄小说的 IP 储备，抖音也推出了不少优质的微短剧，《星动的瞬间》改编自小说《国民影帝暗恋我》，收官当日正片播放量达到了 4922 万。[①] 爱奇艺推出“云腾 S 短剧计划”，表示未来将向市场开放一个由 200 多部具备影视开发所有必要条件的精品 IP 池，加强行业合作，显示了对 IP 化改编的重视。[②] 对长剧 IP 化改编而言，长剧的丰富故事为微短剧提供了内容资源，而微短剧的创新性可以为长剧带来新的生命力。同时，微短剧也能在电影或长剧系列化的间隔期维系用户黏性、快速测试观众喜好。对于手握版权的影视制作公司来说，结合长短剧内容、厂牌 OGC（职业生产内容）运营，有助于在竞争激烈的市场中保持其内容的新鲜感和吸引力。微短剧轻量级和短开发周期的特点也使得 IP 化改编成为扩展世界观设定、孵化支线人物故事线的理想选择。

三、从北美到东南亚：微短剧的出海路径

在国内微短剧飞速发展以及日益“内卷”的情况下，越来越多的微短剧相关主体将目光转向海外。2023 年以来，先后已有网文平台新阅时代旗下的微短剧应用 GoodShort、畅读科技的 MoboReels、社交平台赤子城的 Mini Episode、小程序微短剧平台九州文化的 99TV 和 ShortTV 等多个国内制造的微短剧 App 在海外上线。[③]

（一）扬帆北美，表现抢眼

2022 年 8 月，中文在线旗下子公司枫叶互动（Crazy Maple Studio）面向海外推出微短剧平台 ReelShort，自 2023 年 7 月起，ReelShort 在多个国

① 新立场 . 精品、短剧大爆发，差异化竞争是爱优腾们的必经之路［EB/OL］.（2023-11-13）. https://roll.sohu.com/a/735934115_250147.

② 央广网 . 共享大视听丨 2023 网络微短剧行业发布会举行［EB/OL］.（2023-08-26）. https://roll.sohu.com/a/715139071_362042.

③ 石晗旭 .“霸总”短剧出海进行时［EB/OL］.（2023-12-03）. https://www.chinanews.com/cul/2023/12-03/10121846.shtml.

家和地区的应用商店排名一路狂飙。截至 2023 年 11 月 11 日，ReelShort 成功跻身美国、英国、加拿大的 App Store（苹果应用商店）总榜前三，风头一度超越 TikTok。根据数据分析平台 Appfigures 统计，其 11 月前 17 天的下载量已超过 190 万，累计下载量超过 1100 万；其海外营收同样亮眼，11 月 11 日当天，其在扣除支付应用商店费用后的净收入为 45.9 万美元，约合人民币 328 万元，截至 11 月 17 日累计净收入已超过 2200 万美元，约合人民币 1.6 亿元。ReelShort 的表现甚至提振 A 股，中文在线、掌阅科技、上海电影、遥望科技等近 10 支“短剧概念股”涨停，截至 11 月 24 日收盘，中文在线市值已暴涨 146 亿元。[①]

社会理论家齐格蒙特·鲍曼（Zygmunt Bauman）从资本的扩张、全球性精英的流动、信息技术等方面对全球文化流动现象及其动因进行了论述。[②]ReelShort 的出海表现亦可以从这三个角度阐释：首先，资本看好。微短剧的制作成本低、制作周期短，内容迭代的快速使得制作方压中爆款的概率更大，像极了互联网平台“小步快跑”的打法，最终成就一部数十万元成本的微短剧撬动十倍百倍收入的造富神话。其次，全球性精英的流动带来文化流动性。国内微短剧市场逐渐走向成熟，互联网企业在国内发展到一定阶段后，自然而然会把这种商业模式快速地复制到海外。最后，互联网带来文化流动性。此前中国网文成功出海，培养了大量海外受众，为微短剧奠定了受众基础，同时还提供了丰富的、经过市场检验的 IP 资源。在 ReelShort 较好的出海效应带动下，国内的小程序微短剧分销商、长视频平台、影视公司、网文平台、社交平台、游戏厂商等不同类型的玩家，也积极尝试打造出海短剧。就出海目的地而言，北美市场正在成为新的“兵家必争之地”，东南亚和中东地区也成为不少玩家试图开发的

① 胡泳．揭秘短剧的持续崛起［EB/OL］．（2024-01-02）．http://www.sxtvs.com/sxtvs_gdgc/a/2024/01/02/22211720.html.

② 张昕，蔡尚伟．鲍曼全球文化流动性理论对“一带一路”文化交流的启示［J］．文化产业导刊，2020（2）：32-36.

热土。[①]

（二）续航东南亚，文化接近

TikTok 发布的《TikTok 短剧出海营销策略》报告中提到，微短剧整体市场选择 TOP5 中，美国是微短剧出海的首选地区，在东南亚市场，泰国是投放最集中的地区。基于文化接近性，东南亚地区、中国港台地区的用户喜好与国内类似，创作者能直接将国内的制作习惯或者成品照搬，因此一部分中国内地厂商将这两个地区作为出海主要市场，做本土化制作或者直接推出译制剧，其中译制剧成本低于原创。[②]

2022 年 10 月，网文平台安悦科技的微短剧出海平台 FlexTV 上线，主攻东南亚地区，泰国是其主要发力市场[③]，上线热门短剧包括《新豪门恩怨》《幕后老板是我老公》《至尊军神》等，题材、风格和国内的小程序微短剧类似。此外，九州文化麾下的 99TV 主攻中国台湾市场，有上百部微短剧作品，大多是在中国大陆上线的微短剧作品，将字幕转换为繁体字版本，题材、故事逻辑和此前爆火的小程序微短剧别无二致。[④]

综上，近两年微短剧的发展颇有蓬勃之势，市场空间仍在扩大，不过相关问题也伴随而生。在内容方面，题材类型存在较高同质化现象，部分内容低俗、悬浮，精品比较缺乏；在商业模式方面，盈利机制尚不成熟，收费乱象受到争议；在版权方面，对微短剧进行切条、搬运、推广、引流等行为引发不少版权问题。国家广播电视总局出台的依法取得《网络剧片发行许可证》方可播出的规定、组织开展的微短剧专项整治工作等，各平台进行的微短剧自我整改以及十大平台联合发布的《网络微短剧全行业共

① 石晗旭．“霸总”短剧出海进行时［EB/OL］．（2023-12-03）．https://www.chinanews.com/cul/2023/12-03/10121846.shtml.

② 祖杨．短剧出海遇险：虐恋哑火，赘婿扑街，逻辑全变了［EB/OL］．（2023-11-13）．https://www.tmtpost.com/baidu/6786606.html.

③ 程书书．短剧出海，真的挣钱？［EB/OL］．（2023-12-22）．https://www.thepaper.cn/newsDetail_forward_25739442.

④ 霞光社，李小天．短剧出海，留给暴利的时间不多了［EB/OL］．（2023-11-27）．http://news.sohu.com/a/739477286_250147.

促繁荣发展联合倡议书》，加之新入局的网文平台、广电媒体、影视机构等主体助力内容的提质创新等举措，都在为微短剧的健康发展保驾护航。微短剧这一新兴内容形态在政策引导、部门监管以及多方参与的协同治理下，有望进一步形成健康规范、协同共生、前景明亮的良好生态。

Ⅳ 商业模式篇

B.13
2023年中国直播经济发展报告

姚志文　梁静怡*

摘　要： 2023年，中国直播经济增速呈逐渐放缓的态势，消费者消费行为日趋成熟和多样化，平台竞争呈现多元化发展态势，直播内容呈现多样化和垂直化的趋势。虚拟主播正取代真人主播，实现全天候24小时不间断的直播带货服务；内容电商模式在2023年得到了进一步深化，新的商业模式层出不穷，“直播+短视频”深度融合成为重要营销策略。直播电商的崛起加速了线下零售店面的转型和升级，在创造新的就业岗位、促进传统行业转型升级、提高人力资源配置效率、吸引青年群体就业等方面发挥了重要作用，催生出了新的消费文化，制造了新的经济增长点。预计未来政府会有更严格的监管政策和法规出台，推动行业的健康有序发展；实施数据安全法和个人信息安全法，促使行业在用户数据保护方面遵循更严格的数据处理和隐私保护规范。

关键词： 直播经济；内容电商；新型职业；数据安全

---

* 姚志文，华南师范大学国际商学院副教授，主要研究方向为新媒体与数字经济；梁静怡，华南师范大学国际商学院硕士研究生，主要研究方向为数字媒体与艺术创作。

直播经济的蓬勃发展，得益于移动互联网的普及、5G技术的推广、人工智能的应用，以及年轻一代消费者对于互动式娱乐和购物体验的需求升级。这些技术和文化因素共同推动了直播平台的内容多样化、交互性强、场景化等特点，使得直播成为品牌营销、商品销售、个人表达和社会交往的重要渠道。2023年，中国直播经济不仅在规模上持续扩大，更在模式创新、技术应用和行业生态构建方面展现了新的发展趋势与亮点。本文旨在深入分析当前中国直播经济的发展现状，探讨其背后的驱动因素，并聚焦于最新的市场趋势与创新实践。

一、2023年中国直播经济概况

（一）市场规模与增长速度

2023年，中国的直播电商市场增速呈逐渐放缓的态势，整个市场走向成熟稳定的发展阶段。统计数据显示，2023年度中国直播电商市场销售额已经达到了4.9万亿元的重要里程碑，较上一年实现了35.2%的增长比例（见图1）。[①] 自2023年初以来，得益于直播电商政策的优化以及抖音、快手等平台电商环境的日益完善，直播购物的普及程度持续上升。然而，随着这一程度的不断提高，直播电商的市场增长速度开始出现逐步减缓的迹象，市场整体步入了一个稳健成熟的发展期。

随着直播观看习惯的深入人心和5G网络覆盖的扩大，直播电商的用户群体也呈现出爆炸性的增长。中国互联网络信息中心发布的第53次《中国互联网络发展状况统计报告》显示，截至2023年12月，我国网民规模达10.92亿人，网络直播用户规模达8.16亿人，较2022年12月增长6501万人，占网民总数的74.7%（见图2）。其中，电商直播用户规模为5.97亿人，较上年同期增长8267万人，占网民整体的54.7%，并覆盖了广

① 艾瑞咨询. 2023年中国直播电商行业研究报告［R/OL］.（2024-02-29）. https://www.iresearch.com.cn/Detail/report?id=4316&isfree=0.

泛的年龄层和地域。[1]随着网络购物用户群体的扩大，以及潜在消费者数量增加，这预示着直播电商将迎来更多的流量和销售机会。

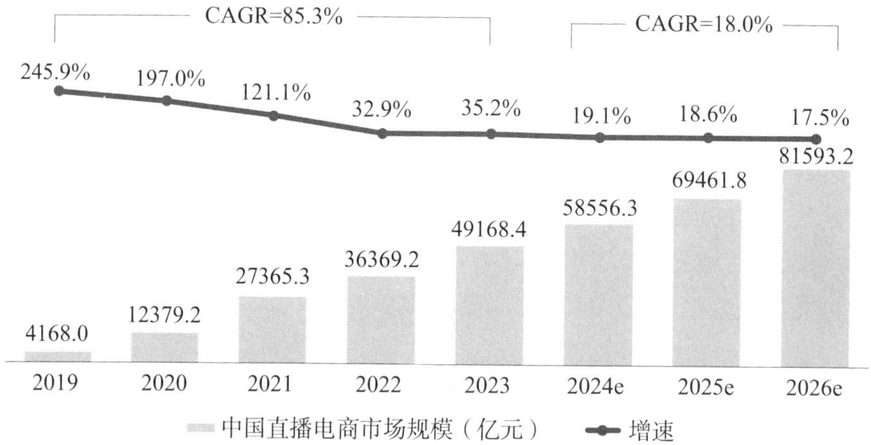

图 1　2019—2026 年中国直播电商市场规模及增速

数据来源：艾瑞咨询《2023 年中国直播电商行业研究报告》。

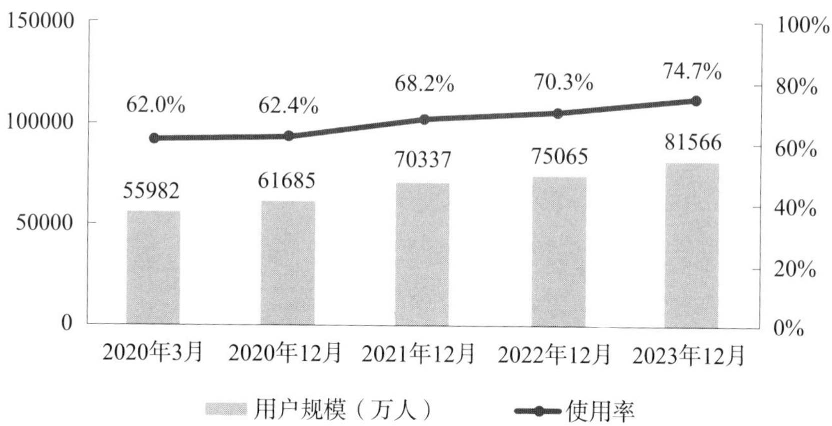

图 2　2020 年 3 月至 2023 年 12 月网络直播用户规模及使用率

数据来源：第 53 次《中国互联网络发展状况统计报告》。

① 中国互联网络信息中心．第 53 次《中国互联网络发展状况统计报告》[R/OL].（2024-03-25）. https://www.cnnic.net.cn/NMediaFile/2024/0325/MAIN1711355296414FIQ9XKZV63.pdf.

（二）用户行为与偏好分析

在用户行为方面，2023 年的数据显示，消费者在直播电商平台上的消费行为日趋成熟和多样化。用户的购买偏好可划分为三个主要梯队，服饰、日用百货、美食、美妆依然是最受欢迎的类目，吸引了超过半数的直播电商用户进行选购。同时，随着直播内容的多元化，家电、游戏产品、书籍文具等更多样化的商品也开始受到消费者的青睐，位列第二梯队。虚拟产品或服务、珠宝及其他为第三梯队（见图 3）。[①]

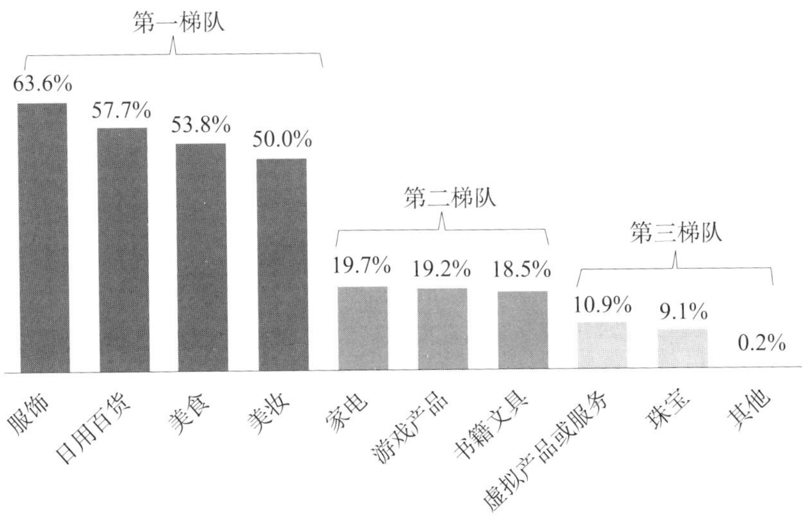

图 3　直播电商平台用户购物品类偏好

数据来源：中国消费者协会、微播易 & 蝉妈妈。

从消费频次来看，抖音与快手两大内容平台的直播电商观看人次在 2023 年达到了 5635.3 亿，购买转化率为 4.8%，选择在抖音与快手观看直播电商的人次及其购买转化率均呈稳步增长态势，这表明越来越多的消费者通过观看直播来了解产品，并在此基础上做出购买决策（见图 4）。抖音和快手作为内容平台，依托其强大的内容创作和分发能力，能够吸引大量

① 微播易 . 2023 年中国直播电商机会洞察报告［R/OL］.（2023-04-28）. http://www.100ec.cn/index/detail--6627064.html.

用户观看直播并激发购买欲望。2023 年，淘宝内容消费用户规模同比增长率为 44%，月成交破百万元的直播间为 1.2 万个，新增内容创作者 863 万人，新开播账号增加 77 万个。可见“内容种草”已成为消费者形成购买决策的重要途径之一，反映出内容驱动型电商的巨大潜力。

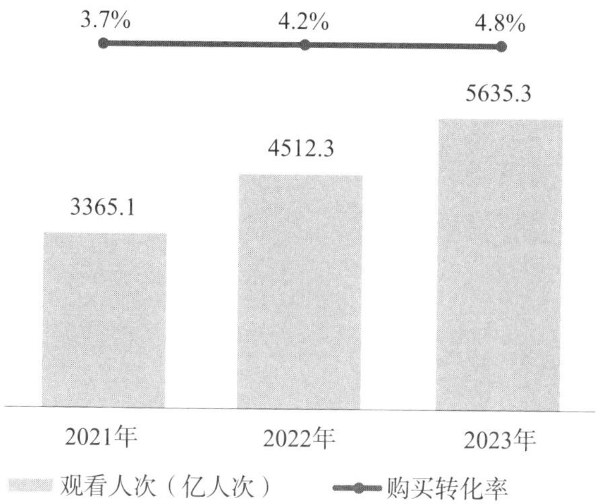

图 4　2021—2023 年抖音、快手两大内容平台直播电商观看人次及购买转化率情况

数据来源：艾瑞咨询。

艾媒咨询的数据显示，受访用户在直播电商上的单次消费金额主要集中在 101—500 元，占比超过七成；单次消费在 301—1000 元的用户占比接近六成。这些数据反映出直播电商用户的消费能力较为强劲，且愿意在直播平台上进行中高金额的消费。通过数据比较，有 39.3% 的消费者在“双十一”期间的消费额比 2022 年增加了 10%—30%，而 34.6% 的消费者表示他们的消费超出了原本预算的 10%—30%。与此同时，接近一半的消费者（48.5%）表示他们的支出大致与预算相符（见图 5）。[①] 由此可见，购物前的规划可能是促成消费者实际支出与预算一致性的关键因素之一，这表明消费者在购买时表现出了较多的理性。通过在多个平台比较价

① 艾媒咨询 . 2023 年中国电商“双十一”消费大数据监测报告［R/OL］.（2023-11-12）. https://report.iimedia.cn/repo7-0/43502.html?acPlatCode=wxgzh&acFrom=yw43502.

格，并选择最佳的购买时机和渠道，消费者能够控制自己的开支，使其符合预期。

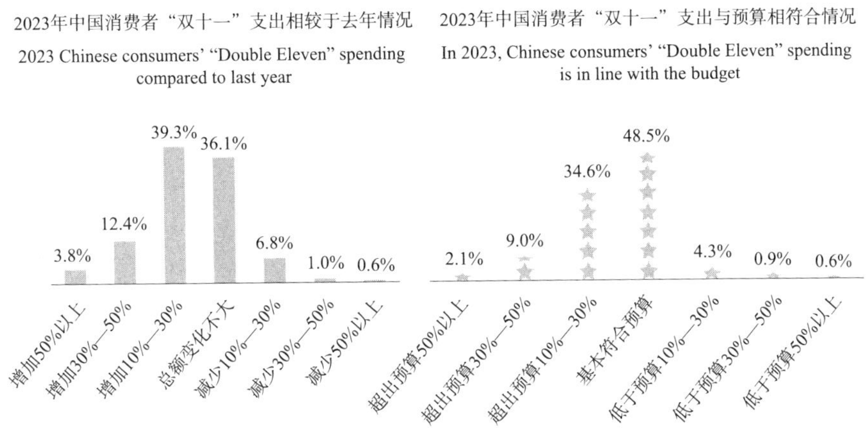

图 5　2023 年“双十一”消费支出情况

数据来源：艾媒咨询《2023 年中国电商“双十一”消费大数据监测报告》。

（三）直播平台竞争格局

2023 年中国直播经济的平台竞争呈现多元化发展态势，行业巨头如淘宝直播和快手占据较大市场份额，分别依托于阿里巴巴和腾讯的庞大生态系统，具备完善的供应链管理和强大的用户流量。在 2023 年“双十一”期间，全网交易总金额为 11386 亿元，比上年同比增长 2.08%，位居前列的平台仍然是抖音、快手，分别占比 41% 和 28%（见图 6）。

随着全民直播时代的到来，直播电商市场开始从集中化转向多元化。除了主流平台抖音、快手、淘宝直播，非主流平台也纷纷转型入局（见表 1）。2023 年 3 月，小红书组织架构调整直播业务为独立部门；百度佣金降幅高达 80% 助力直播；“交个朋友”入驻京东直播，首场直播 GMV 破 1.5 亿元；拼多多、哔哩哔哩、新浪微博、腾讯等纷纷加入直播电商市场。这些平台不仅提供了更多元化的购物渠道，还通过差异化的内容和互动策略吸引了不同用户群体。京东凭借其强大的物流和品质保证，打造了以家

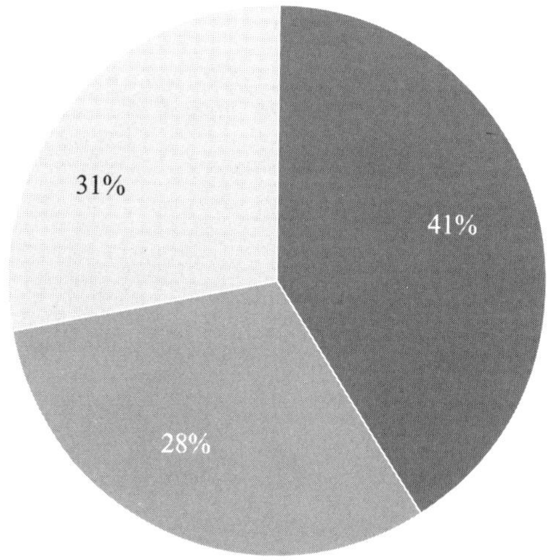

图 6　2023 年“双十一”第一波活动直播电商平台销售额占比

数据来源：艾媒咨询《2023 年中国电商“双十一”消费大数据监测报告》。

电和 3C 产品为核心的直播生态；拼多多利用拼团机制和价格优势，吸引寻求性价比的消费者；哔哩哔哩则依托其年轻化的用户基础，推广与二次元文化相关的商品；小红书直播专注于生活方式与美妆时尚分享；腾讯整合多平台资源，推动跨界合作，依托庞大的社交网络，为小微商家提供直播平台。这些新兴直播平台通过结合视频内容的吸引力和实时交流的互动优势，创造出新的销售模式，不仅为消费者带来了新颖的购物体验，也为品牌和商家提供了更直接有效的产品推广方式，尤其在服饰、美妆、食品等领域表现出了强大的销售能力。[①]

① 星图数据．2023H1 电商行业报告［R/OL］．（2023-09-19）．http://www.syntun.com.cn/xing-tu-shu-ju-gun2023h1dian-shang-xing-ye-bao-gao.html.

表 1　主流直播电商平台属性比较

平台	抖音	快手	淘宝	京东直播	多多直播	哔哩哔哩	小红书	新浪微博	腾讯
平台属性	社交＋内容	社交＋内容	电商	电商	社交＋电商	内容社区	种草基地	社交＋内容	社交＋内容
商品属性	美妆＋服装百货	百元内低价商品为主	淘宝体系内全品类	京东电商全品类	百元以上中高端产品为主	内容电商＋直播带货	美妆类为主	服装、生活用品、鞋帽配饰等非标品类为主	服装、美食、数码等线下商铺的商品
带货模式	短视频＋直播带货种草转化	达人直播、打榜、连麦等	商家自播、明星直播、达人直播模式兼具	专业主播、内容＋品质供应链	以店铺直播为核心	以视频种草为主	直播＋笔记引流	话题人物热度＋直播＋名人背书	公众号＋小程序

资料来源：根据公开信息、星图数据整理。

2023 年，随着消费者对价格敏感度的提升和对性价比商品的高需求，电商平台为了适应新一轮的消费趋势，纷纷增加投入，采取更为激进的营销手段，包括低价策略和满减优惠，以提升购物体验并维持竞争地位（见图 7）。[①] 这种竞争策略需要平台深入分析市场，满足不同消费者的需求，并在技术上不断创新。同时，通过加强与供应商合作、优化成本和提升物流效率来降低成本，确保低价的同时保持服务质量和盈利。可见，2023 年的电商市场竞争不单单是价格战，更是一场涉及技术、服务、品牌和责任的综合较量，各大电商平台需要不断革新和升级，以适应不断变化的市场需求和消费者行为。

① 魔镜洞察 . 2023 年度消费新潜力白皮书［R/OL］.（2024-01-16）. https://cdn.mktindex.com/pdf/%E3%80%90%E9%AD%94%E9%95%9C%E6%B4%9E%E5%AF%9F%E3%80%912023%E5%B9%B4%E5%BA%A6%E6%B6%88%E8%B4%B9%E6%96%B0%E6%BD%9C%E5%8A%9B%E7%99%BD%E7%9A%AE%E4%B9%A6.pdf.

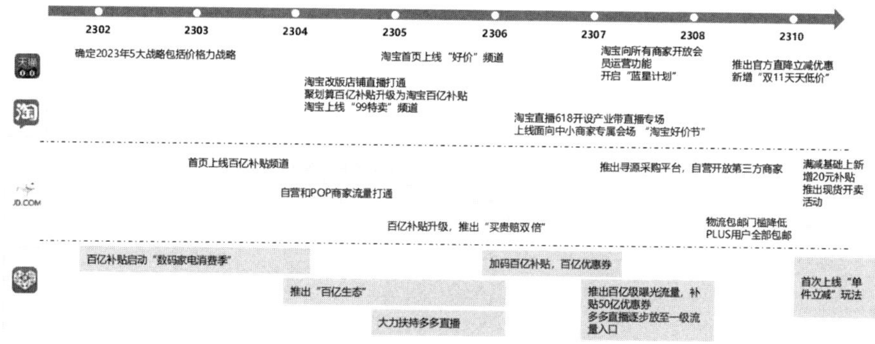

图7　2023年头部电商平台积极推进价格力战略

资料来源：魔镜洞察《2023年度消费新潜力白皮书》。

（四）直播内容分类与特点

2023年中国直播电商市场的直播内容呈现垂直化和多样化的趋势。首先，直播内容在垂直领域的深度挖掘日益突出，各大直播电商平台策略转向更为精细化的市场划分，致力于打造符合特定用户群体兴趣和需求的垂直化直播内容。[①] 基于大数据分析、人工智能推荐算法和用户行为研究，直播电商平台不断细化其所提供的服务和内容，形成了涵盖多个领域的专业直播频道。无论是服装、食品还是家居类直播，都各自深化了具有针对性的主题，如潮流趋势、烹饪技巧或装修设计，以满足消费者的个性化需求。在美妆领域，主播通常是具有专业知识的化妆师或美容博主，不仅展示化妆技巧和护肤心得，还实时解答观众的疑问，并推荐适合不同肤质和场合的产品。服装类直播则侧重于潮流趋势、搭配技巧以及衣物的实穿展示。这种垂直化的内容分类能够更精准地满足用户的需求，提升用户的购物体验和满意度。

其次，直播内容呈现出多样化的形式。除了传统的产品展示和购物直播，直播内容还包括知识分享、生活娱乐、游戏竞技等多种形式。在知识

① 飞瓜数据．年度报告丨2023年短视频直播与电商生态报告［R/OL］.（2024-01-31）. https://www.feigua.cn/article/detail/811.html.

分享领域，专家学者或行业内的 KOL 通过直播平台分享行业知识、技巧和经验，吸引大量用户的关注和参与。在生活娱乐领域，直播内容涵盖了日常生活、美食文化、健康养生等各个方面，为用户提供了丰富多彩的娱乐选择。

（五）直播经济产业链分析

2023 年的直播电商市场产业链已进入一个高度集成与专业化的阶段（见图 8），随着技术的进步和消费者习惯的逐渐成熟，产业链变得更加细化和高效。主播通过多样化的内容吸引观众，平台则提供强大的后台支持，包括流量分配、数据分析和交易处理。品牌与供应商纷纷拥抱直播带货，将其作为重要的销售渠道之一。与此同时，物流服务亦不断优化以支撑即时配送需求。支付系统的安全性和便捷性也得到增强，以满足快速增长的在线交易需求。

图 8　中国直播电商产业链图谱

资料来源：艾瑞咨询《2023 年中国直播电商行业研究报告》。

随着技术的发展和市场的不断变化，直播电商正在从传统的推式供应链向数字化柔性供应链转变（见图 9）。传统的推式供应链主要依赖预测来推动产品的生产和分销，这种方法可能无法快速响应市场变化和个性化需求。相比之下，数字化柔性供应链通过数据分析和即时反馈机制，能够更准确地捕捉并满足消费者的个性化和多样化需求。传统的推式供应链由于环节较多，信息传递存在滞后现象，导致供应链反应不够灵活，而数字化柔性供应链通过缩短销售链路，提高了供应链的整体效率和响应速度。[①]

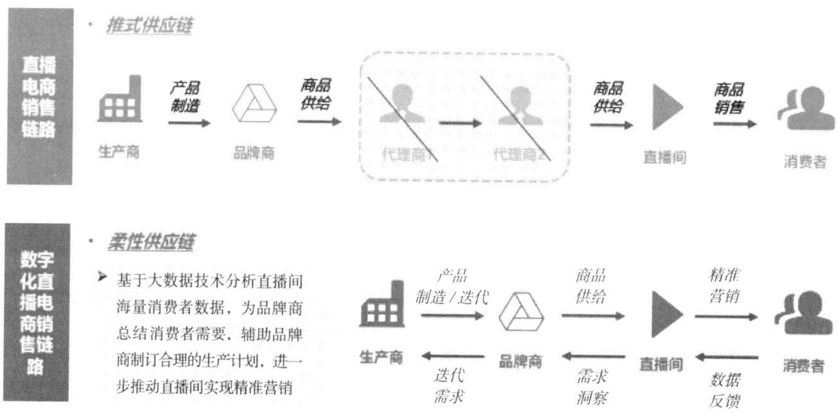

图 9　直播电商销售链路与数字化直播电商销售链路的对比示例

数据来源：艾瑞咨询《2023 年中国直播电商行业研究报告》。

二、2023 年中国直播经济的创新亮点

（一）技术创新与应用

随着 5G 和 AR 等尖端技术的不断成熟和应用，中国直播经济正面临新的变革（见图 10）。首先，数字虚拟人技术的跃进意味着未来虚拟主播将取代真人主播，实现全天候 24 小时不间断的直播带货服务，打造“日不落”直播间。[②] 与真人主播相比，虚拟主播不仅能够提供极长时段的直

① 付伟，滕飞．数字柔性产业链：传统产业数字化转型的探索与实践［J］．浙江学刊，2024（2）：40-49.

② 王翠翠，徐静，尚倩．电商直播中虚拟主播互动性对消费者购买行为的影响［J］．经济与管理，2023，37（2）：84-92.

播，还能够有效降低因人为因素导致的风险，如主播的突发状况、疲劳或人员流动等问题。其次，智能化生产提升了产品生产效率，实时数据分析和机器学习技术使生产线更灵活，这种“智造”模式大大提升了产品的个性化程度和市场响应速度。最后，供应链的持续智能化进一步优化了物流效率。通过高度自动化的仓储管理系统、智能配送算法和精准的库存预测，直播电商的货物流转可以达到更高的效率和更低的成本，从而为消费者提供更快、更可靠的购物体验。

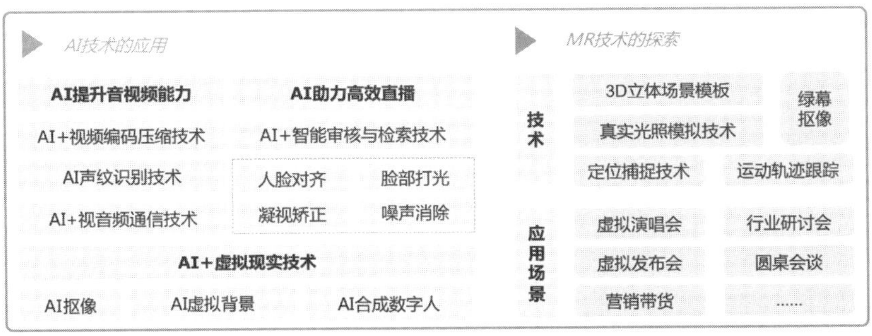

图 10　2023 年中国企业直播新技术应用

数据来源：艾瑞咨询。

直播的场域正在经历一场革命。5G 的高速度和低延迟特性使得直播传输更加流畅，AI 技术在直播电商领域的应用已经相当成熟，在多个方面为直播带来了显著的赋能。例如，音视频能力的提升使得直播更加流畅和高质量；AI+ 智能审核技术能够实时监控直播内容，确保内容的安全性和合规性；自动矫正技术则能够辅助主播在直播过程中维持画面的稳定性和清晰度。此外，虚拟背景的应用使得直播场景可以灵活变换，丰富了视觉体验。而 MR（混合现实）技术作为新兴的技术趋势，正逐渐成为“元宇宙直播”的雏形。[①] 这些技术细节不仅增强了用户的沉浸感和参与度，也为直播电商的发展提供了新的创意和可能性，推动虚拟电商向着更加高

① 艾瑞咨询．2023 年中国企业直播应用标准发展与研究报告［R/OL］．(2023-03-22)．https://www.iresearch.com.cn/Detail/report?id=4153&isfree=0&source=wechat.

效、智能和沉浸式的方向发展，为直播带货模式带来了新的商业机会和更好的消费体验。

（二）商业模式创新

传统电商、内容电商和兴趣电商是目前三种主要的流行电商模式，而内容电商模式在2023年得到了进一步深化，满足消费者精神需求层面的“上浮化”直播内容成为大势所趋，主播或商家通过提供与产品相关的教育性、娱乐性或信息性内容来吸引观众。自从东方甄选的直播平台启动以来，“知识型销售”主播董宇辉凭借其独树一帜的直播风格迅速让东方甄选成为电商焦点，掀起了一场购物狂潮。在推销产品时传递生活的温暖、梦想与希望，同时普及知识和传播价值观。[①] 这种内容+直播模式的优势在于可以培养用户对品牌的忠诚度，提高转化率；挑战则在于内容的持续创新和质量保证，以维持用户的兴趣和参与度。

直播电商领域随着技术的进步和消费者习惯的变化，不断催生出新的商业模式。例如“明星+优质内容+直播”模式，利用明星的庞大吸引力来吸引粉丝观看直播，并通过高品质内容激发观众好奇心，结合直播所具备的即时互动特性，巧妙地融入品牌广告，以此引导和增强消费者的购买意愿。2023年初，董洁自小红书的首次直播带货后迅速走红，她凭借轻松的直播风格，在平台上吸引了超过264万粉丝。这一模式结合明星效应、优质内容和直播互动，通过分享生活点滴、互动沟通来建立与观众之间的情感连接，提供了富有娱乐性和实用性的购物体验，赢得了广泛欢迎。[②] 随着直播产品的技术进步和功能完善，直播正变得越来越像一种新的社交活动。

（三）营销策略创新

2023年，中国直播电商在营销策略上继续推陈出新。“直播+短视频”

---

① 田学忠，赵敬宜．东方甄选现象的营销观察与思考［J］．商场现代化，2023（20）：61-63.

② 谢妙昱，张泉灵．直播电商2.0时代的情感演变与传播策略：以“董生活”直播间为例［J］．中国报业，2024（2）：16-17.

深度融合成为重要的营销策略，即通过将直播和短视频整合，实现品牌在视频营销领域的全方位覆盖，并在整个视频营销生态中形成一个无缝衔接的完整闭环，增强用户的品牌体验。为了覆盖更多目标客户，品牌视频传播以矩阵方式实现全媒体平台布局。同时，各平台之间互动并协同，建立视频生态体系，使品牌影响力和覆盖范围最大化。抖音电商各行业直播与短视频的配比情况见图 11。

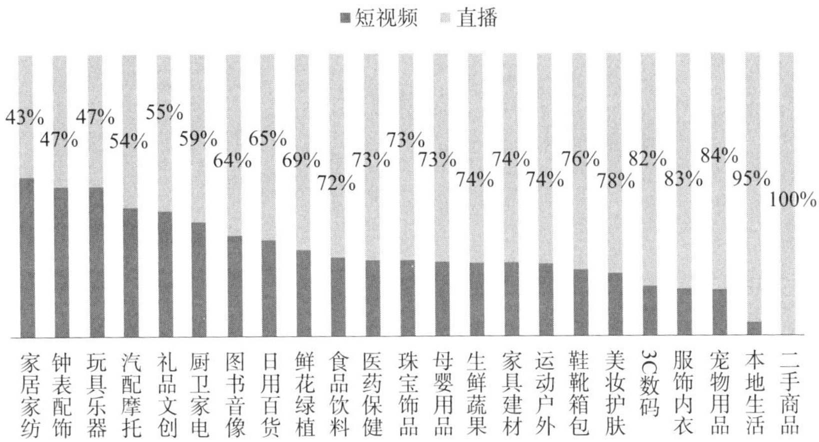

图 11　抖音电商各行业商品直播与短视频的数量配比

数据来源：微播易 & 蝉妈妈《2023 年中国直播电商机会洞察报告》。

2023 年，抖音平台迎来了众多家电品牌和分销商的大规模进驻，自营直播账号数量增长超过 77%。品牌自播作为一种营销手段，能够帮助品牌更好地展示产品，避免信息过载的问题。品牌方可以根据用户需求的变化，灵活调整“人、货、场”的创意组合，为用户打造最佳的直播体验。[①] 此外，自播模式的稳定性、持续性和低成本优势，使其成为商家日常经营的基本盘。数据显示，94.44% 的品牌下关联着 1—3 个自播账号。

① 胡亦心．基于 AARRR 模型的抖音平台品牌自播运营策略研究［D］．杭州：浙江工商大学，2023.

三、2023 年中国直播电商的经济影响

（一）对传统零售业的影响

直播电商的崛起加速了线下零售店面的转型和升级。许多传统零售商开始意识到线上渠道的重要性，积极拓展线上业务，并将线上与线下结合，实现线上线下融合发展。一些零售商也开始通过开设直播间来吸引顾客，增加店铺的曝光度和销售量。因此，传统零售店面不再仅仅是商品的销售点，更成为消费者体验和互动的场所。传统零售业的销售模式也在面临转型。以前的销售模式主要依赖于商品的陈列和售卖，但直播电商的兴起改变了这一格局。传统零售商开始借助直播带货等方式，通过直播向消费者展示商品，提高销售转化率。同时，一些传统零售商也积极探索线上直播销售，拓展销售渠道。为了吸引消费者重回实体店面，传统零售商也开始引入更多的科技元素，如智能导购、虚拟试衣间等。

（二）对就业市场的贡献

2023 年 7 月，全球化智库（CCG）发布的《新就业形态下中国新职业青年发展报告》显示，2021—2025 年，互联网营销师、人工智能训练师等 20 种新职业人才缺口接近 1.2 亿人。[①] 新职业人才需求规模庞大，将为青年群体提供大量就业机会。这一数据表明，直播电商行业在创造新的就业岗位、促进传统行业转型升级、提高人力资源配置效率、吸引青年群体就业等方面发挥了重要作用。这些新职业涵盖了直播电商产业的各个环节，从主播、直播运营、内容策划、技术支持到物流配送等，为就业市场带来了新的增长点。

2024 年 1 月，人力资源社会保障部发布了《人力资源社会保障部办公厅关于推进直播带岗在就业公共服务领域应用的通知》，旨在加强网络直

① 全球化智库 . CCG《新就业形态下中国新职业青年发展报告》发布［EB/OL］.（2023-07-07）. http://www.ccg.org.cn/archives/77176.

播功能在公共就业服务中的应用，强调直播带岗作为一种新兴的数字技术与公共服务结合的创新模式，以直观的体验、实时的互动交流和精确的岗位匹配为特点，在提供就业服务方面展现出巨大潜力。这种模式突破了传统招聘的时空界限，还在企业和求职者之间建立了一种新型的互动平台，通过手机即可接触大量招聘信息，实现一键报名、视频面试，并通过实时互动了解行业和企业，降低了求职的时间和经济成本。2024 年新春，快手直播招工活动于 2 月 12 日达到高峰，简历投递量连续超百万份，快手主播袁哲与哈尔滨市就业服务中心联合直播带岗，为多行业招聘，吸引 192 万人次观看。

（三）对消费文化的影响

2023 年 10 月，东方甄选推出“省不够就退费”会员卡，成为中国首个开通付费会员制度的直播电商机构，它标志着直播电商在消费文化上的一次大胆创新和尝试。[①] 引入付费会员制度改变了消费者的购物模式，使其从单纯地观看直播转变为更加积极地参与和消费。这种模式会随着消费者对商品质量和服务体验要求的提高而成为消费新常态。

此外，“数字人虚拟直播”作为一种新型的直播电商形式，通过运用数字化技术创造出虚拟的主播形象进行直播销售，这种创新方式对中国直播电商消费者的审美观念也产生了一定影响。“数字人虚拟直播”打破了传统直播对于主播外貌、年龄、性别等物理特征的局限，对直播电商消费者的审美观念产生了多方面的影响，包括增加审美多样性、个性化、科技化、互动性、时尚性和审美教育等方面。这种影响不仅是表面上的审美偏好变化，更深层次地反映了消费者对新技术、新文化和新消费模式的接受和适应。

（四）对经济增长的推动作用

直播电商平台成为文化产品和地方特色文旅品牌输出的重要渠道。

① 黎竹，刘旺．东方甄选推付费会员卡背后：零售业线上激战［N］．中国经营报，2023-10-23（D01）．

2023年，抖音依托“山里DOU是好风光”等公益慈善项目，开展一系列活动，包括内容展示、特色产品推广以及提供培训支持等。[①]这些活动旨在深入探索乡村文化，推广新的旅游产品、场景和体验，从而刺激乡村旅游和文化方面的消费。文旅直播在展示各地风光、提升景点知名度方面具有独特优势，成功地打造了一张张代表地方文旅特色的新名片。同时，直播带货模式也为农村地区提供了展示和销售农产品的新途径，有助于促进农村经济的增长。更重要的是，直播电商推动了物流、支付系统、数据分析等相关行业的创新与发展，从而在整个供应链中催生了新的就业机会和经济活力。因此，直播电商在刺激内需、扩大就业、促进产业升级和区域经济发展等方面对中国经济的增长起到了积极而显著的推动作用。

四、中国直播经济面临的挑战与未来发展趋势

（一）法规政策与行业规范

随着直播电商和网红经济的迅猛增长，市场参与者混杂，服务质量参差不齐，出现了一些无序竞争和不规范经营现象。为了整治这种乱象，国家部委陆续出台一系列法规政策，整顿直播电商市场，确保其健康有序发展。2023年，中共中央、国务院发布了《质量强国建设纲要》，其中不仅强调了提升产品和服务质量的重要性，还特别提到了要规范发展网上销售和直播电商等新业态和新模式。[②]2023年2月25日，国家市场监督管理总局针对互联网广告领域更新了规章，修订发布了《互联网广告管理办法》，深入明确了从事互联网广告业务的主体应承担的责任，其中第十九条规定：“商品销售者或者服务提供者通过互联网直播方式推销商品或者服务，构成商业广告的，应当依法承担广告主的责任和义务。”[③]2023年6月，中央

① 昌蕾，甘清，张通勇．浅析社交时代短视频场景营销：以“山里DOU是好风光”为例［J］．中国报业，2020（12）：66-67.

② 中共中央　国务院印发《质量强国建设纲要》［N］．人民日报，2023-02-07（1）.

③ 李游．互联网广告监管的体系融贯和规范优化：兼评《互联网广告管理办法》［J］．中国市场监管研究，2023（4）：13-17.

网信办开展为期 2 个月的“清朗·2023 年暑期未成年人网络环境整治”专项行动，限制直播和短视频平台对未成年人的不当诱导，要求直播和短视频服务平台加强对未成年用户的管理责任，禁止通过算法推荐、悬赏挑战、互动游戏等形式不当诱导未成年人长时间观看。同时，利用虚拟礼物、榜单排名等诱导未成年人消费的行为也将受到严格监管。

这些规定将对直播平台的内容生产和管理提出更高要求，增加了运营成本和合规风险。预计未来政府会有更严格的监管政策和法规出台，限制虚假宣传、价格欺诈等不当行为，推动行业的健康有序发展；实施数据安全法和个人信息安全法，促使行业在用户数据保护方面遵循更严格的数据处理和隐私保护规范。同时，为营造健康有序的市场环境，可能会制定针对行业内垄断和不正当竞争的法规，防止市场过度集中和限制消费者的选择。随着直播电商寻求全球市场机遇，跨境电商规范也有望进一步细化，涉及海关、税务和市场准入等问题。

（二）技术挑战与数据安全

新技术的应用将推动直播电商行业向更加智能化、互动化和信任化的方向发展。在语音合成、自然语言处理和大规模语言模型等先进技术的推动下，虚拟数字人主播正逐步进入直播领域。不过，目前这一领域仍处于成长阶段，能提供成熟数字人解决方案的供应商数量有限。在开发和运营虚拟数字直播间时也显露出许多技术难题，如图形渲染技术不成熟导致动作僵硬、动作捕捉与同步技术延迟、人工智能和自然语言处理混乱、系统集成和稳定性差、用户设备兼容性差等问题。展望未来，随着相关技术的持续进步，数字人主播有望在遵循法规、外观真实感、语言表达能力和动作自然性等方面迎来更加细致入微的提升与完善。AIGC、大模型数据技术也将在 2024 年投入直播电商市场的应用。2024 年 3 月 25 日，阿里妈妈正式发布“LMA 大模型技术 +1 个革命性产品 +3 大商家扶持计划”，打造“AI 智联全局”，推动直播电商体验向更加智能化、个性化方向发展，为消费者带来独特的购物体验，同时提升商家的运营效率和收益。

数字直播利用大数据和复杂的算法来分析消费者的购买历史、浏览习惯、地理位置以及其他个人特征，虽然可以帮助企业更精准地定位市场和客户，优化产品推广效果，但同时也带来了价格歧视等问题，为消费者权益保护带来新的挑战。未来市场对于数据安全的各类服务需求将持续增长，包括数据安全咨询规划、行业数据分类分级、数据安全风险评估、数据安全演练和审计等。在处理数据的跨境存储、流动和交易时，对安全监控和风险管理的投入也将增加，这将直接推动数据安全市场的规模扩大。

中国直播经济市场在经历了初期的快速增长后，正在步入一个更为成熟、规范和创新驱动的新阶段。随着技术的不断进步和市场参与者的日趋成熟，未来直播电商无疑将继续作为零售创新的前沿阵地，引领消费趋势和商业变革。

B.14
2023年中国粉丝经济发展特征与趋势*

程雨宁　王文锋**

摘　要： 随着社交媒体的兴起和数字科技的发展，粉丝经济已经成为一种新兴的商业模式。本文以粉丝经济为研究对象，首先阐述了粉丝经济的发展特征，其中包括明星圈层的数字化转型、IP圈层的内容衍生、网红圈层的社交融合与品牌圈层的消费升级。其次通过乡村产业的数字化升级、社交媒体对粉丝经济的核心推动、区块链技术对信任与价值共享机制的助力、粉丝群体的偏好发展四个模块，分析了粉丝经济的发展趋势。未来，粉丝经济在为企业和个人带来更多商业机遇的同时，也将为粉丝群体提供更加丰富多彩的消费和互动体验。

关键词： 粉丝经济；圈层；粉丝；营销；内容创新

粉丝经济是一种商业模式，它依赖于个人或品牌与其粉丝（或追随者）之间的互动和关系来实现收入和增长。这种模式通常出现在社交媒体、网络平台和个人品牌之间。粉丝经济的核心是建立和维护一种强大

* 本文系国家社科基金艺术学一般项目“我国文化资源资本转换路径及政策选择研究”（项目编号：17BH170）的研究成果之一。

** 程雨宁，湖南理工学院新闻传播学院2022级新闻传播学硕士研究生；王文锋，湖南理工学院新闻传播学院院长，教授、硕士生导师，韩国湖西大学兼职博士生导师。

的、密切的社群感，这个社群由对个人或品牌产生浓厚兴趣的个人（粉丝）构成。这些粉丝愿意提供支持以获得更深入的互动、独家内容、限量产品或其他特权，这种支持通过订阅社群成员身份、购买独家产品或通过集资来实现。

2023 年，中国粉丝经济继续快速发展。社交媒体平台成为粉丝经济的主战场，个人和品牌通过内容创作、直播、电商等方式吸引粉丝，并提供独家权益及相关购买渠道。从明星艺人到网络红人，从视频主播到行业专家，各个领域都在推动粉丝经济的发展，传统企业也积极探索粉丝经济模式，通过与粉丝建立更加紧密的联系，推动产品销售量和品牌认知度提升。在稳步发展的市场中，传受双方的互动继续加深，粉丝经济成为中国商业发展的重要引擎之一。

一、2023 年中国粉丝经济发展特征

（一）明星圈层：数字化转型与个人 IP 打造引领粉丝经济新风向

明星圈层粉丝经济的发展演变可以分为四个不同阶段。第一阶段即单向式仰慕阶段，粉丝单向表达对明星的仰慕，即使形成一定的规模，粉丝的话语权依然较弱。第二阶段即营销式消费阶段，以 2004 年湖南卫视举办的《超级女声》为起点，国内出现第一批有规模、有组织、具有商业性质的粉丝群体。明星团队中相应出现了公关人员进行明星形象营销和声誉管理，主要通过销售周边和代言产品来吸引粉丝群体，其形式较为粗放、直接。第三阶段即驱动式消费阶段，随着 Web3.0 时代的到来，明星开始进行以直播带货或作品宣传为主要内容的网络营销活动，粉丝和明星之间的互动性和信任度不断提升，形成追随型消费，有效地将粉丝流量转化为消费者参与度。2018 年后，粉丝经济进入了第四阶段，粉丝有了较强的组织性和传播力，具有了一定话语权的粉丝可以直接助推明星的发展。对此，明星积极利用社交媒体平台与粉丝互动，发布的内容形式多样且贴近

生活，拉近了自身与粉丝之间的距离。这种密切的互动方式，不仅增加了粉丝的黏性，也使得粉丝更愿意付费支持喜爱的明星。

近年来，大量明星入驻抖音、小红书等平台发布品牌相关内容。得益于抖音集短视频、直播和电商于一体的商业闭环，2023 年在抖音发布品牌相关内容的明星数量超过微博，但从发文数量来看，明星在微博的商业发布数量依然处于绝对优势（见图 1）。[①] 其中，抖音作为短视频平台，拥有庞大的用户基础，且算法功能强大，能够根据用户的兴趣推送个性化内容，可进一步提升粉丝对于明星品牌内容的关注度和曝光率。小红书作为以图文结合为主的社交媒体平台，旨在为用户提供购物灵感和产品推荐，因此明星在小红书上发布的品牌内容能够直接与用户的购买需求对接，而且小红书的粉丝用户对品牌内容的接受度和转化率相对较高。微博则适合明星向粉丝分享更多的日常生活、思想理念等内容，有助于培养更为深厚的粉丝关系，粉丝可以通过转发、评论等方式扩散品牌信息，形成更广泛的影响力。

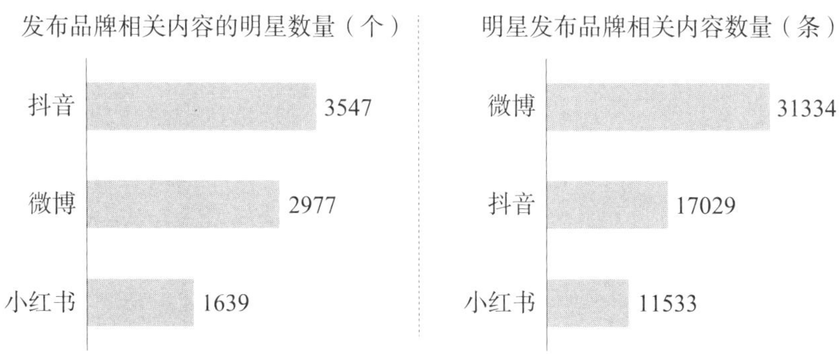

图 1 2023 年明星发布品牌相关内容社交媒体分布

数据来源：艺恩营销智库。

2023 年明星圈层粉丝经济的发展不拘泥于社交媒体平台，还包括作品直销、自发经济、合作经济和附加经济等方式，具体有电影票、演唱会门

① 艺恩营销智库 . 2023—2024 明星营销市场与趋势观察［EB/OL］.（2024-04-09）. https://www.163.com/dy/article/IVBNDT5005383L0H.html.

票、唱片等作品直接销售，明星直播打赏，线下见面会和签售会，明星直播带货，明星周边销售，等等（见表 1）。在这一过程中，这些方式的普及反映了现代社交媒体和互联网时代下粉丝经济的新形态。这既是粉丝表达对明星的支持和热爱的方式，也是粉丝通过集体行动来影响明星在娱乐产业中的地位和资源分配的表现。这种经济行为通常是基于粉丝群体的共同目标和利益，来实现共同的愿望，例如帮助明星在音乐榜单上取得更好的成绩、让明星在电影票房中获得更好的表现等。同时，这也给制作运营方提供了一个直接的反馈渠道，让他们更好地了解粉丝的需求和期待，从而更好地调整和优化明星的宣传和推广策略。

表 1　2023 年明星圈层粉丝经济变现方式

变现方式	表现形式	举例	主要影响指标
作品直销	直接销售明星作品	电影票、演唱会门票、唱片、海报、杂志写真等	明星作品质量、粉丝规模、粉丝消费能力等
平台经济	通过平台获得打赏、会员、分红、薪酬	直播打赏、版权买断等	平台规模、同质排名、分红方式、分红比例、保底收入
自发经济	由粉丝参与线上、线下活动所获得的收益	见面会、签售会、慈善众筹等	粉丝规模、粉丝消费能力、粉丝类型、活动类型
合作经济	以流量为载体参与第三方分红	直播带货、广告收入、线下引流等	日活数量、平台佣金比率
附加经济	其他获利方式	周边销售、付费咨询、科普付费、自营公司收入等	明星个人能力、明星影响力

资料来源：头豹研究院。

（二）IP 圈层：内容优势与跨界合作助力 IP 衍生品持续火爆

IP 通常用来指代那些具有高专注度、强影响力并且可以被再生产、再创造的创意性知识产权，其本质是一种智力成果权。[①] 2015 年以前，中国的 IP 产业相对落后，缺乏 IP 运营意识和相关的产业链发展。2015 年至 2020 年是中国 IP 产业发展的转折期，中国开始着力打造自主 IP，尤其是在文学、动漫、游戏等领域。2021 年至今，是中国 IP 产业构建 IP 生态的阶段，包括 IP 的跨界整合、IP 衍生品的开发等。同时，政府也在出台相关政策支持和引导 IP 产业的健康发展。“得 IP 者得天下”的理念被广为接受。新华网和社科院的报告显示，到 2024 年，中国 IP 授权行业和 IP 改编娱乐行业的市场规模预计将分别达到 1561 亿元人民币及 5867 亿元人民币。[②]

2023 年，IP 圈层的粉丝经济继续保持火热状态，文化内核赋予的内容优势成为 IP 的核心竞争力。这种内容优势不仅体现在故事情节、角色形象等方面的深度挖掘和精心打磨上，更体现在 IP 的多样化运营和创新应用上。例如粉丝经济变现方式包括作品直销、作品改编、产品联名、自发经济、平台经济、合作经济和线下布局等（见表 2）。

表 2　2023 年 IP 圈层粉丝经济变现方式

变现方式	表现形式	举例	主要影响指标	常见 IP 类型
作品直销	直接销售作品	电影票、漫画出版、小说出版、官方周边销售等	作品质量、受众群体规模、IP 粉丝规模	全 IP 类型
作品改编	和影视、动画或游戏制作方合作	版权售卖、合作分红等	粉丝消费能力、粉丝群体规模、改编作品口碑等	游戏 IP、文学 IP

① 闫心玥，邓向阳．打破 IP 神话：IP 对影视投资效率的影响分析［J］．传媒经济与管理研究，2022（3）：191-210.

② 付梦珍．2023 年 IP 行业观察：迪士尼“搅局”，多方各出奇招［EB/OL］．（2023-10-27）．https://www.163.com/dy/article/II31R5EM051284V8.html.

续表

变现方式	表现形式	举例	主要影响指标	常见 IP 类型
产品联名	和各类知名品牌合作，推出联名产品	服装、鞋、帽子、包、3C 数码、化妆品等联名产品销售、盲盒销售、玩偶销售等	品牌粉丝规模、IP 粉丝规模、合作分红比率	全 IP 类型
自发经济	自筹参与线上、线下活动所获得收益	粉丝见面会、漫画和小说签售会、漫展等	粉丝规模、粉丝消费能力、粉丝类型、活动类型	动画 IP、文学 IP、影视 IP、游戏 IP
平台经济	通过平台获得打赏、会员、分红等	作品打赏、版权买断、平台会员费用、作品观看权限购买等	平台规模、分红方式、分红比例、保底收入等	影视 IP、潮玩 IP、动画 IP、文学 IP
合作经济	以流量为载体参与第三方分红	广告收入、赞助收入等	制作团队实力、IP 创作质量、粉丝规模等	综艺 IP
线下布局	线下实体场景布局	销售自营游乐园、“快闪店”纪念品店等门票、体验服务费用	IP 粉丝规模、粉丝购买力、宣传力度等	动画 IP、文学 IP

资料来源：头豹研究院。

值得注意的是，2023 年“IP+”的变现方式表现尤为出色，不同热门 IP 与影视、游戏、文学、文旅、文博等领域展开合作，推出各种衍生品和周边产品。例如 2023 年 8 月 11 日，喜茶与《原神》“喜遇原神 2.0”联名活动开启，当日 # 原神喜茶好喝 #、# 喜茶原神联动 # 等 5 个相关话题接连登上微博热搜。双方围绕游戏人气角色推出联名饮品及相关包材、周边等，收获热烈反响，上新当日，喜茶多家门店出现爆单现象。联名饮品 3 日累计售出近 300 万杯，单店日销最高超 3600 杯。[①] 这种跨界合作不仅为 IP 注入了新的活力和创意，也拓展了 IP 的商业版图，进一步扩大了 IP 的影响力和商业价值。通过与不同领域的合作伙伴共同打造 IP 衍生品，IP 圈层成功吸引更多的粉丝参与，促进 IP 经济的持续发展。

IP 改编空间的扩大促成了更多的跨界现象，其中国产 IP 在粉丝经济中的强劲发展势头不仅源于其种类的多元化和质量的优化，还反映了国内消费者文化自信的增强。这种势头加速了国产 IP 从粉丝群体向大众消费者的辐射，在世界 IP 授权市场上呈现出巨大商业价值，吸引着更多品牌商进行合作和授权。

（三）网红圈层：内容创新与社交电商融合助力网红经济繁荣

统计数据显示，2019 年中国红人新经济关联产业市场规模为 35868.00 亿元，到 2023 年市场规模已达 63059.61 亿元。[②] 网红圈层是粉丝经济中变现最快的一个圈层，主要依托社交媒体平台的快速发展和用户规模的不断扩大。网红们通过内容创作、分享生活与直播带货的方式吸引粉丝关注，建立自己的粉丝基础。粉丝经济变现主要通过广告分销、平台合作、直播打赏等方式实现，其中广告分销是主要的模式，网红们通过与品牌方合作为品牌带来曝光度和销售量增长，从而获得收入。随着粉丝规模的扩大和商业合作的深入，网红圈层的粉丝经济逐渐成熟与扩展（见图 2）。

① 环球网．上新三日热销近 300 万杯，喜茶《原神》2.0 联名圈粉玩家群体［EB/OL］.（2023-08-14）. https://finance.huanqiu.com/article/4E7jUL9a4CQ.

② 智研瞻．中国红人新经济行业：朝着更为专业化的方向迈进［EB/OL］.（2024-04-22）. https://caifuhao.eastmoney.com/news/20240422100955235248900.

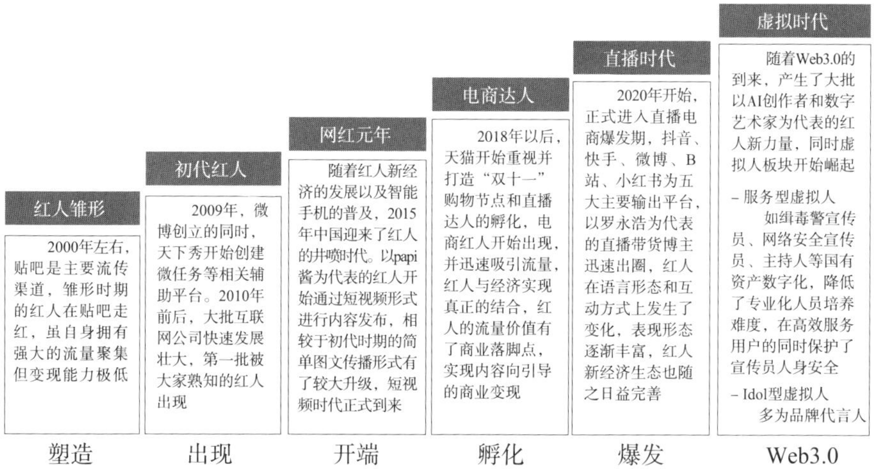

图 2　中国网络红人发展阶段概览

资料来源：艾瑞咨询。

2023 年，中国网红圈层的粉丝经济迎来了新的发展机遇，受益于 5G、人工智能（AI）等前沿技术的强劲发展，网红经济得到了有力支持。网红圈层粉丝经济呈现出持续优化的内容生态和不断拓展的商业业务，网红与品牌方之间的合作愈加紧密，通过内容资产和社交资产的沉淀，双方都能获得更多的收益和价值。

网红圈层的粉丝运营一般围绕 4I 理论的个性、趣味、互动和利益原则来进行。首先，通过大数据对粉丝群体的年龄、性别、兴趣爱好、平台偏好、消费习惯等进行调研和分析，制定个性化的促销活动或者有针对性的沟通方式，与目标受众建立紧密联系。其次，借助各类多媒体平台和工具，如短视频、组图、软文等，提高内容的趣味性和吸引力。再次，通过成立社群、建立个人标签、发起抽奖等方式与粉丝建立起双向沟通的机制。最后，基于对粉丝利益和需求的考虑，设置定制产品或优惠服务，以持续吸引和留住粉丝的关注与支持。2023 年红人经济的变现模式包括平台经济、自发经济、合作经济和附加经济等（见表 3），其中直播打赏、广告植入和直播带货等尤为突出。

表 3　2023 年网红圈层粉丝经济变现方式

变现方式	表现形式	举例	主要影响指标
平台经济	通过平台获得打赏、会员、分红、薪酬	直播打赏、版权买断	平台规模、同质排位、分红方式、分红比例、保底收入
自发经济	自筹参与线上、线下活动获得收益	见面会等	粉丝规模、粉丝消费能力、粉丝类型、活动类型
合作经济	以流量为载体参与第三方分红	直播带货、广告收入、线下引流等	日活数量、平台佣金比率
附加经济	其他获利方式	创办 MCN 公司、知识付费等	网红影响力

资料来源：头豹研究院。

（四）品牌圈层：粉丝运营与消费升级成为品牌竞争新焦点

品牌圈层的粉丝经济经历了名人代言、矩阵建立和社群共创三个不同的发展阶段，这一过程反映了品牌与消费者之间互动关系的演变。在名人代言阶段，品牌依赖于名人的影响力和知名度，部分粉丝会因为明星的代言而选择购买相关产品，但他们与品牌之间的互动仅仅建立在消费行为上，范围比较有限。随着市场竞争的加剧，品牌开始意识到仅依靠名人代言可能无法长期维持竞争优势，因此开始建立更为多样化和完善的产品矩阵，以满足不同消费者群体的需求，在这个阶段更侧重于产品本身的特点和优势。随着社交媒体的兴起和普及，品牌开始将注意力转移到建立和发展自己的品牌社群上。粉丝不再被视为简单的消费者，而是品牌的积极参与者。品牌通过社交媒体平台与粉丝互动，促进品牌认知度和忠诚度的提升。在品牌社群中，粉丝可以分享使用经验、参与讨论、提出建议，甚至参与品牌活动的策划和执行，从而成为品牌的重要传播者。

同时，品牌的发展也得到了国家政策的支持。2023 年，中共中央、国务院印发了《质量强国建设纲要》，强调面对新形势新要求，必须把推动发展的立足点转到提高质量和效益上来，培育以技术、标准、品牌、质量、服务等为核心的经济发展新优势，推动中国制造向中国创造转变、中国速度向中国质量转变、中国产品向中国品牌转变，坚定不移推进质量强国建设。[①] 而后，国家陆续推出了一系列促进品牌发展和消费增长的政策，这些政策为消费经济注入了新动能。品牌凭借其自身的价值和影响力，能够更好地引领消费趋势，创造新的需求，挖掘消费潜力，增强消费者的信心。这有助于持续推动我国经济增长，使消费需求成为经济增长的可持续动力。

2023 年，《中国品牌》杂志社发布了“2023 中国品牌 · 风尚品牌影响力指数 TOP100”榜单，其中排名前 20 的品牌如表 4 所示。品牌影响力的高低不仅取决于品牌本身的知名度和市场份额，还反映了品牌在消费者心目中的地位和认可度。这些品牌圈层聚集粉丝的手段众多，如提供互动式服务、打造品牌形象等，其中最有效的形式是建立粉丝社群。比如小米，截至 2023 年 5 月 21 日，MIUI 全球月活用户（手机 + 平板）突破 6 亿。MIUI 于 2010 年 8 月 16 日诞生，推出了首个为中国人深度定制的 Android ROM，MIUI 第一次内测开始时只有 100 名用户，小米公司创始人雷军在采访中将这 100 名用户称为“梦想的赞助商”[②]。小米手机坚持以互联网思维为核心，以性价比为竞争力，以粉丝经济为支撑，打造了一个涵盖智能手机、智能硬件、互联网服务等多领域的生态系统。

① 中国政府网．中共中央　国务院印发《质量强国建设纲要》[EB/OL]．（2023-02-06）．https://www.gov.cn/gongbao/content/2023/content_5742204.htm.

② 中文互联网数据资讯网．小米公司：截至 2023 年 5 月 MIUI 全球月活用户（手机 + 平板）突破 6 亿[EB/OL]．（2023-05-25）．https://www.199it.com/archives/1606072.html.

表 4　2023 中国品牌·风尚品牌影响力指数 TOP20

序号	品牌	影响力指数	区域	分类
1	华为	986.67	广东	科技（智能穿戴、家电通信等）
2	微信	972.43	广东	新经济（平台经济等）
3	比亚迪	905.90	陕西	交通出行
4	大宝	873.88	北京	日化美妆
5	蜜雪冰城	872.77	河南	酒水 / 茶叶 / 饮料
6	格力	869.29	广东	科技（智能穿戴、家电通信等）
7	瑞幸咖啡	868.98	北京	酒水 / 茶叶 / 饮料
8	青岛啤酒	829.33	山东	酒水 / 茶叶 / 饮料
9	腾讯视频	818.28	广东	新经济（平台经济等）
10	中国联通	791.89	北京	科技（智能穿戴、家电通信等）
11	转转	791.79	北京	新经济（平台经济等）
12	花西子	786.94	浙江	日化美妆
13	贵州茅台	762.13	贵州	酒水 / 茶叶 / 饮料
14	工商银行	740.89	北京	金融
15	马蜂窝	728.87	北京	新经济（平台经济等）
16	美团	713.45	北京	新经济（平台经济等）
17	小米	708.30	北京	科技（智能穿戴、家电通信等）
18	伊利	701.02	内蒙古	酒水 / 茶叶 / 饮料
19	OPPO	696.13	广东	科技（智能穿戴、家电通信等）
20	中国移动	694.91	北京	科技（智能穿戴、家电通信等）

数据来源:《中国品牌》杂志社。

二、2023 年中国粉丝经济发展趋势

2023 年，中国粉丝经济在迅速发展的过程中呈现出多元化、个性化和

数字化的趋势。随着社交媒体的普及和数字技术的不断创新，粉丝经济不仅影响着传统行业的运作方式，也为新兴产业带来了无限可能。

（一）乡村产业的数字化升级为粉丝经济注入新动能

2023 年，乡村产业迎来了数字化升级的契机，新兴岗位的创设和就业形式的创新为乡村经济注入了新的活力。乡村创作者和各级圈层的合作不仅为乡村就业带来了新的机会，同时也推动了农产品的数字化销售。更重要的是，这种合作模式也为一些社会生产价值创造力较弱的群体提供了就业机会，如高龄老人、乡村妇女、残疾人士等。这种方式不仅促进了乡村经济的多元发展，也推动了数字化经济业态在农村的普及，为乡村振兴注入了新的动力。

从乡村创作者来看，他们创作真实、贴近生活的短视频内容，通过粉丝经济模式获得收入，这不仅为他们提供了新的创收渠道，也为乡村经济的发展注入了新的动力。比如，有关“三农”的自媒体短视频不仅在内容上展现了乡村生活的真实面貌，也在形式上通过独特的视角、精彩的剪辑和生动的叙述方式，吸引了大量的观众。乡村创作者以自己的生活经历和所见所闻为素材，将乡村的美好、温暖、朴实传递给更广泛的受众群体。他们所传递的信息不仅是农业生产的技术，更是乡村文化的传承和生活态度的表达。随着粉丝数量的增加，以“@ 李红军”“@ 张同学”“@ 东北雨姐”为代表的乡村创作者逐渐建立起了自己的品牌，为乡村经济的发展带来了新的活力。《2023 抖音三农生态数据报告》显示，2023 年抖音上共有 10.2 亿个“三农”视频，获赞 530 亿次；抖音一年产出 2778 万个农技视频，总播放量达 1206.2 亿次，已有 1840 名农技员入驻抖音。[①]

当明星、品牌、红人和 IP 各级圈层与乡村产业凭借粉丝经济实现关

① 东方网．抖音发布“新农人计划 2024”，将持续打造农技视频知识库［EB/OL］．（2023-12-28）．https://caijing.chinadaily.com.cn/a/202312/28/WS658d319fa310c2083e41503c.html.

联时，他们的参与不仅是一种营销手段，更是一种社会责任与商业机会的结合。首先，合作者通过制作纪录片或短视频向粉丝展示乡村产业的发展现状、特色产品以及背后的故事，这些内容不仅能吸引粉丝的关注，还能提高相关乡村产品的曝光度和销售率。其次，合作者联合 KOL 在社交媒体平台上发布产品推荐、使用体验、购买链接等内容，直接向粉丝推荐乡村产品，打开销售渠道。此外，部分合作者还会选择与乡村产业合作，共同推出联名或定制产品，通过双方资源的共享与整合，为消费者提供更多元化的选择。这种双向的互动和合作关系不仅有利于中国乡村产业的数字化升级和发展，也为粉丝经济的发展提供了更多的可能性和机会。

（二）社交媒体成为粉丝经济核心推动力

2023 年，社交媒体继续成为中国粉丝经济发展的核心推动力。随着社交媒体用户规模的持续增长和内容形式的不断创新，社交平台成为明星、网红、品牌以及 IP 等主体创造和分享内容的重要场所，同时也是传受双方互动的主要平台，更成为粉丝经济的核心推动力。

随着社交媒体用户数量的增加，各平台上活跃的创作者数量也在持续攀升，越来越多的个人和机构加入内容创作的队伍中，为社交媒体注入了更多元、更丰富的内容。其中，抖音集中在美食、家居和时尚领域，快手重视时尚、娱乐和情感领域，微信视频号内容多样且均衡，小红书聚焦于穿搭、兴趣和影视领域，B 站主导游戏和生活领域，微信公众号关注民生和政务领域。[①] 各大平台借助其独特的功能和策略，推动内容形式变得更加多样化。除了传统的文字、图片、视频，也有新技术的应用，比如增强现实（AR）、虚拟现实（VR）、虚拟数字人等。

随着人工智能技术的普及和应用，社交媒体平台将更加注重内容的个

① 新榜．开工首日：推荐你看《2023 新媒体内容生态数据报告》[EB/OL]．（2024-02-18）．https://36kr.com/p/2653826505473158.

性化定制。通过分析用户的行为和偏好，平台向用户推荐更符合其兴趣的内容，从而提高用户黏性和满意度。例如小红书由灵感营销推出的 KFS 内容营销组合策略：K，即 Kol（创作者）优质内容引爆——借助数据洞察进行选品，确定营销场景，找到产品的翻译官，让种草深入人心；F，即 Feeds（信息流广告）精准触达提效——精准触达人群，提升经营效率，降本增效；S，即 Search（搜索广告）强化搜索拦截的核心策略组合——守住搜索需求，以用户行为为牵引，指导内容策略、投放策略，触发用户购买意向。[①]

（三）区块链技术建立信任与价值共享机制，助力粉丝经济发展

区块链技术作为一种去中心化的分布式账本技术，正在成为许多行业解决信任和价值共享问题的利器，在粉丝经济领域也不例外。区块链技术通过其去中心化、不可篡改、透明的特性，为粉丝经济提供了建立信任的新途径。例如，通过将传受双方的互动记录在区块链上，可以确保数据的安全性和透明性，减少信息篡改和虚假交易的可能性，进而增强粉丝对偶像或品牌的信任。2023 年下半年，“长安链”团队研发的“长安链隐私计算开放平台”获国家级金融科技产品认证，成为业内迄今唯一通过该认证的集区块链与隐私计算于一体的可信隐私计算解决方案。[②]

此外，区块链技术还可以促进粉丝经济中的价值共享，通过智能合约等机制，粉丝与偶像、品牌之间的价值交换可以更加高效和公正地进行。粉丝经济将向着更加去中心化、多元化的方向发展，新兴的艺人类型如虚拟偶像将与传统明星艺人共同构成一个更加多元化的艺人生态系统。这不仅会带动泛娱乐经济的新增市场，也会为粉丝提供更多元化的消费选择。区块链 NFT（非同质化通证）技术将重构粉丝经济产业链上游的 IP 与明

① 南湘聊品牌 . 小红书 KFS 内容营销策略［EB/OL］.（2024-04-18）. https://baijiahao.baidu.com/s?id=1796638038065331863&wfr=spider&for=pc.

② 中国日报网 .《区块链白皮书（2023 年）》：“长安链”已超过国外区块链底层平台［EB/OL］.（2023-12-14）. https://baijiahao.baidu.com/s?id=1785264989923520257&wfr=spider&for=pc.

星艺人以及下游的粉丝用户之间的消费价值链接，实现去中心化的消费模式。

（四）差异化、交叉化成为粉丝经济未来发展趋势

在 Web3.0 时代的新范式下，不同领域的粉丝群体将呈现出更加明显的差异化。从传统的影视娱乐到新兴的数字艺术、电子竞技等领域，各种类型的粉丝群体将拥有自己独特的特点和需求，这意味着粉丝经济需要更加精细化的定位和服务不同的粉丝群体，提供更加个性化、差异化的产品和服务。尤其是随着“Z 世代”的崛起，个性化需求将成为粉丝经济发展的重要驱动力。新一代粉丝更加注重个性化、定制化的体验，因此企业或品牌需要加强对用户行为和偏好的分析，精准把握用户需求，提供符合其个性化需求的产品和服务。

同时，名人联名、IP 联名、共创联名、流量联名和场景联名等跨界合作也在促使粉丝经济不断拓展已有边界，形成交叉合作之势。2023 年 DT 商业观察发布了一份“消费者联名小调研”，在 1023 份有效问卷中，“95 后”“90 后”“00 后”占比 85%，其中近四成“00 后”对联名的兴趣比以前更强了，越年轻的消费者对联名兴趣提升越明显。比如瑞幸和贵州茅台、瑞幸和《猫和老鼠》、喜茶和 Fendi 等联名成为 2023 年具有代表性的联名产品。2023 年消费者印象深刻的联名排行榜中，瑞幸和贵州茅台联名受到了全年龄段的关注（见图 3）。[①] 不同领域、不同产业之间的跨界合作为粉丝经济注入新的活力和创意，将吸引更广泛的受众群体，促进粉丝经济的快速增长。

① DT 商业观察．品牌联名，拿捏不住年轻人了丨DT 调研报告［R/OL］．（2023-12-05）．https://www.sohu.com/a/743880237_121687414.

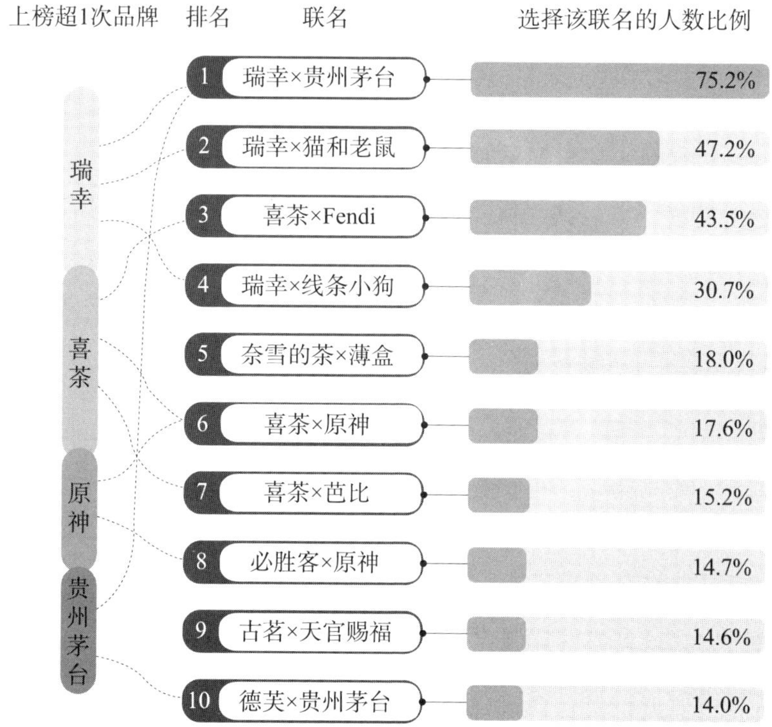

图 3　2023 年消费者印象深刻的十大联名

数据来源：DT 商业观察。

结　语

回顾 2023 年，中国粉丝经济蓬勃发展，变现渠道的多样化为粉丝经济注入了更多活力。并且随着科技的不断进步，虚拟现实（VR）、增强现实（AR）以及人工智能等技术将进一步改变粉丝参与的方式，粉丝可以更加沉浸式地与自己喜爱的明星、网红、IP 或品牌互动。同时，随着受众对个性化和定制化需求的增加，粉丝经济也将朝着更加个性化和定制化的方向发展，为不同类型的粉丝提供更加契合的服务和体验。然而，粉丝经济的大规模发展也带来了一些问题。竞争激烈的市场使得部分从业者进入“内卷”状态，以求得更多关注和收益。在这种情况下，各方需要更加关注从业者的身心健康，加强行业自律和监管，规范市场秩序，防止恶性竞争的发生。

随着数字技术的发展，粉丝经济将呈现出更加多元化的发展趋势，其活力和创新可以推动整个社会向着更加开放、多元、包容的方向发展。因此，各方应该充分认识到粉丝经济的积极意义，支持和引导其健康发展，让粉丝经济成为推动社会进步的重要力量之一。

Ⅴ 传媒新业态篇

B.15
社交媒体生态中 AIGC 与 UGC 内容共生研究

王文杰　王争耀*

摘　要： 在人工智能时代，社交媒体生态正朝着 AI 介导的通信模式转变。本文基于生成式人工智能（Gen-AI）与用户生成内容（UGC）在社交媒体生态系统中的交互关系，提出了“用户—人工智能生成内容”（U-AIGC）的概念，强调用户与 AI 在内容创作过程中的深度协作，并总结当前基于社交媒体的内容共生机制，从内容创作者、社交媒体用户、在线社群以及平台四个方面分析了在“用户—人工智能生成内容”中面临的机遇与挑战。

关键词： 生成式人工智能；U-AIGC；社交媒体

近几年，生成式人工智能（Gen-AI）的快速发展及广泛应用引发了社会广泛关注。得益于大规模数据集上训练的基础模型，Gen-AI 能够适应多种任务，借助于简单的指令，这些模型已经能够生成文本、图像乃至视频，其生成的内容在某些情况下几乎与人类创作的作品无甚差异。在具体实践中，Gen-AI 不仅能编写程序代码、写稿，还能撰写高水平的论文，甚至具备进行医疗诊断和解释复杂科学概念的能力。

* 王文杰，对外经济贸易大学政府管理学院副教授、硕士生导师；王争耀，对外经济贸易大学政府管理学院 2023 级研究生。

随着大语言模型的普及，不同公司也推出了自己的AI模型。公众通过访问这些模型，可以与基于大语言模型的聊天机器人如ChatGPT进行互动。部分模型的功能也被集成至常见产品中，比如谷歌于2024年2月宣布其聊天机器人Bard将被整合进包括Google Docs和Drive在内的多个流行应用中。目前，完全或部分由AI生成的内容已经十分常见，AI作为辅助甚至已经成为必备要素。在以用户生成内容（UGC）为核心的社交媒体平台上，AI生成内容产生的影响也愈加明显。Gen-AI可能使社交媒体平台从UGC主导转变为越来越多地充斥着由AI生成或由AI辅助创作的在线内容空间。从积极角度看，Gen-AI能够生成更加逼真的图像，简化剧本创作和内容编辑过程，并制作不需要真人演员的仿真视频。但是，这些发展也可能会导致错误信息传播、偏见或误导性回应、身份冒用以及边缘化社群可能面临的不公平待遇等问题。UGC的固有属性可被概括为开放获取、非专业制作和快速在线传播[①]，这三个属性会随着Gen-AI算力的不断提升而发生改变，为社交媒体平台带来独特的互动和沟通挑战，创作者、用户、社区和平台也会随之发生改变。

一、U-AIGC是AIGC与UGC交互融合产生内容的一种新方式

U-AIGC指用户与人工智能在内容创作过程中紧密合作，共同生产内容的模式。与传统的用户生成内容和人工智能生成内容（AIGC）相比，U-AIGC整合了用户和人工智能各自的优势，实现了一种全新的协作方式。这种模式起源于UGC的普及，UGC强调用户个人创造内容，通过社交媒体平台共享。然而，AIGC的出现为内容创作注入了新的技术能力，通过机器学习和自然语言处理等技术，自动生成文本、图像和视频等内容。将UGC和AIGC的特点相结合，U-AIGC的概念由此产生。在这种模式下，用

① NAAB T，SEHI A. Studies of user-generated content：a systematic review［J］. Journalism，2017（18）：1256-1273.

户的创意与AI的技术协同合作，利用人工智能辅助内容的生成、优化和传播，使创作过程更加高效、个性化，并有助于拓展内容的多样性和创新性。

U-AIGC体现了一种融合，它涉及内容创作的各个方面，从理念生成、内容设计，到用户反馈、内容优化。在这种模式下，内容的创作不再是由单一的主体（用户或AI）完成，而是成了一个协作的过程。这种模式可能会改变内容创作的生态，促使传统的UGC平台和AI技术提供商在更加开放和互动的基础上，共同探索内容创新的新路径。UGC与AIGC之间的关系复杂而多维，涉及相互依赖、功能增强和创新协同等多个层面，二者呈现出交融共存的生态。

一方面，AIGC的发展和功能极大地依赖于UGC。以ChatGPT为例，这类人工智能工具的训练基础是大规模的用户生成数据，涵盖了从社交媒体帖子到博客文章、用户评论等多种形式。这些内容为AIGC提供了必要的语境信息和样本数据，使其能够学习和模拟人类的交流方式、内容偏好以及语言多样性。没有丰富的UGC作为输入，AIGC的内容生成能力将大打折扣，显示出其在内容创造过程中对用户原创性内容的深度依赖。

另一方面，AIGC为UGC的创作提供了强大的技术支持和创新潜能。Gen-AI工具如GPT系列不仅能生成文本，还能辅助创作图像、视频和音乐等多媒体内容，大大提高了内容创作的质量与效率。例如，社交媒体用户可以利用这些工具来优化其内容的吸引力和互动性，从而提升其在平台上的影响力。此外，AIGC还可以自动化处理大量数据，辅助用户分析观众反馈，优化后续内容的策略和设计，从而在UGC的策划和调整中发挥关键作用。

尽管存在一定程度的竞争关系，但UGC与AIGC更多的是呈现一种交融和共存的关系。UGC提供原始素材和创意，AIGC则通过高效的数据处理和生成算法，扩展和丰富这些创意的表现形式。在这种互补的关系中，二者共同推动了内容创造的多样化和个性化，提升了内容的吸引力和覆盖范围。

二、U-AIGC 标志着社交媒体生态向 AI 介导的通信模式转变

随着 ChatGPT、Midjourney、DALL·E、Google Bard 和 Synthesia 等生成式人工智能技术的涌现，越来越多的生成式人工智能技术已被用于 UGC 创作（见表 1），社交媒体内容创作领域迎来了新的发展动态，标志着社交媒体生态系统向 AI 介导的通信模式的转变。在人机交互研究领域，生成式人工智能技术已被运用于文本编辑以及虚拟角色的创造等多个方面，体现了其在辅助内容创作方面的广泛潜能。尽管如此，生成式人工智能技术在用户主导的社交媒体内容创作中的潜力及其带来的影响尚未被充分挖掘。使用生成式人工智能技术的 UGC 可以被视为 AI 介导的通信的一种形式，其中计算代理代表创作者行动，通过修改、增强或生成内容以实现通信或人际目标，包括使用大型语言模型（LLM）创建的营销活动，根据书面指令生成或编辑图像或短视频，以及根据简要描述制作视频。

表 1 常见生成式人工智能及其参与 UGC 创作方式

类型	生成式人工智能工具	功能描述
写作和编辑辅助	ChatGPT	通过提供写作建议和文本编辑服务，ChatGPT 帮助内容创作者优化其文章、播客、帖子和社交媒体更新内容
	Grammarly	虽然主要是一个语法检查工具，但 Grammarly 也可以利用 AI 来提供写作风格和语调的建议，使内容更加吸引目标读者
图像和视频创作	DALL·E、Midjourney	这些工具使用 AI 来生成静态图像和艺术作品，用户只需提供详细的文本描述
	Runway ML	提供一个用户友好的界面，让内容创作者可以应用机器学习模型来编辑视频，实现从视频自动剪辑到对象移除等功能

续表

类型	生成式人工智能工具	功能描述
音乐制作	AIVA	该人工智能作曲家可以创建独特的音乐作品，被用于影视作品的配乐以及个人项目
	Amper Music	提供一个平台，用户可以根据设定的风格和情绪自动生成音乐轨迹
内容个性化	The Grid	利用 AI 技术来设计和优化网页，这个工具可以根据内容和用户的目的自动布局网站
	Persado	利用 AI 来生成个性化的营销语言，提高电子邮件、社交媒体广告和网站内容的点击率与转化率
社交媒体管理	Buffer、Hootsuite	这些社交媒体管理工具集成 AI 功能来分析用户互动，优化发布时间，并建议内容策略以提高参与度

随着这些技术在创作者社区中的快速普及，大量非专业用户开始探索使用 AI 生成文章、图像和视频。这一趋势促使人机交互、机器学习（ML）和社交媒体等领域的相关研究深入评估生成式人工智能技术在社交媒体内容创作、创作者互动、消费者行为、在线社群构建及 UGC 平台发展方面的影响。这些评估结果将为理解生成式人工智能如何在不断演进的社交媒体生态系统中扮演角色，以及如何塑造未来的内容创作和分发模式提供关键洞察。

三、Gen-AI 对社交媒体内容生态各个环节的全面渗透

生成式人工智能的蓬勃发展持续受到学术界与工业界的广泛关注，Gen-AI 技术的进步促成了自动化技术在文本、图像、音乐、编程代码及视频制作中的应用，极大地丰富了社交媒体内容的生产方式。尤其在

ChatGPT 等工具问世之前，聊天机器人已被广泛用于社交账号管理中，而 Gen-AI 的进一步发展为社交媒体内容创作引入了新维度，例如，通过 ChatGPT 创作引人注目的 Twitter 标题，利用设计工具改变图像背景或应用艺术滤镜，等等。

生成式人工智能对社交媒体生态系统的影响如图 1 所示。首先，框架代表社交媒体生态系统的整体结构，它是由多个子系统组成的复杂网络，主体可分为平台、内容创作者、线上社群及用户等。在这个框架中，内容创作是核心活动，是 UGC 生产的起点。从内容创作开始，Gen-AI 接入并通过创作流程进行操作，这可能包括内容的自动生成、筛选、优化和个性化等。这个流程通过各种算法对原始内容进行加工处理，最终产出更加完善和适应用户需求的内容。在创作流程之后，生成的内容被分发到不同的分类中，每个分类（标记为类别 A，B，C……）可能代表不同的内容类型或主题（如新闻、娱乐、教育等）。在每个分类下，又细分为多个子类别（如子类别 A1，A2，A3……），这些可能代表该主题下更具体的内容分支或用户群体的特定兴趣。

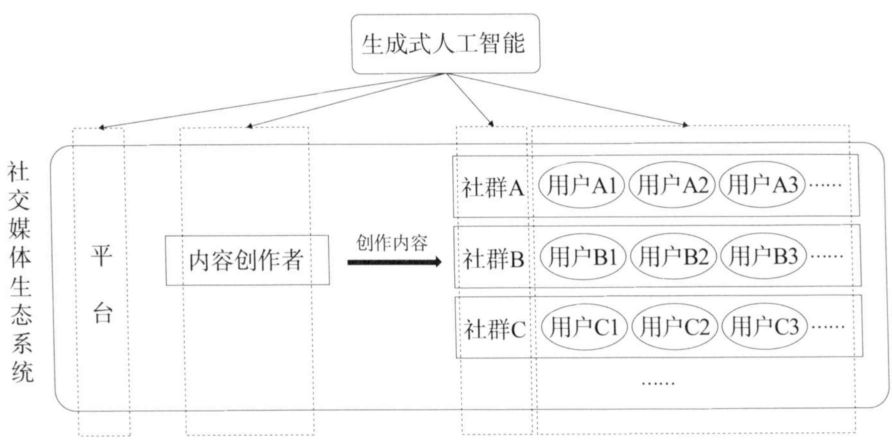

图 1 生成式人工智能对社交媒体生态系统的影响

（一）Gen-AI 为内容创作者赋能的同时也会产生道德挑战

生成式人工智能对内容创作者的影响是最直接的。随着 UGC 平台的日益开放和便于访问，任何人都有可能成为内容的生产者，这导致社交媒体内容的数量急剧增加。Gen-AI 技术不仅使得内容创作流程更加简化，还可以在用户规划、组织和反思写作过程中提供帮助。例如，AI 工具能够通过简单文本提示生成图像而无须自行创建素材；文本转视频工具允许创作者通过文本输入制作逼真的动画，省去了传统剧本写作和视频拍摄的烦琐过程。

然而，Gen-AI 的应用也引发了对其在创意过程、成果及角色中产生的道德挑战的关注。一方面，Gen-AI 的应用可能改变内容创作中的角色分工，模糊人类创意与机器生成内容之间的界限，这对创作者提出了明确分工和定义创作价值的挑战，要确保人类创作仍被认可和尊重。另一方面，Gen-AI 技术的应用及其与内容创作背后的激励机制之间的关系，以及对创作者收入能力的潜在影响，成为创作者和平台需要共同面对的挑战。此外，当前 Gen-AI 在进行内容创作时，仍会引发版权、虚假信息、偏见歧视等问题，创作者需要在使用 AI 工具的同时，明确其伦理规范与社会责任，避免创作有害或不道德的内容。

（二）Gen-AI 优化社交媒体用户体验的同时也会造成信任困境

生成式人工智能对社交媒体用户的影响是把双刃剑，它既为内容生产提供了新的动力，也可能带来用户对平台信任度下降的潜在风险。用户对 UGC 的参与和信任是其社交媒体体验的核心。尽管 Gen-AI 有助于内容创作的快速发展，但其生成的内容质量不均衡，甚至可能带有误导性，这对用户的参与度及其对社交平台的信任会造成一定影响。例如，虽然大模型工具能生成广泛的内容，但可能因为缺乏同理心、具有潜在偏见、准确性不足、上下文理解有限、难以扩展和需要人类监督等问题而影响其可信度。此外，普遍用户对于识别 AI 生成的虚假内容缺乏有效的技能和意愿，这进一步放大了这些问题。

不过，AI 生成内容也有显著的正面价值。例如，资源丰富的聊天机器人可以充当虚拟伴侣、智能代理或任务导向的助手，为用户提供信息支持和互动体验；自我建模技术的应用则可以在基于视频的学习场景中提高运动表现，为用户学习新技能提供辅助。因此，全面理解 AI 生成内容对 UGC 消费者信任感所产生的影响，并识别其中潜藏的价值，对于平衡 Gen-AI 的利弊、优化社交媒体生态系统至关重要。

在综合评估 Gen-AI 对社交媒体用户的影响时，需要从多维度考虑如何增强 AI 技术的积极潜力，同时采取有效策略来降低其潜在风险，包括但不限于开发更为精确的内容审核工具，提高 AI 系统的透明度和可解释性，以及提升用户识别 AI 生成内容的能力。采用这些方法可以增强用户对 UGC 的参与度和信任，促进健康、积极的社交媒体生态的发展。

（三）Gen-AI 对在线社群多元包容的同时也会对既有的公平形成挑战

UGC 的普及有助于围绕共同兴趣和身份多样化而形成社群，特别是对弱势群体而言，UGC 平台提供了与其他用户建立联系、形成社交圈和加强身份认同的重要途径。AI 作为内容创作工具出现，可能会为这些社群引入 AI 实体作为新成员，从而影响社群的交流模式和结构。同时，AI 工具的潜在偏见、歧视和可获取性等问题可能对社交媒体平台的公平性构成挑战。因此，如何利用 AI 技术促进社群的积极发展，同时缓解其潜在风险，需要平台、创作者和用户群体的共同努力和深入探讨。

在线社群中，AI 实体的引入可能改变成员之间的互动模式，比如在为一些特殊用户解释图像内容、提供信息支持和促进交流等方面，AI 技术可以展现出其独特优势。然而，这种技术的应用也会带来对 AI 工具潜在偏见和歧视的担忧。例如，基于大数据集训练的 AI 系统可能无意中复制和放大现有的社会偏见，从而影响内容的公平性和多样性。此外，AI 技术在社群中的应用需要考虑到所有用户的可获取性，确保不加剧数字鸿沟。

针对弱势群体，AI 技术的应用更应谨慎，以避免加剧社会不平等或边缘化问题。弱势群体可能缺乏访问高质量数字资源的机会，因此，在设计和部署 AI 系统时，应特别考虑这些群体的需求和面临的挑战。此外，为了确保 AI 技术的应用是促进而非破坏社交媒体平台上的多样性和包容性，需要开发更加透明和负责任的 AI 设计和管理策略。

（四）Gen-AI 在丰富社交媒体平台内容的同时也带来了对算法推荐的挑战

在过去 10 年中，推荐系统对社交媒体平台的格局产生了深远影响，它通过提供个性化内容，极大地改善了用户体验。社交媒体平台运用算法对用户提供的内容进行排序、过滤和增强，以优化用户的信息流。此外，为了应对存在潜在风险的内容，平台也会进行智能审核。

然而，生成式人工智能技术的快速发展和广泛应用，使得 AI 生成的内容在数量和影响力上均显著增长，在丰富社交媒体平台内容生态的同时也构成了新的挑战。Gen-AI 生成的内容数量庞大且形式多样，给平台算法带来了新的复杂性。一方面，AI 生成的内容可能操纵推荐算法，使其在排序中获得不正当的优先级，影响内容的客观性；另一方面，AI 生成的内容可能带有误导性或偏见，甚至可能涉及版权侵权和虚假信息传播；此外，过分依赖 AI 参与创作可能导致创作内容的低质化与同质化，造成平台堆砌大量重复无效的垃圾信息，降低社交媒体内容生态的活力。因此，如何有效识别、评估和管理 AI 生成的内容成为平台亟待解决的问题。

结　语

在深入探讨生成式人工智能与用户生成内容交互作用的基础上，本文提出“用户—人工智能生成内容”概念，明确了二者之间不仅存在深度的相互依赖关系，还共同促进了内容创造的革新与多样化。在对社交媒体生态系统的影响方面，Gen-AI 在扩展和丰富 UGC 创意表现、提升内容生产效率以及优化用户体验方面展现出巨大潜力。然而，这种技术进步并非没有风险。AI 生成的内容可能会引发有误导性信息的传播问题，挑战内容审核的有效性，甚至可能影响用户对社交媒体平台的信任度。此外，需警惕 AI 在内容生成中的应用可能加剧现有社会偏见或不公现象，特别是对弱势群体的潜在负面影响。因此，未来的研究和实践需要在推动技术创新的同时，强化伦理审视，确保 AI 工具的开发和应用能促进信息的公正与多样性。

展望未来，随着技术的进一步发展和用户需求的不断演变，社交媒体平台和内容创造者需要不断适应新的技术环境，优化 AI 与人类创造者的协同作用。同时，跨学科的合作将是应对这些挑战的关键，需结合人工智能、人机交互、伦理学和媒体研究等多领域的智慧和资源。总之，Gen-AI 和 UGC 的结合为社交媒体内容的创新和多样性开辟了新天地，但也带来了不少挑战。通过持续的技术创新、严格的伦理监督和积极的政策引导，我们可以确保这一技术趋势为社会带来积极的影响，使其成为推动知识共享和文化交流的有力工具。

B.16
虚拟数字人的商业化发展之路

秦雅晰 *

摘　要： 随着人工智能和数字技术的飞速发展，虚拟数字人作为新兴技术的产物，逐步走进公众视野并渗透到商业领域的各个角落。当前虚拟数字人市场规模不断扩大，产业链逐渐完善。虚拟数字人的科技性、虚拟性和拟人化等特点为其商业化应用打下了基础，在虚拟偶像、虚拟主播和虚拟员工等领域的商业化探索取得了不少成绩和经验。未来，在国家政策和AI技术快速发展的支持下，虚拟数字人行业的发展具有很大的潜力。

关键词： 虚拟数字人；商业发展；数字经济；AI

“虚拟数字人”指通过计算机图形学、动作捕捉、深度学习、语音合成等技术手段创造出来的，具有数字化外形的虚拟人物，它们不仅拥有类似人类的外貌和行为，还能进行环境识别和与人的交流互动。随着技术的成熟和应用场景的拓展，虚拟数字人的商业化进程正在加速，它们在娱乐、教育、客服、金融等多个领域均有应用，虚拟数字人可用于多种场景，包括作为虚拟助手、虚拟客服、虚拟偶像、虚拟主播等，其发展经历了从手工绘制到CG再到人工智能合成的演变。

* 秦雅晰，中国传媒大学经济与管理学院传媒经济学硕士研究生，主要研究方向为智能融媒体经营与管理。

当前，国家积极扶持文化产业与科技的深度融合，并鼓励虚拟人创新发展，同时，行业内的竞争格局逐渐形成，一些企业如百度、腾讯等互联网巨头，以及中国移动、工商银行等通信金融机构，还有小冰公司、世优科技等数字人公司在技术端形成了多强格局。然而，虚拟数字人行业的发展也面临一些挑战，包括技术发展滞后、应用端推进不及预期、政策监管趋严、隐私与安全问题、法律与伦理困境、行业竞争加剧等。[①]尽管如此，虚拟数字人市场的未来发展潜力仍然十分巨大，艾媒咨询数据显示，2023年中国虚拟人带动产业市场规模和核心市场规模分别为3334.7亿元和205.2亿元，预计2025年将分别达到6402.7亿元和480.6亿元（见表1），呈现强劲的增长态势，市场需求前景广阔。[②]

表1 2017—2025年中国虚拟人核心市场和带动市场规模

年份	虚拟人带动市场规模（亿元）	带动市场规模同比增长率	虚拟人核心市场规模（亿元）	核心市场规模同比增长率
2017	80.9	—	8.1	—
2018	125.8	53.1%	12.4	53.1%
2019	379.1	201.4%	20.5	65.3%
2020	645.6	70.3%	34.6	68.8%
2021	1074.9	66.5%	62.2	79.8%
2022	1866.1	73.6%	120.8	94.2%
2023	3334.7	78.7%	205.2	69.9%
2024E	4785.3	43.5%	339.2	65.3%
2025E	6402.7	33.8%	480.6	41.7%

数据来源：艾媒数据中心。

① 发现报告.【中国传媒大学】2024中国虚拟数字人影响力指数报告［R/OL］.（2024-04-08）. https://www.fxbaogao.com/view?id=4212101&query=%7B%22keywords%22%3A%22.

② 艾媒咨询.2024年中国虚拟数字人产业发展白皮书［R/OL］.（2024-04-19）. https://www.iimedia.cn/c400/99947.html.

一、虚拟数字人商业化发展背景

（一）市场前景广阔，受众消费意愿高

当前，中国数字经济规模稳步上升，2023 年中国数字经济规模约为 56.1 万亿元，同比增长 11.75%，这为虚拟数字人行业的发展提供了良好的发展背景。国家也高度重视人工智能技术的发展，出台了一系列支持虚拟人技术研发和应用的政策，鼓励行业发展与创新，并建立了人工智能产业园区，为企业提供支持。随着虚拟数字人技术的成熟和应用的普及，社会对虚拟数字人的接受度也逐渐提高，市场需求前景广阔。

在虚拟数字人的爱好者中，主要人群是“Z 世代”女性的高收入群体，使用者多集中在二线城市及以上，这类群体有着较高的文化水平和消费水平，也有着较高的消费意愿，购买虚拟数字人的周边和代言产品是最主要的消费方式。其中虚拟偶像的用户消费意愿较为显著。艾媒咨询数据显示，在 2024 年中国网民为虚拟偶像月均花费金额调查中，35.24% 的网友花费 201—500 元，22.92% 的网友花费 100—200 元，20.92% 的网友花费 100 元以下，14.33% 的网友花费 501—1000 元，6.59% 的网友花费 1000 元以上（见表 2）。

表 2　2024 年中国网民为虚拟偶像月均花费金额调查

金额	占比
2000 元以上	1.43%
1001—2000 元	5.16%
501—1000 元	14.33%
201—500 元	35.24%
100—200 元	22.92%
100 元以下	20.92%

数据来源：艾媒数据中心。

（二）企业数增长快速，投融资活动频繁

天眼查提供的数据显示，2023 年度“数字人、虚拟人”相关企业有 99.3 万余家，其中，2023 年 1 月至 12 月新增相关企业 41.7 万余家，与 2022 年同比上涨 42.3%。从地域分布来看，广东、浙江、山东（浙江与山东并列）三地相关企业数量位居前列，分别拥有 12.3 万余家、7.6 万余家；江苏、福建分别以 6.7 万余家、5.7 万余家紧随其后。从企业服务类型来看，文化、体育和娱乐业，信息传输、软件和信息技术服务业合计占比超六成，占据主流。从成立时间来看，49.4% 的相关企业成立于 1—5 年内，成立于 1 年以内的相关企业占 40.6%。[①] 从注册资本来看，100 万元以下的企业占比 32.91%，200 万元以下的企业则占了 64.88%，1000 万元以上注册资金的企业仅占比 11.44%，多为小企业（见表 3）。[②]

表 3　2023 年中国数字人企业注册资本

注册资本金额	占比
0—100 万元	32.91%
100 万—200 万元	31.97%
200 万—500 万元	13.31%
500 万—1000 万元	10.37%
1000 万元以上	11.44%

数据来源：研精毕智市场调研。

元宇宙的投融资现状显示出该领域的活跃度和增长潜力。2023 年上半年，国内元宇宙投融资事件共计 221 起，较 2022 年同期增长 194%，已披露的元宇宙投融资总额达到 158.6 亿元，较 2022 年同期增长 213%。人

① 发现报告.【中国传媒大学】2024 中国虚拟数字人影响力指数报告［R/OL］.（2024-04-08）. https://www.fxbaogao.com/view?id=4212101&query=%7B%22keywords%22%3A%22.

② 研精毕智市场调研.【数字人行业深度报告】虚拟数字人 +AI：产业加速度与未来趋势［EB/OL］.（2024-05-22）. https://mp.weixin.qq.com/s/wAJ712DLfqLbY1C3xz_mZg.

工智能成为元宇宙领域最热赛道，2023 年上半年 AI 赛道投融资事件共计 74 起，投融资总额 90.2 亿元，分别占比 33.4% 和 57%。[①] 同时，上海、杭州等地的虚拟人投融资活跃度较高，虚拟人行业的投资者以投资类企业为主，代表性投资主体有顺为资本、高瓴创投等，实业类的投资主体有阿里巴巴、富士康等。

（三）AI 技术驱动，专利申请活跃

虚拟数字人技术是多种技术的融合，包括计算机图形学、动作捕捉、深度学习、语音合成等。虚拟数字人技术从 20 世纪 80 年代开始出现，随着 21 世纪初 CG 和动作捕捉技术的发展，数字人创作进入计算机时代。随着多模态 AI 大模型的快速发展，数字人创作进入 AIGC 时代。尤其在 ChatGPT、“文心一言”等大模型的推动下，数字虚拟人技术得到极大提升，已在影视、传媒、金融、文旅、房地产、汽车以及银行证券等多个场景中得到应用。

随着 AI 技术的进一步发展，数字人企业抢滩 AI 的趋势明显，数字人领域专利申请数在 2023 年全年高达 544 个，其中发明专利申请共计 517 项，约占专利总申请数的 95%，反映出业界在核心技术研发上的强劲势头和深度创新。从专利申请机构来看，以百度、腾讯为代表的老牌互联网巨头，以中国移动、工商银行为代表的头部通信、金融机构，以及以小冰公司、世优科技、黑镜科技为代表的头部数字人公司形成了技术端的多强格局。[②]

（四）政策环境优化，多地出台政策支持

虚拟数字人行业作为高科技装备制造业和信息产业的前沿科技行业，

① 文旅中国．元宇宙投融资：人工智能成为泛元宇宙领域投融资最热赛道［EB/OL］．（2023-11-06）．https://baijiahao.baidu.com/s?id=1781807037177360285&wfr=spider&for=pc.

② 发现报告．【中国传媒大学】2024 中国虚拟数字人影响力指数报告［R/OL］．（2024-04-08）．https://www.fxbaogao.com/view?id=4212101&query=%7B%22keywords%22%3A%22.

一直得到国家政策的大力支持。2022 年 10 月，工业和信息化部等五部门联合发布《虚拟现实与行业应用融合发展行动计划（2022—2026 年）》，旨在促进虚拟现实技术在经济社会重要行业领域的规模化应用，目标是到 2026 年，三维化、虚实融合沉浸影音关键技术实现重点突破，新一代适人化虚拟现实终端产品不断丰富，产业生态进一步完善，为虚拟人产业发展提供了明确的目标和方向。[①]2023 年，以工业和信息化部为主，包括科学技术部、教育部、文化和旅游部等在内的 12 个部门参与了相关政策的制定（见表 4）。

表 4　2023 年元宇宙及数字人政策汇总

政府部门	发布时间	政策文件名
工业和信息化部 科学技术部 国家能源局 国家标准化管理委员会	2023 年 8 月 3 日	《新产业标准化领航工程实施方案（2023—2035 年）》
工业和信息化部办公厅 教育部办公厅 文化和旅游部办公厅 国务院国资委办公厅 国家广播电视总局办公厅	2023 年 9 月 8 日	《元宇宙产业创新发展三年行动计划（2023—2025 年）》
国家知识产权局	2023 年 9 月 18 日	《关键数字技术专利分类体系（2023）》
工业和信息化部	2023 年 10 月 20 日	《人形机器人创新发展指导意见》

① 中华人民共和国工业和信息化部．五部门关于印发《虚拟现实与行业应用融合发展行动计划（2022—2026 年）》的通知［EB/OL］．（2022-10-28）．https://www.miit.gov.cn/zwgk/zcwj/wjfb/tz/art/2022/art_775aaa3f77264817a5b41421a8b2ce22.html.

续表

政府部门	发布时间	政策文件名
工业和信息化部 中央网络安全和信息化委员会办公室 教育部 国家卫生健康委员会 中国人民银行 国务院国有资产监督管理委员会	2023 年 10 月 8 日	《算力基础设施高质量发展行动计划》

资料来源：根据网络公开数据整理。

截至 2023 年底，全国 19 个省级单位和 30 多个市级单位出台了相关政策措施，北京、上海等地先后发布数字人专项政策，促进数字人在数字营销、在线培训、电商直播、影音娱乐、服务咨询等多场景的行业应用。表 5 为各省、自治区、直辖市政策的不完全统计。

表 5　2023 年元宇宙及数字人省市级政策汇总（不完全统计）

省、自治区、直辖市	时间	政策文件名
北京	2023 年 11 月 28 日	《门头沟区人工智能大模型产业创新发展三年行动计划（2024—2026 年）》
上海	2023 年 11 月 7 日	《上海市推动人工智能大模型创新发展若干措施（2023—2025 年）》
浙江	2023 年 5 月 20 日	《上城区关于加快元宇宙产业创新发展的若干措施》
福建	2023 年 9 月 30 日	《鼓楼区关于加快培育发展未来产业的实施意见》

续表

省、自治区、直辖市	时间	政策文件名
深圳	2023 年 5 月 31 日	《深圳市加快推动人工智能高质量发展高水平应用行动方案（2023—2024 年）》
江苏	2023 年 2 月 28 日	《无锡市元宇宙创新发展三年行动计划（2023—2025 年）》
四川	2023 年 6 月 28 日	《2023 年成都市元宇宙场景建设工作计划》
重庆	2023 年 9 月 22 日	《重庆市元宇宙产业发展行动计划（2023—2025 年）》
山东	2023 年 5 月 26 日	《奎文区元宇宙产业创新发展行动计划（2023—2026 年）》
河南	2023 年 7 月 21 日	《郑州市元宇宙产业发展若干政策》
安徽	2023 年 2 月 14 日	《合肥高新区元宇宙产业发展规划（2023—2028）》
广西	2023 年 1 月 17 日	《关于加快文化旅游业全面恢复振兴的若干政策措施》
广东	2023 年 11 月 21 日	《“数字湾区”建设三年行动方案》
湖北	2023 年 3 月 6 日	《汉阳区关于加快元宇宙创新发展扶持政策（试行）》
湖南	2023 年 10 月 18 日	《关于加快建设现代化产业体系的指导意见》
海南	2023 年 3 月 22 日	《陵水黎族自治县元宇宙产业发展行动计划（2023—2027）》

续表

省、自治区、直辖市	时间	政策文件名
辽宁	2023 年 1 月 15 日	《五里河元宇宙创新基地行动方案（2023—2025 年）》

数据来源：根据网络公开数据整理。

二、虚拟数字人的发展

（一）发展历程

虚拟数字人的发展历程可以概括为以下四个重要阶段。

20 世纪 80 年代是虚拟数字人的萌芽发展期。从 1964 年波音公司研发的“波音人”到 1982 年动画片《太空堡垒》中的虚拟歌姬“林明美”，再到 1984 年的虚拟电影演员“Max Headroom”，以及 1998 年的虚拟乐队 Gorillaz，这些早期的虚拟形象主要通过手工绘制和 2D 卡通形式展现，初步尝试将虚拟人物引入现实世界，但技术尚未成熟，缺乏实时交互功能。

进入 21 世纪是虚拟数字人的探索期，虚拟数字人开始从手绘转向 CG 和动作捕捉技术。CG 技术主要基于专业软件进行建模、动画制作和渲染，而动作捕捉技术则通过红外线摄像机等设备将真人动作转化为 3D 数据。2007 年，日本虚拟歌手“初音未来”的诞生标志着虚拟数字人技术的一个重要里程碑。“初音未来”的虚拟形象采用了 CG 和动作捕捉技术，并通过 Vocaloid 软件合成歌声，实现了与人类相似的表演效果。

2015 年至 2019 年是虚拟数字人的发展初期，虚拟数字人技术与金融、文旅、快消等多个产业融合，人工智能技术成为虚拟数字人的重要组成部分。比如，2018 年新华社与搜狗联合发布了“AI 合成主播”，2019 年浦发银行和百度共同发布了数字员工“小浦”，这些虚拟数字人能通过移动端向客户提供服务，此时 AI 已成为我们日常生活中不可或缺的工具。

2019 年至今，虚拟数字人技术进入高速发展期，语音、图片、视频等多模态元素的融合提升了虚拟数字人对话内容和表现形式的丰富程度。例如，中国气象局华风气象传媒集团联合小冰公司打造的虚拟主持人“冯小殊”和抖音上的虚拟美妆达人“柳夜熙”，都有着丰富的对话内容和多样的表现形式。2023 年，百度等公司在虚拟数字人领域的专利获得授权，中国科学技术大学与北京灵境赛博公司联合研发的“合成现实”技术发布，展示了虚拟数字人在更多领域的应用潜力。

（二）产业链

虚拟数字人的产业链可以分为上游、中游和下游三个层面，每个层面都有其特定的功能和代表性企业。

上游主要指为虚拟数字人提供基础软硬件工具性支撑的层面，如 VR、AR 等显示设备为虚拟数字人提供沉浸式体验，芯片提供必要的计算能力以支持虚拟数字人的高级处理需求，交互设备如动作捕捉系统、光学器件等用于捕捉真人动作并将其转化为虚拟数字人的动作，算力承载设备提供必要的服务器和云计算资源，AI 智能技术如语音合成、自然语言处理、图像渲染等技术是虚拟数字人智能化的关键。作为产业链上游的代表性企业，科大讯飞在人工智能领域提供语音合成和识别技术，英特尔提供动作捕捉技术，英伟达在算力领域提供支持。

中游主要指数字人产品生产运营的层面，涉及虚拟数字人的制作、集成和运营。相关企业通常提供技术服务、内容生产、IP 孵化等，是连接上游技术和下游应用的桥梁。

下游主要指虚拟数字人的各类应用行业和场景，包括企业服务、文娱、教育、金融、医疗、政府等领域。在这一层面，虚拟数字人被具体部署和应用，以满足不同行业的需求。腾讯在游戏、社交等多个领域运用了虚拟数字人技术，阿里巴巴在电商、广告等领域运用了虚拟数字人技术。

当前，虚拟数字人产业链的上游供应能力整体处于中等水平，其中显示设备和AI智能技术供应能力属于中等偏上水平；中游的企业正在不断探索和创新，以满足下游市场的需求；下游应用场景也正在不断拓展，虚拟数字人的应用逐渐深入各行各业，展现出强大的市场潜力和商业价值。

三、虚拟数字人的商业化探索

（一）虚拟数字人商业化应用的优势

1. 科技性：降本增效，助力经济发展

虚拟数字人具有显著的科技性，在数字内容生产方面发挥着重要作用。例如，在传媒影视方面，虚拟数字人可以减少对实体演员和模特的需求，降低拍摄成本和人力资源成本；通过计算机生成图像（CGI）和人工智能（AI）技术，可以创建高质量的虚拟角色，而无须支付真人演员的费用；虚拟数字人可以24小时不间断工作，不受时间和地点的限制，这大大提高了内容生产的效率；AI技术的运用使得虚拟数字人能够进行更加自然、真实的交互，提供个性化的内容和服务；虚拟数字人可以探索传统内容生产无法实现的形式，如虚拟现实（VR）、增强现实（AR）和混合现实（MR）中的互动体验，为用户提供全新的数字体验。

2. 虚拟性：人设稳定，提升服务质量

虚拟数字人具有虚拟性，这一特性为它们提供了独特的优势，相较于真实的人类，它们具有更高的可控性和安全性。例如，作为品牌代言人或偶像，公司可以自由地设计其个性和形象，确保其向公众展示的形象总是无可挑剔的，可以降低因人设问题而导致形象受损的风险，使得品牌推广、舞台表演等活动更加稳定可靠。此外，虚拟数字人的应用范围不仅限于现实世界，它们还能在元宇宙等新兴的虚拟空间中发挥更大作用，实现跨领域的信息传播和文化交流。

3. 拟人性：身临其境，优化消费体验

虚拟数字人展现了极高的仿真特性，不仅拥有特定的外观和性格特征，还具备通过语言、表情和身体动作进行表达的能力。它们能够感知外部环境并与人类进行交流互动，这些类似于人类的外在表现和交流效果使得虚拟数字人能替代真实人物在内容创造和基本的互动交流中发挥作用。虚拟数字人还能促进新型社交形式的发展，允许个人在虚拟环境中构建和展示自己的虚拟身份，这在游戏、虚拟现实和增强现实等场景中尤为突出。

（二）虚拟数字人的类型及商业化表现

1. 身份型虚拟数字人

身份型虚拟数字人指具有明确身份设定和个性特征的虚拟数字人。它们在虚拟世界中扮演特定的角色，可以是虚拟偶像、虚拟主播、虚拟代言人等。每个身份型虚拟数字人都有独特的外观、性格和背景故事，这些特征使其具有高辨识度和吸引力，能够与用户进行社交互动，包括聊天、分享、参与活动等，建立起与用户的情感联系。身份型虚拟数字人通常用于娱乐行业，如音乐、影视、游戏等，提供娱乐内容和体验。

在某些情况下，身份型虚拟数字人可以成为虚拟偶像，拥有自己的粉丝群体和市场影响力。它们可以在多个平台存在，如社交媒体、视频平台、直播平台等，形成跨媒体的影响力，也可以作为品牌或产品的虚拟代言人，进行广告宣传和市场推广。它们还能够创造和发布原创内容，如音乐、视频、博客等，实现与粉丝的互动。表 6 是影响力指数较高的虚拟数字人商业合作的品牌情况。

表 6 虚拟数字人商业合作品牌

虚拟人 IP	企业简称	金榜指数	合作品牌
洛天依	上海禾念	89.30	《和平精英》游戏、《比特大爆炸》游戏、康师傅、交通银行、娇诗韵、睛姿、平安、京东、阳光（可口可乐旗下饮品）、三兔、奥迪、DIOR、中国电信、百雀羚、美年达、日清、雀巢、福特、华为、珍宝珠、清风
柳夜熙	创壹科技	87.22	vivo、男人装、康师傅茉莉茶、小鹏汽车、百家号、Dior、美即、花西子、屈臣氏
天好	元圆科技	86.90	网易《倩女幽魂》手游、集度汽车、蔻之初、壹心娱乐、周大生、《传奇世界》游戏
A-SOUL	抖音集团 乐华娱乐	86.18	Keep、欧莱雅男士、华硕、小龙坎、饿了么、肯德基、《花亦山心之月》游戏、抖音
伊拾七	一几文化	84.76	得宝、郑恺火锅店推广、华硕

资料来源：根据网络公开信息整理。

2. 服务型虚拟数字人

服务型虚拟数字人通常指被设计用于执行特定功能或任务的虚拟数字人。服务型虚拟数字人是利用人工智能、计算机图形学等技术创造的，能够模拟人类行为和决策过程的数字化角色。它们通常被设计来完成特定的任务，如数据分析、模拟训练、自动化控制等。

服务型虚拟数字人专注于执行特定的任务或服务，能够自动执行任务，减少或消除对人工操作的依赖；集成先进的 AI 算法、机器学习、数据分析等技术，以实现高效和精准的服务。在军事、航天、医疗等特定领域，服务型虚拟数字人可以用于模拟真实场景，进行训练或测试。在需要快速决策的场合，服务型虚拟数字人可以提供决策支持，帮助人类做出更准确的判断。它们的主要功能是执行任务，但也具备一定程度的交互性，以便与人类协作或接收指令。随着技术的发展，它们将在提高效率、降低成本、增强安全性等方面发挥越来越重要的作用。表 7 为服务型虚拟数字人的主要应用场景。

表 7 服务型虚拟数字人主要应用领域和场景

领域	应用场景
金融服务	作为虚拟理财顾问、虚拟客服、虚拟交易助手，提供金融咨询、交易操作指导等服务
教育领域	扮演虚拟教师或助教的角色，提供在线教育、课程讲解、互动学习体验等服务
医疗健康	作为虚拟医生或健康顾问，提供医疗咨询、健康指导、患者教育等服务
零售与电商	作为虚拟导购、虚拟客服，提供商品介绍、购物咨询、售后等服务
政务与公共服务	作为虚拟公务员或服务人员，提供政策咨询、公共信息查询、在线办事等服务
娱乐与传媒	作为虚拟主播、虚拟记者或虚拟主持人，参与节目制作、新闻播报、活动主持等服务
旅游与文化	作为虚拟导游或讲解员，提供景点介绍、文化讲解、导览等服务
智能家居	作为虚拟管家或助理，提供家庭管理、智能控制、生活提醒等服务
企业客服	作为虚拟客服代表，提供产品咨询、技术支持、客户反馈收集等服务

资料来源：根据网络公开信息整理。

（三）商业化探索的多维实践

在实际应用中，虚拟偶像、虚拟主播、虚拟员工是虚拟数字人比较常见的商业化方向。虚拟偶像通常具有高度个性化的形象和人设，它们在娱乐领域扮演类似于真人明星的角色；虚拟主播主要在新闻、娱乐节目、网络直播等领域工作，作为信息传递和内容展示的媒介；虚拟员工在企业中扮演员工的角色，执行客户服务、数据分析、行政助理等任务。这三类虚拟数字人代表了虚拟数字人技术商业化的三个主要方向。

1. 虚拟偶像

虚拟偶像是一种新兴的文化产业现象，它结合先进的计算机图形、人工智能、动作捕捉等技术，创造出具有吸引力的数字化形象。虚拟偶像是由计算机生成的、具有偶像特质的虚拟角色，通常在娱乐、社交媒体、商业广告等领域具有较高的知名度和影响力。虚拟偶像不同于传统意义上的真人偶像，不存在物理实体，但可以通过全息投影、CG 动画等形式出现在公众面前，一般分为二次元型、超写实型和数字孪生型。

虚拟偶像市场的商业化潜力巨大，可以通过音乐发行、演唱会、品牌代言、广告合作、周边商品销售等多种途径实现商业变现。虚拟偶像通常拥有忠实的粉丝基础，粉丝们愿意为偶像的演唱会门票、专辑、周边商品等付费，形成强大的粉丝经济。虚拟偶像还可以进行内容创作和推广，拓宽商业化渠道，与各类品牌进行合作，作为品牌形象代言人参与广告拍摄、产品推广等活动。随着虚拟现实、增强现实等技术的发展，虚拟偶像可以在虚拟空间中与粉丝互动，提供独特的体验，创造新的消费场景。比如，洛天依作为中国知名的虚拟偶像，其商业化运作是比较成功的，不仅在音乐和娱乐产业有所建树，还成功跨界时尚、美妆、科技等多个领域，成为品牌与年轻消费者沟通的桥梁。随着技术的发展和市场的变化，洛天依的商业价值可能进一步提高，合作范围有望进一步扩大。

2. 虚拟主播

虚拟主播指通过计算机图形技术、动作捕捉技术、人工智能等高科技手段实现的虚拟人物形象，它们在视频网站、社交平台上以类似真人主播的形式进行活动。虚拟主播通常具有原创的虚拟人格设定和形象，以MMD或Unity的3D模型或Live2D制作的2D模型出现，可以进行多种活动，如视频投稿、直播、歌唱等。虚拟主播主要分为虚拟UP主、虚拟主持人和虚拟助播三类，其中虚拟UP主指在网络平台上进行视频创作和直播等娱乐活动的UP主，又分为虚拟Singer、虚拟Gamer和虚拟声优；虚拟主持人指通过广播、网络等语言通信传媒与受众形成交互的仿真人形象，又分为仿真主持人和AI合成主持人；虚拟助播指在沉浸式3D购物场景中进行直播带货和品牌代言活动的虚拟数字人。

虚拟主播市场具有很大的商业潜力，“Z世代”年轻群体对虚拟内容的接受度高，对个性化和创新性内容的需求推动了虚拟主播市场的发展。虚拟主播可以应用于新闻播报、娱乐节目、在线教育、电商直播、品牌代言等多个领域，具有广泛的商业应用场景。虚拟主播可以24小时不间断工作，减少人力成本，同时避免了真人主播可能出现的健康问题或个人问题，降低运营风险。比如，央视网“小C”作为一款超写实虚拟数字人，其商业化价值主要体现在节目主持方面。“小C”作为虚拟主持人，参与了央视网多个重要节目和活动的主持工作，如《中央广播电视总台2023网络春晚》、两会特别节目《C+真探》等；“小C”在微博等社交平台与粉丝分享日常，增强了与年轻受众的连接；“小C”在“央数藏”平台发售了数字藏品，成为超写实虚拟人中的先行者；“小C”团队还能为客户提供高精度虚拟人定制生产服务，开辟新的商业化路径，创造更多价值。

3. 虚拟员工

虚拟员工指由人工智能、计算机图形学、自然语言处理等技术创造的数字化角色，它们在企业或组织中承担某些工作职能，类似于真实员工。虚拟员工可以是完全虚拟的形象，也可以是增强现实或虚拟现实技术中的可视化形象。

虚拟员工通常被设计用来执行特定的工作任务，如客户服务、数据分析、内容创作等，它们不受物理条件限制，可以24小时不间断地提供服务或完成分配的任务。虚拟员工是数字化转型和智能化升级的产物，它们在提高工作效率、降低运营成本、提升服务能力等方面展现出了巨大潜力。随着技术的进一步发展，虚拟员工的应用范围和影响力将继续扩大。其中，虚拟顾问的应用面是最广的，其次是虚拟助手和虚拟客服。

幸福医药推出了医药行业首个超写实 IP 数字代言人“幸福的科达琳”，以其独特的形象和情感疗愈的定位在全网布局短视频推广，为消费者提供心灵治愈。在中国虚拟数字人影响力指数榜单中，“幸福的科达琳”荣登企业数字员工影响力首位，彰显了其在行业内的卓越影响力。“幸福的科达琳”全网粉丝已超过百万，短视频全网播放量破亿，这显示了其在吸引用户和与用户互动方面的强大能力。通过虚拟员工“幸福的科达琳”的推广，幸福医药能够跨越不同的媒体平台进行品牌传播，扩大品牌的市场覆盖范围。“幸福的科达琳”作为虚拟员工，在品牌营销、用户互动、服务提供、社会责任等方面展现出显著的商业价值，随着技术的发展和市场的认可，其价值有望进一步提高。

四、虚拟数字人商业化的思考与展望

（一）技术瓶颈问题

虚拟数字人行业在快速发展的同时，也面临着一些技术瓶颈，这在一定程度上会阻碍其商业化进程。虚拟数字人的智能化程度依赖于人工智能技术的发展。目前，人工智能技术仍处于早期发展阶段，导致虚拟数字人在表情管理、感知互动等方面缺乏亲和力和真实感；高质量虚拟数字人的制作成本和高精度的动作捕捉成本高昂，且制作周期较长，这限制了虚拟数字人的大规模商业应用；虚拟数字人行业缺乏全面的定义和统一的标准，导致行业发展良莠不齐；随着元宇宙的推进，现实与虚拟世界之间的差异可能引发伦理秩序问题，以及存在版权纠纷、隐私泄露、数据安全等潜在风险。这些问题不仅会影响虚拟数字人的质量和发展，也对其商业化进程构成了挑战。为了推动虚拟数字人的健康发展，需要行业内外共同努力做好技术创新、成本控制、行业标准化、政策支持和人才培养等多方面的工作。

（二）劳动异化问题

虚拟数字人的发展在很大程度上依赖于“中之人”，即背后操控虚拟数字人动作和表情的真人演员或模特，这种依赖关系引发了一些关于劳动异化和剥削的讨论，对其商业化发展产生一定影响。“中之人”可能会感到自己的劳动被异化，因为他们的真实身份被隐藏，劳动成果被虚拟形象取代，这种异化感可能会导致他们对工作产生不满和抵触；如果“中之人”的工作条件恶劣、报酬低廉，劳动没有得到应有的认可和尊重，就可能产生被剥削感，这种被剥削感不仅会影响“中之人”的工作积极性，也会使公众对虚拟数字人行业产生负面看法。虚拟数字人对“中之人”的依赖也会引发一些道德和伦理问题，例如“中之人”的隐私权、形象权等，这些问题如果处理不当，会对虚拟数字人的商业化发展造成阻碍。

因此，如何维护“中之人”的劳动权益，避免劳动异化和剥削现象，不仅是一个技术问题，更是一个社会、伦理和法律问题。虚拟数字人行业需要建立更加完善的行业规范和监管机制，确保“中之人”的劳动权益得到保障，避免劳动异化和剥削现象的发生。只有平衡好各方利益，建立公平合理的机制，才能推动虚拟数字人行业的健康、可持续发展。

（三）行业发展前景展望

AI 技术的日益成熟，将推动虚拟人产业的高速发展，尤其是在元宇宙概念的推动下，虚拟数字人的应用将不仅限于娱乐和媒体，还将扩展到金融、教育、医疗、旅游等多个行业。政府对新兴行业的支持，比如建立人工智能产业园区、出台优惠政策，将为虚拟数字人产业提供良好的发展环境，虚拟数字人产业链的上游，包括数据建模、物理仿真、画面渲染等，将得到进一步的发展和完善。

虚拟数字人作为数字化转型的重要组成部分，其商业化发展之路充满挑战与机遇。随着技术的不断进步和市场的逐步成熟，虚拟数字人有望在未来的商业领域扮演更加关键的角色。展望未来，虚拟数字人的发展将更加注重人性化设计和智能化服务，以更好地满足用户的个性化需求；行业标准的建立和法律法规的完善将为虚拟数字人的商业化提供坚实的基础；跨学科的合作和创新思维的引入也将为虚拟数字人的发展注入新的活力。

B.17

网络微短剧精品化发展路径探析

卜彦芳　刘萍*

摘　要： 当前，网络微短剧正处于快速发展的风口期，但内容低俗、制作粗糙、同质化等标签也附着在微短剧身上。如何引导微短剧从“量的激增”转向“质的飞跃”，从而走向高质量、精品化和主流化道路，是关乎产业健康发展的关键。本文选取国家广播电视总局2022年和2023年优秀网络视听作品推选活动中入选的18部网络微短剧为研究样本，从制作力量、题材探索、叙事表达、美学精神四个维度探讨微短剧的精品化路径。

关键词： 网络微短剧；精品化；高质量

按照国家广播电视总局的定义，网络微短剧指单集时长从几十秒到15分钟左右、有着相对明确的主题和主线、较为连续和完整故事情节的剧集。作为一种新兴的网络文艺形态，自2022年以来，网络微短剧展现出了蓬勃的生命力。在国家广播电视总局进行规划备案的微短剧数量，从2021年的935部（24210集）激增至2022年的3293部（75827集），到2023年已达到3574部（97327集）；自2022年6月1日起取得《网络剧片发

* 卜彦芳，中国传媒大学经济与管理学院教授、博士生导师；刘萍，中国传媒大学经济与管理学院传媒经济学硕士研究生。

行许可证》而进行线上播出的微短剧数量也是节节攀升（见图 1）。[①] 微短剧的市场规模也呈快速上升趋势，据艾媒咨询数据，2021 年微短剧市场规模是 36.8 亿元，2023 年达到 373.9 亿元，预计 2027 年将增长至 1006.8 亿元。[②]

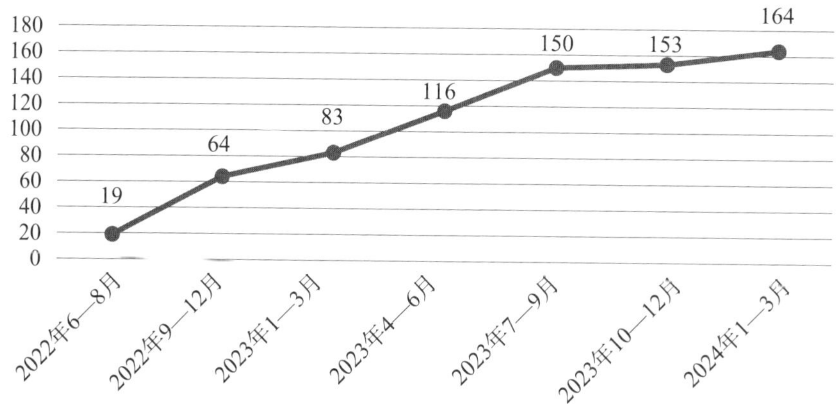

图 1　取得《网络剧片发行许可证》而上线播出的微短剧数量（单位：部）

数据来源：根据国家广播电视总局发布的取得《网络剧片发行许可证》的微短剧名单整理绘制而成。

可见，网络微短剧正处于快速发展的风口期。但不容忽视的是，内容低俗、制作粗糙、同质化、一味追求“爽”感、盗版侵权等标签也附着在微短剧身上，这极大影响着产业的健康长远发展。因此，未来微短剧能否从“量的激增”转向“质的飞跃”，从而走向高质量、精品化和主流化道路，将成为关乎该产业健康发展的关键。

在倡导微短剧走向精品化方面，国家广播电视总局不仅出台了相关政策进行引导和监管，也在年度优秀网络视听作品推选活动和网络视听节目精品创作传播工程中单列了网络微短剧项目，希望以优秀的作品为榜样来引领微短剧的创作导向。本文选取 2022 年和 2023 年优秀网络视听作品

① 数据来源：国家广播电视总局、云合数据。

② 艾媒咨询 . 2023—2024 年中国微短剧市场研究报告［R/OL］.（2023-11-22）. https://www.iimedia.cn/c400/97005.html.

推选活动中入选的 18 部网络微短剧为研究样本，从制作力量、题材探索、叙事表达、美学精神四个维度探讨微短剧的精品化路径，试为产业的可持续健康发展提供参考。

一、专业制作力量入局，引领精品化趋势

视频平台、国有单位和影视公司等作为出品方主动入局微短剧制作，成为微短剧精品化的重要推动力量。在本文选取的 18 部微短剧样本中，仅有《逃出大英博物馆》是以用户自主制作为主的作品，其余 17 部均由专业的平台或机构参与制作出品（见表 1、表 2）。其中，多部作品由视频平台参与出品，《开挖掘机怎么啦》《婚事》《风月变》作为芒果 TV 的代表作，展现了芒果 TV 自 2019 年布局轻量微短剧起，将打造“横屏精品”微短剧作为打破“强综艺、弱剧集”困局的突破口。另有一些优秀微短剧作品是由国资单位出品，像《中国节气——谷雨 / 春分奇遇记》《老吴的传承》《追捕者》《石俊峰办案记》《法官助理谢至》《河姆渡的骨哨声》等，微短剧成为文化传承、普法学法、价值引领的重要方式。影视公司也在微短剧精品化方面发挥着重要作用，为受众带来了《反诈风暴》《我坦白》《消失的痕迹》等高质量的微短剧作品。

表 1　2022—2023 年优秀网络视听作品推选活动中入选的网络微短剧及其出品方

序号	入选年份	作品名称	版权所属者
1	2022 年	《开挖掘机怎么啦》	湖南快乐阳光互动娱乐传媒有限公司
2	2023 年	《婚事》	
3	2023 年	《风月变》	
4	2022 年	《大妈的世界》	北京粒粒橙传媒有限公司 上海鸣涧影业有限公司
5	2023 年	《亲爱的乘客，你好》	北京粒粒橙传媒有限公司
6	2023 年	《吃饭才是正经事》	上海东方龙新媒体有限公司（百视 TV）

续表

序号	入选年份	作品名称	版权所属者
7	2023 年	《相机》	四川观察合创新媒体发展有限公司
8	2022 年	《中国节气——谷雨 / 春分奇遇记》	河南广播电视台
9	2022 年	《老吴的传承》	警网传媒（北京）有限责任公司
10	2023 年	《追捕者》	中国电视剧制作中心有限责任公司
11	2023 年	《石俊峰办案记》	最高人民检察院影视中心
12	2023 年	《法官助理谢至》	最高人民法院新闻局
13	2023 年	《河姆渡的骨哨声》	中央广播电视总台
14	2023 年	《志》	广州日报报业经营有限公司 广州市团校
15	2023 年	《反诈风暴》	北京中艺美华影视文化发展有限公司
16	2023 年	《我坦白》	上海宽娱数码科技有限公司 无锡免狲文化传媒有限公司
17	2023 年	《消失的痕迹》	东阳奇树有鱼文化传媒有限公司
18	2023 年	《逃出大英博物馆》	暧昧时长（成都）文化传媒有限公司

资料来源：国家广播电视总局官网。

表 2　2022—2023 年优秀网络视听作品推选活动中入选的网络微短剧主要播映平台、播映模式和最高热度

主要播映平台	作品名称	播映模式	最高热度
芒果 TV 独播	《开挖掘机怎么啦》	免费	6903.31
	《婚事》	免费	7156.4

续表

主要播映平台	作品名称	播映模式	最高热度
腾讯视频独播	《大妈的世界》	1—2 集免费，之后会员看全集	7784.34
	《亲爱的乘客,你好》	第 1 集免费，之后会员看全集	6680.92
	《反诈风暴》	会员看全集	7312.29
	《石俊峰办案记》	会员看全集	6377.92
芒果 TV、搜狐视频	《风月变》	1—2 集免费，之后会员看全集	7110.07
优酷、爱奇艺、腾讯视频	《追捕者》	1—2 集免费，之后会员看全集	6777.54
爱奇艺	《消失的痕迹》	1—2 集免费，之后会员看全集	6993.85
百视 TV	《吃饭才是正经事》	1—3 集免费，之后会员看全集	—
哔哩哔哩	《我坦白》	会员看全集	1221.77
快手	《法官助理谢至》	免费	—
抖音	《相机》	免费	—
广州市团校微信视频号	《志》	免费	—
哔哩哔哩、抖音、小红书、微博、快手、芒果 TV	《逃出大英博物馆》	免费	2665.24
河南卫视、大象客户端、优酷、爱奇艺、腾讯视频、哔哩哔哩、微博、抖音、快手、今日头条、西瓜视频、微信视频号	《中国节气——谷雨/春分奇遇记》	免费	3346.34（春分篇） 5829.46（谷雨篇）

续表

主要播映平台	作品名称	播映模式	最高热度
央视频、央视网、央视新闻、CGTN、中国之声、云听、西瓜视频	《河姆渡的骨哨声》	免费	—
中国警察网、微博、微信公众号	《老吴的传承》	免费	—

资料来源：猫眼专业版。

除了积极参与微短剧的出品，视频平台、媒体单位也纷纷加大对微短剧的扶持力度，鼓励优秀创作者入驻平台并生产精品微短剧。快手于2020年推出“快手星芒计划”，并于2021年升级为“快手星芒短剧”，为优秀的创作者和机构持续提供内容题材、创作扶持和商业合作的权益与助力。腾讯视频于2021年12月正式发布业内首个微短剧品牌“十分剧场”，以“正能量、精制化、新体验”为标准精选微短剧作品，并率先开启内容矩阵化布局与营销分季化传播。2023年12月，芒果TV与抖音合作发布“精品短剧扶持计划”，围绕新国风、新青年、新生活等十大主题激励优质短剧的开发和制作。2024年4月30日，中央广播电视总台发布微短剧生态合作计划“微短剧里看中国”，旨在鼓励和扶持一大批精品微短剧项目。浙江卫视（中国蓝新平台）成立短剧业务专项组，深度参与精品微短剧创制。东方卫视也宣布与抖音联合出品精品微短剧。可以相信，随着广播电视“国家队”对微短剧赛道的精心布局，微短剧的精品化、专业化之路更增添了坚实保障。

为了提升微短剧的创作质量，制作方还巧妙借势多元力量，积极采用影视制作经验丰富的主创团队。以青春群像微短剧《吃饭才是正经事》为例，导演韩洋曾执导过《夏至未至》《你好，对方辩友》《嘉人本色》等热播长剧，擅长捕捉青春题材触动点；摄影指导宫铭阳曾与导演合作《嘉人本色》项目；美术指导杨颉也曾参与创作青春偶像剧《冰糖炖雪梨》。凭借对青春剧的深刻理解和敏锐洞察，该剧主创团队生动诠释了新时代语境下年轻人的成长困惑，实现了群体共情和创新表达。再如，反特悬疑微短剧《追捕者》选用凭借《狂飙》“老默”一角出圈的冯兵担任男主角，邀请《狂飙》的摄影及灯光团队参与制作，在有限的条件下保证了作品的精品创作。

二、探索多元题材，丰富话语体系

《2023 微短剧行业报告》显示，在 2022 年 10 月 1 日至 2023 年 8 月 31 日上线的微短剧中，爱情题材占据主导态势，上线数量高达 379 部，占比达 31%，其次分别为剧情类（19%）、古装类（11%）、都市类（9%）等[①]，题材单一和内容的同质化成为“短剧热”背后的隐患。2022 年和 2023 年优秀网络视听作品中的网络微短剧则体现出在题材探索方面的努力，它们不再局限于传统的爱情题材，创作者在更广阔的创作空间内推动网络艺术的创新和发展，满足受众日益多样化的审美需求，展现艺术的多元魅力（见表 3）。

表 3　2022—2023 年优秀网络视听作品推选活动入选的微短剧题材类型分布

题材类型	作品名称
科学理论引领	《老吴的传承》《志》《追捕者》
传统文化	《中国节气——谷雨 / 春分奇遇记》《相机》《逃出大英博物馆》《河姆渡的骨哨声》
关注特殊群体	《大妈的世界》《开挖掘机怎么啦》《亲爱的乘客，你好》《吃饭才是正经事》
犯罪	《反诈风暴》《石俊峰办案记》《我坦白》《法官助理谢至》《消失的痕迹》
爱情	《婚事》《风月变》

资料来源：本文作者根据作品内容进行分类而成。

① 广电视界.《2023 微短剧行业报告》丨十大关键词，洞见微短剧最新业态［EB/OL］.（2023-12-15）. https://baijiahao.baidu.com/s?id=1785359405495018644&wfr=spider&for=pc.

优秀微短剧作品坚持以科学理论引导时代发展，通过文艺作品引导受众树立正确的世界观、价值观和人生观。在中国共产党成立 101 周年之际，中国警察网以莆田公安民警吴文元、吴若琳父女的故事为原型，推出微短剧《老吴的传承》。该剧讲述了女儿延续父亲的从警之路，始终一心向党、初心为民的故事，传递保持初心、积极向上的社会价值观。广州市团校以“学习二十大、永远跟党走、奋进新征程”为主题，推出《志》主题微短剧，通过跨时空对话的形式，讲述当代青年向革命先辈请教如何解决成长过程中遇到的困惑和问题，五位革命先辈基于自身真实经历给予回应，用党的初心使命感召青年，引导当代青年成为新时代勇于担当的新一代。

优秀微短剧积极创新中华传统文化融入当代文艺作品的方式，从而激活传统文化的时代价值。河南广播电视台于 2022 年推出“中国节气”系列微短剧，通过小而美的奇遇故事科普节气的内涵和寓意，再现古人“观天测时”的智慧，传递“天人合一、人物和谐”的中国精神哲思。其中，《谷雨奇遇记》以谷雨采茶这一节气习俗为背景和主要意象，化用苏轼以拟人化手法为茶叶所写的奇文《叶嘉传》，并借鉴《桃花源记》的意境，在剧中巧妙穿插呈现采茶、炒茶、制茶、品茶等传统民间工艺，传达追寻美好生活的希冀。截至 2024 年 5 月 2 日，该期节目在哔哩哔哩的播放量高达 22.3 万，收获 1635 条弹幕，广受好评。

优秀微短剧通过展现特殊群体的生活状态和内心世界，表达人文关怀并促进社会的包容和进步。在优秀微短剧样本中，《大妈的世界》《开挖掘机怎么啦》《亲爱的乘客，你好》《吃饭才是正经事》分别聚焦退休老年群体、职业学校学生、网约车司机以及在城市打拼的“95 后”年轻人。《大妈的世界》讲述了两位退休大妈的晚年生活。该剧通过一系列小故事，展现了中国大妈开放、潮流、机智的全新群像，在打破刻板印象的同时，也揭示了代际沟通困难、数字适老等问题，引发受众对于老年群体的关注。《开挖掘机怎么啦》则聚焦职业教育，讲述了职校学生勇敢追梦的故事，传达大国小匠、能工巧匠的人才理念。

优秀微短剧还以温暖作为底色，以现实议题根植深度，通过艺术化的手法反映社会现实并传递正能量，为社会的发展注入强大的精神动力。除了《婚事》和《风月变》改编自网络小说，其余16部微短剧均为原创剧本，真实故事、卷宗、新闻事件等成为创作的源源活水。以犯罪类微短剧为例，《反诈风暴》聚焦高热度社会话题“电信网络诈骗”，通过讲述最为常见和典型的诈骗形式，揭秘电信诈骗的内部分工和流程。剧中的丧葬费诈骗、AI模拟声音诈骗等均改编自真实案例。《我坦白》也以真实新闻事件为基础，通过受害者和施害者双方的“坦白式”自述，讲述了偷拍、网络暴力、杀猪盘等12个具有前沿性的悬疑纪实故事，引发受众对于网络安全的关注和思考，针对防范和打击网络犯罪提供了独特视角。

三、创新叙事表达，引发情感共鸣

优秀微短剧在叙事表达上往往突破传统框架，采用非线性叙事和多视角切换等手法，通过比较独特的叙事技巧和富有张力的剧情设计，讲述有温度、有深度、有启发性的故事，以此吸引受众的注意力并引发情感共鸣。《风月变》作为无糖文化与大芒剧场再度合作的作品，努力与《念念无明》《虚颜》联动，使用包括“花陵城”“暗卫营”等在内的统一世界观，以非线性叙事的方式，串联三部剧的时间线和人物故事线。由此，既拓展了叙事空间，也有效释放了内容势能，以搭建“花陵城宇宙”内容IP的方式聚合受众，形成趣缘群体。在社群中，受众通过弹幕、评论等形式探讨角色设定、讨论剧情发展、分享观影感受，创建共享的文化空间，形成了超时空的情感共同体。

《开挖掘机怎么啦》在叙事上采用轻松幽默的方式来呈现职业与梦想的主题，不仅打破了受众的刻板印象，也让大家在欢笑中深入感受主人公的情感与经历。该作品还通过剧中角色的自嘲和自我吐槽来展示内心活动，尝试与受众对话，实现与受众的“交互叙事”。《吃饭才是正经事》采用创新的“贪吃蛇”结构，以第一人称的方式切换不同人物的视角，串联

7位主角眼里的世界，在展现人物内心世界的同时，凭借真实亲切的表述拉近角色与受众之间的距离。该作品还以美食进行隐喻，塑造了7名角色不同的性格特征，使得故事更生动、更具有趣味性。

《逃出大英博物馆》则采用拟人化、非线性的叙事手法，将中华缠枝纹薄胎玉壶拟人化为故事的主角“小玉壶”，很容易让受众与之产生情感共鸣；并且以它之口和它的归家之旅串联起多个时空，使得整个故事表达更加丰富、立体和富有悬念。该作品还融入了大量的历史和文化元素，折射出文物保护、文物归属等现实问题，使观众在收看故事的同时深刻感受到文物背后的底蕴和爱国情怀，从而引发受众强烈的情感共鸣。因此，虽然该作品总时长只有17分钟，但成为2023年的微短剧爆款。

四、构建中华美学精神，优化受众审美体验

中华美学精神是创作优秀网络文艺作品的重要法宝。习近平总书记曾在文艺工作座谈会上用三个“讲求”概括中华美学精神，即讲求托物言志、寓理于情，讲求言简意赅、凝练节制，讲求形神兼备、意境深远，强调知、情、意、行相统一。[①] 观察本文所选取的18部优秀微短剧样本，它们不仅全部保留了横屏模式，强调了“看微短剧”作为一种艺术欣赏行为的仪式感，明晰了日常生活和艺术接受之间的界限[②]，而且在阐释和运用中华美学方面均有着独到的见解。

将“物”“情”作为“志”“理”的外壳，架起创作者和受众之间进行精神沟通的桥梁。[③]《相机》通过讲述迟暮老人凭借可以预见未来的时光相机，得知帮朋友买的彩票将是一等奖，在反复纠结以后最终选择了将彩票

① 习近平．在文艺工作座谈会上的讲话［EB/OL］．（2015-10-14）．https://www.gov.cn/xinwen/2015-10/14/content_2946979.htm.

② 吴岸杨．界限消弭下的参与体验：网络微短剧的审美趋向［J］．中国文艺评论，2022（1）：104-113.

③ 李园园，李明亳．中华美学精神视域下电视剧创作的价值追求与经验剖析［J］．中国电视，2023（7）：36-41.

交给朋友的故事，塑造了坚守道德底线、主动拒绝不义之财的人物形象，在基于细致的心理描写捕捉人物情感的同时，深入浅出地解读了“不义而富且贵，于我如浮云”的儒家文化价值观。

优秀微短剧在有限的叙事时空中能够化繁为简，并克制非理性的情感表达。《亲爱的乘客，你好》围绕大锁和陈珂两个典型人物，将网约车内的密闭空间作为主场景，以接单过程中遇到的不同乘客为主线，讲述了职场“画饼”、情侣吵架、新型养老等不同主题的故事，通过碎片化的对话呈现多元价值观的碰撞。该剧对两人的情感线展现得比较克制，有利于引导受众聚焦剧情主线，深入思考生活本质。《逃出大英博物馆》没有回避海外流失文物难以归国的沉重话题，但并不沉湎于这种情感的表达，而是通过玄幻色彩，以轻松、向上的方式传达对海外文物早日归国的美好期许，家国情怀跃然而出。

优秀微短剧注重意境营造，通过诗性写意在有限的时间里呈现更为广阔的意义空间，传递更多精神力量。《河姆渡的骨哨声》作为献礼河姆渡文化发现 50 周年的作品，利用考究的光影烘托河姆渡生活的远古意境，以特写镜头的形式强调双鸟朝阳纹象牙碟形器、带藤条残木柄骨耜、单耳黑漆木碗等文物。其中，骨哨作为核心意象贯穿剧情始终，成为古今跨时空对话的媒介，其音色和音域之美更是增强了作品的真实感和浪漫色彩。整部作品不仅是完美的艺术呈现，给受众以复古、宁静、温暖的感觉，更是一次对中华文明的深情致敬，传递出中华文明古老而坚韧的生命力。

结　语

综上，入选 2022 年和 2023 年优秀网络视听作品推选活动的 18 部微短剧，均以文艺创作的精神与理念对作品进行精心打磨，无论是在选题、叙事风格方面，还是在深耕现实生活和展现中华优秀传统文化方面，都在向受众传递积极向上、向善向美的价值观和精神力量。可见，微短剧作为新兴的网络文艺形态，可以做到“微而不弱、短而不浅、剧有品质”[①]，发挥其特有的文艺担当。

当然，网络微短剧仍处于快速发展的阶段，精品化之路不仅需要创作方的努力探索，也需要政府层面以及社会多方力量的共同努力。国家广播电视总局通过出台相关政策，已经搭建起微短剧从创作、审核到上线播出、后续跟踪的全链条管理框架，多地政府、媒体单位、视频平台也在推出微短剧扶持政策和项目计划，积极推动微短剧的精品化、主流化转型。尤其是2024年以来，生成式人工智能在视频生成方面有了巨大的进展，将在技术层面助推网络微短剧的迭代升级。2024年初，国家广播电视总局也发布了“跟着微短剧去旅行”创作计划，准备推出100部优秀主题微短剧，积极探索与文旅的深度跨界融合，这也可以理解为微短剧精品化的年度指南。未来，在多方力量的协同努力下，相信网络微短剧的精品化之路会走得更加明朗与坚定。

① 国家广播电视总局网络视听司司长冯胜勇在第十届中国网络视听大会上的发言中提出，网络微短剧要坚持“微而不弱、短而不浅、剧有品质”的创作原则。

Ⅵ 传媒规制篇

B.18
2023年中国传媒管理政策回顾与分析

吴梦缘　董紫薇 *

摘　要： 2023年，中国传媒法规政策的出台呈现出简而精的特点，相关政策在传媒产业发展战略层面、传媒细分产业管理层面、传媒生态治理层面均有所创新。在传媒产业发展战略层面，数字中国战略与媒体融合战略双管齐下。数字中国战略以其独有的前瞻性和指导性在顶层设计上为传媒产业顺应第三次产业革命和科技革命浪潮做好了谋划；媒体融合战略则在其实施的第一个十年后继续深入推进。在传媒细分产业管理层面，相关政策囊括了传媒全业态，分类施策提振行业信心，引导产业繁荣。在传媒生态治理层面，相关政策更加注重精准施策，从细化监管规则和治理产业乱象两大方面入手，瞄准发展需求与治理难题，对症下药，根据时代发展要求，完善互联网广告、个人信息流动等重要领域监管规则，加强对微短剧等重点内容、网络暴力等重点行为以及未成年人等重点群体的靶向治理。总体而言，2023年中国传媒法规政策沿着全盘规划、综合治理的思路不断前行，呈现出战略规划更加协调、管理规则逐步细化、治理体系日渐成熟的特点，传媒政策体系趋

* 吴梦缘，西南政法大学广播影视与新媒体研究院助理研究员；董紫薇，西南政法大学新闻传播学院讲师，博士，广播影视与新媒体研究院研究员。

于标准化、规范化、精准化，持续推动传媒产业高质量发展。

关键词： 传媒政策；产业战略；产业监管；生态治理

当前，科技快速迭代更新和产业革命浪潮成为时代大势，如何更好顺应时代发展成为传媒业面临的重要问题。面对传媒发展环境与传媒产业发生的深刻变化，传媒法规政策更加注重顶层战略设计，数字中国战略的整体布局与媒体融合战略的深度推进为传媒业发展廓清了方向。与此同时，系列规范文件的相继出台不断完善并细化了传媒行业管理制度建设，系列建议规划的公布则纠正并指明了细分产业发展方向，系列专项治理行动有效肃清网络乱象、规范内容生产。一个在规划上囊括国家战略、法律法规、行业政策，在执行上包含各类行动、工程的传媒治理体系不断完善，在全面推动传媒数字化转型和加强传媒产业监管治理方面发挥着积极作用。

一、数字中国与媒体融合战略持续发力

（一）建设数字中国，营造智媒环境

在 2015 年 12 月举行的第二届世界互联网大会开幕式上，习近平总书记首次正式提出了推进“数字中国”建设的倡议，翻开了我国“数字中国”建设的新篇章。随着我国在数字化建设领域取得明显进展，全面提升数字中国建设的整体性、系统性、协同性被提上日程。2023 年 2 月，中共中央、国务院印发《数字中国建设整体布局规划》，对数字中国建设进行了系统性布局，明确数字中国建设主要目标，搭建出数字中国建设整体框架——“2522”，即打通数字基础设施大动脉、畅通数据资源大循环以夯实数字中国建设“两大基础”；推进数字技术与经济、政治、文化、社会、生态文明建设“五位一体”深度融合，全面赋能经济社会发展；构筑自立自强数字技术创新体系，筑牢可信可控的数字安全屏障，强化数字中

国建设“两大能力”；从数字治理生态和数字领域国际合作入手，优化数字化发展国内国际“两个环境”。

沿着数字中国战略的总体规划，相关政策不断发布，持续强化数字技术创新体系建设，优化数字化发展国内环境，促进数字技术深度融入社会建设。在数字技术创新体系建设方面，相关政策发挥规范与扶持双重作用，全面发力促进数字技术创新和数字产业前沿发展。2023 年 7 月，国家互联网信息办公室等七部门联合发布《生成式人工智能服务管理暂行办法》，在采取措施鼓励和支持生成式人工智能创新发展与应用的同时，明确了提供和使用生成式人工智能服务的基本准则，坚持问题导向与目标导向，保障生成式人工智能服务的健康发展及规范运用。2023 年 8 月，工业和信息化部办公厅等五部门联合印发《元宇宙产业创新发展三年行动计划（2023—2025 年）》（简称《计划》），提出五项重点任务，从短期和长期两个层面部署元宇宙发展。在短期层面，《计划》明确到 2025 年我国元宇宙技术、产业、应用、治理等多方面取得突破，综合实力达到世界先进水平；在长期层面，《计划》明确元宇宙关键核心技术要实现重大突破，形成全球领先的元宇宙产业生态体系。[①]2023 年 9 月，国家广播电视总局印发《关于开展广播电视和网络视听虚拟现实制作技术应用示范有关工作的通知》，阐明虚拟现实沉浸式体验、虚拟数字人、增强现实场景互动、虚拟现实全景直播和点播、虚拟现实编辑制作和资产管理、虚拟现实显示技术、生成式人工智能技术、数字孪生技术、虚拟拍摄关键技术、虚拟现实编解码与传输技术等 10 类虚拟现实制作技术应用示范类型，加快推动虚拟现实制作关键技术攻关、应用场景创新，助力虚拟现实行业迈入发展新轨道。

在优化数字化发展国内环境方面，政策瞄准法治保障薄弱领域精准施力。最高人民检察院于 2023 年 4 月印发的《关于加强新时代检察机关网络法治工作的意见》强调“聚焦数字经济健康发展，依法保护和规范数

① 中佳平 . 五部门：到 2025 年元宇宙技术、产业、应用、治理等取得突破［EB/OL］.（2023-09-08）. http://finance.people.com.cn/n1/2023/0908/c1004-40073691.html.

字技术、数字产业和数字市场”，明确加强对“元宇宙”、人工智能、区块链、云计算等新技术新业态相关法律问题的前瞻研究，为数字产业健康发展增添司法动能。在促进数字技术深度融入政治、社会等领域“五位一体”建设上，数字政府建设不断深化落实，数字技术适老化水平稳步提升。2023 年，各地政府不断深化数字政府建设，着力健全一体化政务大数据体系。江苏、江西、山东等地纷纷印发实施方案，将提高数字化水平落到实处。在 2023 年 9 月 1 日起正式施行的《中华人民共和国无障碍环境建设法》中，“无障碍信息交流”一章明确了电视台、互联网网站、服务平台、移动互联网应用软件等多个终端的无障碍信息建设要求，为弥合“数字鸿沟”提供了坚实的法治保障。在上位法的指导下，2023 年末，工业和信息化部印发《促进数字技术适老化高质量发展工作方案》，提出加强数字技术适老化领域标准化建设、提升数字技术适老化产品服务供给质量、优化数字技术适老化服务用户体验、促进数字技术适老化产业高质量发展四大任务，推动技术适老迈向“从有到优”。

（二）指引融媒发展，提升传播效能

2023 年，媒体融合发展作为国家战略走过第一个十年，“扎实推进媒体深度融合”被写入《政府工作报告》，新增的“提升国际传播效能”等提法亦简明扼要，为传媒建设提供方向指引。

从“推动”“融合”到“加快推进”“深度融合”，国家政策从整体布局到垂直规范层层推进，精准指引全媒体传播体系建设。[①]2023 年 2 月 1 日，中宣部和国家广播电视总局联合发布了《市级融媒体中心总体技术规范》等 5 项技术标准和规范，形成了一套囊括设计、建设、验收、运维和管理的闭环系统，为地市级媒体深度融合发展提供保障。具体而言，《市级融媒体中心总体技术规范》搭建出市级融媒体中心技术系统的总体框

① 彭嘉艺 .2023 传媒产业政策焦点：制度与技术共振，构建 AI 新生态［J］. 国际品牌观察，2024（2）：20-24.

架;《市级融媒体中心数据规范》《市级融媒体中心接口规范》在总体技术规范的框架内，分别聚焦数据要素与接口标准，确保数据管理、使用和交换的标准化、规范化以及各融媒体系统之间的互联互通和协同运作；融媒体中心网络安全的屏障则由《市级融媒体中心网络安全防护基本要求》构筑；作为技术体系的最后一环,《市级融媒体中心技术系统合规性评估方法》规定了市级融媒体中心技术系统数据、接口以及网络安全防护的合规性评估方法，以确保融媒体中心在建设和运行过程中合法合规。

对内媒体建设层层推进，对外传播活动如火如荼。在“提升国际传播效能”这一总纲领的指引下，我国积极推动文明交流互鉴，不断增强中华文明传播力影响力。2023 年，我国高水平举办了中国—中亚峰会、第三届“一带一路”国际合作高峰论坛等重要国事活动；举办了首届良渚论坛、艺汇丝路——中阿知名艺术家采风作品展、纪念费城交响乐团访华 50 周年音乐会等国际性艺术展演；成立亚洲文化遗产保护联盟，开展中西文化和旅游年活动，实施“文化丝路”计划，开展“欢乐春节”“茶和天下・雅集”等文化外宣活动。[①] 在中华文化更好地走向世界的基础上，习近平总书记多次指出国际传播建设的重要性。在对宣传思想文化工作作出的重要指示中，他强调要“着力加强国际传播能力建设、促进文明交流互鉴”[②]。

二、传媒产业引导与发展政策加快落地

从传媒细分产业的发展来看，不同的细分领域在问题与隐患、发展方向与环境等方面既有共性也有个性，针对各细分产业在现阶段面临的突出问题，2023 年传媒产业政策有的放矢，精准施策。

① 国务院新闻办 . 国务院新闻办就加快建设文化强国、推动文化和旅游高质量发展举行发布会［EB/OL］.（2023-12-14）. https://www.gov.cn/lianbo/fabu/202312/content_6920451.htm.

② 新华网 . 习近平对宣传思想文化工作作出重要指示［EB/OL］.（2023-10-08）. http://www.news.cn/politics/2023-10/08/c_1129904890.htm.

（一）出版产业强规划，数字出版增动能

《2022—2023 年中国数字出版产业年度报告》显示，2022 年，我国数字出版产业呈现出较强的发展势头，总收入达到 13586.99 亿元，较上年增加 6.46%。面对数字出版的强势劲头，2023 年出版产业政策一方面继续扶持传统书报刊的发展，另一方面纵深推进出版融合，引领数字出版发展方向。

在传统出版产业振兴方面，政策注重发挥规划引领作用，以税收优惠引导产业发展。2023 年，国家多次发布关于出版文化领域的税收优惠政策。7 月，国家税务总局发布《支持协调发展税费优惠政策指引》，对新闻出版业的图书批发、零售等环节免征增值税。9 月，财政部发布《关于延续实施宣传文化增值税优惠政策的公告》，规定至 2027 年 12 月 31 日前，对各类机关发行的报纸和期刊，面向少年儿童、老年人出版发行的报纸和期刊，少数民族文字出版物，盲文图书和盲文期刊等执行增值税先征后退政策。10 月，财政部、国家税务总局、中央宣传部三部门联合发布《关于延续实施文化体制改革中经营性文化事业单位转制为企业有关税收政策的公告》，延续 2019 年相关条款，规定所得税免征政策执行至 2027 年 12 月 31 日。

在推动传统出版业繁荣兴盛的同时，相关政策就出版融合方面持续发力，引领中华优秀传统文化传承。2023 年 3 月，国家新闻出版署发布《关于组织实施 2023 年度出版融合发展工程的通知》，着重深入实施数字出版精品遴选推荐计划和出版融合发展示范单位遴选推荐计划，借此鼓励出版单位把数字化建设和出版融合发展放在更加重要的位置，充分发挥行业示范引领带动作用，从出版单位与出版作品两端入手，促进数字出版和传统出版深度融合，推进出版行业数字化发展。此外，2023 年，出版工程继续围绕传承和传播中华优秀传统文化布局。围绕中华优秀传统文化的传承，国家新闻出版署先后启动了中国经典民间故事动漫创作出版工程（第五

辑）和中华民族音乐传承出版工程，推动中华优秀传统文化在继承中实现创新发展。围绕中华优秀传统文化的传播，国家新闻出版署继续组织实施经典中国国际出版工程和丝路书香工程，借书香传播中华优秀传统文化，借书籍增强中华文明传播力影响力。

（二）网络视听监管趋严，广播电视服务提质增效

在网络视听与广播电视领域，2023 年的相关政策均强调高质量发展。前者以规制趋严达到治理乱象、促进内容质量提升的目的，后者则以工程建设和发展规划加速推动广播电视服务提质增效。

近年来，制播方为追求商业利益最大化，以强凑剧情、硬插广告等方式刻意增加剧集时长的行为屡见不鲜。为整治电视剧、网络剧创作生产乱象，国家广播电视总局于 2020 年发布通知，对内容“注水”、演员高片酬等问题加以引导和规范。2023 年 8 月，国家广播电视总局再次出击，发布《关于进一步规范电视剧、网络剧、网络电影规划备案和内容审查等有关事项的通知》（简称《通知》），强调科学规范做好拍摄制作备案公示工作，继续加强“注水剧”治理，加强视频网站首播国产电视剧、网络剧、网络电影的审查管理，坚决遏制“天价片酬”，防止隐形变异获取“天价片酬”，等等。此外，《通知》还增加了新要求：电视剧、网络剧项目在申报备案公示时，制作机构毋需完成全部剧本创作，但需要提交 1 万字左右的剧本大纲和创作阐述。在此前“制作机构承诺”的基础上，提升内容审查严格程度，为提高影视剧作质量提供保障。2023 年末，广播电视和网络视听节目高质量发展座谈会在北京召开，会上进一步强调了提高作品质量与强化行业治理。会上提出深耕精品创作，坚持思想精深、艺术精湛、制作精良的精品标准，不断拓宽题材类型，创作老百姓特别是年轻人喜爱的作品，克服浮躁，用心、用情、用力创作有灵魂、有营养的精品佳作；深化行业治理，坚持把抓作品和抓环境相结合，坚决治理天价片酬、“饭圈”乱象等问题，营造良好创作环境，让更多优秀人才和作品脱颖而出。网络

视听领域监管趋严不只体现在影视剧制作层面，在网络广告营销方面亦有所体现。2023 年 2 月，《互联网广告管理办法》修订发布，填补了有关广告代言人管辖规定的法律空白，明确“广告代言人为自然人的，为广告代言人提供经纪服务的机构所在地、广告代言人户籍地或者经常居住地为其所在地”，强化了对广告代言行为的监管力度，确保了对广告代言人违法行为的有效追责和管理。

规章制度是敦促产业有序运行的校准器，建设工程则是引领产业创新发展的指南针。为促进广播电视服务提质增效，2023 年，国家广播电视总局持续推进智慧广电及相关重点工程进入实施阶段，开展“未来电视”试点工作和智慧广电乡村工程试点，改造提升传统广播电视，培育壮大新型视听产业。在试点工程稳步推进的基础上，2023 年末，工业和信息化部、国家广播电视总局等七部门印发《关于加快推进视听电子产业高质量发展的指导意见》(简称《意见》)，提出实施 4K/8K 超高清入户行动，加快推进 4K/8K 超高清技术成熟落地，鼓励 4K/8K 电视机、投影机、激光电视、高品质音响、虚拟现实终端、裸眼 3D 显示终端等产品入户；开展视听电子应用场景育新行动，打造视听电子消费新场景，依托新型显示、超高清视频、虚拟现实等新兴技术领域，推动企业参与创新场景建设。《意见》从我国视听电子产业供需不匹配、不平衡入手，聚焦提升我国居民视听体验，为广播电视行业提供高质量服务指明了方向。在推动传统广播电视改造提升、满足我国居民视听体验的同时，国家广播电视总局于 2023 年 9 月 5 日印发了《广播电视和网络视听标准化管理办法》，重点完善了标准布局、专利披露、实施推广等方面内容，积极推进广电视听规范化发展，为广播电视和网络视听行业健康发展打下基础。

（三）加强电影资金扶持，挖掘游戏正向价值

围绕电影产业的发展，2023 年政策秉持着促进恢复和完善标准的原则，以免征专项资金为手段助力回暖，以出台标准为方法促进发展。围绕

游戏产业的发展，2023 年政策从催化行业复苏的角度出发，通过出版工程与管理办法形成双向合力，一方面鼓励行业向上向善；另一方面托住行业底线，敦促行业进步。

2023 年，国内电影市场乘风而上，迅速回暖。来自国家电影局的数据显示，2023 年中国电影票房为 549.15 亿元，其中国产影片票房为 460.05 亿元，占比为 83.77%；城市院线观影人次为 12.99 亿，银幕总数达到 86310 块。影片供给方面，全年共生产故事影片 792 部，影片总产量为 971 部。[①] 电影行业供需两回暖离不开行业政策的大力支持，国家电影局于 2023 年 5 月 23 日发布了关于阶段性免征国家电影事业发展专项资金政策的公告，明确自 2023 年 5 月 1 日至 2023 年 10 月 31 日免征国家电影事业发展专项资金，以免征手段为电影产业发展提供资金支持，调动市场活力，为影视院线市场回暖添火加柴。与此同时，政策不断观照电影行业人才培养与标准完善。围绕电影剧本创作和编剧人才培养，国家连续多次开展夏衍杯优秀电影剧本征集活动和扶持青年优秀电影剧作计划，为电影领域涌现出更多有温度的电影作品、更多优秀的编剧人才提供保障。在标准完善方面，国家电影局于 6 月 16 日发布了《影院管理系统基本功能和接口规范》，对影院管理系统的基本功能要求和电影院票务管理系统等相关设备平台之间的接口要求做出规定；于 11 月 20 日发布了《数字电影 LED 影厅技术要求和测量方法》，明确了 LED 影厅在光学和声学方面的技术要求，促进了中国电影行业 LED 放映技术的进步和标准化建设。

2023 年，第 19 届亚运会在杭州顺利举办，电竞赛事首次成为正式比赛项目，在综合性国际体育赛事中崭露头角，游戏电竞产业展露出巨大潜力。与此同时，政策对网络游戏正向价值的挖掘和相关规范方针的出台也在助力行业不断向前发展。为加强网络游戏正向引领，推动网络游戏弘扬真善美、传播正能量，促进游戏产业健康有序发展，国家新闻出版署

① 刘徽 . 549.15 亿元！2023 年中国电影交出亮眼成绩单［EB/OL］.（2024-01-01）. http://ent.people.com.cn/n1/2024/0101/c1012-40150500.html.

于2023年10月发布了《关于实施网络游戏精品出版工程的通知》，围绕“传播社会主义核心价值观”“传承中华优秀传统文化”“展现新时代发展成就和风貌”“促进科技创新和新技术应用”“具有国际市场潜力”五个方面阐述了网络游戏发展方向。12月22日，国家新闻出版署发布《网络游戏管理办法（征求意见稿）》（简称《管理办法》），引发国内游戏行业高度关注。《管理办法》立足于保障和促进网络游戏行业繁荣健康发展，对网络游戏经营单位准入标准等方面做了明确规定，设立了“保障与奖励”专章，提出一系列鼓励措施。[①] 其中第十八条限制游戏过度使用和高额消费：“网络游戏不得设置每日登录、首次充值、连续充值等诱导性奖励。网络游戏出版经营单位不得以炒作、拍卖等形式提供或纵容虚拟道具高价交易行为。所有网络游戏须设置用户充值限额，并在其服务规则中予以公示，对用户非理性消费行为，应进行弹窗警示提醒。”该条款对游戏的付费设计模式进行了明确的规范指引，不但有利于消费者权益保护，更有利于游戏企业不断进步，对推动整个游戏行业持续高质量发展具有重要作用。

三、传媒生态监管与治理规范提档升级

2023年的传媒生态监管与治理政策在维护信息传播秩序、营造良好舆论环境等方面不断标准化、精细化、规范化，而且更加注重针对性施策，加强对微短剧等重点内容、未成年人等重要群体、自媒体乱象等行业沉疴及AIGC等产业前沿的靶向治理，不断完善监管体系，提高综合治理能力。

（一）细化监管规则，净化传媒生态

在行业监管方面，2023年传媒行业监管规则不断更新完善，强化对新业态、新主体、重点群体、信息流等各个方面的精细化管理。

① 国家新闻出版署．国家新闻出版署有关负责人：《网络游戏管理办法》（征求意见稿）旨在促进行业繁荣健康发展［EB/OL］．（2023-12-23）．https://www.nppa.gov.cn/xxfb/ywxx/202312/t20231223_823532.html.

电子商务活动、新媒体及数字营销渠道的繁荣发展推动互联网广告在广告形式、投放方式等方面不断涌现新业态，也引发了关于网络“种草”、直播营销等一系列推销手段的合法性讨论。国家市场监督管理总局于2023年2月25日发布的《互联网广告管理办法》（简称《办法》）回应了我国互联网广告行业发展过程中出现的新问题、新要求，适应了我国互联网广告行业发展过程中呈现的新特点、新趋势，为中国互联网广告活动提供了新的规范。与2016年发布的《互联网广告管理暂行办法》相比，《办法》进一步明确了广告主、互联网广告经营者和发布者、互联网信息服务提供者的责任；积极回应社会关切，对人民群众集中反映的弹出广告、开屏广告、利用智能设备发布广告等行为做出规范；对“软文广告”、含有链接的互联网广告、竞价排名广告、算法推荐方式发布广告、利用互联网直播发布广告、变相发布须经审查的广告等重点领域的广告监管规则进行细化。《办法》的出台为加强互联网广告监管执法提供了重要制度保障，也为互联网广告业的规范有序发展赋予了新动能。①

产业监管规则需适应时代发展，行政执法程序亦需符合现实需求。为规范网信部门依法履职，国家互联网信息办公室于2023年3月23日公布了《网信部门行政执法程序规定》（简称《规定》），规定了网信部门行政执法原则，明确了各级、各属地网信部门管辖范围，阐明了“一事不二罚”原则等诸多内容，并规范网信部门行政执法程序，强化了对行政处罚的监督。此外，新修订的《规定》聚焦人民群众反映强烈的网络数据安全和个人信息保护等问题，有效规范了相关案件的行政执法程序②，推动我国网信部门执法更契合现实需要，符合时代要求。

在全球化和数字经济时代的双重背景下，个人信息和数据的跨境流动已然成为必须讨论的重要议题。2023年2月24日，国家互联网信息办公

① 中国新闻网．国家市场监管总局公布《互联网广告管理办法》[EB/OL]．(2023-03-24)．https://www.chinanews.com.cn/cj/2023/03-24/9978027.shtml.

② 中国网信网．《网信部门行政执法程序规定》答记者问[EB/OL]．(2023-03-23)．https://www.cac.gov.cn/2023-03/23/c_1681211419426157.htm.

室公布《个人信息出境标准合同办法》，规范个人信息出境活动，为个人信息权益提供保障。9 月 28 日，国家互联网信息办公室就《规范和促进数据跨境流动规定（征求意见稿）》公开征求意见，进一步规范和促进数据依法、有序、自由流动。以上法律和规定的公布进一步优化了我国数据跨境管理体系，推动了我国跨境数据管理层次化、清晰化、规范化发展。

自网络普及以来，未成年人网络行为始终面临着多种风险性因素，例如网络沉迷、网络欺凌，网络社交风险、网络购物风险、不良信息风险等。为防范网络风险，政策从外部环境入手。2023 年 10 月 24 日，《未成年人网络保护条例》公布，聚焦网络沉迷、个人信息泄露、不良网络信息接触等未成年人网络保护中的突出问题，抓细抓实原有规定；加强检察司法保护，推进形成社会共治合力；着力保障未成年人合法权益，营造清朗安全、适宜未成年人健康成长的网络环境。同时，该保护条例也是我国出台的第一部专门性的未成年人网络保护综合立法，可见我国传媒行业监管规则的细致程度。

（二）突出监管重点，治理精准有力

在监管治理方面，有关部门不遗余力地展开肃清不良现象及惩处违法违规行为的专项治理工作，特别是针对重点现象、重点内容、重点人群的靶向治理，有效净化网络生态。

2023 年，网络乱象依然集中于炮制虚假新闻、网络水军操纵信息内容、网络戾气过重等方面。为推动形成良好网络生态，中央网信办组织开展 2023 年“清朗”系列专项行动，围绕网络生态突出问题，重点开展整治“自媒体”乱象、打击网络水军操纵信息内容、规范重点流量环节网络传播秩序、优化营商网络环境和保护企业合法权益、整治生活服务类平台信息内容、整治短视频信息内容导向不良问题、整治 2023 年暑期未成年人网络环境、整治网络戾气、整治 2023 年春节网络环境等 9 项专项行动。针对“自媒体”造谣传谣、假冒仿冒、违规营利等乱象，中央网信办于 7

月 10 日发布《关于加强“自媒体”管理的通知》，压实网站平台信息内容管理主体责任，健全常态化管理制度机制。

2023 年见证了中国网络微短剧市场的繁荣，各类主题的微短剧作品如雨后春笋般不断涌现。艾媒咨询数据显示，2023 年中国网络微短剧市场规模为 373.9 亿元，同比增长 267.65%。在爆发式增长的同时，剧情低俗、盗版侵权、价值观引导不良等问题也不断显现。面对微短剧市场的野蛮发展，国家广播电视总局将网络微短剧治理工作转入常态化，着手建立双周报送处置数据机制、定期发布公告机制和网络微短剧“黑名单”机制，并表示将不断完善常态化管理机制，从加快制定《网络微短剧创作生产与内容审核细则》、研究推动网络微短剧 App 和“小程序”纳入日常机构管理等 7 个方面加大管理力度、细化管理举措。

2023 年是全面贯彻落实党的二十大精神的开局之年，也是实施“十四五”规划承前启后的关键之年。这一年，数字中国战略布局全面铺开，媒体融合战略层层深入，传媒产业引导与发展政策不断落地，助力行业向上向善、焕发生机。互联网广告、个人信息流动、生成式人工智能等重要领域监管规则落细落实，游戏、短视频、微短剧等互联网内容的生产与传播更加规范，网络生态随着各项专项行动的开展得到净化。放眼未来，随着数字中国战略的不断落实、媒体融合战略的持续深入，我国传媒行业将出现更多新业态、新特点，且看 2024 年政策监管体系如何承上启下，适应新形势。

B.19 2023 年中国数字传媒版权管理分析

刘菁 *

摘　要： 数字化、智能化转型期的传媒业正经历版权管理的极大改变。本文以 2023 年生成式人工智能给全球数字传媒版权管理带来的挑战入手，对中国数字传媒版权管理的新技术、新赛道、新场景进行分析，从铸牢版权全链条保护，以及建设版权生态、健全版权权益分配机制等方面展开讨论，提出加强中国数字传媒版权管理的策略建议。

关键词： 数字传媒；版权管理；知识产权；IP

近年来，我国数字版税收入发展迅猛，版权产业的行业增加值占 GDP 的比重在 7% 以上，在推动国民经济发展和解决劳动就业方面发挥了非常重要的作用。[①] 国际作者和作曲者协会联合会（CISAC）发布的《2023 全球版权收入报告》称，数字版税收入已成为创作者最大的收入来源，占其总收入的 35%。[②] 在以大数据、人工智能、VR/AR、区块链、云计算为代

* 刘菁，北方工业大学文法学院教师，博士。

① 中国新闻出版广电报 . 2024：版权高质量发展，追梦正当时［EB/OL］.（2024-01-05）. http://www.zgjx.cn/2024-01/05/c_1310758806.htm.

② 中国新闻出版广电报 . 去年全球创作者版税总额达 121 亿欧元［EB/OL］.（2023-11-03）. https://m.gmw.cn/2023-11/03/content_1303559341.htm.

表的新技术发展的驱动下，传媒业从既有的创意生成、内容制作、渠道分发等版权流程管理，到收入来源、合作伙伴、关键资源等版权运营管理，都发生了不小的变化。在高科技、高效能与新类型、新模式的融合下，数字传媒既面临着新质生产力带来的动能和机遇，也遭遇着版权侵权频发引发的创新阻碍，需要对新技术应用领域的传媒版权管理问题加强调查研究，提高面向互联网开展版权治理和服务的水平。

一、数字化、智能化转型中的版权管理变局

2023 年 2 月，中共中央、国务院印发《质量强国建设纲要》，要求“加强专利、商标、版权、地理标志、植物新品种、集成电路布图设计等知识产权保护”。2023 年 7 月，国务院知识产权战略实施工作部际联席会议办公室印发《2023 年知识产权强国建设纲要和“十四五”规划实施推进计划》，其中指出要“强化对网络直播、网络音视频、网络图文、数字藏品等新媒体业态的版权监管，完善体育赛事、综艺节目、电商平台的版权保护机制”。

（一）生成式人工智能对数字传媒版权管理的冲击

生成式人工智能技术的兴起引发了与其发展属性密切关联的知识产权问题，其根源之一是不少 AI 产品或服务在网上擅自收集版权内容进行训练，却既不告知版权方也不为此付费。作品作者、拥有版权内容产品或服务的传媒组织与大量使用受版权保护材料训练 AI 产品的科技公司之间展开了从商业谈判到法律诉讼的系列博弈。2023 年，不少媒体出版公司禁止 OpenAI 擅自收集其内容，演员、作家、编剧等创意工作者针对生成式人工智能公司使用他们的作品来训练人工智能模型采取了法律维权行动，多国政府和区域组织也在抓紧调研制定新领域、新业态的版权管理政策措施。

2023 年 5 月，“AI 孙燕姿”一度引发了音乐行业有关歌曲版权、歌

手的人格权等问题的热议。[①]10 月，演员斯嘉丽·约翰逊向 AI 图像生成应用程序“Lisa AI：90s Yearbook & Avatar”的开发商提起诉讼，起因是该 AI 应用发布的一则 22 秒的广告未经许可使用了约翰逊的声音、肖像，并使用生成的约翰逊声音和图像推广了该应用程序。[②]美国作家协会和乔纳森·弗兰岑、约翰·格里沙姆、乔治·马丁等 17 位知名作家在纽约南区提起诉讼，指控 OpenAI“在未经许可或考虑的情况下批量复制原告的作品”，并将受版权保护的材料输入大型语言模型。[③]2023 年 12 月底，《纽约时报》向美国联邦法院提起诉讼，指控 OpenAI 和微软等数家科技公司未经许可利用其文章内容开发人工智能产品，包括 OpenAI 开发的聊天机器人 ChatGPT 和微软公司开发的 AI 助手 Copilot 等。《纽约时报》在起诉书中指控这些 AI 产品接受了数百万条《纽约时报》内容的训练，利用这些材料为用户的提示生成答案，分流了本应属于《纽约时报》网站的流量，造成了其广告和付费订阅收入的损失。《纽约时报》因此寻求损害赔偿，并要求法院阻止科技公司使用其内容，销毁包含《纽约时报》作品的数据集。[④]美国版权局近年来一直在研究与 AI 相关的知识产权问题，美国联邦贸易委员会也在持续调查 OpenAI 的数据收集系统。

2023 年 3 月，法国市场监管机构宣布已向美国谷歌公司开出一张 2.5 亿欧元的新罚单，原因是谷歌违反了欧洲联盟知识产权相关法规，未经同意使用法国出版商和新闻机构版权的网络内容训练聊天机器人“巴德”，遭到法新社等法国多家媒体的投诉。作为和解条件，谷歌公司承诺修正产

① 综艺报 .AI 孙燕姿攻占华语乐坛？[EB/OL] .(2023-05-15) . https://mp.weixin.qq.com/s/oMUVKXIOTCH9ceZzxcrFNg.

② 界面新闻 . 美国演员斯嘉丽·约翰逊起诉 AI 图像生成应用程序 [EB/OL] .(2023-11-02) . https://baijiahao.baidu.com/s?id=1781430124112451198&wfr=spider&for=pc.

③ 财联社 .《权游》原著作者等多名作家起诉 OpenAI 侵犯版权 [EB/OL] .(2023-09-21) . https://baijiahao.baidu.com/s?id=1777573211745517549&wfr=spider&for=pc.

④ 晓毅，高倩 .《纽约时报》起诉 OpenAI/ 美国流媒体为何纷纷涨价？[EB/OL] .(2024-01-03) . https://mp.weixin.qq.com/s/dLfkWhSKgR5J7AzWll37mQ.

品和服务缺陷。根据法国竞争管理局的声明，谷歌于2023年推出的聊天机器人“巴德”利用媒体平台和新闻机构的数据进行训练，但没有就此告知这些机构或竞争管理局，违反了与媒体出版商所达成协议7项条款中的4项，包括真诚与涉事出版商展开谈判、提供透明信息等，损害了相关出版商、新闻机构在谈判中获取公平价格的能力。[①] 欧盟目前也正在开发针对人工智能的监管系统。

另外，传媒业内部对人工智能公司的态度也存在不同声音。由于版权法不同，不同国家对于制片人、导演、编剧、演员、词曲作者等在作品中享有权利的规定存在差异。在美国，制片人通常是影视作品版权的所有者。相比于英国、法国、意大利等国家，包括导演、编剧、演员在内的美国创作者享有的权利更少，他们对电影做出的贡献常会被视为“雇佣作品”。美国导演工会发出警告，随着人工智能的发展，“像制作人这样不受工会集体谈判协议约束的第三方，可能会在未经版权所有者同意的情况下，将影视作品用于人工智能系统的训练”[②]。此外，人工智能训练数据集的不透明性导致了很难证明人工智能生成的作品采用了哪些训练材料。

（二）VR/AR为传媒数字版权分发拓展了新赛道

继手机之后，VR头显或将成为版权内容分发的下一个超级入口。2023年6月，苹果公司发布了混合现实头显Vision Pro，Apple TV+的剧集《足球教练》（*Ted Lasso*）和《基地》（*Foundation*）都被收录在头显的功能演示界面里。迪士尼首席执行官鲍勃·艾格在发布会上宣布Vision Pro正式发售时将引入迪士尼旗下的流媒体服务Disney+，并评价Apple Vision Pro头显将成为“革命性平台”[③]。光线传媒股份有限公司董事长王长

① 12426版权监测中心．谷歌再吃2.5亿欧元罚单 法国指其AI训练内容侵犯版权［EB/OL］．（2024-03-21）．https://mp.weixin.qq.com/s/h7cgmF5gFF_wNzt_Q-WSYA.

② 徐非．好莱坞影视行业与人工智能相爱相杀［EB/OL］．（2023-11-22）．https://mp.weixin.qq.com/s/Yk_5bA051Xwf_ppxDenkGA.

③ 田英．未来已来 好莱坞技术大咖评苹果头显［EB/OL］．（2023-07-12）．https://mp.weixin.qq.com/s/dJmUiW928iJTYTRWC4o8aA.

田认为 VR 将改变未来电影放映方式，“影院上座率，营销、发行、推广会有根本性改变”[①]。2023 年 4 月起，爱奇艺在上海打造的跨次元互动娱乐项目——《风起洛阳》VR 全感剧场正式营业。10 月，文化和旅游部办公厅公布的 2023 年文化和旅游数字化创新示范十佳案例中，《风起洛阳》VR 全感剧场入选。《风起洛阳》项目是爱奇艺“华夏古城宇宙”IP 开发的首站，通过剧集《风起洛阳》、综艺《登场了！洛阳》、纪录片《神都洛阳》打造版权业务联动的方式，挖掘“华夏古城宇宙”IP 价值，并形成可复制、可推广的模式。

科技赋能为文化数字化增添了动能，传媒版权则为其注入了灵魂。VR、AR、XR 在为传媒数字创意拓展新渠道的同时，版权管理者也要密切关注和控制数字消费中可能蕴藏的风险因素，以更好发挥对激励创新的保障作用，推动数字传媒高质量发展。

（三）城乡文旅为 IP 衍生提供了广阔的新场景

实施国家文化数字化战略是党的二十大的重要部署，在国家文化数字化战略和《“十四五”文化和旅游发展规划》引领下，2023 年中国一些城市纷纷与数字传媒版权方合作展开内容共创、IP 打造、产业运营和版权贸易等，优质内容版权的无形资产在兼具不同地域文化和旅游资源的城乡大地上生根发芽。2023 年 5 月，爱奇艺与西安市委宣传部签订了战略合作协议，合作“共创城市文化 IP 新生态”项目，挖掘打造具有陕西特色的文化 IP，构建影视内容 IP 共创、落地协拍服务合作、盛典活动 IP 联办、共建线下娱乐 IP 等适用场景。同月，旗下拥有优酷、阿里影业、大麦的阿里大文娱集团与西安市委宣传部达成战略合作协议，双方以“共筑城市数字文化产业高质量发展”为目标，打造具有影响力的城市数字文化品牌。爆款剧集《长安十二时辰》、动画电影《长安三万里》和电视剧《大唐狄公案》

① 钟茜 . 直击上影节 ｜ 电影大咖热议 AI、分线发行、IP 开发……［EB/OL］.（2023-06-11）. https://mp.weixin.qq.com/s/I_O6zl2qi2zbgk07iagz1Q.

成为双方实践“IP+ 文旅”的先行军。以 IP 带动文旅，并以文旅为依托，形成多层次、立体化的传播矩阵。

数字经济与优秀文化资源的深度融合和创造性转化，不仅为传媒版权提供了更为广阔的使用场景和落地空间，也将带来新的文化消费体验。为此，数字传媒版权方应和合作伙伴一起为 IP 衍生做好规划，组织关键资源，投入创新创造，建立与消费者之间的情感连接，着力打造高增值的文化产品与服务。

二、加强法规建设和政策引领，铸牢版权全链条保护

（一）加强法规建设和政策引领

面对数字文化新业态、新模式、新场景为版权保护与运用带来的新挑战和新机遇，需要加强法规建设和政策引领。2023 年 7 月，国家互联网信息办公室、国家发展和改革委员会、工业和信息化部、公安部、国家广播电视总局等七部门联合印发《生成式人工智能服务管理暂行办法》，自 2023 年 8 月 15 日起施行。其中第十二条规定：“提供者应当按照《互联网信息服务深度合成管理规定》对图片、视频等生成内容进行标识。”

为加快培育未来产业新赛道新优势，工业和信息化部、教育部、文化和旅游部、国务院国资委、国家广播电视总局等五部门联合印发《元宇宙产业创新发展三年行动计划（2023—2025 年）》，指出要构建产权体系，“支持元宇宙产业重点领域知识产业优先审查，实施专利导航服务行动，鼓励企业加强知识产权合作。加速数字资产、数字人、数字内容等新兴领域产权归属研究”[①]。

数字传媒版权管理还可以借助技术手段辅助服务模式的创新与实践。2023 年区块链创新应用全国十大优秀案例之一——“基于数字版权链

① 综艺报. 五部门联合印发《元宇宙产业创新发展三年行动计划（2023—2025 年）》[EB/OL].（2023-09-11）. https://mp.weixin.qq.com/s/q5gOSgH_TFNsMrBs_HcEXg.

（DCI 体系 3.0）的互联网版权服务基础设施建设与试点应用”是中国版权保护中心联合华为云、蚂蚁集团蚂蚁链、淘天集团（阿里巴巴）、中央广播电视总台、保利文化集团、南方文交所、中文在线、荣宝斋等提出的数字世界版权保护与服务的解决方案[①]，在数字版权登记、版权交易生态、艺术版权等多个垂直领域开展了试点示范。

（二）铸牢版权全链条保护，构建大保护格局

党的二十届二中全会推进了新一轮知识产权机构改革，国家知识产权局调整为国务院直属机构，商标、专利等领域执法职责继续由市场监管综合执法队伍承担，相关执法工作接受国家知识产权局专业指导。中国积极回应人工智能时代版权保护新需求，优化审查授权机制，完善行政保护体系，健全司法保护体系，在仲裁调解、行业自律、公民诚信等环节铸牢版权全链条保护，构建大保护格局。

2023 年 4 月，浙江、辽宁、山东等多地公安机关紧密协作破获“1·25”盗录传播春节档院线电影案，查获盗版《流浪地球 2》《满江红》《熊出没·伴我“熊芯”》《深海》等电影 45 万余部，摧毁非法盗录、制作加工、网络传播销售盗版电影犯罪全链条网络，维护良好版权秩序。通过此案进一步强化了行政执法与刑事司法衔接，与文化执法、版权等部门建立联席会议制度，定期开展线索汇报、侵权电影认定等具体工作。[②]

2023 年 5 月，广东省深圳市版权行政执法部门收到举报，深圳市懒人在线科技有限公司未经金庸、梁羽生等权利人许可，将《鹿鼎记》《萍踪侠影》等文学作品制作成有声书上传至其运营的“懒人听书”App 供免费收听。该违法行为侵犯了权利人的信息网络传播权，深圳市版权行政执法部门对其做出了罚款 10 万元的行政处罚。

① 南方文交所．数字版权链（DCI 体系 3.0）入选 2023 年区块链创新应用全国十大优秀案例［EB/OL］．（2024-02-01）. http://news.sohu.com/a/755706316_443064.

② 杜洋．当场被抓！多地警方联合破获一起盗录传播春节档院线电影案［EB/OL］．（2023-04-24）. https://baijiahao.baidu.com/s?id=1764034224528338325&wfr=spider&for=pc.

"剑网 2023"专项行动由国家版权局会同工业和信息化部、公安部、国家互联网信息办公室联合开展，共查办涉网侵权盗版案件 1513 件，关闭侵权盗版网站 2390 个，删除侵权盗版链接 244 万余条。[①] 在重点领域方面，专项行动强化专业领域版权专项整治，规范网络传播版权秩序。在重点作品方面，专项行动强化作品全链条版权保护，推动建立良好网络版权生态。在重点平台方面，专项行动强化网站平台版权监管，压实网站平台主体责任，督促网站平台企业开展版权问题自查自纠、采取多种措施便利权利人依法维权。[②] 具体情况经整理如表 1 所示。

表 1 "剑网 2023"版权专项管理措施

管理对象		突出问题	管理措施
重点领域	点播影院	侵权	严厉打击点播影院、私人影吧放映传播侵权盗版院线电影等违法行为
	文博文创	文创盗版	严厉打击未经文博单位授权制作、销售侵权盗版文创产品、衍生品的违法行为，特别是电商平台、社交平台、直播平台销售侵权盗版文创产品的行为
	体育赛事	非法传播亚运会等重点赛事	重点打击社交平台、直播平台、短视频平台公众账号和体育赛事内容平台未经授权传播体育赛事节目、提供赛事节目盗播链接的行为

① 红星新闻 . 中宣部版权管理局："剑网 2023"专项行动查办涉网侵权盗版案件 1513 件［EB/OL］.（2024-04-26）. https://baijiahao.baidu.com/s?id=1797383809729821598&wfr=spider&for=pc.

② 赖名芳 . 中央宣传部版权管理局负责人就版权保护专项行动答记者问［EB/OL］.（2023-10-23）. https://mp.weixin.qq.com/s/wsWA0-L9-VLHFQaYYtK6kA.

续表

管理对象		突出问题	管理措施
重点作品	网络视频	擅自改编与传播	加强对重点视频网站（App）的版权监管，重点整治未经授权以短视频形式对视听作品删减切条、改编合辑并通过网络传播的侵权行为
	网络新闻	擅自转载	深入开展新闻作品版权保护工作，重点整治社交、短视频、直播、知识问答等自媒体及各类新闻资讯聚合类网站（App）未经授权转载新闻作品的违规传播行为
	有声读物	未经授权传播	加强对知识分享、有声读物平台及各类智能终端的版权监管，着力整治未经授权通过网络传播他人文字、口述等作品的行为
重点平台	电商平台	滥用“避风港”、合理使用规则	深入开展电商平台版权专项整治，特别是着力整治网站平台以用户上传为由滥用“避风港”规则、以合理使用为由传播侵权作品、以自设程序为由拖延履行通知—删除义务的行为
	浏览器、搜索引擎	未经授权传播、为侵权盗版提供服务、教唆帮助侵权	重点规范浏览器、搜索引擎未经授权传播网络文学、网络视频等行为，严厉打击故意为侵权盗版提供搜索链接转码、广告联盟合作、信息存储空间以及服务器托管、互联网接入等违法网络服务行为，坚决查处网站平台教唆帮助侵权的违法行为

2023年，AIPPI（国际保护知识产权协会）发布了中国分会版权十大热点案件[①]，除了最终用户购买侵权软件案，其他均可归于数字传媒版权范畴，具体整理和分析详见表2。在版权行政管理中，需要重视新的数字技术在版权确权领域所带来的创新型变革，并尽快明确数字传媒版权确权应

① TA娱乐法.【行业聚焦】2023年度（第八届）AIPPI中国分会版权热点论坛隆重举行［EB/OL］.（2023-12-10）. https://mp.weixin.qq.com/s/m6lDIMrbAhwHlMUl1L5Cfw.

用领域的监管手段、监管对象以及法律责任。

表 2　2023 年度 AIPPI 中国分会版权热点案件（数字传媒版权范畴）

案件	热点案情简介及法院判决	推荐理由及版权管理启示
AI 生成图片著作权侵权第一案	北京互联网法院，（2023）京 0491 民初 11279 号。 原告使用开源软件 Stable Diffusion 通过输入提示词的方式生成涉案图片并发布。后被告在其发布的文章中以配图方式使用了涉案图片。 一审法院认为，利用人工智能生成图片是否体现作者的个性化表达，需要个案判断。本案涉案图片由原告独立完成，体现出了原告的个性化表达，属于美术作品，原告是涉案图片的作者，享有涉案图片的著作权。一审法院判决被告刘某赔礼道歉、消除影响，赔偿原告经济损失 500 元。	该案首次认可了自然人对其利用 AI 绘画大模型生成图片在符合一定条件下享有著作权，确保 AI 生成内容后续授权、维权的权利稳定性，影响未来人工智能生成内容行业在中国境内的创新模式。大模型厂商可以通过许可等方式获取经济利益，贡献 AI 训练数据的原始人类绘画者亦将获得相应权益保障，促进“使用—收益—投资”的良性循环模式。
数字藏品的转售行为不构成侵犯著作权案	四川省高级人民法院，（2023）川知民终 253 号。 王某在其新浪微博账号发布由美术作品改编而成的动态视频，可供免费下载。被告未经王某许可，在其运营的数字藏品电商平台网站铸造并发售了 30 个由上述权利作品生成的数字藏品（NFT），多名买家在购买该作品后再次上架销售转手。 一审法院认为，被告铸造数字藏品的行为侵害了涉案作品的信息网络传播权。一审法院判决被告赔偿王某经济损失 5.8 万余元及维权合理开支 5000 元。二审法院维持原判。	该案中未经著作权人许可擅自将涉案作品进行“铸造”并在网站上供公众浏览的行为构成侵犯信息网络传播权。但 NFT 作品的交易本身并不涉及复制和交互式传播行为。“铸造者”与购买人之间系债权关系，被控侵权数字藏品的转售行为不构成著作权法上的侵权行为。数字传媒版权管理应及时加强新场景、新业态下的确权和取证。

续表

案件	热点案情简介及法院判决	推荐理由及版权管理启示
《率土之滨》诉《三国志·战略版》游戏侵权案	广州互联网法院，（2021）粤 0192 民初 7434 号。 原告诉称被告运营的《三国志·战略版》游戏与原告运营的《率土之滨》游戏核心规则以及规则联系机制相似，被告侵害其作品著作权并构成不正当竞争。 一审法院认为，电子游戏可以被认定为“符合作品特征的其他智力成果”。网络游戏是一个动态的系统工程，在侵权比对时，既要进行单个游戏规则的静态比对，也要进行规则间联系机制的动态比对。法院经比对后认为，《三国志·战略版》是在保留《率土之滨》基本表达的基础上创作出的新作品，被告侵害原告对涉案作品享有的改编权。一审法院判决被告删除或修改《三国志·战略版》在 79 项游戏规则中利用的构成《率土之滨》独创性表达的内容，修改这些规则相互联系和作用形成的游戏机制；向原告公司赔偿经济损失及维权合理开支 5000 万元。	该案判决首次将网络游戏认定为新类型作品，提出网络游戏的独创性体现在游戏规则、游戏素材和游戏程序的具体设计、选择和编排。在停止侵权的方式上，法院从案涉侵权情节、行业发展规律、文化发展进程、社会公众利益等多角度分析做出综合认定。数字传媒版权管理应在实践中归纳整理，根据新技术和新消费的发展及时预判哪些属于《中华人民共和国著作权法》第三条第九款中的“符合作品特征的其他智力成果”，对作品类型认定、侵权比对方法、责任承担方式等多方面进行有益探索。
“虚拟数字人”案	杭州互联网法院，（2022）浙 0192 民初 9983 号。 原告公司通过公开活动发布虚拟数字人“Ada”，并通过哔哩哔哩平台发布两段视频，其中一段记录真人演员（中之人）徐某与虚拟数字人“Ada”的动作捕捉画面。被告公司使用原告发布的相关视频发布两段被诉侵权视频，并在片头片尾替换了有关标识。	该案系全国首例涉“虚拟数字人”侵权案，首次对于虚拟数字人从创建到使用过程中涉及的虚拟数字人本体、中之人、虚拟数字人经营者等多方主体的著作权或邻接权进行界定，厘清了虚拟数字人的表演者权归属，彰显了依法保护打造和驱动虚拟数字人背后的知识产权的价值取向。

续表

案件	热点案情简介及法院判决	推荐理由及版权管理启示
“虚拟数字人”案	一审法院认为，虚拟数字人不享有著作权和邻接权。被告侵害了原告涉案视听作品、美术作品、录像制品及表演者的信息网络传播权。一审法院判决被告消除影响并赔偿经济损失及维权费用12万元。二审法院维持原判。	
擅自盗播电竞赛事直播侵害著作权案	广州知识产权法院，（2021）粤73民终5852号。 原告公司与国际知名电竞公司签署《内容许可协议》，约定原告享有涉案ESL电竞赛事的直播权等权利并享有单独维权的权利。被告平台在涉案ESL电竞赛事期间，持续不断地有主播对涉案ESL赛事在原告平台直播时进行直播，偶尔插入各直播间主播个人头像或解说，在收到原告《通知函》后，对大多主播仅进行警告、扣分、短暂关闭直播间的处理，未按照规定采取删除、屏蔽、关闭直播权限等有效的必要措施。经比对，被告平台内的直播与原告直播平台发布的赛事画面构成实质性相似。 一审法院判决被告赔偿原告经济损失100万元及合理开支60178.4元。二审法院维持原判。	该案为国内首次认定电竞赛事直播画面系著作权法保护的作品，擅自盗播构成著作权侵权。结合ESL电竞赛事知名度和斗鱼平台赛事栏目设置情况，且斗鱼公司收到虎牙公司的侵权告知函后并未采取有效的必要措施，实际放任侵权直播行为不断发生，法院认定斗鱼公司明知、应知被诉侵权直播行为的发生，构成帮助侵权。承载大量版权内容的平台方应加强版权风险管理，推动平台企业数字化内控合规建设。
网盘侵权行为禁令案	北京互联网法院，（2023）京0491民初13901号。 原告享有影视作品《春闺梦里人》的完整著作权及维权权利，自该剧在原告平台首播后，原告即发现存在大量涉案作品完整正片侵权视频通过创建被告网盘分享链接的形式对外分享，并紧随VIP剧集进度更新，追播侵权行为严重。	该案为国内首例针对网盘侵权行为的禁令裁定，为制止以云盘/网盘为载体与中心的影视剧盗版模式、影视行业侵权顽疾提供了有益探索。网盘服务提供商针对热播影视作品反复持续侵权分享，采取的必要措施不仅应当包括“屏蔽、

续表

案件	热点案情简介及法院判决	推荐理由及版权管理启示
网盘侵权行为禁令案	法院认为，原告享有影视剧《春闺梦里人》的信息网络传播权，能为原告带来较高的广告流量和VIP会员收入。被告对其平台内存在侵权行为处于明知或应知的状态，却未采取有效措施制止和预防侵权行为的持续与发生。法院裁定被申请人立即屏蔽、断开网盘相关侵权链接，并采取有效措施过滤和拦截用户分享侵权链接。	断开”侵权链接，还应当包括“过滤与拦截（禁止用户分享）”侵权链接。
喜马拉雅算法推荐不必然突破避风港原则案	上海知识产权法院，（2023）沪73民终287号。 原告获得涉案《圆桌派》节目（第三季和第四季）的信息网络传播权、转授权及维权权利的独家、永久授权。2020年12月，原告在被告App上发现由第三方上传的《圆桌派》第四季音频。经比对，公证取证的被告App中的音频与原告公司所主张节目中的声音内容一致。 一审法院判决被告赔偿原告经济损失12万元及为制止侵权行为的合理开支1万元。二审法院判决撤销一审判决，驳回原告全部诉讼请求。	该案为算法推荐技术不必然突破避风港原则的典型案例。二审法院认为，算法推荐区别于人工推荐，不能因算法推荐技术的使用而当然推定网络服务提供者信息管理能力的提高，亦不能因算法推荐内容涉及侵权，而当然推定网络服务提供者知悉该内容的存在。
全国最大“吃鸡”游戏外挂刑事案	江苏省昆山市中级人民法院。 何某和王某通过搭建网站并采用比特币交易结算的方式，向国内外玩家销售针对腾讯公司旗下《和平精英》和《PUBG MOBILE》游戏的“鸡腿”外挂程序，从中获利。 法院认定，两被告人以营利为目的，未经著作权人许可，伙同他人发行网络游戏外挂程序，违法所得数额巨大，行为均已构成侵犯著作权罪。法院判处被告	该案是认定销售游戏外挂构成侵犯著作权罪的典型案例。针对长期困扰司法实践的外挂罪名选择难题，该案通过把握外挂行为的运行原理与实际产生影响，认为外挂程序未经网络游戏著作权人授权，获取、修改游戏的内存数据，损害了著作权人的利益和信誉，违法所得数额巨大，构成侵犯著作权罪。

续表

案件	热点案情简介及法院判决	推荐理由及版权管理启示
全国最大“吃鸡”游戏外挂刑事案	人何某、王某有期徒刑四年，各并处罚金2000万元，同时追缴违法所得及孳息。	
上海首例盗版“剧本杀”著作权刑事案	上海市第三中级人民法院，（2023）沪03刑初13号。 苏某某与林某某通过网购正版剧本，陆续雇用杨某某、鲍某某等7人对正版进行扫描、排版、印制，再以远低于正版的价格销售。上述人员共制作出《来电》《搞钱》《月光下的持刀者》《年轮》等130余种各类盗版“剧本杀”盒装剧本。 一审法院判决九名被告人的行为均构成侵犯著作权罪。判处苏某某有期徒刑四年六个月并处罚金，与其犯非法制造、销售非法制造的注册商标标识罪数罪并罚，判处有期徒刑六年，并处罚金；判处林某某有期徒刑四年并处罚金；违法所得予以追缴，扣押查封的盗版盒装剧本及供犯罪所用的本人财物等予以没收。	该案是销售盗版“剧本杀”构成侵犯著作权罪的典型案例。本案涉案金额巨大、涉案人数众多，广受社会关注。盗版“剧本杀”盒装剧本不仅损害剧本作者的合法权利，而且会影响消费者的游戏体验、侵害消费者权益，更会严重破坏行业秩序和新业态发展环境。

三、建设版权生态，健全版权权益分配机制

加强数字版权管理，其要义是推动数字版权生态的创新和发展，支持发展数字版权的产业价值链、确权保护链、授权流通链。随着我国大力推进版权保护生态共治，在版权管理环节还需落实以增加版权价值为导向的分配政策，以更好发挥对激励创新的保障作用。2023年12月，国务院办公厅印发《知识产权领域中央与地方财政事权和支出责任划分改革方案》，从知识产权宏观管理、知识产权授权确权、知识产权运用促进、知识产权保护、知识产权公共服务、知识产权涉外工作、知识产权领域其他事项等

七个方面划分责任，健全充分发挥中央和地方两个积极性的体制机制。

（一）激发数字传媒版权业创新发展活力

创新是引领发展的第一动力。《知识产权强国建设发展报告（2023年）》中指出，“大力培育以专利为支撑的创新型经济、以商标为支撑的品牌经济、以地理标志为支撑的特色经济和以版权为支撑的文化产业”。该报告数据显示，全国版权产业增加值为8.48万亿元（2021年值），占GDP的比重为7.41%。核心版权产业增加值比上年增长12.74%，占GDP的比重为4.68%，占全部版权产业的63.10%。[①]

2023年，中国稳步推进质量强国和知识产权强国建设，强化实施创新驱动发展战略，相关部委联合发力，多项并举持续提升知识产权创造、运用、保护、管理和服务水平。中国知识产权事业快速发展，有力促进了创新型国家建设，为高质量发展提供了重要支撑。国家版权局持续推进《中华人民共和国著作权法实施条例》、《著作权集体管理条例》和《民间文学艺术作品著作权保护条例》的制定和修订工作，完善版权规章和规范性文件，加强版权行政执法指导制度建设。2023年2月，中国文字著作权协会联合30多家知识资源平台上下游机构，发起了知识资源平台版权合规建设和健康规范发展共同体，并发布了倡议书，致力于调研治理平台使用的作品付酬标准，规范期刊与作者授权文件。

行业共建、共治、共享下的版权生态进一步改善，数字传媒版权交易的市场化运营水平逐步提高。2023年作品著作权登记达642.8万件，同比增长42.3%。著作权质押担保金额达98.6亿元，同比增长80.8%。[②]版权分账机制建设初见成效。2023年视听作品分账规模整体扩容，分账模式更加完善。从各大长视频平台公布的分账票房统计来看，2023年分账破

① 国家知识产权局．国家知识产权强国建设工作部际联席会议办公室发布《知识产权强国建设发展报告（2023年）》［EB/OL］．（2024-01-18）．https://www.gov.cn/lianbo/bumen/202401/content_6926859.htm.

② 中国新闻网．官方：2023年中国拥有24个全球百强科技集群 首次居世界第一［EB/OL］．（2024-04-24）．https://m.chinanews.com/wap/detail/chs/zw/10205054.shtml.

500万元的微短剧共计15部。腾讯视频宣布微短剧最高可获80%分成的优惠政策将延续至2024年底。快手宣布"星芒短剧"合作计划升级，每千次有效播放量最高分账可达25元。[①]爱奇艺宣布，对于采用会员首播（SVOD），即会员观看时长分账模式的片方，可在平台完成版权文件确认、合同/授权书签署等所有流程后，与平台沟通意向排期。对于希望采用云影院首映（PVOD+SVOD），即单片付费点播叠加会员观看时长分账模式的片方，可继续在创投、创作、发行等环节与平台紧密沟通，优质影片可通过云影院首映模式获得在线双窗口分账收益。[②]

（二）健全著作权集体管理制度

数字传媒业的高质量发展离不开适应行业发展的版权保护和价值分配机制。回顾本文前文所述生成式人工智能对数字传媒版权管理的冲击，不难发现，"未经许可使用他人作品训练AI模型"成为数字化智能化转型时期的"生长疼"。大数据是用于大规模语音模型训练的基础，形成的数据集内不可避免地包含了大量尚处在版权保护期内的作品。一方面，很多作品缺少和内容一体化的版权证明与联系方式，原创作者权益难保障；另一方面，部分作品版权权利及授权状况不清晰，利益归属难界定，单个联系每部作品的著作权人并与其一一签订授权许可合同会带来高成本和低效率。为了兼顾效率和公平，数字传媒版权管理需要有效的制度设计和路径规划以降低确权和授权环节的高昂成本、控制多头授权或无效授权的风险，解决授权难的问题。

著作权集体管理指著作权人和邻接权人通过一种组织系统、对某些受著作权和邻接权保护的对象的使用予以许可、收取相应报酬。著作权集体管理的适用范围是那些相对人较多、著作权人自己行使起来比较困难的权

① 钟茜.特别策划丨2024微短剧驶入精品快车道［EB/OL］.（2024-02-22）. https://mp.weixin.qq.com/s/elk1UL6FT0XHqls4yazGDA.

② 央广网.爱奇艺电影分账合作进一步便利片方：8月1日起获"行政许可"新片均可上线播出［EB/OL］.（2023-07-26）. https://baijiahao.baidu.com/s?id=1772469179332993642&wfr=spider&for=pc.

利，一般包括表演权、放映权、广播权、出租权、信息网络传播权、复制权等。[①]目前我国的著作权集体管理组织包括中国文字著作权协会、中国电影著作权协会、中国音乐著作权协会、中国音像著作权集体管理协会、中国摄影著作权协会等。国际作者和作曲者协会联合会（CISAC）董事会主席马塞洛·卡斯特罗·布兰科在《2023 全球版权收入报告》前言中说："全球著作权集体管理行业正在经历一场非同寻常的变革浪潮。虽然版权收入达到令人惊奇的破纪录水平，但我们不能忽视在不同地区、收入来源以及大小协会之间日益增长的不平等与不平衡。"[②]健全数字传媒业著作权集体管理制度，重点是建立作品多渠道、多业态的授权许可机制，完善著作权集体管理中作品使用费的收取、提存与转付制度，从源头上减少侵权行为的发生，同时也要加强对著作权集体管理组织的监管。

（三）培养高质量涉外版权管理人才

《知识产权强国建设发展报告（2023 年）》指出："当前，知识产权强国建设仍面临一系列挑战，从国内看，知识产权制度尚不能完全满足全面创新需要，数量质量不平衡不协调矛盾仍然突出，保护效果与社会期待尚存在一定差距，发展基础尚不能完全满足知识产权高质量发展要求；从国际上看，百年变局加速演进，世界经济面临多种风险挑战，知识产权国际竞争日趋激烈，知识产权国际规则面临变革挑战，我国企业'走出去'也面临更多知识产权风险。"

为了更好地开展国际合作，中国持续深化中美欧日韩、金砖国家、中日韩、中非、中欧等知识产权领域机制性交流。2023 年 4 月和 7 月，中国与世界知识产权组织合作 50 周年纪念活动先后在北京和日内瓦举行，中国被授权实体加入无障碍图书联合会全球图书服务，进一步扩大了《马拉

① 《知识产权法学》编写组．知识产权法学［M］．2 版．北京：高等教育出版社，2022：82.

② 中国新闻出版广电报．去年全球创作者版税总额达 121 亿欧元［EB/OL］．（2023-11-03）．https://m.gmw.cn/2023-11/03/content_1303559341.htm.

喀什条约》的全球影响力。2023 年 7 月，首届中国—中亚知识产权局局长会议在新疆乌鲁木齐举行。会上通过了《第一届中国—中亚知识产权局局长会议联合声明》。各方一致同意建立中国—中亚知识产权局局长会议机制，在知识产权战略及法律政策制定、保护执法、运用促进、人力资源、公共服务和意识提升等方面加强合作，促进区域经济共同繁荣发展。[①]9 月，第十四届中国—东盟知识产权局局长会议在广西南宁举行。会上审议通过了《中国—东盟 2023—2024 年度知识产权合作工作计划》，将在知识产权能力建设、保护和运用等方面进一步创新工作方式，拓展合作内容。[②]11 月，第九届中国国际版权博览会暨 2023 国际版权论坛在四川成都举行，现场集中展示了一系列版权保护成果，中非版权合作论坛也在这期间举办。这些为我国数字传媒海外知识产权保护和维权援助提供了坚实的保障。

中国社会科学院文学研究所在北京发布的《2023 年中国网络文学发展研究报告》指出，伴随着中国网文海外辐射力和影响力的大幅提升，网文、游戏、影视已成为“文化出海”的三驾马车。数据显示，网文出海市场规模超过 40 亿元，海外网络作家约 41 万名，海外原创作品约 62 万部，海外访问用户约 2.3 亿人。在 AI 翻译一键助力、出海 IP 产品相互赋能等利好因素的加持下，华语 IP 逐步进入全球视野。[③] 这也对高层次、复合型、国际化的应用型版权管理人才培养提出了迫切需求，值得教育界、科技界和产业界合作调研人才培养模式，加速改善高质量涉外版权管理人才结构并扩大规模。

---

① 国家知识产权局政务微信．首届中国—中亚知识产权局局长会议召开［EB/OL］．（2023-07-30）．https://www.cnipa.gov.cn/art/2023/7/30/art_53_186621.html.

② 国家知识产权局政务微信．第十四届中国—东盟知识产权局局长会议举行［EB/OL］．（2023-09-19）．https://www.cnipa.gov.cn/art/2023/9/19/art_53_187669.html.

③ 综艺报．社科院发布 2023 网文报告：华语 IP 逐步进入全球视野［EB/OL］．（2024-02-27）．https://mp.weixin.qq.com/s/LmoiF9u4eQDfdLNsf21u2w.

B.20
2023 年互联网平台治理国内外研究综述

杨勇 孙静悦 邹欣媛*

摘 要： 本文对2023年国内外关于互联网平台治理的文献进行分析，发现主要议题集中在平台治理的必要性、平台治理实践、平台治理面临的困境、平台治理的未来路径、平台治理的原则和模式等方面。算法歧视与数据黑箱、平台垄断、平台算法权力扩张、网络伦理失范等是平台治理的必要性；数据治理、内容治理、市场治理和用户治理构成了平台治理的实践层面；囿于传统治理模式、平台实施自我优待行为、平台治理规则杂乱无章、平台以私主体身份逃避治理责任等是平台治理中面临的困境。未来，需要在政府法治层面、平台自治层面和多主体参与层面共同构建平台治理的路径。在相关研究方面，需要进一步提升跨学科的研究，加强基础理论的阐释与构建。

关键词： 互联网平台；平台治理；治理模式

当前，互联网平台（简称“平台”）的影响力日益增强，平台不但已经成为个人生活不可或缺的消费花园，而且日益成为掌握支配权力的社会

* 杨勇，郑州大学新闻与传播学院副教授、硕士生导师；孙静悦，郑州大学新闻与传播学院硕士研究生，主要研究方向为新媒体传播；邹欣媛，郑州大学新闻与传播学院硕士研究生，主要研究方向为新闻实务。

组织。然而，囿于技术壁垒，以政府干预为中心的传统外部监管方式难以深入平台内部运作，监管制度效力有限成为平台治理的实际状况。平台基于自身在资本、技术、信息资源等方面的优势实现自我赋权，创设自治平台规则，与政府一同成为具有公共性的治理主体，参与平台秩序建构与服务供给。平台治理呈现出“合作规制”与“私人治理”并行的新态势。当下，数字社会建设中社会成员参与不足，弱势群体的权力问题日益突出，算法歧视、大数据杀熟、隐私侵犯等监管难题层出不穷。面对这些治理挑战，健全社会领域数字规则日益紧迫，平台治理迫在眉睫。

本文通过 CiteSpace 软件对国内外学者在平台治理相关领域的研究进行梳理和分析，主要解决以下问题：总结国内外平台治理的驱动因素、目前国内外平台治理的实践、平台治理困境及其治理对策；对国内外平台治理研究的现状进行总结与展望，归纳当前研究存在的不足，并为后续相关研究提供参考。

一、数据来源与研究方法

（一）数据来源

本文的数据来源包括国内与国外两部分。其中，国内文献数据来自中国知网。在检索时，使用高级检索来保证数据的准确性和权威性，并以“平台治理”“平台企业治理”“平台公司治理”“平台规制”为检索主题，以 CSSCI 期刊为检索范围，时间跨度选择为 2023 年，剔除与研究明显不符的文献后，共得到 216 篇中文文献。本文的国外文献数据源来自在学术界享有较高权威的美国综合性在线文献数据库 Web of Science（简称 WOS），检索时使用高级检索，数据采集检索式为 Topic=“Platform governance” or “Digital platform” or “Platform regulation” or “Platform enterprise governance” or “Platform corporation governance” or “Platform company governance”，选择 SSCI 为检索范围，选择语言为“English”，选择文献类型为“Article”，选择时间为2023年，共得到2549篇国外文献。之后将文献数据导入CiteSpace中，利用该软件的数据去重功能对所获得的数据进行处理。去重后，最终获取2549篇国外文献，且目标数据无重复现象。

（二）研究方法

本文采用文献计量学的方法，通过CiteSpace软件对平台治理在国内外相关领域的研究进行定量分析。研究主要运用该软件的两个功能：关键词共现和关键词聚类。其中关键词共现用来挖掘研究领域的热点，关键词聚类用来展示某个关键词在整体研究中的贡献。通过该软件的可视化呈现，对国内外平台治理的主要研究议题进行分析，揭示平台治理的文献特征、研究热点以及研究前沿。

二、平台治理研究文献分布

（一）学科领域分布

1. 国内研究文献学科领域分布

2023年关于平台治理研究的国内文献涉及信息经济与邮政经济、经济法、行政学及国家行政管理、新闻与传媒等多个学科领域（见表1）。聚焦于人文社科和经济学的研究数量比较多，主要可以体现为信息经济与邮政经济研究数量位列第一（共计68篇），经济法研究数量位列第二（共计48篇），行政学及国家行政管理研究数量位列第三（共计38篇）。

表1　国内研究文献学科领域分布TOP10

序号	学科领域	文献数	百分比
1	信息经济与邮政经济	68	19.77%
2	经济法	48	13.95%
3	行政学及国家行政管理	38	11.05%

续表

序号	学科领域	文献数	百分比
4	新闻与传媒	30	8.72%
5	行政法及地方法制	27	7.85%
6	计算机软件及计算机应用	19	5.52%
7	贸易经济	18	5.23%
8	民商法	16	4.65%
9	宏观经济管理与可持续发展	13	3.78%
10	企业经济	12	3.49%

2. 国外研究文献学科领域分布

2023 年关于平台治理研究的国外文献涉及传播学、管理学、商学、经济学等多个学科领域（见表 2）。研究内容和发表期刊分布较为分散，并且多分布在量化研究的科学领域。传播学研究数量位列第一（共计 409 篇），管理学研究数量位列第二（共计 375 篇）；商学研究数量位列第三（共计 337 篇）。

表 2　国外研究文献学科领域分布 TOP 10

序号	学科领域	文献数	百分比
1	Communication（传播学）	409	16.05%
2	Management（管理学）	375	14.71%
3	Business（商学）	337	13.22%
4	Environmental Studies（环境研究）	286	11.22%
5	Information Science Library Science（情报学图书馆学）	212	8.32%
6	Environmental Sciences（环境科学）	183	7.18%
7	Economics（经济学）	179	7.02%
8	Public Environmental Occupational Health（公共环境职业健康）	176	6.91%

续表

序号	学科领域	文献数	百分比
9	Green Sustainable Science Technology（绿色可持续科学技术）	171	6.71%
10	Social Sciences Interdisciplinary（社会科学跨学科）	154	6.04%

（二）共被引文献分析

1. 国内文献共被引分析

2023 年国内平台治理研究的文献共被引情况如表 3 所示。《国家数字能力：数字革命中的国家治理能力建设》是 2023 年平台治理研究共被引频次最高的文献，对平台治理研究产生了较大影响。论文主要围绕国家治理能力、国家数字能力展开，国家治理能力主要由国家秩序能力、国家赋权能力和国家创新能力构成。数字革命对于包括数字秩序能力、数字赋权能力与数字创新能力在内的国家数字能力建设提出了新的要求。基于自主性和嵌入性的评价体系，国家数字能力可区分为双强平衡型、国家强力型、社会灵活型、双重脆弱型四种类型。中国的国家数字能力表现出社会灵活型的特征，主要通过平台型企业的委托治理以及激发社会大众的数字参与来实现数字领域的治理目标，因此也面临委托治理的危机。朝向双强平衡型的国家数字能力建设，要注重自主性与嵌入性的动态平衡。

表 3　2023 年平台治理国内文献共被引 TOP 10

序号	频次	作者	年份	题目
1	40	高奇琦	2023 年	《国家数字能力：数字革命中的国家治理能力建设》
2	37	侯利阳	2023 年	《平台反垄断的中国抉择：强化反垄断法抑或引入行业规制？》
3	25	王天玉	2023 年	《平台用工的“劳动三分法”治理模式》

续表

序号	频次	作者	年份	题目
4	23	樊博、贺春华、白晋宇	2023 年	《突发公共事件背景下的数字治理平台因何失灵：“技术应用—韧性赋能”的分析框架》
5	22	程雪军	2023 年	《超级平台算法价格歧视的反垄断规制》
6	20	刘河庆、梁玉成	2023 年	《透视算法黑箱：数字平台的算法规制与信息推送异质性》
7	17	马平川	2023 年	《平台数据权力的运行逻辑及法律规制》
8	16	张志安、田浩、谭晓倩	2023 年	《专业媒体与互联网平台的“常态接合”——2022 年中国新闻业年度观察报告》
9	15	杨东、高清纯	2023 年	《双边市场理论视角下数据交易平台规制研究》
10	14	唐京华	2023 年	《数字技术驱动科层组织领域化运作的逻辑——基于浙江“基层治理四平台”的案例分析》

《平台反垄断的中国抉择：强化反垄断法抑或引入行业规制？》也是对互联网平台治理研究产生较大影响的文献。自中央在平台经济领域提出“强化反垄断和防止资本无序扩张”以来，我国执法部门与立法部门一直以强化反垄断法的路径予以回应。但欧盟 2022 年 10 月 12 日颁布的《数字市场法》为平台反垄断提供了行业规制的新路径。我国面临着是否要在平台经济领域引入行业规制的问题。反垄断法擅长处理策略性市场失灵问题，行业规制适宜解决结构性市场失灵问题。我国平台经济的发展现状表

明该领域缺乏稳定的结构性市场失灵，平台多以策略性市场进入障碍来促成垄断。鉴此，学者提出不宜在平台经济领域中立即引入行业规制，但可继续强化反垄断法来实现平台经济的健康持续发展。

《平台用工的“劳动三分法”治理模式》一文指出，平台用工治理争论的实质是现行劳动法的知识体系和制度构造能否涵盖平台信息技术推动的劳动变革的问题。学者考察域外主要立法例发现，各国依托自身法律框架在司法裁判和立法修订上形成了差异化的治理目标和实践逻辑，显示出“第三类劳动形态”平衡劳动灵活性与规范性的弹性优势。我国平台用工突破了劳动二分的法律抽象，平台化灵活就业政策组合已经开拓了“第三类劳动形态”的制度空间。平台用工治理应着眼于“类雇员权益保障清单”，基于“民法做加法”的立法进路，通过任务计量型劳动基准、突破劳动关系的集体协商、新业态职业伤害保障等配套制度实现底线保障，并随着劳动形态演进增设权益规范，逐步实现全方位保障和系统性治理。

2. 国外文献共被引分析

2023 年国外平台治理研究的文献共被引情况如表 4 所示。Roberto Cerchione 等作者探讨了区块链技术革命为医疗保健行业数字化转型提供了重要机会。一个重要的问题是，各种医疗机构保留了大量且分散的患者医疗记录。平台通过将电子医疗报告集成到私有且许可的区块链中以创建分布式电子健康记录（EHR）生态系统来解决这个问题。在这种情况下，信息处理理论（IPT）可以帮助设计和验证基于区块链的 EHR 系统，以增强医疗记录的存储和医疗保健提供者之间的数据交换，并减少环境不确定性。未来的研究方向涉及所提出的区块链平台在医疗保健服务和组织中的广泛应用。Juntao Du 等学者强调，在数字经济时代，实体经济与数字化相结合的经济模式刺激了中国的创新活动，特别是能源技术创新（ETI），数字化转型成为企业保持竞争力的必要条件。作者探讨了企业 DT（数字化转型）和 ETI 之间的联系和机制，开发了静态和动态基准回归模型以及调节效应模型来测试 DT 和 ETI 之间的再关联性。研究结果表明，DT 不仅对 ETI 有正向影响，而且在企业所有权类型和能源技术进步的偏向方面对 ETI 也具有异质性影响。

表 4　2023 年平台治理国外文献共被引 TOP 10

序号	频次	作者	年份	题目
1	41	Cerchione，R；Centobelli，P；Riccio，E；Abbate，S；Oropallo，E	2023 年	Blockchain's coming to hospital to digitalize healthcare services：designing a distributed electronic health record ecosystem（《区块链进军医院，实现医疗服务数字化：设计一个分布式电子健康记录生态系统》）
2	33	Du，JT；Shen，ZY；Song，ML；Zhang，LD	2023 年	Nexus between digital transformation and energy technology innovation：an empirical test of A-share listed enterprises（《数字化转型与能源技术创新的关系——基于 A 股上市企业的实证检验》）
3	25	Guru，S；Verma，S；Baheti，P；Dagar，V	2023 年	Assessing the feasibility of hyper-local delivery model as an effective distribution channel（《超本地化交付模式作为有效分销渠道的可行性评估》）
4	22	Zheng，SY；Irfan，M；Ai，FY；Al-Faryan，MAS	2023 年	Do renewable energy，urbanisation，and natural resources enhance environmental quality in China? Evidence from novel bootstrap Fourier Granger causality in quantiles（《可再生能源、城市化和自然资源是否提高了中国的环境质量？来自分位数中新的 bootstrap-Fourier-Granger 因果关系的证据》）

续表

序号	频次	作者	年份	题目
5	21	Wongkitrungrueng, A; Suprawan, L	2023 年	Metaverse meets branding: examining consumer responses to immersive brand experiences(《元宇宙遇见品牌:探究消费者对沉浸式品牌体验的反应》)
6	20	Dou, SQ; Xu, DY; Zhu, YG; Keenan, RJ	2023 年	Critical mineral sustainable supply: challenges and governance(《关键矿产的可持续供应:挑战与治理》)
7	20	Nazir, S; Khadim, S; Asadullah, MA; Syed, N	2023 年	Exploring the influence of artificial intelligence technology on consumer repurchase intention: the mediation and moderation approach(《人工智能技术对消费者再购买意愿的影响研究:中介与调节方法》)
8	18	Savastano, M; Suciu, MC; Gorelova, I; Stativa, GA	2023 年	How smart is mobility in smart cities? An analysis of citizens' value perceptions through ICT applications(《智慧城市的出行有多智能?基于ICT应用的公民价值感知分析》)
9	18	Baudier, P; Kondrateva, G; Ammi, C; Chang, V; Schiavone, F	2023 年	Digital transformation of healthcare during the COVID-19 pandemic: Patients' teleconsultation acceptance and trusting beliefs(《新冠疫情期间医疗健康的数字化转型:患者对远程会诊的接受度与信任研究》)
10	17	Goldberg, M; Schär, F	2023 年	Metaverse governance: an empirical analysis of voting within decentralized autonomous organizations(《元宇宙治理:去中心化自治组织内部投票的实证分析》)

（三）关键词共现分析

1. 国内关键词共现分析

2023 年国内平台治理研究领域，除平台治理外，平台经济、数字平台、反垄断的集聚圈最大，也是平台治理相关研究的核心。此外，还形成了一些节点范围较小的分支集聚圈，如数字治理、平台垄断、平台企业等，且各节点之间连线相对较为稀疏（见图 1）。总体而言，国内平台治理相关的研究领域相对有限，且研究内容相对松散、孤立。

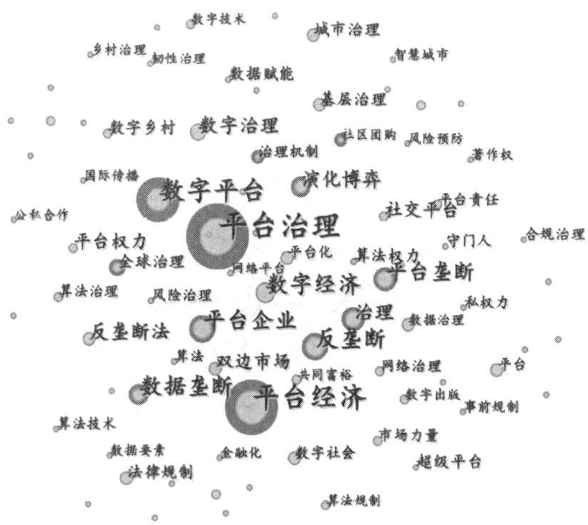

图 1　2023 年国内平台治理关键词共现图谱

2. 国外关键词共现分析

2023 年国外平台治理研究领域，除社交媒体（social media）外，影响（impact）、创新（innovation）、技术（technology）等几个关键词最为明显，因此也是平台治理相关研究的核心。此外，还形成了一些节点范围较小的分支集聚圈，如竞争（competition）、政策（strategy）等，且各节点之间连线相对较为密集（见图 2）。总体而言，国外平台治理相关的研究领域相对丰富，且研究内容相对紧密、交织，集中于平台治理的影响因素方面，在如何治理方面未给出较多的建议。

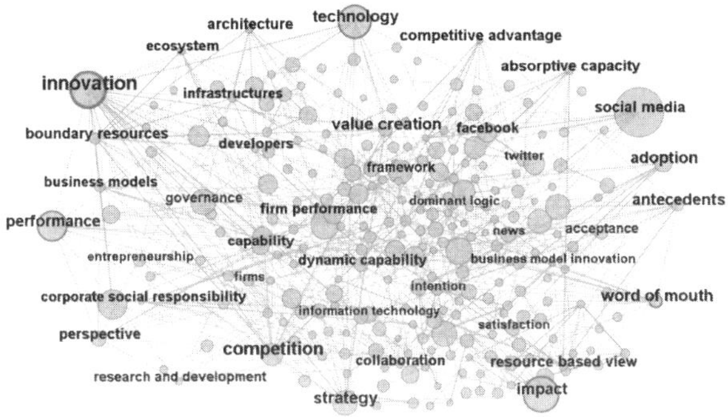

图 2　2023 年国外平台治理关键词共现图谱

（四）关键词聚类分析

1. 国内关键词聚类分析

2023 年平台治理研究国内文献关键词聚类如图 3 所示。聚类的基本原理是将相关的关键词集合进行分类，并形成独立的类别。图中标签数字越小，所包含的关键词越多，代表该聚类领域越重要。以“平台治理”为主题的关键词聚类集中于 6 个较大类别：平台、数字经济、数字治理、数字平台、平台垄断和反垄断。根据这 6 个类别所包含的关键词，并结合文献内容，可将平台治理研究的热点主题划分为三个方面，即平台、数字经济和数字治理。平台治理与平台经济相关性极大，也可以看出平台治理主要围绕平台经济展开，数据在其中起着重要作用。

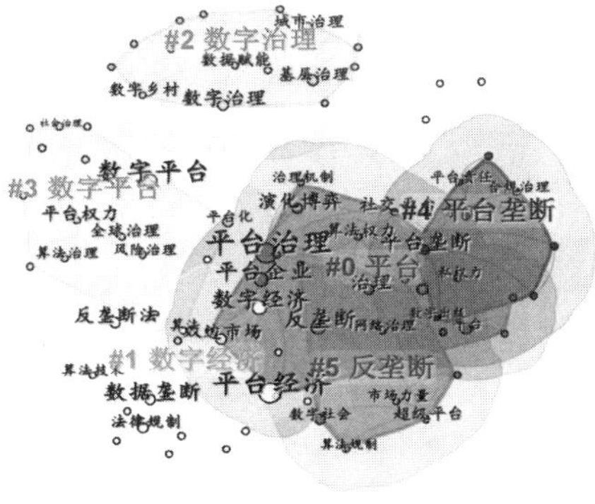

图 3　国内平台治理关键词聚类图谱

2. 国外关键词聚类分析

2023 年平台治理研究国外文献关键词聚类如图 4 所示。可见，以“平台治理”为主题的关键词聚类集中于 10 个较大类别：社交媒体（social media）、数字平台（digital platforms）、数字营销（digital marketing）、技术接受模型（technology acceptance model）、精神健康（mental health）、吸收能力（absorptive capacity）、公共政策（public policy）、人工智能（artificial intelligence）、平台经济（platform economy）和数字经济（digital economy）。

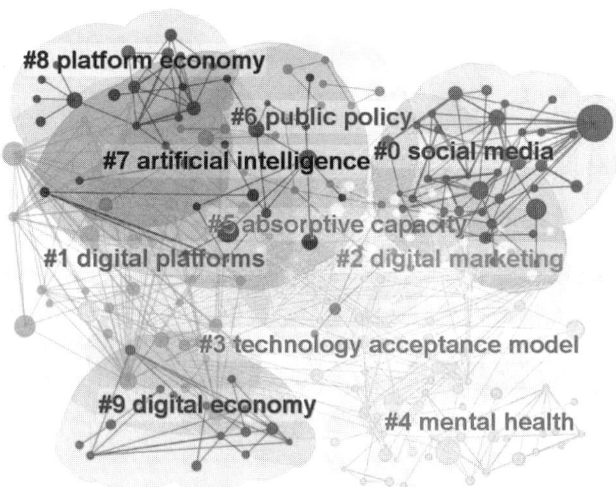

图 4　国外平台治理关键词聚类图谱

三、互联网平台治理的主要研究议题

（一）平台治理的必要性

1. 算法歧视与数据黑箱侵害用户权益

数字化社会里，互联网平台的内容主要来自数据采集和经过算法加工的数据处理，平台按照符合自身利益的方式通过算法对数据进行操作，其所使用的算法如果优先考虑经济利益，可能会置个人隐私、信息安全等伦理问题于危险中。[①] 平台售卖用户信息成本低、短期收益高且用户维权难，这都增加了用户隐私泄露的风险。用户交换数据以获取数字服务使用权的过程中，平台若想获取更多的消费者利益，就会产生剥削型滥用，比如过度采集用户数据和侵犯用户隐私、利用算法实施个性化定价等严重损害用户权益的行为。[②] 随着平台的数据挖掘、计算存储与整合分析能力的增强，用户信息隐私的泄露可能性增加，大数据的发布、存储、分析和使用等阶段均可能侵犯用户隐私。平台还会通过引导用户注册时默认隐私选项来加剧这种情况，这些选项往往允许比消费者意识到或打算的更广泛的数据收集和使用，这是对隐私的直接伤害。

算法歧视产生的重要原因在于数据隐含了歧视或偏见，但人们最终将歧视归结为算法本身存在的问题，甚至将算法当作数字平台企业的“道德代理”，这为数字平台企业逃避相关责任提供了条件。算法歧视在本质上属于技术的不正当应用，违背了算法设计的程序正义与结果正义，并在一定程度上对用户造成伤害。[③] 技术从未实现真正的“中立”，以算法为内核的过滤技术带有设计者的特定偏好与价值倾向，过滤技术的不当使用会将大量合理使用排除在正当情形之外，妨害思想表达的自由，危害网络空间的健康发展。[④]

2. 平台垄断阻碍产业良性发展

在以数字化算法为基础的市场中，平台企业通过滥用算法技术参与市场竞争从而获得超越市场能力的垄断利益，就出现了平台垄断。例如平台

① 杨溟，曹素妨．数字伦理与数据治理：互联网平台企业面临的新挑战［J］．未来传播，2023，30（1）：10-18，120-121.

② 陈灿祁．平台滥用算法权力的法律规制［J］．湖南科技大学学报（社会科学版），2023，26（6）：154-161.

③ 张倬铭，简小烜．数字平台企业伦理治理与网络空间命运共同体构建［J］．湘潭大学学报（哲学社会科学版），2023，47（5）：62-69.

④ 闫宇晨．社交平台私权力的滥用及其治理［J］．公共管理与政策评论，2023，12（4）：142-153.

凭借其在算法与数据方面的交互优势，通过制定有利于实现自身发展的算法规则，排除限制竞争行为，进一步攫取垄断利润，占领数字市场的利益空间。[1] 在缺乏适当治理的情况下，平台所有者可以将其数字平台引导至有利于自己的活动，而损害其利益相关者的利益。[2] 平台通过设定带有强制性的服务条款，将其设置的用户准入条件、信息收集、数据控制以及行为处罚合法化，即便用户被要求让渡部分权利、被加重义务以及被平台处罚，也没有讨价还价的余地，甚至连救济方式的选择也必须遵循平台既定的规则。[3]

像苹果、Meta 和谷歌等拥有最多客户的公司也拥有最多的数据，这使他们能够更轻松地优化产品，从而能够留住最多的客户。例如，谷歌通过将用户查询的数据持续地输入其机器学习算法中，不断改进其搜索引擎，而它的竞争对手根本无法获得足够的“长尾”数据来提供类似的服务。同样，Meta 和谷歌也使用其广泛的数据来实现更有效的广告定位。如果没有类似的数据，其他公司很难参与竞争。另外，这些公司从不同服务中收集的数据，也可用于开发新的产品。因此，那些拥有最多数据的公司受到激励并能够进入新市场，这反过来又促进了数字生态系统的创建。

平台拥有较大的用户规模，利用规模优势采取低价倾销、用户补贴策略，形成“赢者通吃”局面，阻碍市场竞争，扭曲市场价格。大平台企业的垄断阻碍了其他企业的发展，而中小平台企业很难与大平台竞争，阻碍了创新生态的形成。平台企业通过提高歧视性定价来获取额外利润，进一步剥夺消费者的剩余利润。数字平台垄断不但会打压竞争对手、抑制行业良性创新发展、侵害消费者福利与用户个人隐私，甚至会危害国家安全。[4]

---

① 陈灿祁．平台滥用算法权力的法律规制［J］．湖南科技大学学报（社会科学版），2023，26（6）：154-161.

② MOLINA J L，TUBARO P，CASILLI A，et al. Research ethics in the age of digital platforms［J］. Science and engineering ethics，2023，29（3）：17.

③ 陈全真．从自治走向共治：平台经济“软硬协同”治理模式的确立及其展开［J］．大连理工大学学报（社会科学版），2023，44（6）：102-110.

④ 闫宇晨．社交平台私权力的滥用及其治理［J］．公共管理与政策评论，2023，12（4）：142-153.

3. 平台算法权力扩张，挑战政府监管的边界与权威

作为数字时代的重要标志和技术缩影，数字平台在平台化进程中构建了一种新型结构，并凭借结构核心地位在主导世界数字信息系统的基础上，拥有了对经济、政治和社会前所未有的影响力。这种日渐发展的强大能量已在事实上成为一种权力，其存在不可避免地降低了社会发展的可控性，增加了诸多风险。平台算法权力是平台基于算法优势、数据与用户交互基础和资本优势，对算法相对人生成的具有控制能力的新型社会权力。作为一种新兴的权力，平台算法权力重塑了不同社会权力之间的关系，并打通了不同领域中的权力关系，不仅连通线下诸多场域，也连通线上和线下世界，“算法统治”的过程对整个社会体系产生重要影响。[①] 平台通过向公众提供服务和内容，挤压公共空间，造成个人隐私被过度收集和使用，使社会面临网络安全风险，危害数字社会的发展。数字平台不断升级的力量导致人们呼吁进行积极的监管干预。然而，部分平台的全球性质抑制了政府采取行动打击技术经济寻租的可能性和可行性。

近年来，数字互联网与社会活动的各个环节紧密结合，淡化了农业社会确立的地方性互助体系与工业社会确立的劳动分工体系，动摇了近现代以来基于传统工商业社会结构所确立的社会秩序、规范与行为模式，塑造出对数字化具有自适应性的当代社会，数字平台与用户之间权利的分配关系早已突破平等的市场主体地位。在中国，与其他国家一样，平台重新连接了思想、信息和资金的流动，因为这些公司具有公用事业的特征，成为越来越多经济部门的私人监管机构。平台规模不断扩张，迸发出巨大的网络效应。全新的交易场景和交易模式使得政府的监管面临着更为严峻的挑战。[②]

4. 网络伦理失范污染网络空间

随着互联网平台企业的快速发展壮大，编辑技术门槛大大降低，自媒

① 陈灿祁．平台滥用算法权力的法律规制［J］．湖南科技大学学报（社会科学版），2023，26（6）：154-161.

② 陈全真．从自治走向共治：平台经济“软硬协同”治理模式的确立及其展开［J］．大连理工大学学报（社会科学版），2023，44（6）：102-110.

体数量呈爆炸式增长，导致网络信息生产社会化程度越来越高，网络信息内容质量越发参差不齐，传播权力下放，受众的参与加快了传播速度，有害网络信息造成的风险不断增大。由于平台用户数量巨大，加之信息传播非常快捷，网络谣言等有害信息内容的影响迅速扩大，严重污染了网络环境，甚至造成了一定的社会恐慌。随着用户数量和信息量的增加，相关的监管挑战也在增加。

在价值观念层面，数字平台在用户条款中嵌入了平台价值，并要求所有平台参与者共同接纳和认同这一价值取向。但像脸书和推特这样的跨国数字平台虽然吸纳了不同的利益攸关方，并承担连接全球用户的职能，但其用户条款的治理规则仍存在着明显的偏见和歧视亚裔、华裔等倾向，使得亚裔和华裔更容易在数字平台上受到仇恨言论的攻击。① 在处理网络平台的仇恨言论时，也要兼顾保护言论自由，这导致政策、法律和平台自律之间存在难以调和的矛盾。

（二）平台治理实践

1. 数据治理：从平台算法自治到法律规制

在信息社会中，每个人的生活和行为痕迹都可以被转换成相应的数据集。数字技术从根本上改变了平台，使它们能够承载几乎无限数量的交互。数据在这些数字平台市场中发挥着关键作用。据估计，亚马逊、苹果、Meta 和谷歌这四个主要平台之间保存着大约 12 亿千兆字节的数据。访问这些海量的用户数据是平台提高服务的基础，但用户数据也是影响盈利的关键，因此，平台可以通过算法实现对用户的识别和分类管理，为平台利益服务。长期以来，对数字平台侵犯隐私和算法操纵的担忧为世界各国政府采取反垄断行动奠定了基础。虽然法律往往落后于数字化的快速发展步伐，但政府的及时监管也能实现对它们的规制。

① 王沛楠，彭修彬．西方数字平台的内容治理：理解互联网国际传播中的平台权力［J］．现代传播（中国传媒大学学报），2023，45（4）：72-76.

早期互联网以“受监管的自我监管”环境为典型，平台通过算法自治来进行自我管理。为了遏制平台的主导力量，欧盟、美国、英国和澳大利亚的监管机构已经执行了与反竞争行为、大量收集用户数据以及未能解决非法或有害数字内容等有关的现有法律，甚至引入了新的法律。[①]中国政府也加强了对用户权益、信息安全与数据的保护，建立平台企业的数据分类分级的合规体系。在立法方面，利用《中华人民共和国数据安全法》《中华人民共和国网络安全法》《中华人民共和国电子商务法》《中华人民共和国民法典》等法律共同构成数据安全的保护体系。在法律层面，加强算法立法，改进算法的透明度、可解释性与算法审计等。2022 年 8 月 1 日，新修订的《中华人民共和国反垄断法》正式施行，规定经营者不得利用数据和算法、技术、资本优势以及平台规则等从事该法禁止的垄断行为，具有市场支配地位的经营者不得利用数据和算法、技术以及平台规则等从事不合理限制竞争的滥用行为。针对数据治理中存在的突出问题，国家还出台了一系列细则与规定，查处了一批数据违规案件，对部分企业进行了行政处罚。

2. 内容治理：通过规制约束，维护网络空间

从内容治理而言，国家直接介入互联网平台治理的缘起是网络意识形态安全问题。非法有害内容泛滥会给公民权益和国家公共安全带来诸多损害，因而网络信息内容治理是平台治理的重要方面。[②]

信息内容在进入平台后会受到平台监测和用户投诉的规制，如果被发现存在“洗稿”类侵权行为，有关内容生产者就会受到平台的相关处罚。不同平台针对不同“洗稿”行为所采用的处罚措施也有所差异，如根据侵权频率及情节轻重，通过扣除信用分、驳回原创标签、减少推荐、流量收

---

① MOLINA J L, TUBARO P, CASILLI A, et al. Research ethics in the age of digital platforms [J]. Science and engineering ethics, 2023, 29 (3): 17.

② 唐要家，唐春晖. 网络信息内容治理的平台责任配置研究 [J]. 财经问题研究，2023 (6): 59-72.

益转移以及短期或永久封号等措施来进行处理。在平台内容监管中，公众对内容审核过程的干预也是提高数字信息生态系统质量的最佳方式。以德国的《网络执行法》为例，其专门针对社交媒体仇恨言论进行立法，通过要求大型平台作为中介机构运行投诉程序来审核用户，确保仇恨言论内容被迅速删除。[①]

平台必须以某种形式对平台内容进行审核，而平台越大，其大规模治理的难度就越大。[②]平台在对违法信息的处理方面，多采用内部自行判断的方式，借助人工审核和自动化过滤器技术过滤，先进行事前过滤，把违法信息挡在传播平台之外。[③]国外像脸书、推特、优兔等主要平台都在其“服务条款”或“用户政策”中包含了内容治理的条款。[④]目前，强化数字内容平台积极履行内容审查的合理义务成为网络信息内容治理体制改革的基本趋势。平台主体履行责任机制，完善对发布非法有害内容行为的处罚措施，确保平台内容治理行为纳入法治化轨道。面对国家加强网络内容治理的各项政策，平台企业不断提升内容审核和智能把关能力，也有意识地调整算法推荐机制，助力主流价值观传播。

3. 市场治理：从政府监管到倡导企业自律

在平台治理中，政府与平台的最佳定位是，作为监管主体的政府同时也是平台经济的发展者，既需要守护好交易安全、效率和公平的底线，又要发展好平台经济。具体而言，政府应当保持开放的态度，将部分监管权交由拥有技术、资金优势的平台经营者，放手让平台经营者进行“大众创

---

① 史安斌，俞雅芸.“技术后冲”时代全球互联网治理的趋势与路径：基于五大主题的文献分析［J］.新闻与传播评论，2023，76（3）：17-26.

② PAPAEVANGELOU C. The role of citizens in platform governance：a case study on public consultations regarding online content regulation in the European Union［J］.Global media and China，2023，8（1）：39-56.

③ 张文祥，杨林，陈力双.网络信息内容规制的平台权责边界［J］.新闻记者，2023（6）：57-69.

④ 王沛楠，彭修彬.西方数字平台的内容治理：理解互联网国际传播中的平台权力［J］.现代传播（中国传媒大学学报），2023，45（4）：72-76.

新、万众创业”，不但契合技术理性，也有助于监管目的的实现。[①] 平台作为市场主体，应该在法治的市场环境中维护公平竞争、参与公平竞争。当平台损害公平竞争秩序、损害消费者利益时，应该自觉接受法律的制裁，通过对平台权力的规制促使其由无序迈向有序。数字经济的本质是市场经济，尊重市场自发秩序的监管才是最好的规制。反垄断法作为对市场主体经营自主权限制较小的规制方式，成为我国实施市场治理的优先选择。

互联网平台企业具有技术与数据优势，是否积极履行企业社会责任在监管统合型的政策语境中已成为关乎企业生存发展的重要因素。[②] 研究表明，数字平台公司试图通过游说、基层动员和政治竞选捐款等多种渠道施加政策影响，并因此取得了各种政策成果来促进自身发展。网络平台通过大数据和算法技术优势设置不公平的交易条件，容易造成“营销歧视”或“价格歧视”，可能构成反垄断法中所说的滥用市场支配地位行为。常见的滥用市场支配地位的行为包含平台“二选一”、大数据杀熟、自我优待等。针对平台滥用算法权力的问题，除了拓宽监管手段、创新监管方式、加强对大型平台经营者的算法源代码和算法训练数据集的审查外，还需要平台企业加强自律，强化社会责任感，对企业治理机制进行优化。[③] 为了应对此类经济和社会政治问题，国外政府颁布了法律，例如欧盟的《通用数据保护条例》，以保护个人数据。他们还寻求制定和实施反垄断政策，旨在限制市场特权、减少串通，从而实现更公平和更广泛的竞争。

4. 用户治理：从依赖规则约束到主动吸引用户参与

以联邦贸易委员会（FTC）和联邦通信委员会（FCC）为首的国外政府机构对推特、谷歌和脸书等在线平台采取了行政干预手段以及执法行

---

① 陈全真. 从自治走向共治：平台经济“软硬协同”治理模式的确立及其展开［J］. 大连理工大学学报（社会科学版），2023，44（6）：102-110.

② 张志安，冉桢. 发展实用主义：中国互联网政策变迁与平台治理的内在逻辑［J］. 新闻与写作，2023（1）：89-97.

③ 陈灿祁. 平台滥用算法权力的法律规制［J］. 湖南科技大学学报（社会科学版），2023，26（6）：154-161.

动，以应对互联网公司在用户安全、隐私等方面暴露的风险。[①] 对于用户成为平台的数字劳工等问题，政府也积极与多方沟通，完善相关法律，建立新型社会保障体系。政府可以通过过程管理、结果管理、绩效管理三种创新管理手段，解决平台与用户之间的纠纷，从而确保平台有良好的市场秩序、公平竞争的市场环境、稳定的交易价格，确保平台消费者权益不受侵害。[②]

平台用户协议作为低成本实施法律、落实网络治理要求的方式，国内外网络平台几乎都建立了一套平台内部约束和规范用户行为的规则体系。网络用户在平台注册个人账户时，需同意并签署平台“用户协议”“行为规范”“服务条款”等明确的服务规则和条款，在使用该账户发布和获取信息、接受平台服务时就要受这些平台内部规则的约束。平台通过与用户签订协议的方式实现了法律义务的“内部规则化”或契约化。在我国，以用户协议等平台内部规则约束规范用户行为的治理方式已得到网络主管部门的认可，这一要求在《互联网新闻信息服务管理规定》等部门立法中已有体现。[③]

新兴的信息和通信技术为公众参与平台治理过程提供了条件，社交网络和新媒体平台等工具构成了公民参与治理的关键基础设施。同时，政府部门的数据公开也为公众参与治理提供了可能性，公众可以获取各种信息、文件和数据集，成为治理的参与者。政府引导公众参与治理过程以应对平台治理的复杂挑战，尽管治理网络仍以政府为主，但公众作为多主体治理模型中数量最多、来源最广泛的组成部分，在治理的有效性中起着关键作用。群体力量源于用户可以通过他们的大量行动对平台施加影响。用户可以利用互联网的通信特性，通过群众监督、舆论施压等方式，对数字经济市场中的不良行为进行监督。在遵守政府法律法规和政策要求以及平

① 史安斌，俞雅芸．“技术后冲”时代全球互联网治理的趋势与路径：基于五大主题的文献分析［J］．新闻与传播评论，2023，76（3）：17-26.

② 周楠，蔡梦雨，许昕，等．平台治理的研究视角、方法与展望［J］．管理案例研究与评论，2023，16（6）：692-708.

③ 张文祥，杨林，陈力双．网络信息内容规制的平台权责边界［J］．新闻记者，2023（6）：57-69.

台的约束和规范下，平台用户通过自治，实现自我“把关”。

（三）平台治理面临的困境

1. 囿于传统治理模式

当下平台治理实践已趋向蕴含着多元主体共同参与制度逻辑的数字治理，传统政府大包大揽式的理念和方式已经难以适应数字时代的治理变革需要。[①] 由于技术水平和人才资源的限制，政府部门的治理方式主要偏向于设立平台治理政策依据，并对平台治理效果进行评价，总体治理活动参与程度较低。[②] 现有立法关于平台的监管更多停留在宏观性的原则层面，缺乏明确且更具操作性的制度规范，有效的制度约束力尚未形成。[③]

2. 平台实施自我优待行为

当互联网平台获得巨大的市场地位和经济实力时，往往会不服从政府的整体统一规划，从而损害多主体治理模式的治理效果。而且，由于平台生态系统内部业务领域繁多，彼此之间的关系错综复杂，在实际运行过程中，平台企业容易通过优待自有业务、跨领域屏蔽与封锁分享链接、恶意引流等手段，打压直接竞争对手，遏制潜在竞争对手，在商业生态圈内部的众多领域间形成不同程度的平台生态系统垄断。[④] 部分平台为达成独家交易而对多归属商家实施搜索降权、禁止参与优惠活动等限制措施，这也是一种自我优待行为。事实上，平台实施自我优待行为可能还有其他目的，如推广新产品、降低交易成本、提升用户体验等。

3. 平台治理规则杂乱无章

相较于传统的实体行业，数字平台领域的竞争行为具有更强的复杂

① 王张华．政府与平台型企业合作模式及其风险管控研究论纲：基于数字治理的视角［J］．湘潭大学学报（哲学社会科学版），2023，47（4）：61-69.

② 唐艺军，魏婉莹．智能媒体时代互联网平台企业治理路径研究［J］．新闻爱好者，2023（2）：67-69.

③ 张新平．网络平台治理立法的反思与完善［J］．中国法学，2023（3）：122-141.

④ 钱贵明，阳镇，陈劲．平台企业生态垄断的解构与治理［J］．电子政务，2023（8）：90-104.

性、隐蔽性以及动态性等特征，这为推进平台治理工作带来了难题，主要表现为治理规则有待补正。在市场竞争参与者和数字平台组织者的双重身份下，平台所建立的运营体系和内部通用规则并不完善。① 此外，平台在信息内容和言论规则的制定中既当裁判员又当运动员，对用户言论进行全面审查和管控，限制了用户正当接触信息和意见机会的同时，还构建了逃避公法规则对公民基本权利保护的内部规则体系。② 因此，实践中的互联网平台治理仍然采用传统的分部门分行业治理、运动式治理与事后监管的方式，时常陷入"头痛医头、脚痛医脚"，治标不治本的困境。③

4. 平台以私主体身份逃避治理责任

平台治理困境的根源在于无法在平台市场公共性和企业私利性的双重属性之间找到平衡市场公共利益与企业私人利益的最佳方案，互联网平台可能为了自身的经济利益而不积极履行治理责任。在网络平台生态系统中，平台企业兼具企业运营者、生态系统管理者和基础设施提供者的多重身份，这些多元化的身份定位容易诱发平台在履责过程中产生商业利益追求与社会价值维护之间的战略冲突，形成一种"私权力"打破公权力形塑的既有格局，甚至成为公权力主体的合作者。④ 平台独占了内部规则的制定权，规则运行中也因平台的私主体身份而规避了正当程序、信息公开、问责等公法原则的限制。⑤ 此外，掌握着信息数据的平台所形成的技术权力，会展现出相较于其他私领域社会权力更强烈的异化风险与破坏性的作

① 孙晋，蔡倩梦．公平竞争原则下数字平台治理的规则补正［J］．财经法学，2023（1）：48-60.

② 张文祥，杨林，陈力双．网络信息内容规制的平台权责边界［J］．新闻记者，2023（6）：57-69.

③ 殷琦，国秋华．从静态机构到动态功能：互联网平台的内涵演变与治理转向［J］．现代传播（中国传媒大学学报），2023，45（4）：135-142.

④ 郭全中，张金熠．互联网平台企业社会责任实践与治理研究综述［J］．新闻爱好者，2023（9）：34-38.

⑤ 张文祥，杨林，陈力双．网络信息内容规制的平台权责边界［J］．新闻记者，2023（6）：57-69.

用效果，从而使传统的权力规制范式面临着滞后与不匹配的困境。[①]

（四）平台治理的未来路径

1. 政府法治层面

（1）完善平台治理法治框架

明确的法律法规是最有力的治理工具。平台治理本质上是国家通过一系列法律法规和政策措施来管理平台企业。从平台经济监管法治化的角度出发，国家应当通过立法明确有关部门的监管职权，为平台的合法经营提供明确、稳定、可预期的行为范围，确保平台能够依托市场规律得以自主、长效发展。

首先，政府应当不断补充数字经济领域的相关法律，灵活制定促进平台间相互竞争的法规和标准，为平台治理提供合法性依据。在我国，不仅要及时更新《中华人民共和国反垄断法》《中华人民共和国反不正当竞争法》《中华人民共和国电子商务法》等法律，对与之相关的《中华人民共和国消费者权益保护法》《中华人民共和国外商投资法》等法律也要及时进行修订，将政策文件所确定的治理规则适时升格为法律条文，完善法治建设内容。

其次，数字平台治理的规则必然需要落实到具体的实践应用中，而治理工具的更新换代能够为其提供现实保障。针对目前数字平台竞争中出现的新技术和新模式，政府部门可以通过信用治理工具和科技治理工具的有效结合来维护规则的实施成效。数字监管部门可以运用大数据分析等方式进行风险把控，增强对平台治理规则把控的全面性和精准性。[②]

最后，管理部门必须正视数字技术发展的两面性，应当动态充实、完善网络安全政策措施，随着数据要素采集与存储、生产与交易、加工与流

① 刘凯．数字平台公共性的理论重塑及其生态治理路径［J］．比较法研究，2023（6）：77-90.

② 孙晋，蔡倩梦．公平竞争原则下数字平台治理的规则补正［J］．财经法学，2023（1）：48-60.

通等模式变迁而合理调整政策工具配置，充分调动监管积极性。在享受数字便利的同时认清风险、找出漏洞，构筑与数字平台发展及网络空间大环境相适应的网络安全屏障。[①]

（2）构建算法伦理及问责机制

平台社会的一个关键基础设施是算法推荐系统。算法作为一种涉及公权力与私权利融合的新型交互性技术，发挥着重要作用，但它在很大程度上被平台巨头控制，并被用于商业目的。若要对超级平台算法价格歧视进行合法合理的全面规制，我国需要加快关于超级平台算法价格歧视的反垄断执法构建。

首先，政府部门应率先推进《中华人民共和国反垄断法》及平台经济领域内相关法律法规的修订及完善。应该针对性加强对平台经济领域内特有的算法垄断、数据垄断、技术垄断的适用性，提高有关条款的可执行性，从而为平台垄断治理提供完整的制度保障。[②]

其次，政府在将公权力分割给平台的同时，应当就平台算法权力运行建立相应的算法问责机制，即政府监管部门在公共领域通过组建专门机构和人员构成问责主体，追究算法使用者或控制者责任的一种算法治理模式。这不仅能够克服传统治理模式的弊病，也具有充分的理论依据与可行性。[③]

2. 平台自治层面

数字社会是一种以平台、数据、算法为支撑的新型社会形态，其中的多元主体在进行高频互动的同时，也会产生大量利益协调需求。实际上，平台运营遵循的是商业效益原则，本身缺乏维护社会利益与公共利益的内

① 唐兴霖，雷李念慈 . 基于政策文本的数字平台治理工具配置逻辑研究［J］. 理论探讨，2023（6）：66-75.

② 钱贵明，阳镇，陈劲 . 平台企业生态垄断的解构与治理［J］. 电子政务，2023（8）：90-104.

③ 闫宇晨 . 社交平台私权力的滥用及其治理［J］. 公共管理与政策评论，2023，12（4）：142-153.

生动力，而政府的监管力量远远无法覆盖巨量的网络纠纷，必须由平台自主承担绝大部分监管、协调与纠纷处理职能。由此可见，平台生态持续健康发展的关键在于引导平台主体将责任内化于商业实践中，推动平台广泛开展合规建设与自律机制建设。[①]

（1）强化信息内容审核

提升平台内容审核与管控的透明度是保护言论自由和平台治理的起点，也是建立正当程序和问责机制的起点。一方面，信息内容平台应建立完善的信息内容审核机制来规避侵权风险、保障盈利目标和履行社会责任，应有科学规范的全流程工作机制，从审核、监督、投诉、反馈、奖励、惩罚、宣传等环节明确工作内容和责任主体。同时，为避免“一刀切”的自动审核侵害用户利益，对于被认为有争议的内容，平台应该与特定的创作者进行沟通以帮助用户了解治理机制，并在扭转错误执法时优先考虑速度和公平性。

另一方面，平台企业应建立多元化的信息推送与接收渠道，提升用户信息接收的广度与深度，加大相关内容宣传力度，提高用户筛选信息的能力。同时，数字平台企业应提升用户对信息传播的正确认知，积极引导用户弘扬主旋律、传播正能量，督促用户遵守网络空间信息传播公约，促进网络空间和谐健康发展。[②]

（2）增强责任主体意识

数字平台企业因自身的组织架构、模式特征等具有经济组织属性，但由于它是贯通人类从现实社会到网络空间的组织主体，因此，它还具备鲜明的公共道德属性，承载着引导用户在网络空间中进行合法合规行为的内在责任。由于国家在内容审查方面并不具备技术优势，相关工作主要由平台企业通过履行主体责任的方式展开。

---

① 唐兴霖，雷李念慈．基于政策文本的数字平台治理工具配置逻辑研究［J］．理论探讨，2023（6）：66-75.

② 张倬铭，简小烜．数字平台企业伦理治理与网络空间命运共同体构建［J］．湘潭大学学报（哲学社会科学版），2023，47（5）：62-69.

其一，数字平台企业作为数据重要的收集方和统筹方，需要牢牢树立数据安全责任意识，对数据盗取、篡改和垄断等行为进行严格防范，在自身管理中不断提升员工数据安全认知，确保企业内部做到对数据的严格管控。其二，互联网平台企业应进一步明确责任承担边界，增强企业责任主体意识，不断推动权责治理进程。同时，互联网平台企业要正确识别公共性问题特征，积极协调公共性与营利性之间的矛盾冲突，做好遵循市场规律与保障大众利益之间的平衡与稳定工作。其三，互联网平台企业应完善信息开放与共享标准，主动对外公开参与数字社会治理的相关信息和进程，利用政府和公众监管合力，促使互联网企业进行自我约束、自我审查、自我规范。

（3）建立内部合规制度

建立内部合规制度对于提高平台透明度以及强化算法和数据治理具有积极作用。相比于一般的数字平台，超级数字平台在技术实力、市场份额以及服务水平上更具有优势。当超级数字平台进行相关合规建设时，小型平台为了寻求合作必然会同样遵循这一规范，进而排斥背离者，形成整个数字平台体系的良性治理。

一方面，大型互联网平台应定期组织对其数据的收集利用、算法应用、平台透明度等合规情况进行内部审计，聘请第三方审计机构进行评估并提出建议，配合监管机构进行检查和监督，并向社会公开平台合规情况。另一方面，超级平台企业需要根据“信息安全三法”（《中华人民共和国网络安全法》《中华人民共和国数据安全法》《中华人民共和国个人信息保护法》）等制定消费者信息保护合规政策，从企业自治层面清晰地界定企业自身经营的行为边界，建立完整的数据保护合规政策，履行数据安全管理义务。

3. 多主体参与层面

数字平台责任配置需要合理配置不同主体的责任，明确各类参与主体的法律责任、行为规范和道德义务，每个主体都应做一个负责任的内容生态参与主体，从而形成基于责任分担的多元主体合作治理体制。[①]

（1）鼓励用户积极参与平台治理

用户参与平台治理是政府监管的重要补充，尤其是在能力或资源不足的情况下。公众的角色影响着互联网平台多主体治理的所有主体，在治理过程中起着最积极的监管作用。同时，公众的角色取决于与其他主体的联合角色，这要求公共政策制定者充分考虑参与主体的有效协同作用，从而优化多主体治理模式的效果。

平台权力与用户权利之间存在一定的张力，这种张力的平衡能够约束平台权力的运作，防止其偏离自治的轨道。随着大型平台的价值不再依赖用户的个体互补，平台权力与用户权利之间的结构关系出现更大的失衡裂口。为了应对平台权力的无序扩张，应提高用户和消费者权利对平台权力的制约效果，应以相对简单、可理解的方式解释算法规则，增强人们对算法的信任度。

在具体实践过程中，首先，应当赋予用户算法解释请求权以对抗不公，即通过赋予个人对算法决策的解释权利进而实现对算法权力滥用的适度制约。[②]其次，政府应改善目前的平台治理模式和机制，逐步在制度合法性赋能方面赋予用户特别是双边用户参与平台治理的权限，更好地形成政府规制治理、用户治理、平台企业个体治理多种治理的多重共嵌局面。[③]最后，还应畅通监督反馈渠道，用户在使用产品的过程中或者竞争性平台、平台内经营者在营业中发现平台涉嫌实施垄断行为时，可随时向反垄断执法机构举报，反垄断执法机构可视情况督导平台严格落实合规治理要求，符合立案条件的应当及时立案调查。

① 唐要家，唐春晖．网络信息内容治理的平台责任配置研究［J］．财经问题研究，2023（6）：59-72.

② 闫宇晨．社交平台私权力的滥用及其治理［J］．公共管理与政策评论，2023，12（4）：142-153.

③ 肖红军，阳镇，姜倍宁．平台企业社会责任感知会激励用户参与平台治理吗？——基于网络效应的边界条件与反思［J］．经济与管理研究，2023，44（3）：72-88.

（2）合理设置各方权责

充分动员社会各类力量参与平台治理全过程，利用各方主导作用帮助政府优化行业监管效果，这在平台治理方面发挥着极为重要的作用。作为网络治理的主导者，政府应在监管中发挥强制性和指导作用。政府需要通过相互制衡的制度设计，保障平台拥有合理的自治权，同时又须限定平台扩张自治权去侵害其他主体的权益边界，这样才能达到网络治理多元主体局面下权责配置的平衡。

同时，为填补政府监管的真空地带，应将以行业协会、律师事务所、会计师事务所为代表的其他组织引入平台治理生态，防止“政府—平台”二元结构下可能出现的“监管俘获”问题。其他组织在平台权力制衡生态中主要发挥行业自律组织的自治功能和第三方专业服务机构的监督功能。通过信息共享保持数字平台内外部治理规则的一致性，探索行之有效的政企合作治理模式，以此最大限度地弥补数字平台治理中的信息不对称等局限性，实现政府监管规则与平台自治规则兼顾的协同治理。[①]

（五）平台治理的原则和模式

1. 平台治理原则的嬗变

（1）避风港原则

根据《中华人民共和国民法典》第一千一百九十五条、第一千一百九十六条和《最高人民法院关于审理侵害信息网络传播权民事纠纷案件适用法律若干问题的规定》，避风港原则指网络服务提供者只有在接到被侵权人通知的情况下，未及时采取删除、屏蔽、断开链接等必要措施的，法院才应当认定其构成帮助侵权行为。该原则制定的底层逻辑实际上是在弱人工智能和弱数字化时代中对“技术不能”抗辩的支持。近年来，随着社交媒体和视频内容等新型数字内容平台的快速发展，数字内容平台不再是单纯的

① 孙晋，蔡倩梦．公平竞争原则下数字平台治理的规则补正［J］．财经法学，2023（1）：48-60.

信息内容中介，而成了数字经济社会信息内容的守门人，避风港原则的适用性受到质疑。因此，对数字内容平台的责任要求不再仅局限于责任豁免的中介责任，强化平台主动治理的责任观念日益增强，平台责任体制正逐步转向强化平台的积极行动者责任。[①]

（2）红旗原则

红旗原则指如果侵犯信息网络传播权的事实是显而易见的，就像红旗一样飘扬，网络服务商就不能装作看不见，或以不知道侵权的理由来推脱责任，如果在这样的情况下，不采取删除、屏蔽、断开链接等必要措施的，尽管权利人没有发出过通知，也应该认定网络服务商知道第三方侵权。红旗原则扩大了侵权主体的认定范围，同时也对证据的证明力度提高了要求。

（3）数据保护原则

数据保护原则的理论依据来源于消费者作为数据生产者所享有的数据权利。数据权属的明确是数据交易活动的基础，而数据安全则是数据交易与利用的制度保障。实际上，数据保护原则倾向于从权利角度出发对消费者的数据权益开展“赋权式”保护，进而对超级平台算法价格歧视起到间接的限制作用。从数据保护原则的本质上看，其核心逻辑在于扩张个人权利以抑制超级平台的“算法权力”。然而，数据保护原则作为一种权益救济保障方式，并不能够针对算法技术进行直接规制，进而导致数据保护措施对超级平台算法价格歧视的法律规制效果欠佳。

2. 平台治理模式

（1）合规治理模式

合规治理模式关注平台本体，重视平台的主体地位与能动性。秉持主体本位的反垄断观，合规治理模式主张从外部管控转向内部自治，从惩罚威慑转向激励引导，从事后救济转向事前预防。在三重治理逻辑的指引下，合规治理模式的本土建构主要从两个方面展开：一是引导平台建立以

① 唐要家，唐春晖. 网络信息内容治理的平台责任配置研究［J］. 财经问题研究，2023（6）：59-72.

垄断风险识别、评估、提示、控制为中心的合规内控机制，事前防范垄断风险；二是在合规治理模式中嵌入双向合规治理激励机制，增强平台落实合规治理模式的动力。

（2）“双边用户 + 平台企业”生态垄断的治理新范式

结合平台生态系统与生态垄断的特点，从双边用户与平台企业双重角度出发，构建出“双边用户 + 平台企业”生态垄断的治理新范式，并从政府层面、社会层面、平台企业层面提出了强化生态垄断的识别与治理、引导社会公众对生态垄断的持续关注，以及通过构建新型治理范式来规避生态垄断等政策建议。[①]

（3）系统性治理模式

从功能观出发，在对互联网平台进行重新界定的基础上提出系统性治理理念与模式，这为互联网平台治理提供了一种新的思路。系统性治理模式是基于互联网平台与“国家—市场—社会—技术”各宏观环境维度，相互嵌入形成一个复杂系统的基本判断，以整体性、责任观与互利性为指引，综合运用各种治理方式与手段，分析与处理系统运转中出现的问题，维持与推动这个系统的良性运转，以促成互联网平台多重功能有效发挥的一种治理模式。

（4）“基于平台的治理”模式

“基于平台的治理”模式，首先遵循的是安全优先、规范健康的价值逻辑，强调的是对平台风险及失灵的被动回应与行政管控，最终致力于达成市场公平、均衡共享的发展目的。其次遵循的是发展优先、共创共享的价值逻辑，强调的是对平台网络外部性与开放互动性的主动吸收和合作共治，直接有效地解决社会公平和治理效率问题。无论是对平台的治理还是基于平台的治理，都要依托平台治权关系和平台生态体系，以平台为切入点，实现对平台经济社会的共建、共创、共治、共享与健康

① 钱贵明，阳镇，陈劲．平台企业生态垄断的解构与治理［J］．电子政务，2023（8）：90-104.

发展。[①]

四、研究总结与展望

（一）研究的不足

1. 缺乏跨学科研究

互联网平台治理研究已成为跨学科研究的显性议题，但不同学科之间的知识流通水平较低，研究立场存在分歧。平台社会崛起是社会数字化转型的表征。作为异质性新兴权力主体，互联网平台吸引了包括新闻传播学在内的社会科学各个分支的普遍兴趣，围绕平台的发展历史、商业模式、监管治理、多元影响等问题，新闻传播学、经济学、公共管理学、社会学等学科做出了重要贡献，为研究者构建关于中国平台社会的整体理解提供了重要助力。但学科之间的知识壁垒也导致了平台研究知识体系的碎片化。此外，不同学科在研究立场上也存在差异，理论资源的取向与研究领域的异质性是形成学科间研究立场分歧的重要原因。[②]

2. 缺乏理论阐释的基础研究

当下，我国对于平台治理在实践层面的研究成果相对丰富，但缺乏追求理论阐释的基础研究，且呈现出对西方理论的借用和依赖。得益于丰富多元且不断更新的治理场景与治理需求，互联网平台监管与治理体系领域的学术成果在数量与质量上的表现都显著优于理论研究。然而，自“平台社会”这一概念被引入以来，新闻传播学界的大多数平台研究，都在理论观点与基本概念上严重依赖西方。无论是较早的数字劳动，还是新近的算法议题，变化的是部分成果中增加的本土经验，不变的是一些成果对西方学界的理论观点的挪用或改编。在逆全球化风险加剧的当下，知识的流通

① 刘家明．平台型治理助推共同富裕：逻辑、机制与策略［J］．人文杂志，2023（5）：12-21.

② 张志安，冉桢．发展实用主义：中国互联网政策变迁与平台治理的内在逻辑［J］．新闻与写作，2023（1）：89-97.

比以往任何时候都更重要，因此呼吁研究者对本土经验予以重视，并在此基础上实现与西方研究的平等对话。[①]

平台治理中呈现的问题是否区别于传统的企业治理和监管问题？针对平台治理是否需要新理论来讨论新问题？这些问题仍未有定论。例如，传统组织理论关注组织边界并利用资产所有权定义组织边界，但平台企业的共享性与轻资产性对这一传统定义提出了挑战。目前针对平台治理的特有理论研究十分有限，因此需要继续深入讨论平台治理的特性问题。[②] 平台和生态系统的出现给企业理论带来了一些令人兴奋的新挑战，代表了经济活动组织模式的深刻转变，这要求我们更新术语和分析武器库，以应对不断变化的现象。

3. 研究视野存在局限性

当下，在本土理论相对匮乏的情况下，研究领域聚焦平台权力、政治经济秩序、数字经济结构与国家和平台关系等宏观维度的高水平研究也就相对缺乏。相比之下，中微观层面的平台研究受到热捧。受研究可行性与趣味性的影响，青年学者相对更偏好贴近个体日常生活的微观平台研究，比如社交媒体中的自我呈现、印象管理、可见性政治、算法驯化等议题。因此，建立在更多中微观层面的实证研究之上，立足“国家—社会”或“国家—平台”等宏观视野的平台研究值得倡导和探索。[③]

（二）对未来的研究建议

1. 加强跨学科领域研究

随着网络治理与社会治理走向融合，网络治理的跨学科特性将迎来爆炸性扩张，网络治理研究的复杂程度和精彩程度也将进入一个全新的高

① 张志安，冉桢．发展实用主义：中国互联网政策变迁与平台治理的内在逻辑［J］．新闻与写作，2023（1）：89-97.

② 周楠，蔡梦雨，许昕，等．平台治理的研究视角、方法与展望［J］．管理案例研究与评论，2023，16（6）：692-708.

③ 张志安，冉桢．发展实用主义：中国互联网政策变迁与平台治理的内在逻辑［J］．新闻与写作，2023（1）：89-97.

度。未来的平台研究，应当更多推进跨学科交流，致力于推进共享型知识体系的构建。

2. 丰富研究理论

受制于理论储备与理论自信的相对欠缺，中国的互联网平台研究在很大程度上依然存在着对西方概念、理论和知识的依赖。这种依赖导致未能揭示中国在平台化转型过程中涌现的政治、经济与社会现象，也难以对其进行足够有说服力的解释。以国际视野扎入本土语境是解决这一问题的关键起点。

3. 丰富研究视角

未来的研究可以采用微观、中观和宏观等多理论和多层次的视角。[①]例如，现在越来越多的人呼吁对大型科技平台公司进行监管，因为目前的竞争制度在监管平台公司日益增长的影响力方面变得越发无效。因此，未来的研究应该探索新兴平台行业未被充分研究的角落，并反思数字文化、算法力量、消费主义和资本主义。

现有研究多讨论平台治理主体的方式和手段，但是整体关于平台治理手段的前因和效果的评估研究较为缺乏。企业发展的不同目标如何影响平台治理手段的选择？不同的平台类型及商业模式对治理手段有何种影响？平台技术和制度上的设计如何反过来塑造、调整平台的治理手段？外部制度环境及变化又将产生何种影响？平台企业在具体的治理手段中面临着复杂且重要的抉择，例如进行开放或封闭、包容或专有、免费或收费等不同方向的选择设置，如何评价平台治理的有效程度？相同方向的选择中不同程度的设置对于治理效果的影响又是如何？不同类型平台如何进行治理手段的选择才能保证有效治理？不同类型的平台治理手段之间是否存在交互作用？不同治理手段如何协同实施以实现治理效率的最大化提升？平台治

① MOLINA J L, TUBARO P, CASILLI A，et al. Research ethics in the age of digital platforms［J］. Science and engineering ethics, 2023, 29(3):17.

理的效果是否会因平台的成长阶段、业务类型、生命周期不同而具有不同规律？这些问题都有待更进一步的研究。

4. 探索更明晰、多层次的协同治理模式

平台治理的主体涉及平台企业、互补者、用户、政府监管部门、媒体等利益相关者，这些构成了复杂的生态系统，彼此之间的协同治理模式需要深入讨论。目前，国外研究主要围绕平台内部的治理模式展开，而国内文献更加关注政府宏观层面的监管。尽管有研究提出了协同治理的方向，但是不同层次之间的治理关联以及治理边界需要进一步讨论。具体来说，要通过定量、定性及混合研究的方法，探究平台企业目前是如何进行协同治理的，平台、政府、行业、媒体等多方主体是否在协同治理中发挥作用以及如何发挥作用，协同治理是否能产生实际效果。平台治理、政府治理和市场治理之间可能存在互补关系、替代关系或是包含关系，因此不同类型平台在不同市场背景下是否具有相同的关系还需要深入探讨。平台企业具有治理者与被治理者的双重角色，这使得平台治理既是平台内部为促进各方主体创造共同价值的必要选择，同时也是遵守政府规定的监管责任的必然要求。

附录
英文摘要及关键词

Abstract

The Annual Report on the Development of China's Media Economy (2024) is mainly edited by the Institute of Media Economics (IME) of Communication University of China, in collaboration with School of Journalism and Communication of University of Chinese Academy of Social Sciences, Department of Arts Management of China Conservatory of Music, School of Journalism and Communication of Nankai University, School of Journalism and Communication of Beijing Sport University, School of Government Management of University of International Business and Economics, School of Journalism and Communication of Zhengzhou University, the Media Research Institute of Chengdu University, School of Humanities and Social Science of North China University of Technology, College of Journalism and Communication of Hunan Institute of Science and Technology, School of Journalism and Communication of Southwest University of Political Science and Law, and China Mainland Media Research Co., Ltd (CMMR). The book examines and analyses significant issues in the development of China's media economy, actively explores issues related to media content production innovation, media market dynamics, media business models, new industry formats of media, media regulation and other related aspects, deeply explores and summarizes the annual top topics, latest dynamics and innovative business models in the development of China's media economy in 2023, and looks into the trends shaping development of China's media economy in 2024.

The year 2023 marks the beginning of implementing the essence of the 20th CPC National Congress, a critical year for the transition from the previous Five-Year Plan to the next, and an important year to lay the foundation for building a socialist modern country in an all-round way. In this year, Xi Jinping Thought on Culture was formally put forward; the national economy recovered and improved, and high-quality development was solidly promoted; the 19th Asian Games Hangzhou and the 31st World University Summer Games were successfully held; ChatGPT became popular, leading the trend of artificial intelligence; it was the 20th anniversary of China's first manned space flight mission, and the astronauts of Shenzhou 15 and Shenzhou 16 took a "family photo" in the Tiangong space station and so on. Internationally, China's distinctive diplomacy as a major country has injected positive energy into the turbulent world, and the Russia-Ukraine conflict continues to have an important impact on the world situation. In this context, China's economic development has overcome various difficulties. In 2023, China's gross domestic product reached 126 trillion yuan, an increase of 5.2% over the previous year. The media economy has also achieved an overall recovery, and the scale of the media industry has exceeded 3 trillion yuan, an increase of 8.38%. The total revenue of the national radio, television, and online audio-visual industry reached 1, 412.608 billion yuan, an increase of 13.74% year on year. Among them, the actual revenue from radio, television, and online audio-visual business reached

1, 221.208 billion yuan, an increase of 14.47% year on year; financial subsidy income was 99.854 billion yuan; other income was 91.546 billion yuan, an increase of 28.30% year on year. The film market has recovered strongly. In 2023, the total box office of Chinese films reached 54.915 billion yuan, of which domestic films accounted for 46.005 billion yuan, accounting for 83.77%. These data indicates that China's media industry has achieved good results in 2023, and has also gathered momentum and confidence to continue moving forward.

Specifically, the year 2023 witnessed numerous commendable highlights in the development of China's media economy.

Firstly, in terms of content innovation, the media industry has focused on strengthening its foundation while exploring new horizons. With the deepening of supply-side structural reforms, the industry has embarked on a path of high-quality development. Media at all levels have closely centered on understanding and implementing the essence of the 20th CPC National Congress, moving towards the construction of a powerful modern Chinese nation, and embarking on a new journey of national rejuvenation. They have vividly interpreted the practical power of Xi Jinping Thought on Socialism with Chinese Characteristics for a New Era from multiple perspectives, highlighting various themes in news reports, films, TV dramas, variety shows, and other content. This has resulted in the creation of a large number of inspiring and heartfelt works of the times. Both CCTV channels and local satellite TV stations have launched multiple theoretical feature programs and excellent TV dramas reflecting the great changes of the new era. The variety show market has maintained a stable supply, while news programs have garnered high attention. The online audio-visual industry has continued to deepen its exploration of existing fields while enriching product types and expanding the industry chain.

Secondly, in terms of the media market landscape, various segments are exhibiting a diversified and high-quality development trend. The large-screen TV market has been stable, with a rebound in viewer activity. When it comes to TV drama distribution, the traditional era dominated by satellite TV stations is fading away. Works primarily invested and controlled by leading video platforms are becoming more common, and cooperation between TV stations and online platforms is trending towards deeper development. The online video market has reached a mature stage, with fierce competition among existing users. Major video platforms are driving development through innovation, continuously producing high-quality and diversified content, competing for exclusive broadcasting rights, embracing new technologies, and exploring new overseas markets as focal points for their development. The short video market is gradually shifting from rapid expansion to a stage of deep operation, forming a three-way competition between Douyin, Kuaishou, and WeChat Channels. AIGC is also facilitating innovation in short video content. The online mini-series market has seen explosive growth, with a rapidly expanding market size, diversified entrants, and significant improvements in both quantity and quality.

Thirdly, in terms of business model innovation, the live streaming economy and fan economy remain prominent business models in 2023. The live streaming economy has not only continued to expand in scale but has also exhibited new trends and highlights in model innovation, technology application, and industry ecosystem construction. Competition among live streaming platforms is showing a diversified trend, with live streaming content moving towards diversification and verticalization. Virtual anchors provide 24/7 uninterrupted live streaming sales services, further deepening content-based e-commerce. China's fan economy continues to develop rapidly, showing rapid growth in multiple circles, with social media platforms becoming the main battlefield of the fan economy.

Fourthly, in terms of new media applications and formats, the rapid development of generative artificial intelligence has led to more practical applications in the media industry. Over 100 media organizations have announced their integration with the "Wenxin Yiyan" large model and have begun to develop large media models. This has brought profound changes to the production and dissemination of media content. As one of the application areas of artificial intelligence technology, the market for virtual digital humans continues to expand, and the industry chain is gradually improving. The technological, virtual, and anthropomorphic characteristics of virtual digital humans have laid the foundation for their commercial application, and significant achievements have been made in exploring areas such as virtual idols, virtual anchors, and virtual employees.

Fifthly, in terms of media regulation, there have been innovations in media laws and policies at the strategic level, the management level of media subdivisions, and the level of media ecology governance. At the level of media ecology governance, relevant policies focus more on precise implementation, targeting development needs and governance challenges in two major areas: refining regulatory rules and addressing industry chaos. In copyright management, generative artificial intelligence brings new challenges, and the characteristics of new technologies, new tracks, and new scenarios for digital media copyright management are more prominent.

Based on the above analysis of the basic characteristics of China's media economy development in 2023, this book is divided into a general report, content production, media market, business model, new media formats, and media regulation to sort out and study the development of China's media economy.

Under the guidance of the spirit of the 20th CPC National Congress and in the context of embarking on a new journey of comprehensively building a socialist modern country, *The Annual Report on the Development of China's Media Economy (2024)* continues to track and focus on the new developments, characteristics, and trends of China's media economy. Starting from the basic forces that drive the development of the media economy, such as technological innovation, market demand, government regulation, and capital operation, this book closely examines the overall development of the media economy, content production, market structure, business models, new formats, and media regulation. It provides a theoretical foundation and practical reference value for subsequent academic research and industry practice innovation in China's media economy.

Keywords: Chinese modernization; Xi Jinping's cultural thought; Content production; Media market; Live streaming economy; AIGC

I General Report

B.1 New Technologies, New Trends, New Arenas: A Review of China's Media Economy Development in 2023 and Prospects of 2024

Bu Yanfang, Tang Jianan, Liu Ping

Abstract: In 2023, amidst the overall rebound of the national economy, the media economy in China exhibited notable growth. This development was marked by an expansion in industrial scale, improved efficiency in content production despite reduced volume, rising popularity of intelligent media solutions, innovative approaches to content distribution abroad, and the emergence of e-commerce live streaming as a new business model. Nevertheless, challenges persist, including uneven industrial progress, limited mastery of advanced technologies, inadequate algorithm supervision, and sluggish institutional reforms. Looking ahead, a commitment to ethical practices, stronger collaborative efforts, tightened industry regulations, and active participation in the "Belt and Road" initiative are crucial for promoting a higher-quality, more balanced, and standardized media economy. By addressing these issues, China's media economy can continue to evolve and adapt to the changing global media landscape.

Keywords: Media economy; High-quality development; Content production; Business model; Artificial Intelligence; Internationalization

Ⅱ　Reports on the Content Production

B.2　A Report on the Content Innovation of China's Radio and Television in 2023

Xu Jianhua, Tang Jia, Ouyang Hongsheng

Abstract: 2023 is the inaugural year for the full implementation of the spirit of the 20th National Congress of the Communist Party of China. Chinese radio and television content tightly revolves around comprehending the spirit of the 20th CPC National Congress, embarking on a new journey towards building a strong nation and achieving national rejuvenation. It vividly interprets the practical prowess of Xi Jinping Thought on Socialism with Chinese Characteristics for a New Era from multiple perspectives. It elegantly narrates the magnificent journey of China's modernization process, documenting the honors and aspirations throughout China's revolution and modernization. Keeping pace with the times, it continues to cultivate various traditional themes, wherein cultural programs emphasize exploring the origins of Chinese civilization and innovatively carrying forward excellent Chinese culture. Nature and ecology-themed programs strive to showcase the beauty of China. Social education programs focus on youthful exemplars, fostering a scientific ethos, demonstrating technological advancements, and boosting national self-confidence.

Keywords: Radio and television; Content innovation; Practical prowess of new ideologies

B.3 An Overview of the Integrated Development and Innovative Paths of China's Newspaper Industry in 2023

Zhang Yanfei, Qi Yalin

Abstract: 2023 marks the 10th anniversary of General Secretary Xi Jinping's important directive to "accelerate the integrated development of traditional media and emerging media." It is also a crucial year for the newspaper industry as the impact of the pandemic gradually diminishes, market demand reshapes, and the industry moves towards recovery growth. Under the guidance of policies, technological empowerment, and exploration of diversified operations, China's newspaper industry's content supply-side reform has moved towards high-quality development, and media integration has gradually deepened and refined. At the same time, with the new round of "singularity approaching" driven by digital intelligence innovation and application, China's newspaper content production faces challenges in technology, operations, management, talent development, and other aspects. It is urgent to continuously explore new media productivity, find new growth points, and shoulder new tasks, missions, and actions in the new era.

Keywords: Newspaper industry; Integrated media development; Media digital transformation

B.4 A Research on the Content Innovation of China's Online Audio-visual Media in 2023

Chen Peng, Shen Wenhan

Abstract: This report focuses on the content innovation and industrial development of network drama, network movie, network variety, short video, network live streaming and network mini-opera, and other industries. It sorts out the annual development of China's network audiovisual industry, investigates problems and puts forward countermeasures. In 2023, the content production of the network audiovisual industry has changed steadily and is closely integrated with real life. The network audiovisual industry adheres to the deep cultivation of existing areas, while enriching product types and expanding the industrial chain. Theme audio-visual works continue to innovate, generative artificial intelligence has brought subversive influence to the industry, and the influence of online audio-visual products in international communication is increasing, which is of great significance for global communication of Chinese culture. In the future, it is necessary to further implement the high-quality route of industry development, focus on managing scripted content and low-quality content, and do a good job in preventing technical risks that may be caused by a new generation of artificial intelligence technology.

Keywords: Network audiovisual industry; Content innovation; Digital intelligence and communication; Business mode

B.5 A Report on the Development of China's Digital Music Industry in 2023

Si Si, Zheng Yu, Chen Chengjun

Abstract: In 2023, China maintained its position as the world's fifth largest music market, and with the background of prosperous international digital music market , favorable domestic policy environment and copyright environment, the digital music industry in China continued to grow steadily between 2015-2023. In 2023, the scale of China's digital music market was about 89.345 billion yuan, maintaining a steady market growth rate. In 2023, market performance of the two major digital music platforms, Tencent Music and NetEase CloudMusic was impressive, with NetEase CloudMusic achieving its first profit year. The users' purchasing willingness increased steadily, and the profitability of music platforms continued to grow healthily. In the ecosystem of technology empowering music creation, AI music production, smart ticketing systems, and the "big audiovisual" industry made significant progress. In terms of music copyright, the problem of AI-generated music copyright is expected to be solved eventually, and online music copyright protection is strengthened too. The national copyright registration volume increased significantly. In addition, digital music platforms are reducing costs and increasing efficiency, focusing on enhancing member rights, improving music quality and social entertainment services. The creation and dissemination of digital music presents a new trend of industrial developments. This report, based on industry data and market analysis, analyzes the development environment of the digital music industry in 2023, sorts out the current market and industry innovation, and looks forward to the development trends of China's digital music industry.

Keywords: Online music platform; Digital music copyright; AI music; Smart ticketing system; Audiovisual+; Music social entertainment

B.6 A Report on the Development of China's Digital Reading Industry in 2023

Yuan Peibo

Abstract: In 2023, China's digital reading market has maintained steady progress, with a collective industry focus on "cost reduction and efficiency enhancement". This trend has ushered in a more refined and diversified commercial operational framework. Presently, the key strategic areas for leading digital reading enterprises revolve around engaging youth audiences, adapting short dramas, exploring AIGC potential, and expanding overseas. Notably, the adaptation of short dramas has emerged as a new growth sector, presenting numerous opportunities for expanding the copyright value chain within the digital reading industry. Regarding business models, the prevalent methods of monetization in the domestic digital reading market include free reading supported by advertising, paid reading for user content, IP incubation from copyrighted works, and overseas expansion. As digital reading enterprises forge ahead into a more nuanced phase of development, they must continue to cultivate their core competencies, drive positive evolution within the domestic digital reading market, and contribute significantly to the healthy growth of the cultural industry in the new era.

Keywords: Digital reading; Business model; IP management; Overseas expansion

Ⅲ Reports on the Media Market

B.7 A Report on the Development Characteristics and Prospects of China's Television market in 2023

Tang Jianan, Hu Xinpei

Abstract: In 2023, China's television market has demonstrated a diversified and high-quality development trend. The large-screen TV market has developed steadily, with the active audience rate rebounding. IPTV and OTT have grown rapidly, becoming significant supplements to the large-screen TV market. The startup rate and usage duration of smart TVs have both remained high, reflecting the high stickiness of the audience. In terms of content creation, central channels and local satellite TVs have launched multiple special programs and excellent TV dramas reflecting the great changes in the new era, with stable supply in the variety show market and high attention in news programs. Provincial satellite TVs have delved into their content advantages, strengthened value guidance, and concentrated their viewership share. Overall, broadcast and television media have made significant progress in media integration, business expansion, technological innovation, and regulatory governance. Looking ahead, the application of AI large models is expected to achieve further popularization, driving market efficiency improvement and process reengineering. Content supply will become more abundant and optimized, and the industry regulatory level will also be continuously improved. All these indicate that the television market will develop towards a more intelligent, diversified, and standardized direction.

Keywords: Media integration; Content innovation; Technological upgrade; Regulatory governance; User experience

B.8 A Report on the Market Characteristics and Innovative Development of China's Online Video Market in 2023

Qi Shifeng, Lv Hanxiao

Abstract: In 2023, China's online video users grow constantly and in the mature stage the online video market competes fiercely for existing users. Major video platforms control costs and increase efficiency, wrestling with fine content and focusing on the value of the prime content. Meanwhile the market regulation continues to improve. Developments of online video platforms are driven by innovative measures, such as continuously producing high-quality and diversified content, competing for exclusive broadcasting rights, embracing new technologies, and exploring new overseas markets, which have become the focus of online video platforms to shape and maintain new strength for development. The profitability of online video platforms continues to improve. In addition to the traditional membership fee business model, in 2023, long form video platforms are devoted to expending values in content derivation, with advance screenings and offline concerts being the new normal. The platforms continue to upgrade operation, and a total of innovative increments have been created through the cooperation between long form video platforms and short form video platforms, involvement in short dramas and construction of strong connections.

Keywords: Online videos; Long form videos; Short dramas; Video platforms; Innovative drive

B.9 A Report on the Development Characteristics and Future Prospects of China's Short Video Industry in 2023

Zhang Hanwen, Hu Xinpei

Abstract: In 2023, China's short video market gradually shifted from rapid expansion to in-depth operation. The development of the short video industry in this year has exhibited five distinct characteristics: Firstly, as visual and audio consumption returned to normal, the creation of short video content has demonstrated a trend of reduced supply. Secondly, the short video market has gradually evolved into a three-way competition among TikTok, Kwai, and WeChat Channels, with a significant head effect. Thirdly, the value of short video content has continued to increase, with new technologies such as AIGC consistently aiding in the innovation of short video content. Fourthly, the growth of short video e-commerce has slowed down, and various platforms have begun to frequently make efforts in the field of local life services. Fifthly, the domestic micro-drama market has gradually matured, and going global has become a new development direction. However, issues such as false information, malicious marketing, and unhealthy values have still impacted the healthy development of the short video industry. With the continuous improvement of national regulatory policies and platform policies, the content ecosystem of the short video market has tended towards being more professional and refined, the business ecosystem has tended towards being more integrated and diversified, the technical ecosystem has tended towards being more intelligent and compliance, and the user ecosystem has tended towards being more differentiated and internationalized.

Keywords: Short video; Quality improvement and quantity reduction; Local life; Micro-drama; AIGC

B.10 A Research on the Characteristics and Trends of China's TV Drama Market in 2023

Lv Hanxiao, Yue Sijia

Abstract: In 2023, Chinese drama industry responded to the call of the times, followed the market demand, continued to deepen the supply-side structural reform, and stepped into a rational and standardized stage of creation and production, which was widely praised by the audience. Continuing the pace of "reducing quantity and improving quality" in the previous two years, the online scale of the series in 2023 has maintained a decline, and high-quality dramas with high reputation and high ratings continued to emerge, the creation of diversified themes, the expression of respect for reality, close to the tastes of young people, animation CG and other scientific and technological means to give the series a fresh texture, and popular dramas help the cultural tourism industry generate revenue. In terms of distribution, the traditional "satellite TV dominated" era is far away, the head of the video platform main investment and control of the work is more likely to become a "hit", these two networks' cooperation tends to deepen the development of network dramas in the network audiovisual literature and art of the mainstream position is further established. Overall, in 2023, the creation of domestic dramas will adhere to the right and innovation, showing a stable and improving situation.

Keywords: TV drama market; Domestic drama; Online dramas; TV drama development trends

B.11 An Analysis of the Highlight Features and Theme Innovation in China's Variety Show Market in 2023

Zhang Hanwen, Liu Ping

Abstract: In 2023, China's variety show market has shown a trend of diversified and innovative development, making steady progress with innovations emerging. The highlights such as the continued domination of multi-generation variety shows, Mango TV's significant advantage, frequent emergence of popular niche programs, drama-variety show linkage, AI involvement, and micro-variety shows have become key aspects of the variety show market's development. The 2023 variety show market has demonstrated theme innovation in cultural programs, social variety shows, music variety shows, sports competitions, and healing slow variety shows. Theme integration, cost reduction and efficiency enhancement, and IP incubation have become notable new trends worthy of attention and reference. Based on this, this report focuses on reviewing and summarizing the performance of China's variety show market in 2023 and provides an outlook for the future.

Keywords: Multi-generation variety shows; Drama-variety show linkage; AI director; Micro-variety shows; Cost reduction and efficiency enhancement

B.12 An Analysis of the Characteristics and Innovative Development in China's Online Mini-Series Market in 2023

Wu Yongge, Qi Shifeng

Abstract: In 2023, China's mini-series market has seen an explosive growth, with the market size expanding rapidly, diversified entrants, and significant improvements both in quantity and quality. Online mini-series producers have innovated cooperation models, promoted quality of the products, explored new forms of short dramas with the concept of "mini-series+", and explored the limits of imagination with technology empowerment. The integration of intellectual property has boosted the reproduction of online mini-series. As the competition intensifies, China's enterprises involved in online mini-series have transferred to the overseas market. With further intensification of market competition, the immature industrial ecology may provoke underlying worries. Through collaborative governance implemented by regulatory agencies, platform operators, producers, social supervision and audiences, online mini-series will further form a healthy, standardized, collaborative and promising ecosystem.

Keywords: Mini-series; Improving quality; Cultural export; Platforms; Collaborative governance

Ⅳ Reports on the Business Model

B.13 A Report on the Development of China's Live Streaming Economy in 2023

Yao Zhiwen, Liang Jingyi

Abstract: In 2023, the growth rate of China's live broadcasting economy gradually slowed down, the consumer consumption behaviors were becoming increasingly mature and diversified, the platform competition showed a diversified development trend, and the live broadcasting content showed a trend of diversification and vertical. Virtual anchors are replacing real anchors to realize the 24-hour live streaming service; the content e-commerce model has been further deepened in 2023, new business models emerge in endlessly, and the deep integration of "live broadcast + short video" has become an important marketing strategy. The rise of live streaming e-commerce has accelerated the transformation and upgrading of offline retail stores, played an important role in creating new jobs, promoting the transformation and upgrading of traditional industries, improving the efficiency of human resource allocation, and attracting the employment of young people, giving birth to a new consumption culture and creating new economic growth points. It is expected that the government will introduce stricter regulatory policies and regulations in the future to promote the healthy and orderly development of the industry; implement the data safety law and personal information security law, and encourage the industry to follow stricter data processing and privacy protection standards in user data protection.

Keywords: Live streaming economy; Content e-commerce; New occupation; Data security

B.14 Research on the Development Characteristics and Trends of Fan Economy in China in 2023

Cheng Yuning, Wang Wenfeng

Abstract: With the rise of social media and the development of digital technology, fan economy has become an emerging business model. This report takes fan economy as the research object, firstly elaborating on the development characteristics of fan economy, including the digital transformation of the celebrity circle, content derivation of the IP circle, social integration of the internet celebrity circle, and consumer upgrading of the brand circle. Secondly, the report analyzes the development trends of fan economy in four modules: the digital upgrade of rural industries, the core promotion of social media on fan economy, the assistance of blockchain technology in trust and value sharing mechanisms, and the preference development of fan groups. In the future, while fan economy brings more business opportunities for enterprises and individuals, it will also provide fans with a richer and more diverse consumption and interaction experience.

Keywords: Fan economy; Circles; Fans; Marketing; Content innovation

V Reports on the New Industry Forms of Media

B.15 Research on the Symbiosis of AIGC and UGC Content in Social Media Ecology

Wang Wenjie, Wang Zhengyao

Abstract: In the era of artificial intelligence, the social media ecology is shifting towards an AI-mediated communication model. Based on the interactive relationship between generative artificial intelligence (Gen-AI) and user-generated content (UGC) in the social media ecosystem, we propose the concept of "User-AI Generated Content" (U-AIGC), emphasizing the deep collaboration between users and AI in the content creation process. We summarize the current content symbiosis mechanism based on social media, and analyze the opportunities and challenges faced in User-AI Generated Content from four aspects: content creators, social media users, online communities, and platforms.

Keywords: Generative AI; U-AIGC; Social media

B.16 Research on the Commercialization Path of Virtual Digital Humans

Qin Yaxi

Abstract: With the rapid development of artificial intelligence and digital technology, virtual digital humans, as a product of emerging technologies, have gradually entered the public eye and penetrated into every corner of the business world. The current market size of virtual digital humans is constantly expanding, and the industry chain is gradually improving. The technological, virtual, and anthropomorphic characteristics of virtual digital humans have laid the foundation for their commercial applications, and considerable achievements and experience have been made in commercial exploration in areas such as virtual idols, virtual anchors, and virtual employees. In the future, with the support of national policies and the rapid development of AI technology, the development prospects of the virtual digital human industry have great potential.

Keywords: Virtual digital human; Business development; Digital economy; AI

B.17 Analysis of the High-quality Development Path of Online Mini-Series

Bu Yanfang, Liu Ping

Abstract: At present, online mini-dramas are experiencing a period of rapid growth, but they are often criticized for their vulgar content, rough production, and homogeneity. The key to ensuring the healthy development of this industry lies in guiding these mini-dramas from a mere "surge in quantity" to a "leap in quality," pushing them towards high standards, refinement, and mainstream acceptance. This study examines 18 online mini-dramas selected from the "Excellent Online Audio-Visual Works Selection Activity" organized by the National Radio and Television Administration in 2022 and 2023. It explores the path to refinement for these mini-dramas through four dimensions: production capabilities, thematic exploration, narrative expression, and aesthetic values.

Keywords: Online mini-drama; Quality improvement; High-quality

Ⅵ Reports on the Media Regulation

B.18 A Review and Analysis of Chinese Media Governance Policies in 2023

Wu Mengyuan, Dong Ziwei

Abstract: In 2023, the new-promulgated media laws and policies in China have showcased characteristics of being concise yet comprehensive. Policies have made progress in industry strategy, subdivision industry management and industry ecological governance. For the industry strategy, the building of digital China and the in-depth convergence is evident. Forward-looking and instructive, the building of digital China boosts the media industry to adapt to the third sci-tech revolution and industrial transformation. Meanwhile, the in-depth convergence continues to be implemented during its first decade. For subdivision industry management, a series of policies have been introduced to promote the development of every part of media industry. For industry ecological governance, policies focus on refining regulatory frameworks and tackling disorder with the aim of addressing developmental needs and governance challenges. Overall, media laws and policies in 2023 have been consistently advancing along the lines of comprehensive planning and integrated management. Strategic plans are more coordinated, management rules are more detailed, and the governance system is more complete. Trending towards standardization, regularization, and precision, the media policy framework is promoting high-quality development.

Keywords: Media policy; Industry strategy; Industry supervision; Industry governance

B.19 Analysis of China Digital Media Copyright Management in 2023

Liu Jing

Abstract: The media industry in the period of digital and intelligent transformation is undergoing significant changes in copyright management. This paper starts with the challenges brought by generative artificial intelligence to global digital media copyright management in 2023, analyzes the new technologies, new tracks and new scenarios of digital media copyright management in China, and discusses from the aspects of establishing a solid copyright chain protection, building a copyright ecology, and improving the copyright rights and interest distribution mechanism. Finally, this paper puts forward some suggestions on how to strengthen the copyright management of digital media in China from three aspects.

Keywords: Digital media; Copyright Management; Intellectual Property; IP

B.20 A Review of Domestic and International Research on Internet Platform Governance in 2023

Yang Yong, Sun Jingyue, Zou Xinyuan

Abstract: This article analyzes domestic and foreign literature on Internet platform governance in 2023 and finds that the main topics mainly focus on the necessity for platform governance, platform governance practices, the dilemma of platform governance, the future path of platform governance, principles and modes of platform governance. Algorithm discrimination and data black box, platform monopoly, expansion of platform algorithm power, and network ethical anomalies are important reasons for platform governance; data governance, content governance, market governance, and user governance constitute the practical aspect of platform governance; confined to traditional governance models, platforms implementing self-preferential treatment, chaotic platform governance rules, and platforms evading governance responsibilities are the dilemmas of platform governance. In the future, it is necessary to jointly construct the path of platform governance at the level of government rule of law, platform autonomy, and multi-stakeholder participation. In related research, it is necessary to further enhance interdisciplinary research and strengthen the interpretation and construction of basic theories.

Key words: Internet platform; Platform governance; Governance model

图书在版编目（CIP）数据

中国传媒经济发展报告. 2024 / 卜彦芳主编. 北京：中国国际广播出版社，2024.9. --ISBN 978-7-5078-5645-3

Ⅰ. G206.2

中国国家版本馆CIP数据核字第20245MN487号

中国传媒经济发展报告（2024）

主　　编	卜彦芳
执行主编	漆亚林　司　思
责任编辑	尹春雪
校　　对	张　娜
版式设计	邢秀娟
封面设计	赵冰波
出版发行	中国国际广播出版社有限公司［010-89508207（传真）］
社　　址	北京市丰台区榴乡路88号石榴中心2号楼1701 邮编：100079
印　　刷	环球东方（北京）印务有限公司
开　　本	710×1000　1/16
字　　数	380千字
印　　张	25.75
版　　次	2024年9月　北京第一版
印　　次	2024年9月　第一次印刷
定　　价	128.00元